젠더 중립성의 신화

여성 공무원을 통해 본 현실과 담론의 이중성

이화학술총서

젠더 중립성의 신화

원숙연 지음

여성 공무원을 통해 본 현실과 담론의 이중성

이화여자대학교출판부

책을 펴내며

과학은 사회적으로 배태된 활동이다. 사실은 순수하거나 오염되지 않은 정보의 편린(bits)이 아니며…… 우리가 무엇을 그리고 어떻게 볼 것인가는 문화에 의해 영향을 받는다…… 이론 역시 사실로부터의 당연한 추론이 아니며…… 사실에 부여된 상상력의 산물인 경우가 많다…… 그러한 상상력의 원천 역시 다분히 문화적이다. [1]

역설적 현실 속에서…… 연구자는 기존의 표준화된 접근 방식에 적응할 수만은 없다…… 현실의 기형성은…… 고착된 모형과 방식에 대한 근본적인 회의, 자신의 연구 행위에 대한 비판적 성찰을 요구한다. [2]

이 책의 시작은, 정확한 시기를 기억할 수 없지만, 위의 두 인용문을 만났던 그때로 거슬러 올라간다. 특별히 새로운 사실이 아니었음에도 이 두 인용문은 저자에게 '공부하는 사람으로서' 스스로를 돌아보라는 질타처럼

---

1 Gould (1981), pp. 21–22
2 Koot et al. (1996), p. 211

들렸다. 과학의 이름으로, 객관성이라는 방패막 뒤에서 사실을 순수하고 오염되지 않은 것으로 보고, 이론을 사실로부터의 당연한 추론으로 전제하며, 회의나 의심도 없이 고착된 방식에 따라 (무의미한?) 지식을 '관성적으로' 생산하고 있지 않은지, 반성하라는 것처럼 들렸다.

이 책은 그러한 질타에 대한 성찰의 소산으로, 행정학 분야에서 그동안 소외된 영역에 대한 관심, 표면적 현상 이면에 존재하는 현실을 담아내고자 했다. 2015년 현재 공직에서 여성 비율이 40%를 상회하고 있음에도 여성 공무원에 집중한 저작이 거의 없다는 점을 감안할 때, 의미 있는 시도로 평가되길 기대한다.

이 책은, 제목이 말해주듯, 공직에서 여성을 둘러싼 표면적 변화의 '이면(裏面)'에 무게중심을 두었다. 이를 위해 여성 공무원을 둘러싼 일련의 변화를 표상하는 수사와 여성 공무원이 직면하는 현실 사이의 간극을 담아내고자 했다. 굳이 여성 대통령 시대를 운위하지 않아도, '공직에서의 여성 약진', '공직 내 남녀평등의 실현', '여성 인력의 효과적인 활용', '수직적 편중화의 완화', '여성 공무원의 경력 개발 지원', '성공적인 일-가족 양립' 등 그 수를 헤아릴 수 없이 양산되는 수사가 현실에 뿌리내리지 못하고 부유(浮遊)하고 있는 것은 아닌가? 이 책은 이 질문에 대한 답을 구하고자 했다.

그 과정에서 이 책은 주류 연구가 기반하고 있는 도구적 합리성과 젠더 중립성에 문제를 제기했다. 도구적 합리성과 젠더 중립성이 여성 공무원의 경험 속에서 선택적 배제와 차별을 정당화하는 '지식권력'으로 작동함을 보여주고자 했다. 이를 위해 더미변수로만 처리되었던 여성 공무원, 그리고 여성 공무원이 직면하는 현실을 구성하는 '젠더화된 문화'를 논의의 중심 무대로 끌어올렸다. 숫자로만 표현되었던 여성 공무원의 현실을 여성 공무원의 목소리를 통해 부여된 의미와 구성으로 접근했다. 숫자가 보여주는 현실을 무시하지 않으면서 그 숫자의 이면에 흐르는 의미를 심층적으로 해석하고자 노력했다. 무엇보다 여성 공무원 스스로가 보는 현실 인식의 (잠재적) 편향성과 자기 연민의 가능성을 경계하며 남성 공무원의 목소리도 함께 담아냈다.

이처럼 여성 공무원의 현실을 주류 연구와는 다른 맥락에서 접근했지만, 이 책은 일부 여성주의적 접근이 표방하는 젠더 환원주의나 피해의식(victim femininism)으로 흐르지 않도록 조심했다. 여성 공무원의 현실은 그 자체로서 젠더 관계로 환원된다거나 '여성은 피해자, 남성은 가해자'라는 경직적 대칭 구조는 또 다른 형태의 '지식권력'이 될 가능성이 있기 때문이다. 젠더 관계에 주목하되 젠더 환원주의는 경계하고, 여성 공무원에게 가해지는 구조적 · 문화적 압력을 밝히되 피해의식에 빠지지 않음으로써 여성 공무원을 둘러싼 구조적 제약과 기회 구조를 함께 논할 수 있었다. 이를 통해 제약과 기회 구조 속에서 여성 공무원의 선택의 여지가 만들어졌다.

이 책은 '10년에 한 권씩 책을 내리라'는 자신과의 약속의 결실이다. 집필하는 동안 오랜 시간의 고민과 셀 수 없는 불면의 밤을 보냈지만 이 책을 세상에 내놓는 것이 두렵다. 그럼에도 불구하고 용기를 낼 수 있었던 것은 많은 선생님들의 지혜와 조언 그리고 질정(叱正)을 기대하기 때문이다.

책이 나오기까지 많은 분들의 지지와 도움이 있었다. 귀한 연구비를 지원하고 인내를 가지고 기다려준 이화여자대학교출판부가 없었다면 이 책의 출간은 불가능했을 것이다. 출판부장 김훈순 교수님을 비롯하여 민지영, 이혜지 선생님께 깊은 감사를 드린다. 교정만이 아니라 예리하고도 신선한 관점을 더해주고 함께 고민해준 우리 연구실 석 · 박사과정 식구들에게도 감사의 마음을 전한다. 세상적 유혹에 흔들리지 않는 '학자'의 전범을 보여주시는 Gillian Pascall 교수님, 학문적으로나 인간적으로나 버팀목이 되어주시는 박통희 교수님, 부족하기만 한 글에 과분한 칭찬으로 용기를 주시는 백완기 교수님께도 이 자리를 빌려 감사의 말씀을 드린다. 존재만으로도 힘이 되어주는 나의 가족, 변희찬, 변서영, 변규호에게 사랑과 감사의 마음을 전한다.

머지않은 미래에 함께 연구할 그날을 기다리며, 학자로의 길에서 고군분투하고 있는 우리 딸 변서영에게 이 책을 바친다.

2015년 8월

원숙연

| 차례 |

1부

젠더 중립성의 신화, 헤게모니, 그리고 지식권력

1장

공직의 여성 친화성: 그 이면

왜 '여성' 공무원인가?

이 책은 여성 공무원 비율의 증가, 여성 관리직 제고를 목표로 한 적극적 조치와 여성 관리자 비율의 확대, 일-가족 양립 지원 등과 같이 여성 공무원과 관련한 긍정적인 변화의 흐름 속에서, 그러한 변화와 여성 공무원이 만나는 현실 사이의 간극(gap)을 밝히는 것을 목적으로 한다. 수사와 현실 간의 간극은 다른 말로 형식주의이다. 형식주의는 "한 제도가 규율하고자 하는 목적 기준이나 수단과 실제 관행 간의 격차"를 의미한다(이종범, 1986: 53). 어떤 제도이든 관리 방식이든 존재 그 자체가 효과성을 담보하는 것이 아니라, 그러한 제도나 방식을 구성하는 내용과 기준이 현실(관행)과의 정합성을 확보할 때 실효성을 갖는다. 따라서 여성 공무원의 양적 증가와 이들에게 친화적인 공직을 만들기 위한 다양한 조치의 내용이나 방향이 과연 공직 사회에 존재하는 실제 관행이나 구조에 부합하는지를 파악하는 작업은 중요하다. 형식주의에 주목해야 하는 것이다.

혹자는 기업과 같은 사 부문과 비교할 때 진일보한 것으로 평가되는 공직의 여성 친화성을 감안한다면, 앞에서 제시된 긍정적인 변화는 단순한 수사로 그치는 것이 아니라 실제 현실이 될 가능성이 높다고 주장할지도 모른다. 일견 그렇게 보일 수도 있다. 여성 친화성을 둘러싸고 공직에 가해지는 법적 규제나 제약도 사 부문에 비해 훨씬 강화되어 있으니 더욱더 그렇게 보일 수도 있을 것이다. 그러나 오히려 역설적이게도 사 부문보다 공직에서 여성 공무원을 둘러싼 수사와 현실의 간극은 더 중요한 쟁점이 될 수 있다는 것이 이 책의 기본 인식이다. 그 이유는 다음과 같다.

동서양을 막론하고 가족으로 대변되는 사적 영역과 명확한 경계 획정을 요구하면서 노동 시장은 오랫동안 남성의 전유 영역으로 인식되어왔다. 여성 참정권의 쟁취, 산업혁명 및 자본주의의 도래, 권리로서 노동권의 인정, 교육을 통한 여성 인적 자본(human capital)의 확충 등 여성 노동의 기반 구조가 마련되면서 무성(無性)의 노동자 앞에 '여성'이라는 새로운 명사가 추가되었다. 사회민주주의 이념의 전통을 기반으로 하는 노르딕 국가는 말할 것도 없고 적극적 복지 국가를 표방한 서유럽 국가에서 노동자로서 여성을 적극적으로 편입시킨 공간은 기본적으로 '공직'이었다.

이념의 본질은 달랐지만 국가 개입적 성격을 띤 우리나라에서, 정도의 차이를 차치한다면, 여성을 적극적으로 받아들인 곳 역시 공직이다. 특히 우리나라의 공직은 여성 인력의 적극적 활용을 선도하고 견인하는 우수사례(best practice)로서의 역할을 자임해오고 있다. 여성 공무원이 본격적으로 증가하기 시작한 때가 1990년 진입하면서이고, 소위 여성 친화적 공직을 표방하면서 다양한 정책적 개입이 이루어진 것이 90년대 후반 이후라는 점을 상기한다면 그 속도는 언제나처럼 압축적이다.

여성 인력 활용에 있어서 공직이 보이는 그 속도의 압축성은 역설적이게도 여성 공무원을 둘러싼 현실과 수사 사이의 간극을 키우는 하나의 이유이기도 하다. 공적 영역(노동 시장=남성)-사적 영역(가족=여성)의 대응 관계에 기초한 경직적인 이분법의 영향력은 상당히 오랫동안 광범위하게 행사되어왔다. 서구는 말할 것도 없고 음-양의 이분법이 강조된 유교 영향권인 우리나라의 경우는 더욱 그렇다. 이러한 경직적 이분법은 노동, 가족, 남녀 간 성 역할 — 아버지 역할과 어머니 역할을 포함한 — 등에 대한 이데올로기, 가치 그리고 이를 기반으로 한 제도 및 관행 등이 포괄된 사회 문화적 구성체이다. 대부분의 사회 문화적 구성체가 그렇듯, 그 형성에도 일정한 시간이 필요하지만 그것이 변화하는 데에도 상당한 시간이 소요된다. 이는 정부 관료제 조직에서 공(노동 시장=남성)-사(가족=여성) 이분법에 기초하여 형성된 남성 중심적 문화, 관행 및 제도가 여성 공무원이 수적으로 늘어났다고 해서, 또 여성 관리자를 늘리는 인위적 제도가 도입된다고 해서 쉽게 바뀔 수 있는 것이 아니라는 의미이기도 하다. 더욱이 여성 공무원을 둘러싼 다양한 시도가 상당히 짧은 시간 안에 압축적으로 이루어져왔다는 점을 생각해본다면, 남성 중심적 문화가 여성 친화적 제도의 변화를 따라가지 못하는 지체의 가능성은 그만큼 높아진다.

비슷한 맥락에서 공직에서 여성 공무원을 둘러싼 변화와 현실 사이에 간극이 생길 수 있는 또 하나의 이유는 공직이 여성 친화성의 모범 사례로 활용되고 있다는 점이다. 모범 사례가 형식주의로 흐른다는 것은 자기모순처럼 들릴 수 있다. 그러나 전술한 바와 같이 정부 관료제에서 여전히 존재하는 남성 중심적 문화로 인해 가치 및 관행의 변화가 미진한 상태에서 여성 공무원이 급격히 증가하고 이들과 관련한 다양한 제도나 관리 방식이 도입될 경우, 일정 부분 형식주의로 흐르는 것은 불가피하다. 문화나 가치의 변화 없이 양산되는 제도들은 그 효과성이 담보되지 않은 상징적 제스처로 남을 가능성이 높아지기 때문이다. 그럼에도 불구하고 공직이 모범 사례로서 사 부문을 견인하고 유도해야 하기 때문에 형식주의의 위험을 무릅쓰고 관련 제도와 관리 방식을 만들어가는 자기모순에 빠지게 된다.

이러한 상황에서 주목해야 하는 위험은 그 안에서 여성 공무원의 현실이 왜곡될 가능성이다. 적극적으로 여성 공무원의 수를 늘리고, 수직적 편중화를 완화하기 위해 여성 관리자의 비율을 인위적으로 조정하는 조치를 취하고 사기업에서는 생각할 수 없는 수준의 관대한 일-가족 양립 제도가 시행되는 표면적 변화를 여성 공무원의 현실과 등치시킬 수 있기 때문이다. 제도가 미비하면 제도의 마련을 주문하고 요구할 수 있지만 제도가 존재하는 경우, 그것도 사 부문에 비해 전향적으로 보이는 제도에 대한 불만은 '과한 욕심'으로 치부될 수 있다. 한마디로 공허한 수사는 없는 것과 다르지 않음에도 불구하고, 수사의 이면을 보지 않는 한, 수사가 마치 현실인 것처럼 왜곡될 수 있다.

바로 이러한 문제의식에서 이 책은 여성 공무원의 현실 그 이면에 주목하고자 한다. 이를 위해 여성 공무원의 양적인 증가와 이를 둘러싼 표면적인 변화를 넘어선 보다 본질적인 문제를 제기하고자 한다. 정부 관료제에서 여성 공무원에 대한 실질적인 수용의 범위는 과연 어느 정도일까? 여성 공무원의 증가에 따라 정부 관료제가 기반을 두고 있는 남성 중심적 문화, 가치관 및 관행에 있어서 일정한 변화가 수반되는가? 여성 공무원의 수가 많아졌다는 것이 여성 공무원에 대한 인정과 이들의 실질적인 영향력의 행사를 수용한다는 것을 의미하는가? 정부 관료제 내에서 여성 공무원의 현실은 남성 공무원의 현실과 그 궤(軌)를 같이하는가? 만일 그렇지 않다면 여성 공무원과 남성 공무원 간의 차별적인 경험을 생성하는 내부 기제는 과연 무엇일까? 그 속에서 여성 공무원은 자신의 현실을 어떻게 해석하고 구성해가며, 그러한 현실에 대응하기 위해 어떤 선택을 하고 있을까? 이 모두가 공직에서 양성 평등과 여성 공무원의 효과적인 활용에 주는 함의는 무엇인가?

이 책이 이러한 질문에 주목하는 이유는 여성 공무원의 현실을 양적인 비율의 증가나 그에 따른 형식적이고 표면적인 변화로만 접근할 경우, 의도했던 의도하지 않았던, 그 자체로서 성별화된 함정을 만들 수 있기 때문이다. 공직에 아무리 많은 여성이 진출하고, 또 관리직에 진입하는 여성 공무원이 많아진다고 하더라도 이들에 대한 심리적인 또는 실질적인 배제가 이루어진다면 여성 공무원은 공직에 뿌리내리지 못하고 지속적인 역할 갈등을 경험하게 될 것이다. 또한 이러한 상황은 여성 공무원이 행사할 수 있는 실질적인 영향력의 범위와 양을 제한함으로써 여성 공무원의 업무 효과성에 부정적으로 작용할 수밖에 없다. 이러한 상황은 여성 공무원의 역량에 대한 근본적인 회의를 야기하는 '자기 충족적 예언'을 확인하는 증거가 될 것이다. 자기 충족적 예언은 단순히 여성 공무원을 주변화하는 것에서 그치지 않고 여성 공무원이 과연 필요한가라는 본질적인 질문으로 확대 해석될 위험을 내포한다. 이러한 확대 해석으로 인해 여성 공무원이 겪는 현실적 어려움은 그저 여성 공무원 스스로가 해결해야 하는 개인적인 문제로 치부될 뿐, 어디서, 왜 그러한 어려움이 생성되는지에 대한 '현실의 심층 구조'는 간과될 수밖에 없다. 그러한 이유로 여성 공무원을 둘러싼 현실의 표면이 아닌 이면을 천착해 들어가야 하는 것이고, 그것이 이 책의 목적이면서 주요 내용이다.

젠더 환원주의를 넘어서

이 책은 젠더 관점을 통해 여성 공무원의 현실을 조망한다. 앞에서 밝힌 바와 같이 여성 공무원을 둘러싼 표면적 현실의 이면에 주목하고 그 이면에는 젠더 이데올로기, 문화, 가치 등이 전제되어 있다는 점에서 이 책의 중심에는 '젠더'가 있다. 자세히 후술하겠지만, 그간 정부 관료제에 대한 소위 주류 연구는 젠더로부터 자유로운 젠더-중립성에 기반을 두어왔다. 우리나라는 물론 서구도 같은 양상이다. 이러한 경향성은 정부 관료제 연구의 지나치게 '낮은 젠더 감수성(gender under-sensitivity)'으로 표현되는 것이다(Alvesson & Billing, 2009: 11).

이 책은 한마디로 정부 관료제에 대한 기존 논의 연구가 갖는 지나치게 낮은 젠더 감수성에 대한 비판에서 시작되었다. 따라서 이 책은 정부 관료제 속에서 여성 공무원과 남성 공무원이 직면하는 현실에 존재하는 젠더 코드를 찾는 작업임에는 분명하다. 그렇게 볼 때 이 책은 관료제 조직에서 여성(또는 남성) 공무원이 만나는 현실은 젠더로부터 자유롭지 못함에도 불구하고, 젠더로부터의 자유로운 것처럼 전제하는 것은, 의도했던 의도하지 않았던, 남성적 이해에 기여한다는 논의와 맥을 같이한다.

그러나 분명히 해야 할 것은 이 책에서 젠더가 중요한 분석틀이기는 하지만, "모든 것을 젠더의 문제로 치환하는" 일련의 페미니스트적 접근의 젠더 환원주의(gender reductionism)를 표방하지 않는다는 점이다(Alvession & Billing, 2009: 12). 더 나아가 여성은 피해자, 남성은 가해자라는 이분법의 피해자 페미니즘(victim feminism) 역시 경계한다. 이 책은 기존 연구의 지나치게 낮은 젠더 감수성만큼이나 경계해야 하는 것이 '지나치게 높은 젠더 감수성(gender over-sensitivity)'이라고 본다. 젠더 환원주의는 정부 관료제에서 여성이 직면하는 현실은 젠더가 아닌 다른 요소로는 설명되지 않는다는 극단적인 입장으로 흐를 수 있기 때문에 위험하다. 한마디로 이 책은 정부 관료제에 대한 주류 연구의 젠더-중립성으로 표현되는 '지나치게 낮은 젠더 감수성'과 급진적 또는 피해자 페미니즘의 젠더 환원주의로 표현되는 '지나치게 높은 젠더 감수성' 모두를 경계한다. 젠더를 중심틀로 하되 여성 공무원의 현실을 보다 균형있는 관점을 통해 조망하고자 하는 이유이다.

그간 행정학 분야에서 여성 공무원의 현실에 대한 연구가 수적으로도 많지 않았지만, 그 대부분이 대표 관료제의 관점에서 표면적인 현상에 주목해왔음을 부인할 수 없다(홍미영, 2004a; 홍미영 · 우양호, 2005; 서동희, 2008; 김선희, 2012; 김정인, 2013). 이러한 경향성은 응용 학문으로서 행정학이 갖는 속성과 실증주의적 인식론이 지배적인 지식 생산 방식과도 무관하지 않다. 이처럼 행정학 분야에서 여성 공무원과 관련해서 이루어진 연구가 '낮은 젠더 감수성'의 경향성을 띠고 있는 반면, 여성학 분야에서 이루어진 여성 공무원에 대한 연구는 '지나치게 높은 젠더 감수성'을 보여왔다. 각각의 접근이 여성 공무원의 현실에 대한 인식의 지평을 확장하고 이를 바탕으로 한 정책적 대안 마련에 기여한 것은 인정할 만하다. 그러나 지나치게 낮은 젠더 감수성과 지나치게 높은 젠더 감수성 모두 여성 공무원의 다면적 현실을 보여주는 데에는 한계가 있다. 따라서 이 책에서는 젠더 관점을 통해 여성 공무원의 현실을 조망함으로써 행정학 분야에서 나타난 지나치게 낮은 젠더 감수성을 보완하되 젠더 환원주의로 빠지지 않는 균형 있는 접근을 시도한다.

이를 위해 이 책은 다음의 입장을 견지한다. 첫째, 여성은 피해자 남성은 가해자의 등식을 전제하는 피해자 페미니즘을 경계한다. 물론 관료제 조직에서 남성이 만나는 현실과 비교해 여성의 현실이 차별적인 것은 부인할 수 없다. 그러나 여성이 겪는 차별적 현실을 남성 집단이 가진 암묵적 · 명시적 차별의 의도에 따른 억압과 배제에 귀인하는 것은 문제를 지나치게 단순화하는 경향이 있다. 후술하겠지만 관료제 조직에서 남성'만'이 여성 및 여성 관리자에 대해 부정적인 평가를 하는 것은 아니다. 오히려 여성이 여성이나 여성 관리자에 대해 부정적인 평가를 하는 경우도 많다(Broder, 1993; Ellemers et al., 2004; Derks et al., 2011; 우양호, 2010; 최윤희 · 원숙연, 2014). 여성은 피해자, 남성은 가해자라는 이분법에 따르면 여성이 여성에 대해 더 부정적인 현실을 어떻게 설명할 것인가?

둘째, 조금 다른 측면에서, 관료제 조직이 오랫동안 남성 중심적 구조와 관행으로 운영됨으로써 여성적 문법에 노출되지 않았고 이에 따라 의도하지 않은—익숙하지 않음으로 인한—차별이 발생할 수도 있다. 이 경우도 남성을 단순히 가해자로 규정하는 것은 적절하지 않다. 결국, 관료제 조직에서 여성 공무원이 만나는 현실의 실질적 이해를 위해서는 보다 거시적이고 문화적인 구조와 관행의 작동에 주목해야 한다. 여기에 더하여 남성 중심적 문화와 구조, 그리고 관행이 인간의 인지 과정을 왜곡하는 인지부조화와 같은 실증적 논의가 함께 이루어질 때 여성 공무원의 차별적 현실에 대한 보다 분석적이고 경험적인 접근이 가능해진다. 이러한 접근은 젠더 환원주의가 아닌 보다 과학적이고 경험적인 논의를 가능하게 할 것이고, 이는 차별을 해소하기 위한 당위적인 호소가 아닌 실질적 대안 마련에 기초 자료를 제공한다는 점에서 중요하다.

셋째, 피해자 페미니즘과 젠더 환원주의는 관료제 조직에서 여성 공무원에게 긍정적으로 작용할 '기회 구조'의 존재를 간과할 우려가 있다. 전반적으로 볼 때, 관료제 조직에서 여성 공무원에 대한 제약 요인이 기회 요인보다 많은 것은 부인할 수 없다. 그렇다고 해서 피해자 페미니즘이나 젠더환원주의처럼 여성에게 주어진 기회 구조 자체를 인정하지 않는 것 역시 비현실적이다. 더욱이 여성에게 긍정적으로 작용할 수 있는 기회 구조는 정부의 정책적 개입(예: 적극적 조치, 승진 할당, 가족 친화 프로그램 등)에 의해 만들어 질 개연성이 높다. 문제는 젠더환원주의나 피해자 페미니즘은 정부(국가)를 남성 이해의 보호자로 규정함으로써 여성에게 주어진 기회 구조의 존재를 원천적으로 배제할 위험이 있다. 젠더 관점을 통해 국가(정부)가 남성과 여성 간 이해관계의 중립적 중재자가 아니라는 점은 분명히 해야 하지만, 기회 구조 자체를 인정하지 않는 것은 여성 공무원의 현실을 이해하는 데에 도움이 되지 않는다. 여성 공무원이 만나는 기회 구조의 문제점과 한계를 지적하는 것과 기회 구조 자체를 인정하지 않는 것은 다른 차원이기 때문이다.

여성 공무원의 현실을 논의하는 데 있어서 젠더 환원주의를 경계해야 하는 또 하나의 이유는, 젠더 환원주의가 여성 관련 이슈나 현실을 오히려 분리시킬 가능성이 있기 때문이다(Alvesson & Billing, 2009). 분리는 주변화의 다른 이름이다. 정부 관료제 내 여성의 현실에 지나치게 높은 젠더 감수성을 가지고 접근하는 연구는 소위 남성 중심적 연구에 대한 반동으로 그동안 들리지 않았던 여성의 목소리에만 관심을 집중한다. 이는 남성 대 여성의 대립각을 기반으로 여성이 직면하는 차별적 현실을 보여주려는 의도일 것이다. 그런데 이러한 시도가 여성을 오히려 주변화할 위험이 있다면 재고해야 한다.

주지하는 바와 같이 정부 관료제에서 여성 공무원의 현실은 거시적인 구조와 관행의 영향 속에서 만들어지는 남성 공무원과의 상호 작용이다. 따라서 여성 공무원만이 아니라 남성 공무원의 관점과 목소리를 함께 고려할 때 온전한 현실에 가까워진다. 또 하나, 남성과의 대립각을 세우면서 여성의 목소리에만 집중할 경우 여성 집단 사이에 존재하는 차이를 논할 수 있는 여지가 줄어든다. 여성 공무원의 현실은 남성 공무원과 비교해 차별적이지만, 그 차별성이 모든 여성 집단에게 같은 양상으로, 같은 정도로 나타나는 것은 아니다. 여성 집단 내 인종, 계층, 학벌과 같은 요소에 의해 또 다른 현실의 변이가 얼마든지 만들어지기 때문이다. 따라서 모든 것이 젠더로 설명된다는 젠더 환원주의는 여성 집단 안에 존재하는 현실의 변이를 간과하는 과대포괄의 위험을 안고 있다.

이상과 같이 젠더 환원주의가 갖는 위험을 최소화하기 위해 이 책은 여성주의적 관점만이 아니라 젠더 관계를 이해하는 데 도움이 되는 다양한 관점과 접근을 함께 적용한다. 모든 인간의 경험이 그렇듯, 여성 공무원의 현실 역시 다면적이다. 다면적 현실을 구성하는 하위 요소들은 상호 연계되어 있으면서 동시에 갈등하고 때로는 모순적이기까지 하다. 이는 특정 현실을 관통하는 지배적인 분석 틀이라 해도, 그 현실의 전부를 설명할 수 없는 불완전 대표성을 가질 수밖에 없음을 의미한다(Law & Chi-Sum Wong

(1999)). 따라서 다차원적이고 다원적인 여성 공무원의 현실에 보다 가깝게 가기 위하여 이 책은 젠더 관계에 집중하는 페미니즘 이론만이 아니라 행정학과 조직 연구, 인지 과정과 인간 상호 작용에 대한 심리학 및 사회심리학적 이론, 사회철학, 그리고 지식 생산 과정과 관련한 과학철학의 논의 등 다양한 이론을 선택적으로 적용한다.

'훈련된 성찰'을 위하여

성찰은 "우리가 잊고 있던 것(things we forget), 가볍게 생각하고 있던 가치(values we slight), 무시하고 있던 목표(goals we neglect), 그리고 대면하고 싶지 않은 사실(the facts we do not like to face)에 대한 특별한 관심"이다(Weick, 2002: 7).

역설적 현실 속에서…… 연구자는 기존의 표준화된 접근 방식에 적응할 수만은 없다…… 현실의 기형성(whimsicality)은 다양한 방식을 통한 자료 수집, 복합적인 분석, 역설을 당연시하는 관점이 포함된, 다차원적인 접근을 통해서만 파악될 수 있다…… 이는 고착된 모형과 방식에 대한 근본적인 회의(fundamental scepticism)…… 자신의 (연구) 행위에 대한 비판적 성찰을 요구한다(Koot et al., 1996: 211).

앞의 두 인용은 이 책이 추구하는 '훈련된 성찰'을 대변한다. 여기서 '훈련된'이 의미하는 바는 일반적인 의미의 성찰이나 반성과 구분되는 것으로, 연구자의 지식 생산 과정에서 이루어지는 비판과 반성을 포괄한다. 이 책은 기존의 정부 관료제에 대한 지식 생산 과정에서 잊고 있던 간과되거나 무시되었던, 무엇보다 회피했던 그러나 엄연히 존재하는 현실을 구성하는 젠더 관계에 주목한 비판적 지식 생산을 목적으로 한다는 점에서 성찰적이다.

후술하겠지만, 정부 관료제에 대한 소위 주류 연구는 막스 베버(Max Weber)식 목표 달성의 합리적 도구라는 조직관에 기반을 둠으로써, 남성과 여성 간의 사회적 관계인 젠더에 주목하지 않았다.[1] 또한 방법론적으로도 실증주의로 대변되는 주류 방법론을 그대로 적용하여 관료제에 대한 지식을 생산해왔다. 그러나 실제 관료제 조직에서 여성 공무원이 직면하는 현실을 기존의 연구가 전제하는 합리적 조직관과 실증주의적 방법론 등 고착된 방식으로 설명하는 것은 한계가 있다. 무엇보다 기존의 조직관과 방법론으로는 관료제 조직에서 여성과 남성이 직면하는 현실의 다차원성과 구성 요소들 간의 갈등과 모순을 담아내기 어렵다. 남성과 여성 간의 차별적 경험, 이를 가능하게 하고 지속시키는 조직의 관행과 문화, 능률성과 효과성의 가치 속에 가리어진 불평등이라는 불편한 진실, 가시적인 현상을 현실의 전부로 보는 실증주의 과학관 뒤에 간과된 이면을 보여줄 수 없다.

이처럼 열거된 현실적 한계에도 불구하고, 기존의 조직관과 접근 방법을 고수하고 여성의 목소리에 귀 기울이지 않는다면, 의도하지 않았더라도 결과적으로, 여성의 현실을 왜곡하게 될 것이다. 이러한 문제의식에서 이 책은 기존 연구가 기반하고 있는 실증주의 연구를 통해 들을 수 없었던 여성(또는 남성) 공무원의 목소리 직접 들을 수 있는 질적 방법론을 함께 활용함으로써 균형 있는 접근을 시도한다. 이를 통해 그동안 정부 관료제

1 비판 조직 이론에 따르면, 주류 조직 연구에서 젠더만이 아니라 인종, 계층, 그리고 성적 정체성 등에 따른 차별과 억압, 지배 등을 간과함으로써 사회의 다수 집단의 이익에 기여해왔다. 이처럼 젠더 외에도 기존 조직 연구에서 잊고 있는, 가볍게 생각하는 대면하고 싶지 않은 불편한 현실 등이 있으나 이 책에서는 남성과 여성 간의 관계의 사회적 구성체인 젠더에 주목한다.

에 대한 지식 생산 과정에서 잊혀지고, 무시되고, 간과되어온 현실을 수면 위로 끌어올리고자 한다.

이를 위해 이 책은 관료제 조직 연구에서 여성과 젠더 관계에 대한 기존 관점을 비판하는 대안적 관점에 주목한다. 관료제 조직에서 여성 또는 젠더 관계에 대한 전통적 관점은 "여성을 고치는 것(fix the women)"이다(Ely & Meyerson, 2000: 106). 이는 여성과 남성의 생물학적 차이에 기반을 두고 여성은 관료제 조직의 게임 규칙이 요구하는 기술이나 노하우가 부족하다고 전제한다. 물론 그 게임의 규칙은 남성성을 기준으로 한다. 따라서 이 관점이 중시하는 것은 남성처럼 게임의 규칙에 '잘' 적응할 수 있도록 여성이 부족한 부분을 고쳐서(fix) 채우는 일이다. 만일 남성적 게임의 규칙에 맞게 고쳐지지 않는 여성은 남성과 다른 대우를 받는 것은 당연하며 그것은 차별이 아니다. 이처럼 전통적 관점은 관료제 조직의 남성적 기준이나 체제를 변화시키지 않은 상태에서 문제의 원인을 여성에게 귀착시킨다. 이러한 귀인이 여성에 대한 차별을 정당화한다는 점에서 특히 위험하다.

이러한 전통적 관점을 비판하면서 그동안 보이지 않았던 또는 간과되었던 여성 공무원의 현실을 보여주기 위한 일련의 대안적 논의가 부상했다(Acker, 1992; Ely & Meyerson, 2000; Alvesson & Billing, 2009). 이 책에서는 여성을 고친다는 전통적 관점에 대한 대안적 접근을 비판적으로 수용한다. 이들 대안적 관점은 전통적 관점에 비해 관료제 조직에서 여성의 현실을 보여주는 데 진일보한 측면이 없지 않다. 그럼에도 불구하고 여전히 대안적 관점이 갖는 한계 또한 부인할 수 없다. 전통적 관점에 대한 첫 번째 대안은 '기회 균등' 접근이다. 여성과 남성 간의 차이는 여성의 문제이기 때문에 차별이 아니라는 전통적 관점과는 달리 이 관점은 관료제 조직에서 여성이 권력이나 기회 등 희소 자원에의 접근을 어렵게 하는 차별적 구조의 존재를 인정한다. 따라서 이러한 접근은 여성에게 부당한 구조적 장애를 완화하는 적극적 조치나 일-가족 양립 지원과 같은 개선 정책을 제안한다는 점에서 전통적 관점과는 다르다. 그러나 왜 그러한 차별적 구조가 생성되었는지, 그러한 차별적 구조를 유지시키는 메커니즘은 무엇인지 등 보다 본질적인 논의를 하지 않는 점은 한계이다.

또 다른 대안적 접근은 '여성성의 인정(value the feminine)' 접근이다. 이는 전통적 관점이 남성성을 기준으로 여성의 열위를 당연시하는 것을 비판하면서 여성(성)이 갖는 비교 우위를 평가해야 한다는 입장이다. 남성(성)이 가지지 못했거나 남성(성)을 보완할 수 있는 여성(성)만의 특징을 강조한다. 예를 들어 여성적 리더십, 여성주의 관리 방식(Martin, 1993), 또는 여성성 우위 등이 그것이다. 이러한 대안적 접근이 여성성의 비교 우위를 부각한다는 점에서 진일보한 측면이 있지만, 남성성과 여성성을 구분함으로써, 의도와는 달리, 오히려 성-역할 고정관념을 강화하거나 여성성과 남성성의 분리에 따른 여성(성)의 분리 또는 주변화의 위험을 내포하고 있다.

이상에서 정부 관료제에서 여성 공무원의 현실을 이해하는 데에 있어서 전통적 관점은 물론 이에 대한 비판적 대안으로 제시된 접근 모두 나름의 한계가 있음을 확인했다. 따라서 이 책에서는 대안적 접근을 적용하되, 각각의 접근이 갖는 한계를 최소화하기 위해 관료제 조직 문화와 이데올로기의 남성 중심성을 고려해야 한다는 입장을 견지한다. 관료제 조직에서 여성과 남성의 차별적 현실을 구성하는 것은 남성 중심적 문화와 젠더 이데올로기 및 그러한 문화와 이데올로기가 반영된 젠더화된 관행의 힘이다. 남성 중심적 문화, 젠더 이데올로기 그리고 관행을 그대로 둔 상태에서 동등 기회의 보장을 위한 정책적 노력이나 여성성이 갖는 비교 우위를 강조하는 것 모두 여성 공무원의 현실에 대한 실질적인 변화를 가져오는 데에는 한계가 있다. 수사에 그칠 가능성이 높다.

따라서 이 책은 관료제 조직에서 여성 공무원의 현실에 대한 지식 생산 과정에 배태되어 있는 남성과 여성의 사회적 관계를 규율하는 젠더 문화, 젠더 이데올로기, 젠더화된 관행 및 그 변화에 무게중심을 두고 '기회 균등 접근'과 '여성성 인정' 접근을 추가하는 방식을 취한다. 이러한 노력을 통해 엄연하게 존재함에도 불구하고 정부 관료제에 대한 지식의 생산 과정에서 간과되거나 무시되었던 여성 공무원의 차별적 현실을 가시화하는 '훈련된 성찰'이 가능해질 것이다.

무엇을 볼 것인가?

여성 공무원의 현실을 젠더 관점을 통해 조망하되 젠더 환원주의에 빠지지 않고, 기존의 논의에서 사상되고 간과되었던 이면에 주목하는 성찰적 목표를 달성하기 위해 이 책은 다음과 같이 구성된다. 제목에서 표현되고 있는 것처럼 이 책이 주목하는 것은 젠더 중립성의 '신화'와 여성 공무원의 '현실'이다. 제1부는 〈젠더 중립성의 '신화', 헤게모니, 그리고 지식권력〉의 이름으로 1장부터 4장까지로 구성된다. 이는 관료제 조직에 대한 주류 연구가 기반하는 젠더 중립성을 비판적으로 논의하고 새로운 관점을 제시한다.

1장에서는 공직에서 여성의 약진과 여성 친화적 제도가 오히려 여성 공무원의 젠더화된 현실을 간과하게 하고 더 나아가 왜곡하는 모순으로 작동한다는 점, 이를 밝히기 위해서는 기존 논의와는 다른 관점과 방법론의 적용을 통한 성찰이 필요하다는 것을 제시했다. 그러나 여성 공무원의 현실에 대한 성찰이 젠더로 모든 것을 설명할 수 있다거나 여성은 피해자 남성은 가해자라는 피해주의적 이분법을 전제하는 것이 아님을 제시했다. 이를 통해 이 책이 목표하는 균형 있는 접근을 명확히 한다. 2장에서는 관료제 조직이 일견 젠더 중립적인 것처럼 보이는 것은 허구적 신화일 수 있는 가능성을 제시하고, 그러한 신화가 비가시적이면서 강력한 헤게모니적 지배력을 행사한다는 점을 심층적으로 논의한다. 3장은 젠더 중립성의 헤게모니적 지배에도 불구하고 관료제 조직에 대한 기존의 연구가 이를 그대로 수용함으로써 여성 공무원의 현실을 간과하거나 왜곡하는 지식권력으로 작동할 가능성을 함께 논의한다. 이와 함께 이 책이 생산하는 지식이 지식권력이 되지 않도록 경계하면서 여성 공무원의 현실을 제대로 보여주기 위해 충족해야만 하는 내용적 조건과 방법론적 조건을 구체적으로 제시한다. 4장에서는 젠더 중립성의 신화와 지식권력이라는 추상의 영역과 여성 공무원의 구체적 경험으로 구성되는 현실의 영역을 매개하는 이론적 가교를 제시한다. 여성 공무원이 직면하는 경험의 특수성을 희생시키지 않으면서 그 현실을 관통하는 조망 틀인 이론적 논거를 제시한다. 여성 공무원의 차별적 경험을 조망하는 새로운 은유로서 방화벽(firewall)을 비롯하여 사회적 범주화와 그에 따른 내집단 편향과 왜곡 기제, 그리고 성-고정관념이 관료제 조직으로 유출되는 과정과 성-고정관념의 자기 강화의 기제를 구체적으로 논의한다. 이러한 논거는 인지 과정 및 심리 이론 등에 무게중심을 둠으로써 관료제에서 여성(공무원)은 언제나 피해자, 남성(공무원)은 언제나 가해자라는 이분법의 위험을 완화할 것으로 기대한다.

2부부터 5부까지는 여성 공무원의 '현실'과 다양한 쟁점들을 남녀 공무원들이 일상에서 만나는 살아 있는 경험을 통해 다차원적으로 분석한다. 이를 중심으로 젠더 중립성의 신화가 어떻게 헤게모니적 지배를 하고 있는지를 실증적으로 보여준다.

구체적으로 2부는 여성 공무원이 직면하는 현실의 기저에서 작동하는 성-고정관념의 편재성과 관련하여, 국제 비교를 통해 우리 사회를 관통하는 성-고정관념의 구체적인 지형을 제시하고(5장), 이를 바탕으로 정부 관료제 전반에 존재하는 여성 친화성의 존재 양식을 보여주며(6장), 미시적 차원에서 오랫동안 '남성만의 영역'이었던 국방 조직에 초점을 맞추어(7장) 성-고정관념이 어떻게 여성 공무원의 현실을 구성하고 영향을 미치는가를 실증적으로 보여준다. 3부는 여성 관리자의 권력과 리더십에 대한 것으로, 관리직과 여성성 간 부정합성의 전제하에서 여성 관리자에 대한 부정적인 평가를 가져오는 기반 구조(8장), 남성 관리자와 여성 관리자의 역량과 권력 행사에 대한 차별적 시선(9장), 그 안에서 여성 관리자는 어떤 선택을 하고 그것이 어떤 기회 또는 제약 구조로 작동하는가를 심층적으로 논의한다(10장). 4부는 남녀를 불문하고 조직에서의 역량 발휘와 경력 성공에 중요한 요소인 네트워킹 중 하나인 멘토링을 둘러싼 선택적 편입과 배제에 주목한다. 멘토링 형성 과정에서 남성 공무원과 달리 여성 공무원이 경험하는 어려움(11장), 남성 멘토에 대한 선호의 구조적 원인과 그 이면의 젠더 역학(12장), 이러한 젠더 역학을 대하는 남녀 공무원의 시각 차이(13장) 등을 다각도로 조명한다. 5부는 여성 공무원의 현실을 구성하는 마지막 차원인 일-가족의 양립을 다룬다. 남성 부양자 이데올로기의 영향력이 약화되면서 나타나는 일-가족 양립의 불가피성과 이를 둘러싼 수사와 현실의 이중성(14장), 그리고 정부 관료제 조직을 지배하는 노동시간 관행이 일-가족 양립의 젠더화된 이중성을 강화하는 방식을 보여줌으로써(15장), 정부 관료제 조직에 여전히 건재하는 남성 부양자 이데올로기의 영향력을 재확인한다.

2부에서 5부까지 저자는 지식권력이 되는 것을 막기 위해 제시된 내용적 조건과 방법론적 조건을 염두에 두면서 논의를 진행한다. 실증주의의 양적 방법론과 심층 면접 및 근거 이론과 같은 질적 방법론을 모두 활용하는 혼합 방법론을 적용한다. 또한 여성 공무원의 현실은 남성 공무원과의 관계 속에서 보다 명확해진다는 점에서 여성 공무원의 경험만이 아니라 남성 공무원이 이해하고 해석하는 여성 공무원의 현실을 함께 제시함으로써 다각적이고 균형 있는 접근이 되도록 노력했다.

2장

도구적 합리성에 기반을 둔 젠더 중립성의 신화

신화, 이데올로기, 그리고 헤게모니: 그 삼각 구도

신화의 사전적 정의는 다양하지만, 상호 연계된 두 가지 차원에서 논의할 수 있다(Oxford Dictionary). 첫째는 일반적인 의미에서 영웅 또는 영웅적(특이한) 사건에 대한 전설적 이야기를 의미한다. 영웅적 인물이나 사건은 사실에 기반을 둔 것도 있지만, 그렇지 않은 것도 있다. 여기서 주목할 것은 설사 사실적 기반이 존재하지 않아도 큰 문제가 되지 않는다는 점이다. 이러한 의미의 신화는 인공적으로 만들어진 이야기, 상상 속의 아이디어, 심지어 허구일 가능성을 내포하고, 이를 인정한다. 두 번째 신화의 의미는 위에 제시한 일반적인 의미의 신화를 사회적인 맥락과 연계한 것이다. 여기서 신화는 입증되지 않거나 허위일 수도 있는 집합적인 신념을 의미한다. 집합적 신념으로서의 신화는 객관적이지 않으며, 무엇인가를 은폐하거나 현실성을 결여한 경우도 많다.

흥미로운 것은 그럼에도 불구하고 신화는 많은 사람들에 의해 사실로 받아들여지고, 또한 그렇기 때문에 다양한 사회적 기능을 수행한다는 점이다. 신화는 특정의 사회에 존재하는 모순이나 역설을 투영하는 하나의 방식이기도 하고, 복잡성을 감소시키는 방법이기도 하다. 또한, 사회적인 구성물인 신화는 특정 사회 구성원의 태도, 행태 그리고 이데올로기를 설명하는 의미 형성 체제(sense making system)이다. 그렇기 때문에 신화는 특정 사회의 구성 요인 모두를 정확하게 반영하거나 표상하지 않으면서도 특정의 사회 제도나 질서를 정당화하는 거시적인 기능을 한다(Campbell, 1995).

신화는 이데올로기 및 헤게모니와 연결하여 논의할 때 보다 명확한 이해가 가능하다. 주지하는 바와 같이 이데올로기는 사회적 의미를 생성하는 데에 사용되는 유형화된 신념, 아이디어 그리고 가치체계이다. 이데올로기는 '무엇이 존재하는가(what exists)'와 같은 현상에 대한 객관적인 기술을 넘어서 '무엇이 바람직한가(what is good)' 또는 '무엇이 (불)가능한가'(what is (im)possible)와 같은 가치 개입적인 판단으로 확장된다(Therborn, 1980; Johnston & Swanson, 2006: 509). 자연스럽게 이데올로기는 객관적인 현실을 반영한다기보다는 특정 방식으로 현실을 구성하는 역할을 한다. 더 나아가 이데올로기는 역사적 또는 사회적 현실을 구성함과 동시에 역사적이고 사회적인 조건에 의해 구성되는 양면성을 갖는다. 말할 것도 없이 이데올로기는 특정 사회 구성원의 행동을 평가하는 기준이 되고, 특정 현상이나 관계를 정당한 것으로 만들 수도 있고, 부당한 것으로 만들 수도 있다. 이렇게 볼 때 특정 사회, 특정 현상을 둘러싼 신화는 특정 사회의 이데올로기적 발현체라고 보아도 무방할 듯하다.

한편, 신화나 이데올로기에는 사회 구성원의 특정 행위나 태도에 대한 제재 및 보상을 통해 일정한 방향으로 현실을 구성하려는 사회적 의도가 내포되어 있다. 물론 특정 사회에서 특정 행위나 태도를 일정한 방향으로 유도하려는 의도는 물리적인 강압이나 억압을 통해서도 구현될 수 있다. 실제로 인간의 역사는 물리적이고 강압적인 방식이 어떻게 발현되고 그 안에서 인간의 행태와 관계가 어떻게 구성되어왔는지를 여실히 보여준다. 그러나 이러한 강압적이고 가시적인 방식과 달리, 인간의 행태, 관계 그리고 이를 기반으로 하는 집합적인 사회의 운영 방향 등이 형성되고 유지되며 강화될 수 있는데, 그것을 가능하게 하는 기반이 신화나 이데올로기이다. 여기서 신화나 이데올로기가 헤게모니와 연결되는 지점을 발견하게 된다.

인간의 행태, 관계 유형은 물론 사회의 운영 방향을 물리적이고 가시적인 방식을 통해 유도하는 것이 아니라 비가시적이고 문화적으로 유도하는 일련의 과정은 헤게모니 개념을 통해 조망된다. Gramsci(1971)에 따르면, 헤게모니는 직접적이고 노골적인 지배와 억압의 형태를 넘어선 비가시적이고 내적인 정치를 규율하는 간접적이며 문화적인 지배를 의미한다. 강제성과 물리력을 행사하지 않으면서 구성원들의 행태를, 그들 간의 관계를 그리고 그것의 집합체인 사회를 일정한 방향으로 가게 하는 위력을 발휘한다. 이러한 헤게모니적 지배를 통해 계급 갈등, 성별 분업, 인종적 우월성 등 사회적으로 존재하는 다양한 형태의 계서제가 정당화되고, 유지되며, 지속적으로 재생산된다(Coppock et al., 1995). 헤게모니는 직접적인 힘(force)이기보다는 문화 및 제도를 통해 행사되는 주도권(ascendancy)이다. 조직에서 직접적인 무력의 사용이나 위협은 헤게모니가 아니다. 오히려 어떤 힘이 관례나 관행, 임금 구조, 상호 작용 방식 등에 배태되어 작용할 때 비로소 헤게모니가 된다(Connell, 1987).

이러한 헤게모니는 특정 지배(주류) 집단의 삶의 방식—언어적, 경제적, 사회적—이, 강요하지 않는 것처럼 보이면서, 피지배(비주류) 집단의 인식과 삶의 방식에 간접적이지만 강력하게 행사되는 주도권이다. 간접적이고 문화적인 지배는 마치 피지배 집단의 동의를 얻은 듯, 집단 간 관계를 규율하는 담론 형성의 준거로 기능하기도 하고, 푸코식의 지식/권력으로 작동하기도 한다(원숙연, 2012). 지식권력은 물리적 강제나 압력과는 다른 양상으로 행사되는 권력으로 특정 사회에서 '특정 방향(속성)으로의 선택', '특정 방향(속성)의 배제'를 결정하는 비가시적인 영향력이다(Faucault, 1980). 이처럼 비가시적인 헤게모니는 가시적인 권력보다 결코 약하지 않다. 오히려 비가시적이기 때문에 권력 행사에 따른 저항이나 반발을 피해갈 수 있는 이점을 향유한다. 이것이 직접적인 강제보다 아이디어나 이데올로기를 통할 때 보다 효과적인 지배와 억압이 가능하다는 Althusser의 논리와 궤를 같이하는 부분이다(Althusser, 1977; Coppock et al., 1995).

이러한 아이디어와 이데올로기는 마치 상식처럼, 현재 존재하는 주류-비주류 간의 관계나 지배 집단의 세계관을 자연스러울 뿐 아니라 불가피한 현실로 받아들이게 한다. '집합적 상식(collective common sense)'이 되는 것이다(Coppock et al., 1995; 18; cf. Ishaq & Hussain, 2004; Pettersson et al., 2008). 특정 사회에 존재하는 삶의 방식 또는 관계 형성의 기준을 주류 집단의 것으로 삼고, 그 기준과 다른, 그 기준으로부터 벗어나는 것은 '다른 것'을 넘어서 '일탈'로 규정하게 하는 문화적인 영향력으로 작동하는 것이다. 말할 것도 없이 그러한 일탈은 긍정적일 수 없으며, 당연히 제재의 대상이 된다. 이러한 헤게모니적 지배를 통해 "주변부는 부적합하다는 주변부의 신화"(myth of marginality…… margin as irrelevant)가 강화되는 과정이 작동하게 된다(Campbell, 1995: 17).

젠더 중립성, 도구적 합리성의 또 다른 얼굴

그렇다면 여성 공무원의 현실을 구성하는 데에 있어서 신화, 이데올로기, 헤게모니의 삼각 구도는 어떻게 작동할까? 이러한 질문에 답을 구하는 데 있어서, '젠더 중립성'이 유용하다. 이는 신화처럼 보이지는 않으나(보이지 않기 때문에) 강력하고, 편재되어 있으나 없는 것처럼 느껴지는 헤게모니적 지배를 행사한다는 인식을 기초로 한다. 무엇보다 여성 공무원의 현실을 구성하는 중요한 공간인 정부 관료제 조직이 기반하는 도구적 합리성이 오히려 젠더 중립성의 신화를 강화하는 요소임을 밝힐 필요가 있다.

관료제 조직은 도구적 합리성의 총화로 평가된다. 도구적 합리성은 목표-수단 합리성으로, 특정의 목표를 달성하기 위해 가장 효과적인 수단을 고려하는 인간의 행동과 관련된다(Weber, 1968; Kalberg, 1980; 임의영, 2005). 도구적 합리성은 특정 목표를 달성하는 데에 있어서 비용효과적인 수단에 초점을 맞춘다. 당연한 귀결로 도구적 합리성에서는 특정 행위를 둘러싼 방법(hows)에 초점을 맞출 뿐 왜(whys) 그 행위가 필요한지에 대한 물음은 사상된다(Kalberg, 1980). 다시 말해 도구적 합리성이란 제한된 선택의 조건 하에서 원하는 목표를 달성하기 위한 최적의 행위 방식을 취하는 것으로 설정된 목표 자체가 옳은 것인가에 대한 물음은 관심 영역 밖이다.

도구적 합리성은 막스 베버(Max Weber)식 관료제 조직의 존재 이유이면서 동시에 관료제 조직을 통해 극대화된다. 잘 알려진 것처럼, 베버의 관료제는 근대성의 총화이다. 그 기반은 합리적이고 법적인 권위이다. 전근대의 전통적 권위나 개인적이고 비합리적이기까지 한 카리스마적 권위를 넘어선 객관적이고, 그래서 보편적인 힘이다. 사실, 베버의 근대성에 대한 논의의 핵심은 바로 이 보편적인 힘, 즉 합리적인 지배에 있다(Weber, 1968; 임의영, 2005). 보편적이고 합리적인 지배를 구성하는 요체는 '누구나' 그 힘을 가질 수 있고, 그 힘을 가진 사람은 '누구나' 예측 가능한 방식으로 그 힘을 행사할 수 있다는 점이다. 이는 자연스럽게 지위권과 연결된다. 특정 지위에 오르기만 하면 '누구나' 그 지위에 부여된 힘을 행사할 수 있고, 그 힘의 행사 방식은 바로 그 지위 자체에 배태되어 있다. 따라서 누가 그 지위에 오르던 상관없이 그 지위에 부여된 같은 양의 힘을 같은 방식으로 그래서 예측 가능한(일관된) 방향으로 행사할 수 있다고 전제된다. 이와 같은 예측 가능성을 확보할 수 있는 하나의 장치는 엄격하게 규정된 법규에 의해서 업무 수행이 이루어지며 문서의 형태로 보관되는 것이다. 이에 따라 책임 소재가 명확해지고 일관성이 확보될 수 있다.

그렇다면 도구적 합리성을 구현하는 데에 있어서 특정 지위에는 어떻게 진입하고 더 높은 지위에는 어떻게 오를 수 있을까? 그것은 전근대 조직에서와 같이 생래적이고 주관적이며 개인적인 배경이나 때로는 충성심과 같은 비합리적 요소에 기반을 둔 것이 아니다. 객관적이고 계산 가능한 역량(competence)이 관건이다. 객관적인 역량의 강조 역시, 전술한 바와 같이, 누구나 '그 역량만 갖추어져 있다면' 관료제 조직에 진입할 수 있으며 권위를 행사할 수 있는 지위에 오를 수 있음을 전제한다. 그(녀)가 누구인가(who they are) 또는 누구를 아는가(who they know)가 중시되던 전근대적 조직과는 달리 관료제 조직은 무엇을 할 수 있는가(what they do), 다시 말해 목표 달성에 필요한 역량을 가졌는가가 권한 행사의 기반이 되고 특정 지위에 오를 수 있는 기준이 된다.

이러한 관료제 조직의 특성과 운영 방식은 명확히 규정된 계서제의 지배를 정당화한다. 객관적이고 계산 가능한 역량에 기반한 지위권의 행사는 이미 정해진 법규에 따라 이루어지기 때문에 합법적이며, 특정 지위에서는 동일한 방식으로 행사되기 때문에 객관적이다. 이러한 권한의 행사는 그 자체로서 보편적이고, 적어도 그 조직을 떠나지 않는 한, 이를 거부할 이유가 없다. 이렇게 본다면 관료제 조직의 도구적 합리성은 별 문제가 없어 보인다. 비인격적 지배(impersonal domination)에 기반을 두고 있어서 합목적적이기 때문이다. 이러한 합목적성은 당연히 젠더, 인종, 배경과는 무관한, '젠더'-중립적이고, '인종'-중립적이며, '계급'-중립적일 뿐 아니라 '성정체성'-중립적이다. 관료제 조직이 설정한 목표를 달성하는 데에 기여할 수 있는 역량만 소지하고 있다면, 그(녀)는 얼마든지 특정 지위에 진입할 수 있으며 더 높은 지위로 상승할 수 있는 것이다. 같은 지위라면 같은 권력을 행사하고, 같은 처우를 받지만, 다른 지위라면 다른 권력을 행사하고 다른 처우를 받는 것은 당연하다. 합리적이지 않은가?

젠더 중립성, 그 신화로서의 증거

이처럼 도구적 합리성에 기반을 두고 있는 젠더 중립성은 합리적인 조직화 원리로 보인다. 그러나 그 이면을 자세히 보면 그것이 신화로 작동할 몇 가지 가능성이 포착된다. 전술한 바와 같이 신화는 일종의 집합적 신념으로 입증되지 않고 허위일 수 있음에도 불구하고 마치 사실인 듯 받아들여진다. 특히 신화는 특정의 현상에 존재하는 모순이나 역설을 감추기도 하고, 특정의 제도나 질서를 정당화하기도 한다(Campbell, 1988; 1995). 이러한 개념을 받아들일 때 관료제 조직에서 젠더 중립성이 신화일 수 있는 가능성은 관료제 조직에서 발현되는 현상과 현실에 젠더가 개입되어 있음을 의미한다. 그럼에도 불구하고 마치 젠더와는 무관한 것처럼, 그래서 합리적인 것처럼 구성원에게 공유되어 있기 때문에 신화인 것이다.

전술한 바와 같이 도구적 합리성의 총화로서 관료제 조직은 누구나 객관적이고 계산(측정) 가능한 역량을 가지고 있다면 관료제 조직에 진입할 수 있으며, 특정한 지위권을 행사할 수 있다고 전제한다. 그리고 지위권은 행사자가 누구인가가 아니라 무엇을 할 수 있는가를 기준으로 한다. 따라서 지위권의 행사는 저항 없이 당연하게 받아들여진다. 그렇다면 이러한 기준이 남성, 여성 모두에게 보편적으로 적용되고 있을까?

먼저, 누구나와 관련하여, 실제 조직에서 그 누구나는 중립적인 개념이 아니라 비주류 집단의 구성원인 여성(유색 인종, 하층부, 동성애자)이기보다는 남성(백인, 상층부, 이성애자)일 가능성이 높다. 기존의 관료제 조직 연구에서 주요 관심 대상이 남성의 경험과 연결되어 있음이 이를 증명한다.

관료제 조직에 대한 실질적 이해를 위해서는 남성과 여성 어느 한쪽도 배제되어서는 안 됨에도 불구하고, 기존 연구들은 남성-편향성(male-stream)을 특징으로 한다. 자연스럽게 여성의 경험에 대해서는 침묵해왔다. 관료제 조직에서 여성에 대한 논의가 전혀 없었던 것은 아니지만 그저 여성을 생물학적 성(sex)의 구성 요소로서 규정하여 하나의 더미변수로 처리했을 뿐이다. 일견 중립적으로 보이는 그 누구나로부터 여성이 배제되는 방식은 여성의 경험을 기준인 남성의 경험으로부터 벗어난 "다른 무엇인가(the other)"로 규정하는 것이다. "기준으로서 남성 증후군(the male-as-norm syndrome)"이 그것이다(Wilson, 1995). 더욱이 주목해야 할 것은 남성적 경험으로부터의 일탈은 "여성=골칫거리(women=problems)"라는 가치개입적 등식으로 이어진다는 점이다(Wilson, 1995: 3).

관료제 조직이 표방하는 젠더 중립성이 신화일 수 있는 또 하나의 가능성은 객관적인 역량과 관련된다. 이미 논의한 바와 같이 도구적 합리성을 표방하는 관료제 조직에의 진입 및 지위권의 행사를 위해서는 객관적이고 계산 가능한 역량이 선결 조건이다. 그 역량만 갖추고 있다면 누구나 관료제 조직에 진입하고 영향력을 행사할 수 있다. 그러나 이것은 어디까지나 표면적인 현상일 뿐 현실에서 그 역량은 남성성을 전제한다는 점에서 젠더 중립성과는 거리가 있다. 그것이 바로 헤게모니적 남성성(hegemonic masculinity)이다(Connell, 1987: 183; Cockburn 1991). 헤게모니적 남성성은 물리적이고 강압적인 방식으로 남성성을 강요하는 것이 아니라 비가시적이고 비강압적으로 그래서 더 강력한 헤게모니적 방식으로 행사되는 남성성을 잘 보여준다. 헤게모니적 남성성은 문화적으로 이상적인 남성성으로, 여성성과 대비되며 여성성에 대한 우위를 전제한다.[1] 문화나 맥락에 따라, 또는 분야에 따라(예: 스포츠 분야, 미디어 분야, 범죄학 분야 등) 이상적이라고 평가되는 헤게모니적 남성성에 편차가 존재하고, 상황에 따라 변화하는 남성성이 목격되기는 하지만, 관료제 조직에서 작동하는 헤게모니적 남성성을 관통하는 것은 권력, 권위, 공격성 등으로 요약된다(Connell, 1987; Connell & Messerschmidt, 2005). 흥미로운 것은 관료제 조직에서 작동하는 헤게모니적 남성성은 개인 또는 집단 구성원으로서 남성이 소유하는 특성에 한정되지 않는다는 점이다. 단순한 남성성으로서의 권력이나 공격성을 의미하는 미시적 개념을 넘어서서 사회적 행위 및 상호 작용은 물론 조직 관행이나 제도 모두에 작용하는 거시적인 영향력이다.

구체적으로 관료제 조직에서 헤게모니적 남성성은 여성적 업무 또는 남성적 업무, 리더십의 구사 방식을 둘러싸고 그 영향력을 발휘한다. 공격성과 권위 등 헤게모니적 남성성이 조직 관행이나 문화 속에 배태되어 있어서 그와 다른 형태로 구사되는 리더십은 부정적으로 평가된다. 그것은 여성에게만이 아니라 '남성적이지 않은 남성'에게도 그대로 적용된다. 조직에서 사용되는 언어나 담론 속에도, 섹슈얼리티의 쟁점(동성애 대 이성애, 조직 내 성희롱)에서도 공격성, 강인함, 권력 지향과 같은 남성성에 대한 보이지 않은 강요가 존재한다(Demetriou, 2001; Alvesson & Billing, 2009).

---

1 Demetriou(2001)는 '헤게모닉 남성성'을 두 가지 형태로 구분했다. 하나는 외적 헤게모니(external hegemony), 다른 하나는 내적 헤게모니(internal hegemony)이다. 전자는 여성에 대한 남성 지배가 사회적으로 구성되고 제도화되는 것을, 후자는 특정 남성 집단에 의한 나머지 남성 집단의 지배를 말한다(p. 341). 즉, 후자는 헤게모니적 남성성에 부합하지 않는 남성 집단(예: 동성애 남성, 비주류 집단의 남성……)에 대한 지배를 설명한다. 이처럼 헤게모니적 남성성은 여성(성)에 대한 남성(성)의 우위만을 의미하지는 않지만, 이 책의 기본적 관심이 여성 공무원이라는 점에서 외적 헤게모니에 한정하여 논의한다. 향후, 외적 헤게모니만이 아니라 조직 내에 존재하는 내적 헤게모니로 논의의 지평을 넓힐 필요가 있다.

장시간 노동을 강조하고 오래 일할수록 조직이나 업무에 대한 충성심이나 헌신이 높은 것으로 평가하는 것 역시 남성성의 헤게모니적 작동이다. 사적인 영역으로부터 발생하는 시간 압력을 감수하면서 조직을 위해 헌신하는 것이 이상적 구성원으로 규정되고 따라서 보상을 받는다. 자연스럽게 장시간 노동이 가능하지 않거나 그에 부합하지 않는 구성원은 부정적으로 평가되고 차별적 보상을 받는 것이 당연시된다. 장시간 노동 요구에 부응할 수 있는 것은 남성일 가능성이 높다. 공적인 영역과 사적인 영역 간의 침윤 가능성을 인정하지 않는 조직 관행과 문화는 물리적이고 강제적인 힘은 아니지만 이에 부응할 수 없는 기혼 여성이나 개인적 이유로 이에 따를 수 없는 남성에게는 부정적인 영향을 미치게 된다. 문제는 이들에 대한 부정적인 평가나 차별적 경험은 당연하고도 자연스러운 것으로 저항 없이 수용하게 만드는 것이다. 이것이 바로 헤게모니적 지배의 양상이다.

일각에서는 관료제 조직에서 작동하는 헤게모니적 남성성의 지배는 그간 여성이 조직에 진출한 역사가 짧아서 나타나는 시간의 문제로 규정하기도 한다. 그러한 규정을 따른다면 관료제 조직은 본질적으로 젠더 중립적인데 일시적으로 젠더가 개입된 것일 뿐 일정한 시간이 지나면 다시 제자리로 돌아갈 한시적인 문제가 된다. 또 다른 측면에서 1980년대 이후 불어 닥친 신자유주의의 파고와 이에 기초한 신-관리주의의 물결 속에서 관료제 조직의 젠더 중립성이 구현될 가능성을 찾기도 한다. 신-관리주의는 비용 중심의 시장 효율성 논리에 입각한 도구적 합리성에 무게중심을 두고 있고(Hood, 1991; Ferlie et al., 1996), 이러한 상황은 객관적인 역량을 가진 구성원이 부각되기 때문에—남성이든 여성이든 상관없이—관료제 조직에서 젠더 중립성이 보다 강화될 것으로 기대한다. 객관적인 성과를 중시한다는 점에서 보면 신-관리주의가 젠더 중립적인 것처럼 보일 수도 있다.

그런데 신-관리주의를 좀 더 자세히 들여다보면 그리 간단하지만은 않다. 주지하는 바와 같이, 신-관리주의는 신자유주의를 기반으로 한 혁신과 무한 경쟁을 강조한다. 이는 공사 조직 모두에게 공히 적용된다. 그러나 주목해야 하는 것은 신-관리주의가 요구하는 그 역량만 갖춘다면이라는 가정은 남성과 여성에게 등가(等價)가 아니라는 점이다. 혁신과 무한 경쟁을 강조하는 신-관리주의에서는 '그 역량'이 다른 구성원들과 같은 수준에 미치지 못하거나 특정 기준에 부합되지 않는 경우 가차없이 가해지는 차별적인 처우(임금, 승진, 직업의 안정성까지)는 당연하게 받아들여야 한다. 그 기준은 남녀 모두에게 동등하게 적용되기 때문에 표면적으로 볼 때 젠더 중립적일 뿐 아니라, 여성이 조직에서 성공할 수 있는 기회가 확대된 것처럼 보일 수 있다. 그 기준은 강력한 공(조직)-사(가정)의 이분법 아래에서 작동한다(Halford et al., 1997; Halford & Leonard, 2001). 무한 경쟁을 강조하는 관리 논리 하에서 사적 영역이 공적 영역에 유출되는 것을 수용할 여지가 현격하게 줄어든다. 역량에 대한 평가 기준도 이미 본 것처럼 여전히 남성적이지 중립적이지 않다. 신-관리주의는 여성으로 하여금 '수퍼우먼'이 되든가, 만일 그렇지 못하면 남성과 다른 차별적인 처우를 당연하게 받아들일 것을 요구한다. 결국, 신-관리주의가 전제하는 목적 합리성에 부합하는 그 역량을 갖추기만 한다면이라는 전제는, 능력주의(meritocracy)의 얼굴을 한 남성성의 또 다른 헤게모니적 지배인 것이다.

이상의 논의를 따르면, 관료제 조직에서 도구적 합리성의 얼굴을 하고 있는 젠더 중립성은 객관적인 사실이기보다는 많은 사람들에 의해 사실로 받아들여지는—받아들이도록 강요된—신화일 가능성이 높다. 젠더 중립성의 신화는 관료제 조직에 존재하는 어떤 모순이나 역설을 정당화하기 위한 것일 수도 있고, 조직 구성원의 태도나 행동 그리고 관계를 특정한 방향으로 형성·유도하려는 목적일 수도 있다. 더 적극적으로는 관료제 조직에 존재하는 갈등을 위장하는 역할을 수행할 수도 있다. 이러한 역할을 수행하는 젠더 중립성은 섹슈얼리티와 같은 민감한 이슈에 침묵하는 것과 같은 미시적인 차원에서 발현되기도 하고, 관료제 조직에서 젠더 평등이 달성되었다는 믿음과 같은 거시적이고 근본적인 차원으로 연결되기도 한다. 미시든 거시든, 실질적인 기능이 무엇이든 주목해야 하는 것은 비가시적이고 비강압적이며 문화적인 헤게모니로서 기능한다는 점이다. 비가시적이기 때문에 가시적인 권력보다 강하고 비가시적이기 때문에 저항이나 반발을 피해갈 수 있다. 그것은 헤게모니적 지배가 가진 최대의 강점이다. 저항이나 반발 없이—최소화하면서—현재 존재하는 지배(남성성)-피지배(여성성) 간 관계나 지배 집단의 세계관을 '자연스러울 뿐 아니라 불가피한 현실'로 조용히 받아들이도록 하기 때문이다.

3장

지식의 정치학

지식권력에 대한 반성과 경계

젠더 중립성의 신화와 지식권력

지금까지 논의한 것처럼 젠더 중립성은 신화로서 여성 공무원의 현실에서 모종의 헤게모니적 지배를 행사하고 있을 가능성이 포착되었다. 이러한 '가능성'을 '현실'의 영역으로 끌어올리기 위해서 젠더 중립성의 헤게모니적 지배 속에서 여성 공무원에게 가해지는 제약은 무엇이고 그 속에서 어떤 선택을 하고 있는지, 이를 통해 여성 공무원의 현실은 남성 공무원의 그것과 비교하여 어떻게 다르게, 그리고 얼마나 차별적으로 구성되고 있는지를 지식 생산의 차원에서 밝히는 것이 이 책의 목적이다.

최근 여성 공무원이 증가함에 따라 여성에 대한 연구가 과거보다 더 많이 이루어지고 있지만, 정부 관료제 연구에서 여성이나 젠더는 주변부에 머물러 있는 소외된 주제임은 분명하다. 그 이유 중 하나는 전술한 도구적 합리성을 기반으로 한 조직관과 무관하지 않다. 이러한 상황에서 젠더 중립성의 헤게모니적 지배를 여성 공무원의 현실을 통해 밝히기 위해서는 그간 주변부에 머물러 있던 여성과 젠더에 대한 지식 생산의 새로운 영역을 구축해야 한다. 이를 위해 이 장에서 지식 및 지식 생산을 둘러싼 '정치'에 주목하고자 한다. 지식의 정치란 누구의, 누구에 대한 지식이 정당한 것이며 얼마나 다양한 담론이 가능한가에 대한 물음과 연결된다 (Gherardi, 2011). 이는 '누구'에 대한 지식이며 그 지식을 '어떻게' 생산하며, 어떤 방식이 타당한가로 세분할 수 있다. 전자는 지식의 원천에 대한 것이고, 후자는 지식 생산 방식과 그 방식의 타당성에 대한 판단이다.

먼저 지식의 원천과 관련하여 이 책은 정부 관료제 조직의 소수 집단 구성원인 여성을 대상으로 한다는 점에서 '정치적'이다. 주류 조직 연구가 기반하고 있는 젠더 중립성에 대한 문제 제기로부터 출발함에 따라 이 책은 주류 대 비주류, 소수 집단 대 다수 집단, 여성 대 남성의 이분법적 구도를 기반으로 한다. 이러한 이분법적 구도에는 불가피하게 권력 관계가 배태되어 있다. 이는 정부 관료제 조직에 존재하는 희소 자원의 배분 양식에 대한 문제 제기와 배분 양식의 변화에 대한 요구를 포함한다는 점에서 또다시 정치적이다. 전술한 헤게모니적 남성성이 자원 배분에 있어서 지배적 권력을 행사함으로써 헤게모니적 남성성과 거리가 있는 여성(성)이나 남성이지만 헤게모니적 남성성과는 차이가 있는 남성의 경험은 폄훼되거나 기준으로부터 이탈된 것으로 치부되었다. 당연한 귀결로, 이들은 희소 자원 배분의 주변부에 위치하게 된다. 젠더 중립성 역시 헤게모니적 남성성과 함께 여성과 젠더가 주변부에 위치하도록 영향력을 행사해왔다. 바로 이러한 역학을 이 책은 보여주려고 한다.

한편, 지식 생산 방법의 선택 및 그 선택의 타당성에 대한 논제가 정치를 등장시키는 또 다른 지점이다. 논리적으로 시공에 따른 차이가 존재하지 않는 자연 현상과 달리 시공이 맥락으로 작용하는 사회 현상에 대한 지식 생산 과정에서 표준화된 방식이란 엄밀한 의미에서 존재하지 않는다.

존재론과 인식론적 기반이 다르고, 강조점을 어디에 두어야 할지가 객관적이지 않기 때문이다(Burrell & Morgan, 1979). 그럼에도 불구하고 현실적으로 자연 현상이 아닌 사회 현상에 대한 지식 생산에 있어서 중요한 덕목은 여전히 과학성, 객관성, 예측 가능성 및 일반화 가능성 등이다. 이러한 경향성은 관료제 조직에 대한 주류 연구에서도 그대로 나타난다. 과학통일의 기치 아래 자연과학적 방법론을 사회 현상에 그대로 적용함으로써 과학성을 담보할 수 있다고 전제하기 때문이다. 자연과학적 방법론은 주관적이고 독특한 개인의 경험을 숫자로 표시하고 평균으로 치환하는 방식으로 접근한다. 평균으로부터 벗어나는 것은 이상치로 간주되어 제거된다. 이처럼 평균으로 치환되는 실증주의 방법론은 주류 집단(남성, 백인, 중산층 이상)의 경험을 담아내는 데는 유효할지 모르나 주류 집단과는 다른 경험을 할 수밖에 없는 비주류 집단(여성, 유색 인종, 중산층 이하)의 현실을 보여주는 데는 한계가 있다. 같은 맥락에서 여성과 남성의 경험이 다름에도 불구하고, 젠더 중립성이라는 이름으로 남녀 모두의 경험과 현실을 동일선상에서 평균으로 치환하는 것은 여성의 다른 경험은 사상되고 여성의 목소리가 남성의 목소리에 묻힐 수밖에 없는 한계가 있다(원숙연, 2014b).

이처럼 정부 관료제에 대한 지식을 생산하는 과정에서 지식의 원천과 지식 생산 방법에 대하여 특정한 방식의 '선택'과 특정 방식의 '배제'에 권력이 작동한다. 이러한 권력은 막스 베버식 권력이 함축하는 강제적이고 거시적인 권력이 아닌, 편재되어 당연시되는 지식 생산을 통해 행사되는 과정이나 전제로서의 권력이다. 즉 푸코식의 지식권력이다(Foucault, 1977). 푸코의 지식권력은 인간의 삶 속에서 구현되고 재현되는 방식이 기존의 상품(commodity)으로서의 권력 개념과 다르다는 문제 제기에서 출발한다. 상품으로서의 권력이란 특정 개인, 제도, 구조 속에서 재현되고 '소유'되는 어떤 물리적이고 실체적인 힘으로서의 권력이다. 그러나 푸코식의 권력관에서 "권력이란 획득되고, 장악되고 또는 공유되는 어떤 것이 아니다…… 오히려 권력은 관계이기 때문에, 행사될 때 비로소 보인다"(Foucault, 1981: 94; Foucault, 1983). 권력은 상품과 같은 상태가 아닌 관계이며 특정한 제도나 실체와 연결되기보다는 관행 또는 절차와 연결된다. 이렇게 권력을 개념화할 경우, 누가 권력을 가지고 있는가 또는 어디에 권력이 존재하는가는 관심이 아니다. 권력이 '어떻게 행사되는가'가 중요해진다. 이처럼 권력을 관계 개념으로 관행과 절차에 반영되어 나타나는 것으로 규정할 때 다음과 같이 지식권력의 존재가 인정된다.

> "권력의 행사는 그 자체로서 새로운 지식 대상을 창출하고 새로운 지식 대상의 부상(浮上)을 가능하게 하며…… 새로운 지식 체제를 축적하는 것이다…… 권력의 행사는 지속적으로 지식을 만드는 것이고…… 지식은 지속적으로 권력의 효과성을 유도해낸다…… 지식 없이 권력의 행사는 가능하지 않으며 권력의 창출 없이 지식 또한 가능하지 않다."(Foucault, 1980: 52; Townley, 1993: 521 재인용)

이렇게 볼 때, 지식은 그 자체로서 독립적이지도 권력으로부터 유리되어 있지도 않으며 권력 발현의 원천이면서 권력의 행사를 가능하게 한다. 특정한 지식과 기술은 특정한 것을 '알게 함으로써(knowable)' '통치 가능하게(governable)' 만든다. 따라서 지식을 생산하는 과정이나 과학적 방법은 현실을 보여주는 중립적 도구가 아니며, 과학적 담론과 그것을 만들어내는 과정은 권력을 행사하는 것이 된다. 결국, 지식이란 진공 상태에서 비정치적이고 객관적으로 존재하는 것이기보다는 특정 권력의 필요에 따라 만들어지고 유포될 수 있는 개연성이 있다. 지식권력으로 작동하는 것이다. 지식권력은 은밀하고 미시적으로 행사되기 때문에 권력에 대항한 명시적 저항으로부터 일정 부분 자유롭기까지 하다. 비가시적이고 지식의 형태로 존재하여 은밀한 방식으로 행사되는 지식권력은 "편재되어 있지만 어디에도 없는(everywhere and yet nowhere)"이율배반적인 속성을 갖는다(Pringle, 2005: 263). 이처럼 정치적 속성을 갖는 지식 및 지식 생산 과정에서 어떤, 누구의 경험은 받아들이고 어떤 누구의 경험은 배제하는, 또는 어떤 방법은 받아들이고 어떤 방법은 배제하는 편입과 배제는 저항과 반발을 최소화하면서 헤게모니적 지배를 행사하는 것이다. 결국 보편적이거나 객관적인 지식이란 현실적으로 존재하지 않으며, 지식 또한 사회적, 정치적 구성물인 것이다. 젠더 중립성에 기반한 정부 관료제에 대한 연구 역시 정치적으로 '맥락화된 지식(situated knowledge)'인 셈이다(Gherardi, 2011:37).

이러한 문제의식 하에서 정부 관료제에 대한 주류 연구가 행사해온 지식권력으로서의 위험성을 최소화하기 위해 이 책은 다음과 같은 몇 가지 조건을 제시한다. 여성 공무원의 현실을 보여주는 데에 있어서 이 책은 이들 조건에 최대한 충실하고자 한다. 그 조건은 내용적인 측면과 방법론적 측면으로 나누어진다.

지식권력을 경계하며 Ⅰ: 내용적 조건

지식권력을 경계하며 여성 공무원의 현실에 다가가기 위해서는 상호 연결되어 작동하는 몇 가지 내용적 조건을 충족해야 한다. 이는 Althusser가 말하는 문제 영역(problematic)과 맥을 같이한다.[1] 이러한 문제 영역은

1 문제 영역 또는 문제 도식으로 번역되는 'problematics' 개념은 Althusser가 Karl Marx 이론의 성격을 규명하려는 시도를 통해 발전시킨 개념이다(Althusser, 1977). Althusser에게 있어서 problematics는 문제와 문제 사이에 관계를 결정짓는 개념들로 구성된 이론적 구조이다. 또한 특정 주제들의 객관적인 내적 준거 체제와 특정 주제에 대한 특정의

기존의 정부 관료제에 대한 지식 생산 과정에서 주목받지 못했던 영역들이다. 이들 문제 영역은 젠더 관점의 구성 요소로서 남성과 여성 간의 권력 관계를 기초로 한다.

변수로서 여성에서 '관계로서 젠더'로

지금까지 본 것처럼 젠더 중립성은 하나의 신화로 정부 관료제에 대한 지식의 생산 과정에서 여성 공무원의 현실에 침묵하거나 남성 공무원의 경험을 기준으로 평균에서 벗어나는 다른 무엇으로 규정하는 지식권력으로 작동할 가능성이 발견되었다. 이러한 가능성을 실증의 영역으로 끌어올리기 위해서는 젠더 중립성의 헤게모니적 지배 속에서 여성 공무원에게 가해지는 제약은 무엇이고 그 속에서 어떤 선택을 하고 있는지, 이를 통해 여성 공무원의 현실은 남성 공무원의 그것과 비교하여 어떻게 다르게, 차별적으로 구성되고 있는지를 지식 생산의 차원에서 재조명할 필요가 있다. 이러한 재조명을 위해 몇 가지 내용적 조건이 필요하다.

첫 번째 조건은 변수로서의 여성에서 관계로서 젠더로 무게중심을 옮기는 것이다. 정부 관료제에서 여성 공무원의 경험은 절대적으로 존재하는 것이 아니라 남성 공무원과의 관계 또는 비교 속에서 규정된다. 무엇보다 정부 관료제를 규율하는 규칙, 정책, 제도 그리고 관행이 여성 공무원과 남성 공무원을 둘러싼 불균형적 관계를 생산 · 재생산해오고 있기 때문이다. 더욱이 이러한 불균형적 관계는 거시적 사회문화적 맥락 속에서 여성이 차지하는 집합적 위치와 무관하지 않다. 여성의 집합적 위치는 남성성에 대한 여성성의 열위를 반영한 것이다. 이러한 위치의 차이는 사회

대답을 요구하는 물음의 체계이기도 하다. 이러한 논의에 기초해서 이 책에서는 관료제 조직에서 여성(공무원)의 현실을 젠더 관점을 통해 조망할 때 제기되는 내적 준거 체제로 개념화한다.

적 영역은 물론 정부 관료제의 규칙, 정책, 제도 그리고 관행에 배태되어 여성 공무원과 남성 공무원 간 수평적인 분리와 수직적 배제를 유지해오고 있다. 이러한 현실에도 불구하고, 정부 관료제에 대한 지식 생산은 관계로서의 젠더가 아닌 변수로서의 여성에만 초점을 맞추고 있다(Grant & Tancred, 1992: 126; Mills & Tancred 1992; 원숙연, 2004).

따라서 지식권력으로서의 가능성을 경계하면서 여성 공무원의 현실에 보다 가깝게 가기 위해서는 대안적 조망틀이 필요하다. 그것은 여성 공무원의 현실은 사회적 구성물이며 그 구성에는 광범위한 의미에서의 남성 중심적 지배 이데올로기가 반영되어 있음을 밝히는 젠더 관점이다. 단순히 여성을 추가하는 것이 아니라 여성과 남성의 관계를 규율하는 '젠더' 로 옮겨가는 것이다. 여성을 추가하는 것을 넘어서 젠더로 옮겨간다는 것은 어떤 의미일까? 아래의 인용에서 명확하게 제시되는 것처럼(Ridgeway & Simth-Lovin, 1999; Ridgeway, 2011: 9에서 재인용; Wharton, 2012), 권력 관점을 적용한다는 뜻이다.

> "젠더는 생물학적 성범주(sex category)를 분리하고, 그 범주에 따라 인간을 구분하고…… 그 범주에 따라 규정된 차이에 기초하여 인간들 간의 관계를 조직화하는 사회적 관행 체계(a system of social practices within society……)이다…… 그 자체로서 젠더는 불평등의 한 형태(gender as a form of inequality)이다".

이는 생물학적 또는 개인적인 차이를 넘어 희소 자원을 남성과 여성에게 배분하는 방식을 결정하는 권력 관계로 논의의 외연을 확장한다는 뜻이다. "불평등한 대표성의 이중 구조"(Grant & Tancred, 1992: 114; Roos & McDaniel, 1996), 또는 "여성화"(Britton, 2000: 420) 등으로 표상되는 관료제 조직에서 발현되는 젠더 관계는 단순히 수적으로 남성이 많다는 양적인 지배 구조 이상의 의미를 갖는다. 특정 직위나 특정 업무에 여성(또는 남성)이 지배적이라는 것이 성별 구성의 불균형에 그치는 것이 아니라 여성성과 남성성에 대한 사회적 판단을 기반으로 하는 젠더 유형화(gender typing)임을 보여주어야 한다. 젠더 유형화는 남성의 우위를 전제하고, 우열을 가리는 층위가 다른 젠더 계서제가 있다는 뜻이다. "여성성=무력함"(Brintton, 2000: 419)의 가치판단적 등식을 전제로 여성을 주변화하려는 통제 기제인 것이다. 계서제, 층위, 통제 기제, 주변화, 무력함 등은 권력 관점을 구성하는 하위 요소이다.

상기해야 할 것은 앞에서 논의했던 것처럼 여기에서의 통제나 권력은 비가시적이고 문화적인 헤게모니적 지배라는 점이다(Gramsci, 1971; 원숙연, 2012; cf. Johnston & Swanson, 2006; Wharton, 2012). 예를 들어 여성 공무원과 남성 공무원의 현실이 다른 것은 그간 여성 공무원이 수적으로 많지 않았기 때문이고 따라서 여성 공무원이 더 늘어나면 해결될 일시적인 문제로 규정하는 경우를 상정해보자. 이러한 논리가 표면적으로 볼 때 큰 무리가 없어 보일 수도 있다. 그러나 정부 관료제에 상당수의 여성 공무원이 채용되는 경우에도 승진에 영향을 미치는 배치, 훈련에 있어서 차별적 관행은 여전히 존재한다. 여성은 대부분 일상적이고 보조적인 업무에 배치되고, 승진을 전제한 장기적인 경력 관리의 측면에서 훈련이 이루어지기보다는 현재의 업무를 무난하게 수행하는 데에 필요한 단기적인 훈련에 집중되고 있다. 이는 수적인 증가가 실질적인 의미에서 불평등한 수직적 편중화의 해소와 등치가 아님을 보여준다.

이상적 관리자=남성(성)이라는 젠더 유형화가 건재한 상황에서 여성은 관리자로서 부적합하다고 평가되고 이에 따라 여성 관리자에 대한 수용의 범위가 제한적이라면 승진 과정에서 여성이 만나는 현실은 남성의 그것과 다를 수밖에 없다. 또한 어렵게 승진을 한 경우에도 관리자로서 성공하기 위해서는 남성적 리더십의 발휘가 요구된다(Stivers, 1993; 박통희,

2004). 그러나 모순적이게도 여성 관리자가 남성적 리더십을 발휘하는 경우 오히려 부정적으로 평가되는 것 또한 현실이다. "여성처럼 보이되 남성처럼 행동하라(Look like a lady; Act like a man)"라는 상호 갈등하는 역할 기대 속에서(Stivers, 1993: 72), 여성 관리자는 남성 관리자라면 경험하지 않았을 딜레마에 빠지게 된다.

이러한 딜레마적 상황은 여성 관리자의 업무 효과성에 악영향을 미치고 결과적으로 여성 관리자에 대한 부정적인 평가로 이어지는 악순환을 초래한다. 철의 여인으로 불렸던 마거릿 대처 수상은 자신이 받은 부정적인 평가 중 고집이 세다, 결단력이 있다 등은 만일 자신이 남성이었다면 "칭송받을 만한 것들이었다"고 토로했다(Margaret Thatcher, *Iron Lady Attacks*, 1990; Stivers, 1993: 66에서 재인용). 이러한 토로는 관료제 조직에 존재하는 여성 리더에 대한 이중적 판단 기준을 그대로 보여준다. 이처럼 여성 관리자가 직면하는 모순적인 현실은 단순히 여성이 수적으로 늘어나면 해결될 수 있는 문제를 넘어선다. 이처럼 조직에서 남성과 다른 여성의 현실은 기존의 연구에서처럼 단순히 하나의 변수로서 여성을 추가하는 방식으로는 밝혀낼 수 없다. 남성 현실과의 단순 비교로도 한계가 있다. 따라서 여성 공무원의 현실에 대한 연구가 지식 권력이 되지 않기 위해서는 남성의 현실과 다른 여성의 현실을 만들어내는 거시적이고 구조적인 생성 메커니즘을 찾아내야 한다. 그 메커니즘은 권력을 기반으로 한 관계이며, 그 관계는 젠더 관점을 통해 보다 명확해질 수 있다.

젠더를 행함

앞에서 밝힌 것처럼 젠더는 사회적 관계성을 기초로 한다. 생물학적 종에 기초한 남성과 여성을 구분하는 sex와는 달리 젠더는 사회적 관계 속에서 남성성과 여성성의 정체성을 포괄하는 사회적 구성체이다. sex는 생물학적 원리주의(biological essentialism)에, 젠더는 사회적 구성주의(social constructionism)에 기반을 둔다(Acker, 1992; Delphy, 2002; Stanley, 2002). 말할 것도 없이 생물학적 원리주의의 sex는 시공간에 따른 변화가능성이 배제된 상태(state)로, 불변이며 불가피하고 당연한 것이 된다. 반면 사회적 구성주의에 기반한 젠더는 지속적으로 변화하고 구성되며, 협상 가능한 과정이다. 따라서 젠더는 사회역학이며 관계이다. 젠더에 대한 논의가 문화적이고 제도적 접근이어야 하는 이유가 여기에 있다.

여기서 부상하는 중요한 쟁점은 젠더는 명사가 아닌 동사(verb)로 규정된다는 점이다. 상태 개념인 sex와는 달리 젠더는 진행, 과정, 흐름, 변화를 내포하기 때문이다. 젠더를 행한다(doing gender) 또는 젠더를 행하지 않는다(undoing gender)의 표현이 가능해진다. 젠더를 행하는 것은 남성(성)과 여성(성)에 대해 사회적으로 부여된 차이를 다양한 측면에서 그리고 다양한 방식으로 생산·재생산하는 활동의 총합이다. 차이를 행하는 것이다. 젠더를 행하지 않는 것은 그러한 차이를 행하지 않는 것이기도 하고, 그러한 차이에 침묵하는 것이기도 하다. 이처럼 젠더는 단순히 "표현되는 것(expressed)"이 아니라 "행위되는 것(enacted)"이다(Wharton, 2012: 9). 젠더를 행하는 것은 "여성성과 남성성의 본질을 표현하는 '사회적으로 지도된' 상호 작용이며 정치적 활동"이다(West & Zimmerman, 2002: 42; West & Fenstermaker, 1993; Ridgeway, 2011). 이를 통해 여성과 남성 간의 불평등한 관계가 강화되기도, 완화되기도 한다.

젠더를 행한다 또는 젠더를 행하지 않는다는 것을 이해하기 위해서는 Giddens의 사회 구조의 이중성을 논의할 필요가 있다. Giddens(1984)에 따르면, 모든 종류의 사회 구조는 이중성을 갖는다. 하나는 암묵적 규칙 또는 문화적 틀이고, 다른 하나는 명시적인 행태 그리고 이를 기반으로 한 자원 및 권력의 배분 방식이다. 암묵적 규칙이나 문화적 틀은 문화적 압력, 사회적으로 공유된 고정관념과 같은 것들이다(Ridgeway, 2011). 이러한 이중성은 모든 사회적 관계에서 발현되는데, 예를 들어 남성과 여성 간 행태의 차이는 개인적 차이기보다는 암묵적으로 또는 문화적으로 여성과 남성에게 부여된 규칙에 부합하게 행동한 것이며, 그러한 차이는 자원과 권력 배분에 있어서의 차이로 발현된다.

결국, 젠더를 행한다는 것은 사회적으로 적절하다고 평가되는 방향으로 여성적으로 또는 남성적으로 움직임으로써 여성성과 남성성의 이분법을 지속적으로 양산하고 정당화하는 과정이다. 젠더를 행하는 것이 개인처럼 보이지만 그렇게 행하도록 하는 기저에는 암묵적 규칙과 문화적 압력이 있다. 관료제 조직에서 젠더가 행해지는 장은 다차원적이다(Acker, 1990). 첫째, 직무, 임금, 계서제, 권력과 지배 등으로 구성되는 젠더화된 분업 체계, 둘째, 그 젠더화된 분업 체계를 해명하고 정당화하는 상징과 이미지의 창출, 셋째, 지배와 복종, 그리고 편입과 배제를 만들어내는 여성과 남성 간의 상호 작용 방식, 넷째, 사회적으로 부여된 젠더 요구에 부합하는 방식으로 행동하는 젠더화된 정체성, 마지막으로 젠더 중립적인 것처럼 보이게 하는 관료제 조직의 논리 창출 등이 그것이다.

이처럼 다차원적이고 역동적인 과정으로서 '젠더를 행하는 것'에 주목함으로써 단순히 여성을 추가하는 것과는 다른 방향에서 여성 공무원의 현실에 접근할 수 있게 된다. 전술한 바와 같이 기존의 조직 연구에서 남성 공무원과 다른 여성 공무원의 경험은 개인의 차이에 기인하는 것으로 그러한 차이를 어떻게 교정할 것인가에 초점이 맞추어진다. 말할 것도 없이 교정의 대상은 남성과는 다른 여성의 경험이다(Kolb, 2013). 예를 들어 협상에서 여성은 남성보다 요구 사항이 적으며, 협상 상황을 덜 편안해하며, 협상 결과에 대해 남성보다 낮은 목표를 설정하기 때문에 협상에 있어서 여성은 부적합하다는 평가로 이어진다. 따라서 여성이 협상에 적합하기 위해서는 남성처럼 될 수 있도록 교정해야 된다. 그러나 젠더를 행하는 측면에서 협상을 보는 경우, 협상에서 여성이 남성과 다른 행태를 보이는 이유, 구조적 맥락, 기저 메커니즘에 주목한다. 그러한 차이는 암묵적으로 또는 문화적으로 여성과 남성에게 부여된 규칙에 부합하게 행동한 결과이기 때문이다. 또는 사회적으로 부여된 젠더화된 상호 작용 방식에 부응한 결과일 수도 있기 때문이다. 결국, 젠더를 행하는 것에 주목함으로써 관계로서의 젠더가 정부 관료제 내의 과정, 관행, 이미지, 이데올로기 그리고 이에 기초한 권력의 배분에 어떻게 작용하고, 그것이 여성 공무원과 남성 공무원의 현실에 어떤 차이를 만드는지를 역동적으로 보여줄 수 있게 된다.

편재적(pervasive) 가부장제

여성의 종속적인 지위를 강화하는 사회 구조 및 기제로서 가부장제는 다양하게 규정된다. "여성 억압의 경험과 발현의 기저 구조"(Beechey, 1979: 66), "남성 일반(men in general)이 여성 일반(women in general)을 지배하도록 하는 기제"(Cockburn, 1991: 7), "남성이 여성을 지배하고 억압하며 착취하는 사회 구조와 관행의 체계"(Walby, 1990:20), "여성에 대한 남성의 지배를 가능하게 하는 개인적, 물리적 그리고 제도적인 권력"(Coppock et al., 1995: 18) 등이 그것이다(원숙연, 2004에서 재인용).

개념 규정의 다양성에도 불구하고, 가부장제를 둘러싸고 상호 수렴하는 몇 가지 공통된 요소가 발견된다. 첫째, 가부장제는 여성의 종속적인 지위가 개인의 문제를 넘어선 구조적인 문제라는 점이다. 가부장제는 "우연적이기보다는 구조적이며, 지엽적이기보다는 광범위하고, 일시적이기보다는 안정적이며, 자기증식적인 사회 구조"이다(Cockburn, 1990: 6; 원숙연, 2004에서 재인용). 가부장제는 마치 사적인 것처럼 보이는 남성과 여성 간의 관계를 거시적이고 사회적인 맥락 속에 자리 잡게 하며, 남성과 여성 간의 (불평등한) 관계가 정상적(normal) 또는 올바른(right) 것으로 수용하게 하는 헤게모니적 지배를 행사한다(Coppock et al., 1995). 따라서 가부장제에 기초할 때 정부 관료제에서 여성 공무원의 경험이 남성 공무원의 경험과 다른 것을 단순한 개인차로 치환할 수 없음을 보여주어야 한다.

두 번째, 가부장제는 다면적이고 다차원적인 구성체로서 인간이 만나는 모든 삶의 영역에 편재한다(Walby, 1986, 1990; Cockburn, 1991). 가부장제는 사회, 정치, 경제, 제도 및 이데올로기 등 거의 모든 영역을 망라하여 나타나는 남성에 의한 여성의 지배를 포괄한다. 가부장제를 가정과 같은 사적 재생산 영역만의 문제로 보는 것은 현실을 지나치게 단순화하는 것이다. 실제 가부장제는 공적인 생산 영역까지를 포함한 사회 전반을 총망라하는 영향력을 행사한다. 특히 가부장제는 상대적 자율성을 추구하면서 동시에 상호 영향력을 주고받는 사회적 제도와 구조(예: 가족, 노동 시장, 정부 관료제) 및 국가 정책과 같은 하드웨어는 물론 종교, 교육, 대중매체 그리고 문화를 포괄하는 소프트웨어에 이르기까지 그 영향력을 행사한다. 이처럼 인간의 삶을 구성하는 모든 영역을 포괄하는 가부장제의 작동은, 시대와 공간에 따른 차이에도 불구하고, 거의 모든 사회의 공통적인 경험이다. 이것이 바로 가부장제의 편재성이다. 이러한 편재성은 특정 사회 또는 특정 시대의 젠더 관계에 대한 실질적 이해를 위해서는 이를 둘러싼 심층적 역학을 함께 이해하는 것이 필요함을 웅변한다.

이러한 맥락에서 볼 때 여성(또는 남성) 공무원의 현실을 구성하는 정부 관료제 내 가부장제의 영향력은 크게 두 차원에서 논의된다(Britton, 2000). 하나는 양적 또는 명목적 가부장제(nominal patriarchy)이다. 이는 말 그대로 표면적으로 그리고 수적으로 남성이 지배적인 현실을 투영하는 양적인 의미에서 가부장제이다. 여성 공무원의 증가에도 불구하고 여전히 남성이 수적으로 지배적인 상황이나 남성이 상층부에 집중되는 수직적 편중화 등이 이에 속한다. 두 번째 차원은 실질적 가부장제(substantial patriarchy)이다. 이는 남성이 수적으로 많은 것을 넘어선 정부 관료제의 구조, 제도, 관행 및 문화가 남성의 집단적 이익을 대변하는 방향으로 구조화되어 있는 상황을 의미한다. 양적으로 가부장적인 관료제는 실질적으로 남성의 이해를 부합하는 방향으로 구조화되기 때문에 두 차원은 상호 연계되어 있다.

더욱이 정부 관료제에서 여성 공무원의 현실은 가정과 사회에 공유되어 있는 어머니/여성에 대한 역할 기대로부터 유리될 수 없다. 이러한 역할 기대를 유지하고 강화하는 국가 정책도 역시 실질적 가부장제를 심화시키는 기능을 한다. 또한 가부장제의 영향력을 유지하고 정당화하는 기반 구조로서 가부장적 문화 이데올로기도 간과해서는 안 된다. 이처럼 가부장제는 가족이라는 사적 영역에서부터 문화라는 추상적인 영역에 이르기까지 그 영향력이 편재되어 나타난다. 이러한 가부장제의 편재성은 상호 영향력을 주고받으면서 정부 관료제 내에서 남성 공무원과 여성 공무원의 현실을 다르게 구성하는 중요한 생성 메커니즘인 것이다.

공–사 영역의 상호 침윤성

지식권력을 경계하며 여성 공무원의 현실에 보다 가깝게 가기 위해 주목해야 할 또 하나의 문제 영역은 공–사 영역의 상호 침윤 가능성이다. 막스 베버적 이상형 관료제에서 가정(또는 개인적 삶)으로 표상되는 사적 영역은 고려의 대상이 아니었다. 이상형 관료제를 규정하는 원리 어디에서도 구성원의 사적 영역에 대한 논의는 발견하기 어렵다. 이는 사적 영역의 존재를 인정하지 않거나, 설사 인정한다 하더라도 공적 영역과는 별개의 영역으로 배제하고 있음을 의미한다. 이처럼 공–사 영역의 분리주의는 일견 중립적인 것처럼 보이지만 그 이면에는 젠더화된 이중성이 존재한다는 점에서 여성에게 근본적으로 불리하다.

그 이유는 공–사 영역의 분리주의가 기반하고 있는 다음과 같은 논리에서 기인하다. 첫째, 관료제 조직과 가정은 상호 별개의 영역으로 각각의 영역에는 상호 양립할 수 없는 정향성과 원리가 존재한다. 둘째, 공공 영역은 남성의 역할 영역이며 사적 영역은 여성의 역할 영역으로, 남성과 여성은 각각의 영역에 적합한 특징을 소유하고 있다(Clegg & Dunkeley, 1980; Halford et al., 1997). 이러한 기본 논리는 관료제 조직인 공적 영역과 가족이라는 사적 영역의 상호 침윤을 인정하지 않는다. 더욱이 "조직=공적 영역=남성의 영역"이라는 등식은 남성 부양자 및 가족 임금 이데올로기에 의해 정당화되고, 남성 부양자와 가족 이데올로기는 공-사 영역의 분리주의를 강화한다(Lewis, 1992). 여기서 특히 문제가 되는 것은 공-사 영역의 분리주의에서 '이상적인' 구성원은 사적 영역으로부터 자유로운 남성을 전제하기 때문에 사적 영역을 대표하는 여성은 이상적인 구성원의 범위를 벗어난다.[2]

그러나 지식권력을 경계하며 여성 공무원의 현실에 다가가기 위해서는 공-사 영역의 분리주의는 더 이상 현실적이지 않을 뿐 아니라 가부장적이며 일면 폭력적이기까지 하다는 점에 주목해야 한다. 여성, 특히 기혼 여성의 노동 시장 참여에 따라 공(조직=남성)-사(가정=여성) 영역의 이분법을 정당화해온 남성 부양자 이데올로기의 설명력이 현저하게 감소하고 있다. 이에 따라 여성이나 남성 모두 공적 영역에 참여할 뿐 아니라, 아버지로서 또는 어머니로서 사적 영역에서의 보살핌의 책임을 공유하는 공-사 영역의 상호 침윤은 불가피한 현실이다. 그럼에도 불구하고 정부 관료제에 대한 주류 연구는 공-사 영역의 분리주의에 무게중심을 두고 있다. 이는 사적 영역으로부터의 책임을 고스란히 지고 있는 여성에게는 공적 영

2 Coppock et al.(2005)와 같이 공-사 영역의 이분법이 여성의 재생산 및 생물학적 엄마 역할과 관련된다는 점에서 섹슈얼리티 측면에서 논의하기도 하지만, 이 책에서는 공-사 영역의 이분법을 섹슈얼리티와 연계해 논의하는 것은 협소한 논의에 그칠 수 있다는 판단 하에 보다 거시적인 구조와 연계하여 따로 논의한다.

역에 참여하지 말거나, 참여한 경우에는 사적 영역으로부터의 책임이 없는 것처럼 행동하라는 모순된 요구로 이어진다는 점에서 젠더화되어 있다. 반대로 남성에게는 아버지로서 수행해야 하는 책임을 생계 부양자로 제한함으로써 여성에게 가해지는 모순된 요구는 한층 강화된다.

무엇보다 공(남성=조직)-사(여성=가정) 영역의 배타적 대칭 관계는 공적 영역에 진출한 여성의 경험이 남성의 경험과 다른 것을 정당화한다는 점을 명확히 해야 한다. 공-사 영역의 분리주의에 따르면, 여성 공무원처럼 공공 영역에 나온 여성은 자신의 본연의 위치인 가정이 아닌 다른 영역에 진입한 것이므로 자신의 본연의 위치에 있는 남성과 비교해 다른(차별적) 처우를 받는 것은 자연스러운 것이 된다. 이에 더하여 가정과 같은 사적 영역에서 이루어지는 결혼, 임신 및 출산 또는 육아 등의 재생산 활동이 공적 영역에까지 전이되는 것은 '문제적 상황'이 된다. 법적인 보장에도 불구하고 임신 및 출산과 관련한 정책이나 제도를 마련하는 일에 소극적이거나 여성을 고용하지 않으면 치르지 않았을 비용 또는 생산성을 저해하는 부정적인 요소로 인식하는 것도 같은 맥락에서 이해할 수 있다.

이러한 인식의 기반을 따라 불법임에도 불구하고 결혼 퇴직이나 임신 차별이 자행되고 가족 친화적 프로그램의 형식주의가 만연하는 것이다(원숙연, 2014a). 이러한 이분법적 상황에서 육아는 남녀의 공동 책임임에도 불구하고, 현실적으로 여성만의 책임으로 간주됨에 따라 사적인 가정사가 조직 활동에 유출되는 것은 '여성만의 문제'가 된다. 흥미로운 것은 관료제 조직에서 여성에게 불평등한 처우의 암묵적 기초가 되는 결혼이 남성에게는 안정감, 책임감 및 일에 대한 헌신을 증가시키는 긍정적인 요인으로 평가된다는 점이다. 이는 공-사 영역의 상호 침윤 가능성을 인정하지 않음으로써 존재하는 젠더화된 이중성의 단적인 예이다.

공-사 영역의 분리주의로 인해 남녀에 대한 불평등한 처우가 정당화되는 젠더화된 이중성은 신관리주의와 함께 심화되는 것에 주목할 필요가 있다. 신관리주의가 암묵적으로 전제하는 성과지상주의는 남녀 모두에게 동등하게 적용되는 듯 보이나 이는 그 자체로서 보다 강력한 공-사 영역 간 분리주의를 의미한다. 공공 영역의 무한 경쟁 속에 사적 영역이 개입할 여지는 그만큼 사라지기 때문이다(Halford et al., 1997; Halford & Leonard, 2001). 따라서 사적 영역이 개입될 가능성이 많은 여성은 그 가능성이 상대적으로 낮은 남성에 비해 성과 수준에 미치지 못할 개연성이 높고 이에 따라 남성과 다른 처우는—임금이나 승진과 같은 물질적 · 사회적 보상, 고용 지위 등—차별이 아니라 낮은 성과에 따른 당연한 결과가 된다. 공-사 영역의 침윤 가능성을 인정하지 않은 상태에서의 '남녀 간 동일한 기준'이란 여성에게는 불리한 기준일 수밖에 없음을 역설적이게도 신관리주의는 웅변한다.

강조된 여성성, 섹슈얼리티

섹슈얼리티는 "성적 욕망과 관련된 일련의 사회적 표상으로, 실질적이거나 상징적인 것 모두를 포함한다"(Hearn & Parkin, 1987: 58; Alvession & Billing, 2009). 인간의 일상적 삶 속에서 섹슈얼리티가 자주 언급되는 것과는 달리 정부 관료제에서 섹슈얼리티는 부적절한 주제로 인식되어온 대표적인 소외 영역이다. 이는 관료제 조직이 추구하는 베버적 의미의 합리성과 객관성의 맥락에서 이상적인 관료제 조직은 탈성적(de-sexualized) 구성물로 규정됨으로써 관료제 조직과 섹슈얼리티는 별개의 영역으로 인식되었기 때문이다. 더욱이 보수적인 우리나라 정부 조직에서 여성 공무원의 현실을 논의하는 데에 있어서 섹슈얼리티는 일종의 금기처럼 되어온 것이 현실이다.

그러나 여성 공무원 현실을 이해하는 데 있어서 섹슈얼리티의 논의를 금기시하는 것은 지식 생산 과정에서 '젠더를 행하지 않은 것(undoing gender)'이다. 여성 공무원과 남성 공무원이 만나는 현실에서 섹슈얼리티의 개입이 엄연히 존재함에도 불구하고 마치 없는 것처럼, 아닌 것처럼 이에 침묵하는 것이기 때문이다. 전술한 바와 같이 젠더 불평등을 심화시키는 젠더를 행하는 것도 문제이지만, 엄연히 존재하는 젠더 불평등에 침묵하는 '젠더를 행하지 않은 것' 또한 문제이다. 따라서 정부 관료제에 대한 기존 연구에서 논의되지 않았던 섹슈얼리티가 새로운 문제 영역으로 추가될 필요가 있다.

지금까지 관료제 연구에 있어서 섹슈얼리티에 대한 논의가 전혀 없었던 것은 아니다. 남성과 여성의 상이한 성적 욕구 및 그것의 표출 방식에 대한 논의를 비롯하여 조직에서 나타나는 남성과 여성의 성적 매력에 기초한 로맨틱한 관계에 대한 연구 등이 있어왔다. 이들 연구는 주로 조직을 남성과 여성이 함께 일하면서 자연스럽게 생기는 "로맨틱한 관계의 '천연서식지' "로 규정해왔다(Halford & Leonard, 2001: 142). 이러한 규정은 생물학적인 sex에 기반한 기능주의적 접근에 머물러 있을 뿐이다. 당연히 권력 관계에 기반을 둔 젠더는 개입되어 있지 않다.

이러한 기존 연구와 달리 관심을 가져야 할 새로운 문제 영역으로서 섹슈얼리티는 헤게모니적 남성성과 대조되는 '강조된 여성성(emphasized femininity)' 사이의 긴장이 발현되는 장(場)으로 규정되어야 한다. 강조된 여성성이란 이상적인 여성성으로 사회적으로 구성되고 규정된 여성적 속성을 의미한다(Connell, 1987: 187). 헤게모니적 남성성과 강조된 여성성 간의 긴장으로서 섹슈얼리티는 하나의 권력 관계이며 그 권력의 원천은 물론 거시적이고 사회적인 맥락(젠더 이데올로기, 고정관념, 역할 기대 등)이다. 따라서 섹슈얼리티와 관련한 여성의 경험은 사회적으로 부여되고 강조된 여성성에 부응하는 과정인 것이다.

헤게모니적 남성성과 강조된 여성성 간의 종속 및 긴장 관계로서 섹슈얼리티는 여성(성)에 대한 폭력의 한 형태인 성희롱으로 나타난다. 일반적으로 조직에서 이루어지는 성희롱은 남성으로부터 여성에게로 행해지는 경우가 많은데, 이러한 방향성은 헤게모니적 남성성에 부여된 사회적 권력에서 기인한다. 성희롱을 일부의 병리적인 현상이 아닌 권력 관계의 발현으로 조망해야 하는 이유이기도 하다. 성희롱은 여성의 성적 역할이 노동자로서의 역할을 압도하는 것으로(강요된 여성성), 수적으로나 지위상으로 그리고 문화적으로 우위를 점하는 남성의 힘에 따른 것(헤게모니적 남성성)으로 보는 것이 타당하다. 강요된 여성성과 헤게모니적 남성성 사이에 존재하는 힘의 차이는 성희롱의 피해 당사자인 여성이 문제를 제기하거나 법적인 구제 조치를 통해 피해를 가시화하는 것을 막는 기제로도 작동한다. 더 나아가 이를 문제시할 경우, 피해자인 여성이 오히려 비난을 받게 되는 역설적 상황(blame the victim)을 만들어내기도 한다(Cockburn, 1991; Halford & Leonard, 2001).

헤게모니적 남성성과 강요된 여성성 간의 갈등으로서 섹슈얼리티가 발현되는 또 하나의 양상은 성적인 함의가 내포된 의사소통 방식이다. 조직에서 성적인 농담을 하는 것을 남성성의 표현으로 생각하거나 업무와 관련해서도 여성성을 비하하는 성적 함의를 갖는 표현이 어렵지 않게 발견된다. 중립적이고 전문적인 용어가 있음에도 불구하고 변호사들이 승소한 사건에 대해 "배심원을 농락했다거나 목격자를 강간했다"라는 성적인 용어로 표현하는 것도 하나의 예가 된다(Britton, 2000). 성적인 의사소통 방식과 관련하여 특히 흥미로운 것은 헤게모니적 남성성이 다른 남성에게 가하는 억압이다. 헤게모니적 남성성이 여성에게만 작동하는 것이 아니라 섹슈얼리티나 성적 농담 등에 관심을 보이지 않는 남성에게도 일종의 폭력으로 작동한다. sex로서는 남성이지만 젠더의 관점에서 보면 헤게모니적 남성성에 부합하지 않는다는 이유로 남성적이지 못한 남성, 또는 동성애자로 규정하는 등 부정적인 평가의 대상이 된다. 이는 여성이 성적인 함의가 내포된 의사소통 방식을 적극적으로 구사하는 경우 강요된 여성성에 부합하지 않는다는 이유로 부정적으로 평가되는 것과 맥을 같이 한다. 이처럼 헤게모니적 남성성은 강요된 여성성과의 긴장으로 발현되는 것과 동시에 남성 사이에서 내적 긴장도 함축한다(Demetriou, 2001; Connell & Messerschmidt, 2005). 이와 함께 언어적인 형태는 아니지만 여성의 외모에 대한 지나친 강조나 관심의 표명과 성적 함의를 갖는 옷차림을 요구함으로써 여성의 업무 수행 능력보다 섹슈얼리티를 부각시키는 것 또한 강요된 여성성이 작동한 결과로 논의해야 한다.

이처럼 관료제 조직에서 작동하는 섹슈얼리티는 주류 이론에서 말하듯 조직은 합리적이고 객관적이며 따라서 탈-성화(de-sexualized)되어 있다는 주장과 거리가 있음을 보여준다. 오히려 조직은 젠더를 따라 섹슈얼리티가 구성되어가는 장이다. 따라서 성희롱이나 성적인 농담 등은 인간의 생물학적 특성에 따라 조직에서 우연히 나타나는 현상이 아니며, 일부 병적인 현상도 아니다. 오히려 여성의 종속적 지위의 반영이며 그 종속성이 확인되는 증거이다.[3] 주류 조직 연구와 달리 젠더 중립성이 신화임을 보여주기 위한 새로운 접근은 섹슈얼리티를 둘러싼 여성의 종속성을 환기시키고 그러한 위치에 고정시키려는 일종의 통제 기제가 작동함을 밝히는 작업이 되어야 한다.

3 비교적 최근 남성 부하를 상대로 여성 상관에 의해 자행되는 성희롱이 보고되고 있다. 이는 여성 상관이 남성 부하에 대하여 갖는 권력의 발현과 무관하지 않다. 과거에 비해 여성의 지위권이 높아짐으로써 여성에 의한 성희롱의 여지가 만들어진 것이다. 이러한 상황은 성희롱에 대해서 단순 병리적인 현상이나 생물학적 성(sex)의 차원에서만이 아니라 계서제 내 권력의 문제로 접근해야 하는 또 하나의 방증이다.

지식권력을 경계하며 II: 방법론적 조건

지식 생산의 사회적 구속성: 발견인가? 구성인가?

정부 관료제에 대한 지식 생산 과정에서 젠더 중립성이라는 지식권력을 경계하는 방법론적 조건은 지식 생산의 사회적 구속성을 인정하는 것이다. 주지하는 바와 같이 사회과학을 구성하는 대부분의 학문 영역에서 지배적 방법론적 기반은 실증주의이며, 정부 관료제 연구 또한 예외가 아니다(Burrell & Morgan, 1979; 원숙연, 2014b). 실증주의는 방법론적 일원론 또는 과학 통일의 기치 아래 자연과학 분야에서 개발된 설명 방식을 사회과학에까지 확대 적용시키는 것을 목표로 한다. 실증주의는 과학과 비과학의 구분을 명확히 하며, 그 구분 기준은 다음과 같다(Benton, 1975). 첫째, 과학은 인과 관계의 규명을 목표로 해야 한다. 이는 개별적 사건을 일반 법칙에 의거하여 설명하는 것이다. 둘째, 인과 관계의 규명을 목적으로 하는 자연과학적 방법론은 모든 지식 생산의 표준이며, 셋째, 따라서 모든 지식 생산은 이러한 자연과학적 방법에 의하여 통합될 수 있다.

이러한 과학 통일의 원리에 따라 자연 현상과는 근본적으로 다른 사회 현상에 대해서도 일반 법칙의 정립을 목표로 검증 가능한 결과를 유도해 낼 것이 기대된다. 이를 위해 사회 현상을 관찰 가능하고 측정할 수 있도록 조작화하고, 경험적으로 수집, 정리된 자료를 통계적으로 분석하는 방식을 적용한다. 이를 통해 유사한 현상에 공통적으로 적용 가능한 일반 법칙의 '발견'(finding)이 목표가 된다(원숙연, 2014b). 이렇게 발견된 사실은 가치 중립적이며 개인의 의식과 사회적, 문화적 또는 시대적 맥락과 무관하게 존재하는 객관성을 부여받음으로써 과학이 된다. 자연스럽게 사회적, 문화적, 또는 시대적 맥락에 따라 달라지거나 개인의 주관적 의식과 관련된 것은 원칙적으로 과학의 영역 밖에 있는 것으로 간주된다.

한편, 발견을 중시하는 실증주의적 접근과는 다른 맥락에서 지식을 조망하려는 반실증주의적 방법론은 사회 현상과 자연 현상은 본질적으로 다르므로 양자 간의 지식 생산 방법은 달라야 한다는 전제에서 출발한다. 사회 현상은 자연 현상처럼 객관적으로 존재하는 것이 아니라 자율적 행위자가 부여하는 의미로 구성되며, 이러한 의미와 행위는 사회적 맥락에 따라 달라지는 주관적인 것으로 규정한다. 따라서 실증주의가 주창하는 것처럼 객관적인 관찰이나 측정만으로 주관적인 사회 현상을 파악하는 데는 한계가 있다. 오히려 특정 행위나 현상에 직접적으로 개입되어 있는 행위자의 관점을 통해서만 이해될 수 있는 것이다.

여기서 외부로부터의 설명이나 발견이 아닌 내부로부터의 이해와 해석이 중요해진다. 한마디로 사회 현상은 행위자의 의미 부여에 의해 '구성된다'(making)(Benton, 1977; Burrell & Morgan, 1979; 원숙연, 2014b). 이러한 반실증주의적 방법론은 존재론적으로 유명론(nominalism)에 근거한다. 실재론이 규정하듯 사회 현상이 인간의 의식 밖의 독립적 실체로 존재하는 것이 아닌 인간 의식의 산물인 것이다. 현실은 인간의 의식적 활동을 통해 의미가 부여될 때 비로소 그 존재가 인정된다. "내가 그의 이름을 불러주었을 때 그는 나에게로 와서 꽃이 되었다"는 김춘수의 시처럼, 특정의 사회 현상은 인간의 의식을 통해 의미가 부여되고 이름이 붙여질 때 비로소 존재하는 '의식적 구성물'인 것이다(원숙연, 2014b).

정부 관료제에 대한 주류 연구는 발견을 목표로 하는 실증주의적 방법론이 지배적이다. 말할 것도 없이 실증주의적 방법을 통한 정부 관료제 연구의 목표는 객관적인 현실과 이를 통한 규칙성의 발견이다. 조직 현상도 자연 현상과 같이 맥락에 대한 고려 없이 가치 중립적인 발견을 통해 설명할 수 있다고—설명해야 한다고—본다. 이러한 실증주의적 접근은 조직 및 조직 안에서 구성원 간 상호 관계로 발현되는 조직 현상이 하나의 구체적인 실체라고 가정하는 실재론(realism)적 존재론에 기반을 둔다. 따라서 보이는 것이 조직 현실의 전부이며, 그 현상의 내부에 잠재되어 있어서 관찰되지 않거나, 관찰된 현상의 이면에서 그 현상의 발현을 가능하게 하는 생성 메커니즘은 관심의 대상이 되지 못한다. 이러한 존재론의 관점에서 보면, 조직 현상은 인간 의식의 외부에 존재하면서(out there), 맥락에 대한 고려 없이 가치 중립적인 발견을 통해 설명되는 대상인 것이다(Benton, 1977; Lewis & Kelemen, 2002: 254). 최근 연구에 따르면(원숙연, 2014b), 우리나라 행정학에서 정부 관료제에 대한 연구의 약 80%가 실증주의적 방법론에 기초해 있는 것으로 나타나 그 영향력이 재확인되었다. 이미 여러 차례 언급했던 것처럼, 특정의 관점이나 방법론적 지향이 지나치게 주도적인 지배력을 행사하는 것은 자연 발생적이기보다는 일정한 방향으로의 '선택'과 '배제'에 개입된 지식권력을 상기시킨다.

무엇보다 주목해야 할 것은 이러한 실증주의적 방법론의 지배가 여성 공무원과 같은 사회적 소수 집단의 목소리를 제대로 담아내기에는 한계가 있다는 점이다. 그 구체적인 근거는 다음과 같다. 첫째, 조직에서 여성 공무원이 만나는 현실은 사회 전반에 걸쳐 배태되어 있는 젠더 이데올로기나 젠더 문화와 무관하지 않다. 따라서 젠더 이데올로기나 문화의 맥락에 대한 고려 없이 가치 중립적인 발견을 통한 설명력은 제한적일 수밖에 없다. 이들은 표면적 현상이 아닌 이면에 비가시적으로 존재하기 때문이다. 따라서 가시적이어서 관찰 가능한 현상을 현실의 전부로 보고, 현상의 이면에서 관찰되지 않거나 관찰된 현상의 기저에서 그것의 발현을 가능케 하는 생성적 메커니즘은 관심 밖에 두는 실증주의적 가정만으로는 이데올로기나 문화의 작동을 충분히 논의할 수 없다. 더욱이 여성 공무원의 현실을 구성하는 생성 메커니즘으로서 젠더 관계를 규명함에 있어서 중요한 명제는 "개인적인 것은 본질적으로 정치적"이라는 점이다(Coleman, 1991: 25; Mies, 1991: 66). 젠더 관계를 경험하는 것은 개인이지만 그것은 개인의 문제로 귀착될 수 없는 거시적인 사회, 경제 그리고 정치적 구조 속에서 결정된다는 것을 의미한다. 따라서 비가시적인 사회 구조, 문화나 이데올로기를 밝히는 것이 관찰 가능한 현상을 발견하는 것보다 여성 공무원의 현실을 이해하는 데에 더 중요할 수 있다.

실증주의적 방법론이 여성 공무원의 현실을 보여주는 데에 제한적일 수밖에 없는 또 하나의 이유는 여성 공무원의 현실을 구성하는 젠더 관계는 사회 구속적이기 때문이다. 젠더 관계와 같은 사회 현상은 연구자나 연구 대상의 의미 부여나 주관으로부터 자유로울 수 없고 사회적 맥락에 의해 영향을 받는다. 따라서 여성 공무원의 현실은 고정적인 어떤 '상태(being)'가 아니라 사회적 맥락과 구조를 반영하고 지속적으로 구성·재구성되어가는 '과정(becoming)'이다(Laner, 2000; Stanley, 2002). 문제는 실증주의적 발견은 특정 시점에 존재하는 상태에 대한 고정된 법칙에만 관심을 가지기 때문에, 행위자간, 행위자와 구조, 또는 구조와 구조 간에 이루어지는 변화무쌍하고 변증법적인 상호 작용 과정을 밝히기가 어렵다. 이는 주류 조직 연구에서 여성 공무원의 현실에 대한 논의가 상대적으로 적었던 이유에 대한 방법론적 설명이 되기도 한다. 그렇다면 지식권력을 경계하며 여성 공무원의 현실을 적실성 있게 보여주기 위한 방법론적 조건은 무엇일까? 이 책은 실증주의적 발견과 해석적 구성이 공존하는 혼합 방법론을 하나의 조건이라고 본다.

발견과 구성의 공존: 혼합 방법론의 적용

주류 조직 연구에서는 실증주의적 발견이 오랫동안—여전히—지배적이지만 최근 페미니즘 및 비판적 시각을 적용한 일련의 연구에서 이에 대한 반동으로 반실증주의적 구성이 대안으로 제시되고 있다(Acker et al, 1991; Cockburn, 1991; Fonow & Cook, 1991; Denzin & Lincoln, 1994; Rubin & Rubin, 1995; Strauss & Corbin, 1998; Bryman & Burgess, 1999; Fonow & Cook,

2005; 원숙연, 2002; 2014b). 이들 반실증주의적 접근은 심층 면접이나 참여 관찰 및 민속지적 접근 방법으로 구성되는 질적 방법론을 적용한다. 우리나라에서도 정부 관료제를 대상으로 한 연구가 주로 실증주의적 발견에 무게중심을 두는 데에 반해, 여성학이나 비판사회학의 경우 반실증주의적 구성으로 무게중심을 옮기려는 양상을 보인다. 이렇게 보면 '발견'과 '구성'은 상호 배타적인 관계로 규정되고 있는 듯하다. 특히 일부 여성주의적 연구자들은 실증주의적 접근은 그 자체로서 남성적 가정에 기초하여 조직 연구에서 여성을 보이지 않게 만든다고 단정하고 여성의 현실에 대한 연구에서 배제해야 한다는 근본주의적 입장을 견지하기도 한다(Oakley, 1981; Graham, 1983).

그렇다면 지식권력을 경계하며 여성 공무원의 현실에 보다 가깝게 가기 위한 방법론적 조건은 어떠해야 하는가? 대부분의 연구처럼 실증주의와 반실증주의를 상호 배타적인 관계로 전제하고 둘 중 하나를 선택해야 할까? 이러한 질문에 대해 이 책은 발견과 구성을 제로섬적 '선택'이 아닌 포지티브섬적 '공존'의 관계로 설정하는 것을 답으로 제시한다. 실증주의와 반실증주의를 상호 배타적인 관계로 보다는 상호 보완적 관계로 설정하는 것이다. 이러한 측면에서 이 책은 방법론적으로 실용주의적 입장을 견지한다. 실증주의적 발견이 지나치게 지배적인 위치를 차지하면서 해석적 구성을 배제하고 이를 통해 여성 공무원의 목소리가 들리지 않았던 것이 문제이지, 두 방법론의 결합 그 자체가 문제가 되지 않는다는 입장이다. 오히려 두 방법론의 결합을 통해 여성 공무원의 현실을 둘러싼 관찰 가능한 현상과 그 이면에 존재하는 생성 메커니즘을 다각적이고 다차원적으로 보여줄 수 있다면 그것은 오히려 장려되어야 한다는 입장이다. 최근 혼합 방법론에 대한 관심이 증가하고 있는 것 역시(Hammersley, 1992; Cresswell & Clark, 2007; Teddlie & Tashakkori, 2009; Cresswell, 2014b), 같은 맥락에서 이해될 수 있다. 여성주의적 연구가 실증주의적 접근을 근본적으로 배제하는 것은 아니다. 다만 과거의 실증주의적 연구와는 달리 여성주의적 연구에서는 조심스럽게(with care), 그리고 여성의 경험에 대한 민감성을 가지고 양적인 연구를 수행한다는 점에 차이가 있을 뿐이다(Fonow & Cook, 2005: 2227).

이처럼 실증주의적 조직 연구를 통한 '발견'과 반실증주의적 조직 연구를 통해 이루어지는 '구성'을 연계함으로써 여성 공무원의 현실을 보다 풍부하고 유기적으로 규명할 수 있을 것으로 기대한다. 이러한 시도는 복합 패러다임(Morgan, 1983, 1984) 또는 이론적 다원주의 맥락에서 그 중요성이 확인되고 있다(Nurse, 1988). 경험적 발견은 해석적 구성을 통해 현상의 심층에 존재하는 생성 메커니즘으로까지 인식의 외연을 넓힐 수 있고, 해석적 구성은 경험적 발견을 통해 그 타당성과 엄정성을 강화할 수 있다(원숙연, 2014b). 젠더 관계의 규명에 해석적 구성이 갖는 우위를 인정하면서도, 양적인 방법을 통한 실증주의적 발견이 갖는 설명력 또한 간과할 수 없기 때문이다. 특정 현상의 전반적이고 거시적인 존재 양식이나 지형을 밝히는 데에 있어서 실증주의적 접근의 적실성은 무시할 수 없다.

이러한 논의의 맥락에서 이 책은 여성 공무원의 현실에 다가가기 위해 기존 연구를 압도하는 실증주의적 방법론의 지배를 벗어나 '발견'의 양적인 연구와 '구성'의 질적인 연구를 결합하는 혼합 방법론을 적용한다. 그 방법론적 효용은 다음과 같다(Bryman, 1988; 1992; Fonow & Cook, 2005; Yin, 1994). 첫째, 삼각증명(triangulation)의 중요성이다. 특정 주제에 접근하는 데 있어서 다양한 경로를 통해 다양한 자료를 수집하고, 이를 다양한 방법론을 통해 분석하는 것은 연구의 타당성 측면에서 필수적이다. 여성 공무원이 일상에서 만나는 경험에 대해 양적인 접근을 통한 발견을 질적인 구성으로 해석하거나, 질적으로 구성된 해석을 양적인 발견으로 재확인하는 방식이 그 예가 될 것이다. 둘째, 혼합 방법론은 각각의 접근이 갖는 비교 우위를 모두 활용할 수 있다는 점에서 유용하다. 양적인 연구는 현상의 구조적 측면을 밝히는 데에 우위가 있고, 질적인 연구는 과정 측면에 강점이 있다. 따라서 이 두 방법을 혼합적으로 사용한다면 여성 공무원의 현실을 구조적인 측면과 과정적 측면 모두에서 조망할 수 있게 된다. 또한 양적인 접근이 연구자의 관심으로부터 시작된다면, 질적인 접근은 연구 대상의 관점에서 출발하기 때문에 두 관점을 모두 담아낼 수 있다는 점에서도 그 효용이 가볍지 않다.

여기서 남는 문제는 구체적으로 발견과 구성의 두 접근을 어떻게 혼합할 것인가이다. 가능한 방식은 다음과 같다(Schultz & Hatch, 1996; 원숙연, 2002; 2014b). 첫째, 연결 방식이다. 질적인 방법과 양적인 방법을 시차를 두고 연결하여 적용하는 방법이다. 여성 공무원이 직면하는 현실의 속성에 따라 양적인 방법(발견)을 적용하기 전에 질적인 방법(구성)을 먼저 적용함으로써 해석적 이해를 통해 나타난 결과를 양적인 방법의 방향성을 정하는 기초 자료로 활용할 수 있다. 반대로 양적인 방법을 통해 도출된 전반적인 내용을 해석적 이해를 통해 풍부하게 논의하는 방식을 생각할 수 있다. 어느 방법이 선행하든 상관없이 시차를 두어 연결하는 것이다. 두 번째는 병행하는 방식이다. 양적인 방법과 해석적 방법을 시차를 두고 연속적으로 적용하기보다는 여성 공무원의 현실을 보여주는 다차원적 구성 요소가 갖는 특성에 따라 두 방법을 함께 적용하는 방식이다. 예를 들어, 여성 공무원과 남성 공무원의 동기에 차이가 있는지 여부는 양적인 방법을 적용하여 전반적인 지형을 파악하고, 여성 공무원에 대한 고정관념적 평가는 질적인 방법(참여 관찰이나 심층 면접)을 통한 담론 분석으로 접근하는 것이 그 예가 될 수 있다.

이 책에서는 여성 공무원의 현실을 구성하는 요소에 따라 병행 방식을 적용한다. 후술하겠지만 여타의 현실과 마찬가지로 여성 공무원이 만나는 현실은 다면적이고 다차원적이다. 따라서 어떤 방법론을 통해서도 그 현실의 전부를 보여줄 수 없는 부분적 대표성만을 갖는다. 예를 들어 여성 관리자에 대한 평가가 어떻게 형성되어 있는지에 대한 전반적인 지형은 설문 조사를 통해서 파악할 수 있다. 그러나 그러한 지형이 '왜' 그렇게 구조화되어 있으며 그 안에서 여성 공무원이 느끼는 어려움은 어떻게 해석되고 구성되고 있는지, 그 해석과 구성이 남성 공무원과는 어떻게 다른지는 심층 인터뷰를 통해 만날 수 있는 것이다. 따라서 이 책은 여성 공무원이 만나는 다면적이고 역동적인 현실에 대하여 양적인 방법과 질적인 방법을 부분적으로 그러나 동시에 활용하는 병행 방법을 적용한다.

'유리된 외부인'을 넘어서: 연구자의 정체성 재규정

정부 관료제에 대한 지식 생산 과정에서 지식권력을 경계하기 위한 또 다른 방법론적 조건은 연구자의 정체성을 다르게 규정하는 것이다. 앞에서 본 것처럼 정부 관료제에 대한 연구의 대부분은 실증주의적 방법론에 기반을 두고 있다. 실증주의에 입각한 주류 방법론은 과학적 객관성의 가치 아래에서 연구자에게 가치 중립적일 것을 요구해왔다. 이러한 요구에 부응하기 위해 연구자는 연구 대상과 최대한 거리를 유지하면서 객관적인 법칙을 발견하는 '유리된 외부인'(detached outsiders)이어야 한다(Bryman, 1999). 유리된 외부인이라는 표현 그대로 연구자가 외부인의 시선을 최대한 견지하면서 객관성을 유지하는 과정에 연구자와 연구 대상 사이에는 일종의 권력 관계가 형성된다. 연구 주제 및 연구 방법에 대한 선택을 시작으로 연구 결과에 대한 해석 모두가 연구자의 통제권 하에 있다.

그에 반해 연구 대상은 자신의 인식과 일상적 경험에 대한 연구임에도 불구하고 연구 과정에서 어떤 개입이나 관여도 허락되지 않는 그야말로 무력한 대상으로 남게 된다. 연구 대상이 만나는 다차원적이고 다면적인 경험 중에서 왜 하필 그 부분에 초점을 맞추는지(연구 문제 또는 연구 초점), 또는 왜 굳이 그 방법을 활용하는지(연구 방법)에 대한 선택권과 주도권은 모두 연구자에게 있다. 또한 자신의 경험에 대한 연구자의 해석에 동의하는지와 상관없이 연구자의 해석이 사실처럼 받아들여진다. 연구자의 의도와 목적에 따라 특정 방향으로의 '선택'과 특정 방향의 '배제'가 이루어진다는 점에서 또 하나의 지식권력이 작동하는 것이다. 연구자의 전문가적 식견과 판단이 연구 대상이 부여하는 의미와 해석을 우선하기에 연구 대상은 연구자에 대해 종속적인 위치에 있게 된다. 연구 대상이 자신의 삶과 경험에 부여하는 의미나 해석을 무시한 채 연구자의 판단에 따라, 객관성 또는 과학이라는 명목으로 연구 대상의 주관적 경험을 일반적이고 객관적인 용어나 숫자로 치환하는 실증주의적 방법은 권력 관계를 넘어(Jayaratne & Stewart, 1991), 착취적 관계로까지 규정되기도 한다(Acker et al., 1991).

여성 공무원의 현실을 보여주는 데에 있어서 지식권력의 작동을 경계하기 위한 조건으로 기존 연구가 요구하는 유리된 외부인이라는 연구자의 정체성에 대한 재고가 필요하다. 이러한 시도는 연구자와 연구 대상 간 몰인격적인 관계를 강조하는 실증주의의 논리를 통제라고 비판하면서 연구자와 연구 대상 간 새로운 관계의 형성을 역설하는 일련의 논의와 그 궤를 같이한다(Stanley & Wise, 1990; Acker et al., 1991; Jayaratne & Stewart, 1991; Mies, 1991; Fonow & Cook, 2005; 원숙연, 2002; 2014b). 다시 말해 연구자와 연구 대상 사이의 왜곡된 권력 관계를 바로잡기 위해서 연구자는 연구 대상에 대해 무관심하고 중립적인 유리된 외부인이라는 정체성에서 벗어나야 한다. 연구자의 정체성을 재규정하는 것이 연구자와 연구 대상 간 완전하게 일체화된 관계를 의미하는 것은 물론 아니다. 그러한 관계는 가능하지도 않고, 바람직하지도 않다. 지금까지 정부 관료제 연구에서 실증주의적 접근이 행사해온 지나친 지배력을 완화하려는 노력은 필요하다. 그러나 혼합 방법론 적용에서 논의한 것처럼 여성 공무원의 현실을 보여주기 위한 양적인 접근의 설명력 또한 완전히 부인될 수 없다. 따라서 연구자는 실증주의가 요구하는 유리된 외부인은 아니지만 연구 대상과의 일정한 거리를 유지하는 복합적 정체성을 요구받는 것이다.

여기서 연구자와 연구 대상 사이의 부분적 일체화가 이루어져야 한다. 부분적 일체화란 연구자와 연구 대상 간의 완전한 일체화가 불가능한 상황에서, 연구 과정 전반에 걸쳐 연구 대상의 관점이 중심이 되어야 하고 연구자는 연구 대상의 입장에서 이를 포착하려는 지속적인 노력을 하는 것이다. 여기서의 일체화란 일종의 감정 이입의 성격을 띤다(Mies, 1991: 69). 완전하게 일체가 될 수는 없지만, 연구자는 연구 대상의 경험과 그러한 경험에 대한 연구 대상의 해석과 의미 부여를 존중하고, 이를 감정 이입을 통해 이해하려는 노력을 기울이는 관계이다. 부분적 일체화를 통해 호혜적 솔직함을 확보함으로써 의미있는 자료를 획득하는 장점을 누릴 수 있다. 이렇게 획득된 자료를 이해하고 해석하는 과정에서 연구자가 가지고 있는 전문가적 식견과 지식은 하나의 보조적 해석틀로 기능한다.

이처럼 혼합 방법론을 적용함으로써 실증주의적 방법만을 적용한 것과는 달리 이 책에서 만나는 여성 공무원(또는 남성 공무원)은 단순한 숫자나 코드로 표현된 몰인격적 대상으로만 머물지 않는다. 오히려 자신의 삶과 경험에 자신의 관점과 주관을 가지고 의미를 부여하고 이를 연구자와 공유하는 연구의 주체가 될 수 있다. 심층 면접에서 면접의 구체적인 방향이나 말하고 싶은 내용을 피면접자 스스로 결정할 수도 있고, 비구조화된 면접을 통해 피면접자인 여성(또는 남성) 공무원이 연구에 일정 부분 참여하도록 하는 방식이 활용될 수 있다. 이와 함께 면접에 참여하는 여성(또는 남성) 공무원이 자신의 경험에 대한 연구자의 해석을 미리 보게 하고 이에 대한 의견을 개진하는 방식도 적용된다. 이를 통해 연구 대상은 자신의 경험으로부터 소외되지 않고, 연구자는 전문가적 관여의 범위를 희생시키지 않으면서 현실을 이해하고 구성해갈 수 있다. 무엇보다 이러한 과정을 거치면서 연구자는 중립적인 관찰자가 아닌 참여자로서 연구 대상(현실)에 보다 가깝게 갈 수 있고, 연구 대상과 유리된 독립적—객관성의 이름으로—관점이 아닌 연구 대상의 관점을 공유하고 그 의미를 해석하는 내부인이 되는 것이다.

4장 여성 공무원의 현실을 관통하는 젠더 역학

몇 가지 이론적 논거

앞 장에서 정부 관료제가 기반하고 있는 젠더 중립성의 전제가 신화일 수 있음에도 불구하고 이를 그대로 수용함으로써 여성 공무원에 대한 연구가 '지식권력'으로 작동할 가능성을 제기했다. 이와 함께 지식권력으로서의 가능성을 최소화하기 위한 조건을 내용적인 측면과 방법론적 측면에서 논의했다. 이 장에서는 지금까지의 논의를 바탕으로 실제 여성 공무원이 일상에서 만나는 현실에 접근하기 위한 몇 가지 조망틀을 제시하고자 한다. 이러한 조망틀은 앞 장에서 논의한 젠더 중립성의 신화라는 '추상의 영역'과 다음 장에서 제시될 여성 공무원의 경험이라는 '현실의 영역'을 매개하는 이론적 가교인 것이다.

유리천장(벽)을 넘어 '방화벽'으로

정부 관료제에서 여성 공무원이 남성 공무원과 다른 현실을 만나게 되는 거시적 맥락 중 하나는 낮은 대표성이다. 여성 공무원 비율이 지속적으로 증가하고 있지만 정부 관료제는 여전히 수적으로 남성 지배적이다. 전술한 바와 같이 수적으로 남성이 많다는 것은 단순히 양적인 문제를 넘어서는 실질적인 차이를 만들어낸다. 단순 비율을 넘어서는 조직의 구조, 관행 및 중시되는 가치 모두가 수적으로 많은 집단을 중심으로 돌아감으로써 질적인 차이를 만들어내기 때문이다.

관료제 조직에서 여성의 낮은 대표성과 이에 따른 차별적 경험은 주로 유리벽과 유리천장의 은유로 표현되어왔다. 전자는 말 그대로 특정 업무나 직역에 여성의 진입이 어려워지는 수평적 편중화를, 후자는 관리직과 같은 의사 결정권을 행사하는 지위에 여성의 진출이 어려워지는 수직적 편중화를 보여준다(Stiver, 1993; Altman et al., 2005; Cortina, 2008; Insch et al., 2008; 홍미영, 2004b). 이처럼 관료제 조직에서 여성의 낮은 대표성으로 인해 야기되는 남성과는 다른 여성의 현실에 대한 유리천장과 유리벽의 설명력을 부인하는 것은 아니다. 그러나 정적인 개념으로서 sex가 아닌 유동성, 흐름, 관계 및 과정 등을 함축하는 젠더 관점에서 볼 때 이들 전통적인 은유의 한계에 대해서 생각해볼 필요가 있다.

유리벽이나 유리천장 모두 낮은 대표성의 '상태'나 '구조'를 보여주는 것은 분명하지만, '과정'이나 '역학'을 보여주는 데는 한계가 있기 때문이다. 따라서 관료제 조직에서 여성의 낮은 대표성이 여성의 현실에 어떤 영향을 미치는가를 밝히는 데에 유리벽이나 유리천장과 같은 구조적 은유에 더하여 과정을 함축하는 새로운 은유로서 방화벽(firewall)이 관심을 끈다. 방화벽은 다양한 분야에서 사용되는데 정보기술 분야의 개념에 주목할 필요가 있다. 정보기술 분야에서 방화벽은 "컴퓨터 네트워크 간 또는 사용자 간 '공인되지 않거나(unauthorized)', '원하지 않는(unwanted)' 커뮤니케이션을 차단하기 위해 고안된 '기술적 장벽(technological barrier)'을 의미한다"(http://en.wikipedia.org/wiki/Firewall).

방화벽 은유를 통해 여성의 낮은 대표성을 조망하는 것은 몇 가지 점에서 의미가 있다. 먼저, 관료제 조직에서 여성의 낮은 대표성이 갖는 비가시적인 헤게모니적 지배를 보여주는 데에 유리천장이나 유리벽보다 비교우위가 있다. 방화벽은 가상의 벽이다. 유리벽이나 유리천장도 기본적으로 투명해서 비가시적이지만 가상은 아니다. 다시 말해 유리벽이나 유리천장은 그 존재를 인식할 수 있는 가능성이 방화벽보다는 높다. 방화벽은 가상이기 때문에 그 존재를 감지할 수 없는 상태에서 특정 시스템에 부합하지 않는다고 판단되는 외부인의 접근을 차단한다. 여기서 누가, 어떤 기준으로, 누구를, 그 특정의 시스템에 부합하는지, 또는 부합하지 않는지를 판단하느냐가 문제가 된다(Bendl & Schmidt, 2010). 이러한 판단은 비가시적이고 미묘한 방식으로 이루어지기 때문에 젠더 중립성의 신화가 비가시적인 방화벽의 형태로 여성의 접근을 막는 현상을 설명하기에 보다 적합하다.

두 번째, 유사한 맥락에서, 방화벽을 통과하여 내부에 접근하기 위해서는 '접속 코드(login code)'가 필요하다. 그런데 접속 코드가 성별이나 인종과 같은 사회적인 배경 요소와 무관하다고 볼 수 없다(Bendl & Schmidt, 2010). 이들 사회적 배경에 따라 접속 코드가 달리 부여될 수 있다. 방화벽 은유의 접속 코드는 관료제 조직 내에 존재하는 젠더 이데올로기나 젠더 문화 등을 상태로서가 아니라 과정으로 설명할 수 있는 여지를 제공한다. 또 하나, 방화벽은 유리벽과 유리천장을 하나로 포괄한다. 방화벽은 특정 업무나 직역에의 진입을 제한하는 수평적인 형태로 세울 수도 있고, 관리직으로의 진입을 막는 수직적인 방식으로 세울 수도 있기 때문이다.

이처럼 유리벽 또는 유리천장과 같은 '상태'로서의 차별과 함께 유리벽으로 표상되는 '과정'으로서 여성과 남성의 다른 경험은 젠더-유형화로 이어진다(Britton, 2000: Alvesson & Billing, 2009; 원숙연, 2004). 젠더유형화로 인해 업무의 속성에 따라 객관적으로 평가되는 것이 아니라 그 직무를 또는 그 직급을 점유하는 사람의 성(性)에 따라 여성의 일, 또는 남성의 일로 규정되고 지속적으로 재규정된다. 무엇보다 젠더 유형화는 앞에서 논의한 공-사 영역의 분리주의가 갖는 문제를 표면화하지 않기 때문에, 여성은 자신의 본질적 영역에서 비본질적 영역으로 나온 이방인으로 본질적 영역에 있는 남성과 비본질적 영역에 들어온 여성의 현실이 다른 것을 자연스럽게 수용하게 하는 기제로 작동한다.

여성의 낮은 대표성이 방화벽으로 작동할 수 있는 또 다른 기제는 높은 가시성이다. 고위직으로 갈수록 토크니즘으로 인해 가시성이 높아지지만 여성의 가시성은 전반적으로 높다. 높은 가시성은 업무 성과에 대한 높은 관심과 노출로 이어진다. 높은 관심과 노출은 업무 수행 성과가 실제보다 과장될 여지가 많은 점에 주목해야 한다. 업무 성과의 과장은 양면성이 있다. 여성이 업무를 성공적으로 수행하는 경우, 높은 가시성으로 인해, 성공적인 업무 성과가 실제보다 과장되게 평가될 수 있다는 점에서 긍정인 측면이 없지 않다. 문제는 여성과 같은 소수 집단의 구성원은 높은 가시성이 긍정적이기보다는 부정적으로 작용할 개연성이 높다는 것이다. 높은 가시성이 성과에 대한 압력으로 작동하기 때문이다. 전반적으로 남성적인 문화와 관행 그리고 구조에 대한 성공적 적응이 선행되어야 하는 여성에게 부과되는 성과 압력은 그러한 적응이 불필요한 남성과 비교하면 몇 배의 추가 압력이 될 수밖에 없다. 이러한 상황에서 가시성이 높은 여성에게는 실패가 성공보다 더 과장되게 부각될 가능성이 높다. 이 또한 일종의 방화벽인 것이다.

결국, 정부 관료제에서 여성 공무원이 경험하는 남성과 다른 현실은 구조나 상태로서만이 아닌 과정과 관계로서 규정되어야 하고 이러한 의미에서 유리천장이나 유리벽만이 아니라 방화벽이라는 새로운 은유를 통해 조망할 필요가 있다.

범주화 기준으로서 성(性)의 현저성과 내집단 편향

인간은 자신을 타인으로부터 구별해 특정의 사회적 범주로 집단화하고자 하는 심리적 성향을 갖는다. 여기서 범주란 인간의 정신적 구성물로서 세계를 이해하는 도구이며, 세계를 질서있게 만드는 경계이다. 범주의 중요한 특징은 같은 범주에 있는 사물이나 사람에 대해서는 동일성을, 상이한 범주에 속하는 사물이나 사람에 대해서는 이질성을 부각시키는 것이다(Yanow, 1996: 485-486). 사회적인 범주를 만드는 기준은 성이나 인종과 같은 귀속적인 요소는 물론 학벌, 종교 및 직업 등이 되기도 한다.

이 모든 기준이 동시에 같은 정도로 작용하여 범주화가 이루어지지 않는다. 특정의 사회적 요소가 범주화의 기준이 되기 위해서는 현저성(salience)이 존재해야 한다. 현저성이란 특정 집단의 멤버십이 지각과 행태에 작용하는 영향력의 정도를 의미한다(Hogg & Turner, 1985). 범주화 기준의 현저성은 상황에 따라 결정되기도 하고 경험에 의해 형성되기도 한다. 상황에 따라 결정될 경우, 가시성이 높은 요소일수록 현저성은 그만큼 높아진다. 예를 들어, 백인이 다수인 사회에서 유색 인종이 있는 경우 인종의 현저성이 높아지고, 여성이 지배적인 조직에 소수의 남성이 섞여 있을 경우 성의 현저성이 높아지는 것 등이 그것이다. 또한, 특정 사회의 사회적 또는 역사적 맥락에 따라 현저성을 높이는 기준이 달라지는데 남성우위의 문화적 전통이 강한 아시아 지역이 서구보다 범주화 기준으로서 성의 현저성이 높거나, 다른 나라와는 달리 우리나라에서 출신 지역이 범주화 기준으로 높은 현저성을 가지는 것 등이 그 예이다(김혜숙, 1993). 범주화 기준으로서 성의 현저성이 높은 것은 거의 모든 지역에서 나타나는 공통적인 현상이지만, 우리나라의 경우 그 현저성이 특히 높다. 그 이유는 전술한 바와 같이 관료제 조직에서 여성의 대표성이 낮아 가시성이 높다는 점과 전통적으로 남성 우위의 유교적 문화의 영향력 때문으로 보인다. 이와 함께 유교적 문화가 기반하고 있는 음-양 이분법에 따른 공(노동 시장=남성)-사(가정=여성)이분법이 경직적이라는 점 또한 무시할 수 없다.

이처럼 현저성이 높은 성을 기준으로 한 범주화가 여성 공무원의 현실에 작용하는 구체적인 경로는 무엇인가? 첫 번째는 여성(또는 남성)에 대한 부정확한 또는 왜곡된 판단의 가능성이다. 사회적 범주화의 기본 기능은 의사 결정에 필요한 정보 처리의 신속성과 경제성이다. 인간이 어떠한 의사 결정을 하기 위해서는 필요한 정보를 획득하고 처리해야 하는 과정이 필수적이다. 인간의 절대적 합리성을 전제하는 합리적 의사 결정 모형에 따르면, 의사 결정에 필요한 모든 정보를 정확하게 처리할 수 있다고 상정한다. 그러나 현실적으로 인간은 인지적 한계와 시간 및 자원의 희소성으로 인해 복잡한 정보를 모두 그리고 개별적으로 획득하고 처리하는 것은 불가능하다.

이러한 한계를 극복하고 의사 결정에 필요한 정보를 효과적이고 경제적으로 조직화하고 처리하기 위한 인지적 구조가 바로 범주를 통한 정보 처리(category-driven information processing)이다(Mayerson et al., 1996: 182). 범주를 통한 정보 처리는 시간과 자원의 부족 및 인지적 한계에 직면하여 모든 정보를 정확하게 처리하는 증거를 통한 정보 처리(evidence-driven information processing)의 대안이다. 수많은 정보를 범주로 묶어서 처리함으로 신속성과 인지 과정을 줄이는 경제성이 확보된다. 조직의 모든 구성원에 대한 정보를 하나하나 개별적으로 처리하기보다는 성별로, 인종으로, 지역으로 묶어서 집합적으로 처리하기 때문이다.

범주화에 기반한 정보 처리가 여성 공무원에게 미치는 영향력은 부정확한 정보 처리와 왜곡된 평가의 가능성이다. 성이라는 범주를 통한 정보 처리로 인지 과정의 경제성이 확보되는 대신 정보 처리의 정확성에 결함이 발생할 수 있다. 일단 범주화가 이루어지면 평가 대상에 대한 정보 모두가 처리되는 것이 아니라, 일정한 정보만 범주를 통해 걸러지는 선택적 정보 처리가 이루어진다. 선택적 정보 처리 과정에서 여성(또는 남성) 공무원은 미리 정해진 범주에 대하여 기왕에 존재해온 정보와 일치하는 정보만 처리할 가능성이 있다. 이는 반대로 여성(또는 남성)이라는 범주에 부합하지 않는 부가적 정보는 무시 또는 여과되거나 기존의 정보에 부합하도록 변경 또는 왜곡될 가능성이 있다는 뜻이 된다. 이처럼 범주화 과정은 판단을 능률적으로 하게 하고 인지 노력을 감소시키는 반면 잘못된 판단을 하게 하는 문제가 상존한다. 물론 이러한 왜곡된 판단의 가능성은 모든 범주화 기준에 공통적으로 나타나지만, 문제는 범주화 기준에서 다수 집단보다 소수 집단이 부정적이고 왜곡된 평가를 받을 가능성이 높다는 점이다.

성을 기준으로 한 범주화가 여성 공무원의 현실을 구성하는 또 하나의 경로는 내집단(in group)과 외집단(out group)으로의 분리와 이에 따른 평가의 왜곡 가능성이다. 이는 내집단 편향에 따른 인지적 왜곡으로 자세한 왜곡 기제는 후술하고, 여기에서는 내외집단 분리가 야기할 전반적인 영향력만을 논의한다. 성과 같은 특정 기준에 의한 범주화는 내집단과 외집단으로의 분리를 수반하는데, 이 경우 내집단 구성원 간에는 실제보다 더 비슷하게, 외집단 구성원에 대해서는 실제보다 더 다르게 인식하는 경향성을 보인다(김혜숙, 1999). 더 나아가 단순히 집단 간 이질성 또는 동질성이라는 기술적인 차원에 그치는 것이 아니라, 좋고 나쁨, 더 우수하고 덜 우수한 것과 같이 가치 판단적 평가로 확대된다. 이는 내집단에 대한 명백한 선호와 외집단에 대한 거부로 발현되어, 자신이 속한 내집단에 대해서는 바람직하게, 외집단에 대해서는 부정적인 시각을 적용할 개연성을 높인다.

이러한 내집단 편향은 인간이 자신의 사회적 정체성을 높이려는 의지와 연결된다. 사회적 정체성 이론에 따르면(Tajfel, 1981; Ashford & Mael, 1989: 김혜숙, 1999), 인간은 긍정적인 자아 개념을 얻으려고 끊임없이 노력한다. 개인의 긍정적인 사회 정체성의 획득과 유지는 전술한 내·외집단 구분에 기반을 둔다. 집단 간 비교를 통해 자신이 속한 집단을 최대한 긍정적으로 규정하고자 하며 이러한 비교에서 외집단 구성원을 비하하려는 경향성을 보이기도 한다. 자기가 속한 내집단이 외집단보다 우월하다고 지각될 때는 자신의 정체성을 그 집단 정체성 속에서 찾으려고 한다. 집단 정체성이 자신의 사회적 정체성을 높여주기 때문이다. 그런데 만약 자신이 속한 내집단이 외집단보다 열등하다고 느끼게 되면 자기가 속한 집단에 대한 심리적 애착을 감소시키고 그 집단과 자신과의 거리를 두려는 반발적 경향을 보인다. 후천적으로 또는 자신의 임의적 선택에 따라 형성된 범주의 경우는 그 집단을 떠나거나 거리를 두는 방식으로 정체성의 훼손을 약화시킬 수 있다. 그러나 성이나 인종과 같이 자신의 의지와 무관하게 부여된 태생적 범주의 경우, 개인의 의지에 따라 벗어날 수 없다는 것을 지각하게 되면, 오히려 더욱 심한 내집단 선호와 외집단 배척이 나타나기도 한다(김혜숙, 1999).

이처럼 성을 기준으로 한 범주화와 그에 따른 내·외집단 구분이 여성 공무원의 현실에 작용하는 경로는 구체적으로 다음과 같다.

내집단 편향에 따른 왜곡 기제

동일-성(性) 선호

사회적 범주화에 따른 내·외집단 분리와 그에 기초한 내집단 편향이 여성 공무원의 현실에 영향을 미치는 것은 성(性)의 사회적 현저성이 높기 때문이다. 현저성이 높은 성을 매개로 한 범주화는 정기적으로 상호 작용하는 조직 구성원에 대한 평가의 왜곡 가능성을 열어놓는다. 그중 한 기제가 동일-성 선호(Tsui & O'Reilly, 1989)이다. 이는 유사성-매력 관점을 기반으로 작동한다. 유사성-매력 이론의 관점에서 볼 때 자신과 성(인종, 지역 등)이 같을 경우, 상대방이 자신과 배경적 기대(background expectation)를 공유하리라는 가정을 한다. 배경적 기대는 "선의의 집단 구성원(bona fide member)이…… 사물(사건)을 동일한 방식으로 보고 유사하게 해석하리라는 관점의 호혜성(reciprocity of perspectives)"이다(Zucker, 1986: 57). 이처럼 배경적 기대를 공유할 경우, 상대방에 대해 호혜적인 관점을 갖게 되고 이는 당연히 긍정적인 평가로 이어진다.

여기에 더하여 성을 기준으로 배경적 기대를 공유한 내집단으로 분류되면 자신과 유사한 배경을 가진 상대방을 긍정적으로 평가함으로써 자신의 사회적 정체성을 높이려는 심리가 함께 작동한다. 이는 내집단 구성원에 대한 긍정적이고 호의적인 평가를 배가(倍加)시킨다. 또 하나 배경적 기대를 공유한 내집단 구성원과는 친밀성을 높게 인지하고 높은 친밀성은 의사소통의 원활성으로 이어짐으로써 다시 긍정적인 평가를 하게 하는 선순환을 가져온다(Tsui & O'Reilly, 1989; Ferris et al., 1994). 또한 동일성 선호는 의사소통의 빈도와 개방성을 높인다. 이러한 개방성이 중요한 것은 이를 통해 상대방에 대한 호의적인 평가가 강화되기 때문이다(Tsui & O'Reilly, 1989). 이는 후술할 접촉 가설에서도 제시하는 것처럼, 접촉이 많으면 많을수록, 상대방에 대한 정보가 많아지고 보다 정확한 평가로 이어지게 된다. 반대로 접촉이 적어지면 정보 부족으로 인한 비호의적인 평가나 범주에 기초한 정보 처리가 심화되고 그만큼 왜곡의 가능성은 높아진다는 점에 주목할 필요가 있다.

물론 동일-성 선호는 여성이나 남성 모두에게 공통적으로 일어나는 인지편파이다. 그러나 이것이 여성 공무원에게 다른 의미를 갖는 것은 정부 조직이 여전히 수적으로 남성 지배적이고 관리자 급으로 올라갈수록 그 경향성이 심화되는 방화벽의 존재를 부인할 수 없기 때문이다. 남성 공무원은 남성 공무원과의 동질성을 보다 많이 인식하고, 빈번한 상호 작용과 접촉이 이루어짐에 따라, 의도하지 않았다 하더라도, 남성 공무원에게 보다 호의적인 평가를 하게 될 개연성이 높아진다. 또한, 의사 결정 직위에 남성 공무원이 지배적이기 때문에 동일성-선호의 작동은 여성보다는 남성에게 보다 긍정적일 가능성이 높다. 중요하고도 희소한 자원배분에 편파가 작용할 수 있기 때문이다.

이와 관련하여 관심을 끄는 것이 자기-충족적 예언(self fulfilling prophecy)이다. 자기-충족적 예언이란 상대방에 대한 기대(긍정적 또는 부정적)가 상대방으로 하여금 그러한 기대가 현실로 나타나도록 행동하고 변화되게 하는 효과를 말한다. 예를 들어 정부 관료제에서 특정의 여성 공무원에 대해 부정적인 인식(기대)을 가지고 있는 상관이 있을 때, 그 상관이 갖는 부정적인 인식(기대)이 그 여성 공무원으로 하여금 실제로 그러한 부정적인 인식대로 행동하게 만들어 결과적으로 상관의 부정적인 기대가 재확인되고 강화되는 경우이다. 이러한 자기 충족적 예언이 실현되는 과정은 다음과 같이 추정할 수 있다. 특정 여성 공무원에 대해 부정적인 기대를 가지고 있는 상관은 그 여성 공무원에게 비중있는 업무보다는 크게 중요하지 않은 일상적인 업무를 부과할 가능성이 높다. 또한 업무수행에 필요한 유 · 무형의 자원을 제공하는 데에도 소극적일 것이다. 그렇게 되면 그 여성 공무원은 업무 수행에 대한 동기 부여가 되지 않고 업무 의욕이 상실될 것이다. 또한 자원 부족으로 인해 어려움을 겪게 된다. 그 결과 좋은 업무 성과를 내기가 어렵다. 이렇게 되면 그 상관은 그 여성 공무원의 능력이나 성실성에 대해 부정적인 평가를 하게 될 것이고 이는 당초 그 상관이 가지고 있던 부정적인 인식(기대)을 확인시키고 강화시키는 역할을 하게 된다.

이처럼 동일-성 선호에 따른 인지적 편파는 단순히 감정적 측면이나 관계적 측면에서 그치는 것이 아니라 조직 내 희소 자원의 배분에까지 영향을 미친다. 말할 것도 없이 자원의 배분은 업무 성과에 작용한다는 점에서 남성 공무원과 다른 여성 공무원의 현실을 구성하는 중요 기제로 작동한다.

동일-성 선호의 두 얼굴: 여성에 대한 평가의 이중성

원칙적으로 동일-성 선호는 남녀 모두에게 적용된다. 그런데 비교적 단순하게 적용되는 남성 간의 동일-성 선호와는 달리 여성에게 있어서 동일-성 선호는 다소 복잡하고 모순적인 양상을 띤다. 동일-성 선호를 그대로 수용하면 관료제 조직에서 여성은 남성에 비해 여성 구성원(부하, 상관, 동료)을 보다 더 긍정적으로 평가하리라는 예상이 가능해진다. 그런데 현실은 이러한 예상과는 다른 결과를 제시한다. 남성들 사이에서 일관되게 유지되는 동일 성-선호가 여성 상관 및 여성 부하에 대한 평가에서는 그대로 적용되지 않는 예들이 발견되고 있다. 이는 남성에게 작동하는 동일-성 선호의 방식과는 달리 여성 상관에 대한 여성 부하의 평가가 남성 상관에 대한 평가보다 더 부정적일 수 있음을 보여준다. 반대로 여성 상관의 여성 부하에 대한 평가 역시 남성 부하에 대한 평가보다 덜 긍정적일 수 있다는 뜻이다. 이처럼 남녀에 따라 상이한 경로는 경험적으로도 입증되고 있다(권경득, 2005; 원숙연 · 조승은, 2009; Graves & Powell, 1996; Tolbert et al., 1999). 그렇다면 왜 관료제 조직에서 여성(부하 또는 상관)은 같은 성을 가진 여성(상관 또는 부하)을 남성보다 부정적으로 평가하는 것일까? 그것이 갖는 의미는 무엇일까?

전술한 사회적 정체성 이론에 따르면, 인간은 자아 존중감이나 긍정적인 자기 이미지를 보호하고 고양하려고 한다. 그런데 인간의 자아 정체감은 단순히 외모적인 특징이나 성격만이 아니라 다양한 사회적 집단과 사회적 지위와의 일체감에 기초한 사회적 요소를 통해 반영된다. 인간의 사회적 정체성을 고양시키는 대표적인 방식은 자신이 속한 집단의 긍정적인 측면을 부각시키고, 자신과 다른 집단의 부정적인 측면을 강조하려는 경향성이다(Tolbert et al., 1999). 이 과정에서 자기가 속한 내집단이 외집단보다 우월하다고 인지할 경우는 자신의 정체성을 내 집단에서 찾으려는 경향이 강해진다. 이에 반해 자신이 속한 내집단이 외집단보다 열등하다고 느낄 경우에는 내집단에 대한 심리적 애착을 감소시키거나 외집단으로 준거틀을 옮기려는 동기가 증가한다(Ely, 1995; 장재윤, 1997; 김혜숙, 1999). 그렇게 해서라도 자신의 정체성을 위협받지 않으려는 동기가 작용하기 때문이다.

이러한 논리를 여성의 동일-성 선호가 남성과 다르게 작동하는 현상에 적용하면 설명이 가능해진다. 공직 사회는 남성 지배적인 문화, 관행, 업무 방식이 일반적일 뿐 아니라 가치 부여되기 때문에 여성적 특성은 상대적으로 덜 선호된다. 과거에 비해 그 정도는 완화되고 있지만, 여전히 남성 중심성을 벗어났다고 보기는 어렵다. 더욱이 남성이 수적으로 우세한 수직적 편중화로 인해 고위직의 경우 더더욱 남성이 지배적일 수밖에 없다. 이러한 권력의 불균형은 여성으로 하여금 "여성(관리자)=조직에서의 성공"의 등식보다는 "남성(관리자)=조직에서의 성공"으로 연결시킬 가능성을 높인다. 이러한 상황은 여성 부하가 여성 상관으로부터 자신의 긍정적인 정체성을 찾거나 자신의 성공적인 미래를 투영하는데 한계를 느끼게 한다.

여기서 여성은 여성을 통해 자신의 사회적 정체성을 고양하고자 하는 동기가 강화되기보다는 오히려 위협을 받게 된다. 이렇게 되면 여성 부하는 여성 상관에 대한 감정적 · 인지적 애착이나 선호를 감소시키고, 오히려 외-집단이지만 남성 상관에게 준거틀을 옮기려는 동기가 작용하게 된다. 이로 인해 여성 상관을 평가하는 데에 있어서 여성이 갖는 동일-성 선호의 작동 방향이 변경될 수 있다. 여기에 더하여 조직의 문화와 관행이나 평가 방식 등이 남성 중심적으로 구조화됨으로써 동일한 직위라 해도 남성 관리자가 행사할 수 있는 권력의 양은 여성 관리자가 행사할 수 있는 권력 양보다 높게 인지된다(원숙연 · 조승은, 2009). 이로 인해 여성 부하 입장에서는 여성 상관이 자신에게 줄 수 있는 보상의 양이 남성 상관보다 작으리라는 예상을 하게 되고, 이는 여성 상관의 도구적 효용이 남성 상관보다 낮다고 판단하게 만든다. 이러한 도구적 판단도 여성에게 있어서 동일-성 선호의 방향을 바꾸는 기제로 작동할 수 있다.

여성에게 있어서 동일성 선호의 방향이 남성과 반대 방향으로 작동할 또 하나의 가능성은 여왕벌 증후군(Queen Bee syndrome)을 통해 추적할 수 있다(Staines et al., 1974; Biernat & Fuegen, 2001). 여왕벌 증후군에 따르면, 여성은 노동 시장 또는 조직에서 자신들이 점할 수 있는 지위를 여성들끼리 경쟁하는 제로섬적 상황으로 인지하고 성공한 여성을 침입자(또는 경쟁자)로 간주한다. 이러한 경향성은 관료제 조직에서 여성이 과소 대표되고 수직적 · 수평적인 차원에서 여성을 대상으로 한 방화벽이 작동하는 상황과 무관하지 않다. 이러한 상황은 관료제 조직에서 여성이 점유할 수 있는 자리를 제한하기 때문이다. 이처럼 제한된 상황에서 조직에서 성공한 여성 관리자를 자신의 미래로 생각하기보다는 제한된 자리를 이미 점유한, 그래서 자신이 갈 수 있는 자리가 줄어든 것으로 인지할 수 있다. 반대로 여성 상관의 입장에서 여성 부하, 특히 능력있는 여성 부하는 자신의 (불안정한) 자리를 위협하는 존재로 인식될 가능성도 배제할 수 없다. 이러한 상황은 동일성-선호가 정부 조직 내 여성 공무원의 현실에 반영되는 방식이 남성의 그것과 다를 수 있는 구조적 원인인 것이다.

그러나 여기서 분명히 해야 할 것은 여성 사이에서 동일성 선호의 방향이 남성과 다른 현실을 설명하는 여왕벌 증후군이 '여성의 적은 여성이다'는 식의 젠더화된 평가를 합리화하는 것은 아니라는 점이다. 동일성 선호의 역학을 여왕벌 증후군을 통해 설명하려는 논리의 무게중심은 여성이 여성을 경쟁자로 느끼게 만드는 근본적인 원인에 주어지기 때문이다. 즉 젠더화되고 남성 중심적인 관료제 조직의 구조와 관행이 그 원인임을 밝히는 것이다. 관료제 조직의 구조와 관행이 젠더 중립성의 신화 속에 감추어져 있지만 여전히 성분리적이고 수직적 · 수평적 차원에서의 방화벽이 강하게 작동하기 때문에 나타나는 구조적 현상이다. 따라서 방화벽의 작동으로 인해 제한된 자원을 사이에 두고 여성은 여성끼리 경쟁하게 되는 구조와 관행이 문제이지 여성들 사이의 문제가 아니라는 점은 명확히 해야 할 것이다.

성-고정관념의 조직 유출

조직 유출의 기제

정부 관료제에서 여성 공무원의 현실을 구성하는데 성-고정관념의 영향력을 간과할 수 없다. 고정관념은 전술한 사회적 범주화의 산물이다. 고정관념은 인간의 인지적 한계와 시간 부족으로 인해 특정 대상을 개별적으로 평가하기보다는 일정한 범주로 나누어서 집단적으로 평가함으로써 판단에 필요한 정보의 양을 줄이는 데에 기여하는 인지틀이다(Powell et al., 2002). 성을 범주화의 기준으로 작동하는 성-고정관념은 다음의 논리로 구성된다(Bem, 1993: 1-3; 원숙연, 2002에서 재인용). 첫째, 남성 중심주의이다. 남성의 경험은 중립적인 기준 또는 규범으로 규정되고 여성의 경험은 그러한 기준으로부터 일탈된 것으로 규정함으로써 남성의 우위를 전제한다. 둘째, 성-양극화이다. 이는 사회의 모든 영역에서 남성과 여성 간의 이분법에 기반한 차이를 부각시킨다. 셋째, 생물학적 원리주의이다. 성-고정관념이 기반한고 있는 남성 중심주의를 합리화하고 정당화하는 논리로서 남성과 여성 간의 차이는 생래적이고 생물학적 본질에 따른 것으로 본다. 따라서 생물학적 원리주의는 남녀 간의 차이는 고정불변의 불가피한 현실로 규정한다. 이러한 논리에 따라 여성은 남성에 비해 열등하기 때문에 남성보다 사회적으로 열등한 지위를 점하는 것이 자연스럽다는 논리로 이어진다.

이러한 논리로 구성된 성-고정관념은 사회 전반에 나타나는데 여성 공무원의 현실과 관련하여 성-고정관념의 조직 유출에 주목할 필요가 있다. 성-고정관념의 조직 유출이란 공식적인 업무의 성격과는 무관한 성-역할 기대가 객관적이어야 하는 작업 상황에까지 확대 · 이전되는 현상을 말한다(Eagly et al., 1995; Carli & Eagly, 2001). 이는 업무의 성격이나 업무 수행을 위해 필요한 객관적인 능력의 보유 여부 또는 보유정도와는 무관하게, 성-고정관념이 작용해 여성과 남성에 대해 다른 기대를 하게 만들고, 그 기대가 차별적 평가로 이어지는 현상이다.

성-고정관념이 조직에 유출되는 기제는 다음과 같다. 먼저, 인지적 일관성의 유지이다. 인간은 상대방을 평가하는 데에 있어서 인지의 일관성을 유지하고자 하는데, 그 기준으로 성-고정관념이 활용될 수 있다. 첫 번째 경로는 특정의 자극이나 정보의 지각 과정에서 성-고정관념이 하나의 스키마로 작용한다. 스키마는 여성 또는 남성을 평가하거나 상호 작용하는 데 있어서 성-고정관념에 부합하는 정보는 탐색하고 이에 부합하지 않은 정보는 무시하거나 회피하는 기준을 제공한다. 두 번째는 정보의 해석 과정에서 선택적으로 작용한다. 해석이란 그 자체로서 판단을 수반하는 과정이기 때문에, 개인의 감정과 편견이 작용할 여지가 많다. 만일 남성 또는 여성 공무원이 기존에 가지고 있던 성-고정관념에 부합하는 행동 또는 부합하지 않는 행동을 할 때 긍정적 또는 부정적으로 해석하는 기준으로 작동한다.

성-고정관념의 조직 유출을 유도하는 또 다른 기제는 역할 부정합성(role incompatability)이다(Atwater et al., 2004). 이는 특정 사회 집단 구성원에게 사회적으로 부여된 역할 기대와 실제 그 구성원의 활동, 행동 및 태도 사이에 간극이 발생하는 것을 의미한다. 역할 부정합성이 발생하면 그 대상에 대한 평가는 부정적이 된다. 남성의 영역으로 인식된 분야에 진출한 여성이나, 여성의 영역으로 인식된 분야에 진출한 남성, 또는 백인의 영역으로 인식된 분야에 진출한 유색 인종, 백인에게 부적합하다고 인식된 분야에 진출한 백인이 부정적인 평가를 받는 것이 그 예이다.

이를 여성의 현실과 연결하면, 관료제 조직으로 표상되는 공적인 영역에서 중시되고 요구하는 가치와 여성(성)이 추구하는 가치 사이에는 부조화가 있다고 전제한다. 그 대표적인 예가 관리직/권력과 여성(성)의 부정합성이다. 여성이 남성의 (전유)영역이었던 공적 영역(관료제 조직)에 진입한 것도 적절치 않은데 권력을 행사하는 관리직에까지 오른다는 것은 기존의 성-고정관념에 비추어볼 때 정합성이 떨어진다. 더욱이 권력을 행사하는 관리자로서 성공하기 위해서는 공격성, 추진력, 결단력, 모험심 및 목표 지향성 등이 요구되는데 이는 남성성에 가까운 것으로 여성성과는 간극이 존재한다. 이러한 간극 즉 부정합성은 여성과 관리직 또는 권력을 연결하는 것이 부자연스럽고 이는 여성은 관리자로서 적합하지 않다는 평가로 확대 해석된다.

이러한 확대 해석은 여성 관리자의 업무 성과에 부정적으로 작용할 수밖에 없다. 관리자의 업무 성과는 구성원들이 관리자의 영향력 행사를 얼마나 받아들이는가에 따라 달라진다. 관리자의 영향력 행사를 수용하는 데 중요한 요소는 관리자가 소유했다고 생각하는 권력의 양에 대한 부하의 주관적 평가이다. 그런데 여성과 관리직/권력 간의 불합치성을 전제하는 성-고정관념은 여성 관리자가 행사할 수 있는 권력의 양을 과소평가하게 만든다. 이러한 과소평가는 여성 관리자의 영향력 행사를 받아들이지 않는 심리적 반발로 나타나고 이는 여성 관리자의 업무 성과에 부정적으로 작용한다.

유사한 맥락에서 성-고정관념의 조직 유출을 유도하는 세 번째 기제는 업무 정체성(work identity)과 성 정체성(gender identity) 간 갈등이다. 이는 여성이 자신보다 지위가 높은 경우에 남성이 느끼는 심리적 갈등과 관련된다. 심리적 갈등은 여성 상관에 대한 부정적인 평가로 이어진다. 전술한 바와 같이 성-고정관념의 작동 원리는 여성은 남성에 비해 열등하며 따라서 남성보다 사회적으로 열등한 지위를 점하는 것이 자연스럽다는 것이다(Eagly & Steffen, 1984; Bem, 1993). 그런데 여성이 자신보다 높은 지위를 점한다는 것은 남성 우위를 전제하는 성-고정관념에 부합하지 않는다. 이때 남성은 무의식적으로 자신의 성 정체성을 위협받는 역할 갈등을 경험하게 된다. 여성 상관과 일하는 남성 부하는 순수하게 업무 정체성임에도 불구하고 상관의 성(즉 여성)이 전면에 등장함으로써, 부하라는 업무 정체성보다는 남성이라는 성-정체성이 더 현저해진다. 이때 남성 부하는 마치 자신의 성 정체성 자체가 도전을 받고 있다고 인식하게 된다.

업무 정체성과 성 정체성 간 긴장은 일종의 불안으로 나타나는데, 이러한 불안은 여성 및 여성 관리자의 능력을 평가절하하는 방식으로 해소하려고 한다. 여성이 높은 지위를 점하는 것이 능력에 의한 것이 아니라 '운(luck)'에 기인한 것으로 연결하여 인식의 불균형 상태를 해소하려고 한다거나(Ragins & Sundstrom, 1989, 1990), 적극적 조치와 같은 제도 및 정책적 개입에 의한 것이라는 낙인을 찍는 방법도 동원된다. 운으로 돌림으로써 실제 능력보다 평가절하하거나 낙인을 찍는 일 모두 여성 공무원에게는 부정적인 현실일 수밖에 없다. 이러한 업무 정체성과 성 정체성 간의 갈등 가능성은 여성의 사회적 지위가 낮고 조직 내 여성 대표성이 낮으며 수직적 편중화가 심한 우리나라와 같은 맥락에서 특히 높게 나타난다.

성-고정관념의 강화 기제: 접촉과 조직의 성-구성비

성-고정관념의 조직 유출은 조직의 성비(性比)에 따라 달라진다. 성-고정관념의 유출은 남성 지배적 조직에서 보다 강력하게 작동하는데 여성과의 접촉 경험 및 빈도가 낮기 때문이다. 사회적 범주화가 성만을 기준으로 이루어지는 것은 아니어서 사회의 모든 집단은 일정한 정도의 고정관념적 평가의 대상이 된다. 그것은 인간의 심리적 특성이기도 하고, 인간의 인지적 정보 처리 능력의 한계로 인해 범주에 기초한 평가가 일상적이기 때문이기도 하다. 범주화에 따른 고정관념의 발생 그 자체가 일정 부분 불가피한 상황이라면 이의 작동을 최소화하는 반대 기제가 만들어져야 한다. 그러한 고정관념적 편파가 완화되거나 교정될 수 있는 기회에 최대한 노출되어야 하는 것이다.

그러한 기회로 자주 논의되는 것이 빈번한 상호 작용 및 접촉이다. 특정 집단 구성원에 대한 고정관념적 평가가 완화되는 방식은 크게 두 가지가 있다(Ragins & Sundstrom, 1990). 하나는 점진적인 방식(bookkeeping model)으로, 기존의 고정관념에 부합하지 않는 정보에 지속적으로 노출됨으로써 자신이 기반하고 있는 고정관념이 부정확하다는 것을 인정하게 되면서 점진적인 변화를 겪는 것이다. 다른 하나는 급진적인 방식(conversion model)이다. 이는 기존에 가지고 있던 고정관념에 부합하지 않는 현저하고 중요한 정보를 접하게 됨으로써, 그에 대응해 급진적이고 전격적으로 고정관념이 교정되는 것이다. 현저하고도 중요한 정보가 고정관념을 완화하는 강력한 점화장치(trigger)가 되는 것이다. 이 두 가지 방식 중 어떤 것이든 접촉이 중요한 매개가 된다. 이러한 이유에서 특정 집단에 대한 편견과 고정관념을 완화하는 방법으로 관계 당사자들 간의 직접적인 접촉을 강조하는 것이다.

접촉 가설에 따르면(Tajfel & Turner, 1985; Bhatnagar & Swamy, 1995), 특정 집단(다수 집단)이 다른 집단(소수 집단)과의 사회적 접촉이 결여될 경우, 소수 집단에 대한 부정적인 편견이 지속적으로 유지된다. 이는 자연스럽게 차별적 행동을 유발할 뿐 아니라 그러한 행동을 정당화하는 기제로 작동한다. 특정 집단 구성원에 대한 접촉이 결여될 경우, 각각의 구성원을 개별적으로, 그리고 객관적으로 평가할 만한 정보가 축적되지 않는다. 이처럼 정보가 부족할 경우, 기존에 가지고 있던 범주에 기초해 평가를 하게 될 개연성은 그만큼 높아진다. 부족한 정보로 인해 이전에 가지고 있었던 고정관념이 인지틀로서 활성화되기 때문이다. 반대로 직접적인 접촉을 통한 빈번한 의사소통과 상호 작용은 상대방에 대한 정보의 원천이 되고 이러한 정보의 축적은 편견과 고정관념을 줄이는 데에 기여한다. 집단 간 접촉이 많다는 것은 그 집단에 대한 정보가 그만큼 많아진다는 것을 의미하고 이는 잘못된 고정관념을 완화 또는 교정할 수 있는 반대 증거를 제공하는 계기가 되기 때문이다.

이러한 상황은 다시 정부 관료제에서 여성의 낮은 대표성으로 이어진다. 정부 관료제에서 여성의 비율이 높아질수록 남성과 여성 간의 접촉이 증진되고 이는 여성에 대한 부정적인 태도나 행동을 감소시키고 수용의 범위를 확장한다. 여성 관리자와의 접촉이 많을 경우 여성 관리자와 남성 관리자가 행사하는 권력의 차이가 없는 것으로 인지한다(Ragins & Sundstrom, 1990). 여성 상관과 일을 함께 하고 접촉이 많을 경우, 여성 상관의 능력을 긍정적으로 평가한다는 것 역시 같은 맥락에서 이해된다. 조직 내 여성의 비율이 증가할수록 여성에 대해 보다 지지적인 태도가 강화된다는 연구(Ragins & Sundstrom, 1990) 또한 주목할 만하다.

반대로 남성 지배적 조직에서는 유능하고 열심히 일하는 여성과의 업무 관계를 통해 여성에 대한 고정관념을 교정할 기회가 제공되지 않는다. 남성 지배적인 조직에서 여성이 고위직에 오르는 경우는 더더욱 드물다. 이 경우, 관리직/권력과 여성 간 부정합성의 성-고정관념의 조직 유출은 강화될 수밖에 없다. 여성 관리자가 거의 없는 남성 중심적 조직에서 그저 상징적인 존재(token)로 존재하는 여성 관리자와 함께 일하는 남성 부하는 성-정체성과 업무 정체성 간의 갈등을 더욱 빈번하게 경험하게 될 것이다. 또한 상징적인 존재로 소수의 여성 관리자가 있는 경우, 높은 가시성으로 인해 사회적 범주화의 기준으로 성은 더욱더 활성화될 것이다. 이러한 일련의 상황은 관료 조직에서 남녀의 구성비와 그에 따른 접촉의 정도가 성-고정관념의 조직 유출을 강화하는 결과로 이어진다.

2부

성-고정관념, 그 '보이지 않는' 편재성의 역설

5장

성-고정관념의 거시적 지형

국제 비교

왜 국제 비교인가?

이론 논의에서 밝힌 바와 같이 여성 공무원이 직면하는 현실을 구성하는 중요한 생성 메커니즘은 성-고정관념이다. 공직은 진공 상태에서 존재하는 것이 아니어서 사회 전체의 지배적인 성-고정관념으로부터 영향을 받는다. 따라서 공직 사회에 존재하는 성-고정관념의 특성을 파악하기 위해서는 거시적인 차원의 성-고정관념의 지형을 알아보는 것이 필요하다. 이러한 인식의 맥락에서, 이 장에서 우리 사회를 관통하는 성-고정관념의 지형을 살펴보고자 한다. 성-고정관념은 여타의 사회적 인식과 마찬가지로 다차원적인 현상이다. 그러나 이 책이 여성 공무원의 현실에 주목한다는 점에서 여성의 일에 대한 인식의 차원에 초점을 맞출 필요가 있다. 여성의 일에 대한 인식에 주목하는 이유는 여성 공무원이 만나는 현실의 많은 부분은 공(일)-사(가족) 영역의 이분법과 직결되기 때문이다.

일과 가족에 대한 지배적인 입장은 양자는 개별적이고 독립적으로 분리되어 존재하기 때문에 각각의 영역은 시간, 공간, 기능에 있어서 상이한 논리가 작동한다는 분리주의이다. 분리주의적 입장은 공(public: 일, 남성)-사(private: 가족, 여성) 영역의 경직적 이분법, 남성 부양자 및 가족 임금 이데올로기를 근간으로 하기 때문에 자연스럽게 여성과 남성 간 성별 분리로 이어진다. 그러나 여성의 노동 시장 참여 확대와 함께 이러한 분리주의의 설명력이 현저하게 떨어지고 있다. 더 이상 공적 영역(일)이 남성(만)의 영역이 아니고 사적 영역(가족)도 분리되어 있기보다는 상호 침윤적이다(Zedeck & Mosier, 1990; Grazywacz et al., 2002; Won, 2012). 그럼에도 불구하고 노동 시장으로 대변되는 공적 영역에 여성이 진출하는 것에 대한 성-고정관념적 인식이 여전히 작동하고 있는 것 또한 현실이다. 이러한 성-고정관념적 인식이 여성 공무원의 현실을 구성하는 거시적 맥락으로 작용하는 것이다.

이러한 문제의식 하에서 이 장에서는 여성 공무원의 현실을 결정하는 생성 메커니즘으로서 성-고정관념의 존재 양식을 거시적인 차원에서 분석한다. 거시적인 차원에서 성-고정관념적 인식의 지형을 논의하는 이유는 사회거시적인 인식이 개인과 같은 미시적 범위와 조직과 같은 중범위적 영역에서 작동하는 성-고정관념을 구성하기 때문이다(Geist, 2005). 거시적인 차원에서 우리 사회에서 발견되는 '일'에 대한 성-고정관념적 인식의 지형은 어떠한가? 이러한 물음에 대한 답을 국제 비교를 통해 찾아보고자 한다. 우리의 현실을 우리만의 절대적인 차원에서 이해할 수도 있지만, 문화와 전통 그리고 사회 체제가 다른 국가들과의 상대적인 비교를 통해 조망하는 것도 우리의 현 위치를 명확히 하는 방식이 될 수 있기 때문이다. 이를 위해 우리나라를 중심으로 공-사 영역의 이분법을 인정하는 정도에 따라 젠더-레짐으로 나누고, 각각의 레짐을 대표하는 스웨덴, 프랑스, 미국과 우리나라를 비교 분석한다.

성-고정관념 국제 비교의 틀

우리 사회에 공유된 성-고정관념의 국제 비교를 통해 우리 사회에 존재하는 '일'을 둘러싼 인식의 지형을 알아보기 위해서 최우선되어야 하는 작업은 비교틀을 도출하는 것이다. 성-고정관념적 인식은 공간에 따라 다르게 발현되기 때문에, 아시아, 북미, 유럽 등 공간적 차이를 반영하여 선택하는 것이 한 방법이 될 수 있다. 그런데 단순히 지역만을 고려할 경우에 몇 가지 문제가 남는다. 첫째, 지역이라는 대범주를 기준으로 할 때 구체적으로 어떤 국가를 대상으로 할 것인가의 문제이다. 유럽처럼 많은 국가들로 구성된 경우는 더욱 그렇다. 둘째, 단순히 지역만을 기준으로 할 경우, 지리 연구가 아닐 경우 지역이 갖는 사회적 의미를 담아내는 데 한계가 있다. 따라서 본 연구에서는 지역이라는 기준과 사회적 의미를 함께 고려하는 데에 유용한 젠더 레짐 논의를 기준으로 한다.

레짐은 특정 국가나 사회를 규율하는 "가치, 규범 및 규칙들의 총합"으로(Sainsbury, 1999: 77), 이를 젠더와 연결할 때 젠더 레짐이 도출된다. 젠더 레짐은 "젠더 관계를 규정하는 가치, 규범 및 규칙과 관련한 일반 원리"(Mosesdottir, 1995; 632), 즉 젠더 관계에 대한 다양한 조건의 집합이다. 따라서 그 조건들이 어떻게 조합되느냐에 따라 각 시대(시간) 및 각 국가(공간)에 따라 서로 다른 형태의 젠더 레짐이 존재하게 된다(Pfau-Effinger, 1998). 레짐의 대표적인 유형화는 탈상품화, 계층화, 그리고 복지 제공에 있어서 국가-시장-가정의 관계를 기준으로 한 Esping-Andersen의 분류이다. 첫째, 시장의 역할을 강화하고 국가는 시장 또는 가정의 기능이 제대로 이루어지지 않는 경우에 한해 잔여적으로 개입하는 자유주의적 복지국가이다(미국, 영국, 호주 및 캐나다 등). 둘째, 시장의 효율성에 대한 관심은 미미하고 다양한 형태의 사회보험 제도를 통해 기존의 사회적 계층이나 지위를 존속시키고, 전통적인 가정의 기능을 강조하는 조합주의적 복지국가가 있다(독일, 프랑스 이탈리아). 셋째, 높은 수준의 탈상품화, 복지의 보편주의, 강한 국가의 역할, 사회 정책 및 경제 정책의 통합 및 완전고용을 강조하는 사회-민주주의적 복지국가이다(스웨덴 , 노르웨이).

그러나 이러한 유형화는 젠더 관계에 대한 고려가 없다는 점에서 젠더 레짐으로서 한계가 있다는 비판에 직면해왔다(Lewis, 1992; 1997; Orloff, 1993; O'Connor, 1996; Sainsbury, 1994a,b,; 1996; 1999). 이러한 비판의 맥락에서 성-고정관념에 대한 국제 비교의 틀 역시 젠더에 대한 고려가 필수적이다. 대안적 유형화는 남성 부양자 모형이다. Lewis(1992;161: 2001)는 남성 부양자 이데올로기를 "남성은 공공 영역에서 가계의 경제적 안녕을 책임지는 가장으로서, 여성은 사적 영역에서 무급 노동을 통해 가정을 유지하는 주부로서 규정되는 정도"로 개념화하고, 이에 대한 수용과 사회 제도에 발현되는 정도에 따라 국가를 유형화했다.

첫 번째는 강한 남성 부양자 모형으로 남성=공적 영역, 여성=사적 영역의 이분법으로 확연하게 분리함에 따라 여성의 노동 시장 참여를 돕는 국가의 지원 체계가 결여되어 있는 유형으로, 미국과 영국이 이에 속한다. 두 번째는 남성은 가장이고 여성은 주부라는 이데올로기가 가장 약하게 발현되고, 임금 노동자로서의 여성의 정체성을 인정하고 이를 지원하는 정책을 통해 여성의 노동 시장 참여를 적극적으로 견인하는 약한 남성 부양자 모형이다. 스웨덴을 비롯한 북유럽 국가가 이에 속한다. 이들 두 모형 사이에 존재하면서, 어머니로서의 여성과 임금 노동자로서 여성의 정체성이 비교적 균형을 이룬 중간적 남성 부양자 모형이다. 이 모형에는 여성의 노동 시장 참여와 가정에서의 역할을 동시에 충족할 수 있도록 지원 정책이 마련되어 있으며, 프랑스가 이에 속한다. 이러한 분류가 기존의 분류와 달리 젠더에 관심을 갖는다는 점에서 진일보한 것은 분명하다. 그러나 남성 부양자 이데올로기에만 집중함으로써 비교적 단선적이고 현실에서 나타나는 제도, 정책, 관행 등에 대한 고려가 부족한 한계 또한 부인할 수 없다.

이러한 한계를 보완할 수 있는 또 하나의 대안이 Lohkamp-Himmighofen & Dienel(2000)의 젠더-정책 레짐이다. 이 유형론은 각 국가의 일-가족 양립을 지원하기 위한 휴가 정책기간과 급여, 보육 지원 정책 및 보살핌 노동에 아버지의 참여를 유도하는 정도에 따라 유형화했다. 첫째, 여성 친화적 평등 레짐으로 스웨덴을 대표로 하는 북유럽 국가들로 분류된다. 이러한 젠더-정책 레짐에서는 남녀 모두 노동자로서의 정체성이 부각되고 남성 부양자 이데올로기의 영향력은 미미하다. 따라서 생산 및 재생산 활동에 있어서 남녀 평등이 이루어지고, 부모 역할의 공유를 강조하는 정책적 개입에 적극적이다. 두 번째는 인구학적 노동 시장 레짐으로 프랑스가 대표적이다. 여기서는 여성의 노동 시장 참여를 독려함과 동시에 적정 수준의 인구를 유지하는 데에 초점을 맞춘다. 이에 따라 프랑스는 높은 수준의 휴가 정책과 보육 시설을 제공하고, 높은 출산율을 유지한다. 셋째, 자유주의 노동 시장 레짐으로 미국이 전형적이다. 여성의 노동 시장 참여에 따른 일과 가족의 문제는 정책적 개입을 통해 해결하기보다 개인적 해결, 특히 시장에 의한 해결을 강조한다. 자유주의적 이념에 따라 시장에 대한 정부의 최소한의 개입이 강조되고, 시장이 작동하지 않는 한에서 잔여적인 개입으로 한정된다. 따라서 고용주와 노동자 간의 협상을 통한 조직 차원의 가족 친화적 프로그램이 시행된다. 넷째, 가족 지향적 레짐으로, 이탈리아와 한국이 이에 속한다. 이들 국가는 여성의 노동 시장 참여율이 상대적으로 낮고 가족주의가 강한 특징을 갖는다. 여성의 노동 시장 참여에 따른 보살핌의 공백을 친인척을 포함한 확대가족이 메우는 형태로 나타난다. 또한, 남성 부양자 이데올로기의 영향력이 강하여, 보살핌 노동에 남성을 편입시키는 적극적 노력은 부재하다.

이상의 남성 부양자 모형과 젠더-정책 레짐 모형을 고려하여, 우리나라를 기준으로 각각의 레짐을 대표하는 스웨덴, 미국, 프랑스에서 나타나는 성-고정관념의 거시적 존재 양식을 비교 분석한다. 이러한 작업은 공직의 성-고정관념이 어떻게 구조화되어 있는지에 대한 거시적이고 배경적 맥락을 보여줄 수 있다.

자료의 등가성과 시간의 동질성

국제 비교가 어려운 것은 사회·문화·역사적 배경이 상이한 국가의 현실을 일직선상에 두고 그 등가성(等價性)을 전제한다는 점 때문이다. 특히 맥락으로부터 자유로울 수 없는 사회 현상, 그중에서도 고정관념과 같은 주관적 인식을 비교하는 경우 그 등가성의 문제는 더 현저해진다. 이 문제를 완전히 극복할 수는 없지만 최대한의 대표성과 타당성을 확보한 자료의 수집을 통해 제한적이나마 등가성을 확보하려는 노력이 필요하다. 더욱이 이 장에서와 같이 유럽-미주-아시아 등 지역적 범위가 넓은 자료의 등가성을 확보하는 데에 있어서의 어려움은 가중될 수밖에 없다. 무엇보다 광범위한 지역을 포괄함으로써 등가성을 확보한 자료의 가용성이 현저히 떨어지기 때문이다.

이러한 한계와 어려움을 염두에 두면서 현존하는 가용 자원을 최대한 활용하는 방식으로 세계가치조사(World Value Survey: WVS)를 선택했다. 세계가치조사는 100여 개국의 사회과학 연구 네트워크를 통해 인간이 가진 가치와 신념, 그리고 시간에 따른 변화 양상, 이들 가치관과 신념이 사회 정치에 미치는 영향력 등에 초점을 맞춘 광범위한 조사 자료이다. 그 가운데 2005-2008년에 조사된 제 5차 세계가치조사를 활용했다.

제5차 세계가치조사의 경우, 대상 국가별 1,001-1,250명으로 비교적 표본수가 많다. 조사 시점의 경우, 스웨덴, 미국, 프랑스는 모두 2006년으로 시간적 동질성이 확보되어 있다. 한국이 2005년으로 한 해 빠르게 조사가 이루어짐으로써 1년의 시차가 존재한다. 그러나 세계가치조사는 전 세계를 포괄하는 대규모의 조사이기 때문에 모든 국가가 동일한 시기에 조사를 시작해서 마치기는 현실적으로 어려운 부분이 있다. 이러한 점을 고려할 때, 1년의 조사 시점 차이는 자료의 등가성과 시간의 동질성을 위협하는 수준은 아닌 것으로 판단된다.

또 하나 국제 비교에서 중요한 표본 구성의 동질성 역시 일정 부분 확보된 것으로 보인다. 표본의 특성을 보면, 첫째, 가족 지향적 젠더 레짐의 대표인 한국의 전체 표본은 1,200명으로, 남성과 여성이 각각 49.4%와 50.6%로 비교적 균형을 이루었다. 연령은 15-24세가 12.8%, 25-34세가 22.2%, 35-44세가 22.9%, 45-50세가 20.2%, 50대 이상이 21.9%로 구성되었다. 여성 친화적 평등 레짐의 대표인 스웨덴은 총 1,003개의 표본 중 남성과 여성이 50.3%와 49.7%로 나타났다. 연령은 15-24세가 9.0%, 25-34세가 17.6%, 35-44세가 17.9%, 45-50세가 18%, 50대 이상이 37.5%로 구성되었다. 인구학적 노동 시장 레짐인 프랑스는, 총 1,001명 중 남성과 여성이 각각 47.9%와 52.1%이고, 연령은, 15-24세가 11.4%, 25-34세가 16.9%, 35-44세가 19.2%, 45-50세가 16.2%, 50대 이상이 36.3%를 차지했다. 마지막 자유주의 노동 시장 레짐인 미국은 총 1,249명 중 여성이 51.7%, 남성이 48.3%로 나타났다. 연령 구성은 15-24세가 10.1%, 25-34세가 20.2%, 35-44세가 19.6%, 45-50세가 19.5%, 50대 이상이 30.7%이다.

분석 대상이 된 국가 모두가 비교적 큰 표본 규모를 가진다. 성별의 경우, 프랑스에서 여성이 다소 높은 비율을 차지하고 있지만 4개 국가 모두 여성과 남성 비율이 거의 50대 50으로 성별 균형이 확보된 것으로 보인다. 연령은 한국에서 65세 이상의 표본이 다른 나라에 비해 상당히 낮게 나타난 것을 제외하고, 연령 구분 범주에 따른 국가 간 차이가 크지 않다. 다만, 서구의 경우 50대 이상의 표본이 한국보다 높게 나타나는 양상을 보인다.

이러한 표본을 대상으로 '일'과 '가족'에 대한 인식을 분석했다. 성-고정관념의 지형을 알아보는 방식 중 하나는 공적 영역과 사적 영역에 대한 인식이 어떻게 형성되어 있는지를 보는 것이다. 이에 따라 세계가치조사의 조사 영역 중 사적 영역을 대표하는 가족과 공적 영역을 대표하는 일에 대한 인식을 중심으로 분석했다. 세계가치조사에서 '일(work)'의 범주로 명명되어 있는 문항은 정치 영역부터 교육 부문에 이르기까지 포괄 범위가 넓게 되어 있다. 먼저, 일을 측정하는 구체적인 문항은 "기업의 CEO는 남성이 여성보다 더 적합하다", "여성보다 남성이 정치 지도자로서 더 적합하다", "남성이 여성보다 직업을 가질 기회가 더 많아야 한다", 마지막으로 "대학 교육은 여자보다 남자에게 더 중요하다" 등 네 문항으로 구성되었다. 이들 문항은 전통적으로 남성적 영역으로 논의되던 기업의 CEO와 정치 지도자에 대한 성-고정관념을 묻는 문항과 전반적인 차원에서 노동시장에 참여하는 데에 있어서 남녀 간의 차별적 인식을 묻는 것으로 이루어졌다. 이와 함께 노동의 영역에 진입하는 데 중요하고도 대표적인 인적자원의 구성 요소이면서 노동 시장에서 차별적 대우의 근거가 되는 대학교육의 중요성을 성별 이분법적으로 측정했다.

다른 한편, 가족의 범주에 속하는 문항은 아래와 같이 정상 가족 이데올로기와 관련되어 있다. "아이에게는 부모가 모두 함께 있는 가족이 필요하다", "결혼은 구식(out-dated)의 제도일 뿐이다", "한 부모(single parent)로서 여성에 대한 인정" 등으로 구성되어 있다.

일과 가족에 대한 인식을 측정하는 도구는 각각 영어 또는 각국의 언어로 구성되었다. 세계가치조사(WVS) 측에서 영어로 제공한 것은 그대로 사용했고, 각국의 언어로 되어 있는 경우는 전문가 및 번역 프로그램을 사용하여 번역했다. 각 문항을 독립적인 차원으로 설정하고 실증적인 분석을 했다. 이를 바탕으로 각각이 의미하는 바를 비교 분석했다.

성-고정관념을 둘러싼 수렴과 발산

전반적 인식 지형

이론적으로 제시된 젠더 레짐을 대표하는 한국, 스웨덴, 프랑스, 미국에서 일과 가족 대한 성-고정관념의 세부적인 분포 양상을 알아보기 전에 전반적인 인식의 지형을 살펴보았다. 그 결과, 〈표 1〉과 같이 CEO나 정치 지도자에 대한 성-고정관념적 인식은 한국, 미국, 프랑스, 스웨덴 순으로 높게 나타났다. 한국은 기업 CEO나 정치 지도자가 남성에게 더 부합한다는 문항에 대하여 50% 이상의 응답자가 동의함으로써, 스웨덴(7.5%), 프랑스(14%), 미국(16%)과 현격한 대조를 이룬다. 특히 주목할 것은 이들 직업군에 대한 성-고정관념이 여성의 노동 시장 참여율과 반비례한다는 점이다. 조사 시점인 2012년 현재 한국 여성의 노동 시장 참여율이 49%인 데 반해, 프랑스(60%), 미국(62.2%), 스웨덴(71.8%)의 참여율은 한국을 훨씬 상회한다는 것이 그 방증이다(OECD, 2012).

성-고정관념을 둘러싼 이들 국가의 전반적인 인식구조는 몇 가지 논제를 제시한다. 첫째, 스웨덴을 비롯한 서구는 일과 관련한 성-고정관념의 존재 양식이 일관성을 보이는 데에 반해, 한국은 이슈에 따라 그 양상이 달라진다는 점이다. 정도의 차이는 있지만, 서구는 기업의 CEO, 정치 지도자, 전반적인 노동 시장 참여 및 대학 교육 모두에서 성-고정관념적 평가가 일관되게 낮게 나타났다. 그러나 한국은 현실적인 직업 세계에 대해서는 남성 우위의 성-고정관념이 매우 강한 데 반해(기업의 CEO는 50%, 정치 지도자 58%가 남성 우위의 인식), 대학 교육의 중요성에 대한 인식은 서구 국가와 유사하게 나타났다. 대학 교육이 남성에게 더 중요하다는 물음에 대하여 한국 응답자의 약 71%가 반대 의견을 제시한 것은 스웨덴(99%), 프랑스(93%), 미국(92%)에 비해 낮지만, 그 차이는 다른 문항에 비하면 크

〈표 1〉 '일'에 대한 성-고정관념적 인식: 전반적인 인식

기업 활동	기업의 CEO는 남성이 여성보다 더 적합하다.			
	스웨덴	프랑스	미국	한국
매우 그렇다	0.5	2.5	2.3	11.5
그렇다	7	11.9	14.2	38.2
그렇지 않다	44.4	30.9	53.6	34.1
전혀 그렇지 않다	48.1	54.8	29.9	16.2
정치 활동	여성보다 남성이 정치 지도자로서 더 적합하다.			
	스웨덴	프랑스	미국	한국
매우 그렇다	1.4	3.8	4.4	11.4
그렇다	6.3	17.4	20.3	46.8
그렇지 않다	51.3	33.7	57	31.5
전혀 그렇지 않다	40.9	45.1	18.3	10.3
노동 시장 참여	남성이 여성보다 직업을 가질 기회가 더 많아야 한다.			
	스웨덴	프랑스	미국	한국
그렇다	2.1	18.1	6.8	36.5
그렇지 않다	94.1	73.8	66.4	26.4
모르겠다	3.8	8.1	26.8	37.1
대학 교육	대학 교육은 여자보다 남자에게 더 중요하다.			
	스웨덴	프랑스	미국	한국
매우 그렇다	–	1.8	1.1	6.9
그렇다	1.1	5	6.8	22.4
그렇지 않다	43.6	20.2	58.4	45
전혀 그렇지 않다	55.3	73.1	33.7	25.6

단위(%)

지 않다. 이러한 변화는 2012년 현재 여학생의 대학 진학률이 74.3%로 남학생의 대학 진학률 68.6%를 앞서는 등 노동 시장 참여의 중요한 기반인

교육에 있어서 성-고정관념이 약화되는 징후와 맞물려 있다(통계청, 2013). 한국에서 교육이 갖는 사회적 의미 또는 효용을 고려할 때, 성-고정관념의 고착 정도가 낮은 것은 긍정적인 신호이다. 그러나 더 큰 문제는 교육을 통한 여성의 인적 자본 투자가 남성에 비해 낮지 않음에도 불구하고, 실제 노동 시장에서의 일에 대해 성-고정관념이 여전히 강하게 나타남으로써 그 간극이 지속적으로 커지고 있는 현실이다.

또 하나, 한국은 서구와는 달리 노동 시장 참여에 대한 성-고정관념이 복잡한 양상을 띤다. 스웨덴과 프랑스 그리고 미국은 남성이 노동 시장에서 보다 많은 기회를 가져야 한다는 것에 대해 반대 의견이 압도적으로 높다. 이에 반해 한국은 노동 시장 참여가 남성에게 우선되어야 한다는 것에 대한 찬성 의견(36.5%)이 반대 의견(26.4%)보다 높아, 서구와는 다른 양상을 보인다.

특히 관심을 끄는 것은 한국에서 〈모르겠다〉는 유보적 의견이 37.1%로 상당히 높다는 점이다. 이러한 결과는 여성의 노동 시장 참여에 대한 반대-찬성-유보가 팽팽한 긴장 상태에 있음을 의미한다. 한국에서 여성의 노동 시장 참여가 가시화된 것이 오래되지 않았고, 공사 영역의 이분법이 변화의 와중에 있는 과도기적 상황이기 때문으로 보인다. 1990년대 말 외환 위기와 함께 남성 부양자 모형의 실질적 설명력이 낮아지고 있는 것도 여성의 노동 시장 참여에 대한 성-고정관념적 평가를 둘러싼 찬성-반대-유보의 긴장 관계를 강화한 것으로 보인다(조순경, 2000). 이러한 긴장 상태는 기존의 성-고정관념의 영향력이 건재함과 동시에 상황 변화에 따른 인식의 유동성이 함께 나타나는 복잡한 지형이 형성되고 있음을 의미한다.

이상의 결과에 따르면, 일을 둘러싼 성- 고정관념이 일관되게 약한 서구와는 달리 한국은 이질 혼합적 특성을 갖는다. 교육 및 노동 시장 참여에 대한 성-고정관념은 변화의 와중에서 고착 정도가 약화되고 있는 데에 반해, 경제 및 정치적 영역의 리더십 지위와 관련한 성-고정관념은 여전히 건재하다. 문제는 이러한 고정관념이 단순한 인식의 차원으로 그치는 것이 아니라 현실로 반영되어 나타난다는 점이다. 성별격차지수(Gender Gap Index: GGI)에 따르면, 한국은 GGI 구성 요소 중 교육 수준(0.95)과 건강과 생존(0.97)에서는 상당히 높은 수준을 유지하는 데에 반해, 경제 참여 기회(0.48) 및 정치적 참여(0.07)는 최하위의 수준을 유지하고 있다. 이는 성별격차지수 최상위에 있는 스웨덴과 비교할 때 교육 수준(1.0) 건강과 생존(0.98)은 거의 같은 수준을 유지하지만, 경제 참여 기회(0.73)와 정치 참여(0.55)에서 극명한 차이를 보이고 있다. 이처럼 거시적인 차원의 성-고정관념의 존재 양상은 여성 공무원이 조직에서 만나는 중범위적 현실과 가정이나 상호 작용 과정에서 만나는 미시적 현실 모두에 작동하는 기저 원리가 되는 것이다.

'일'에 대한 성-고정관념의 수렴과 발산

'일'을 둘러싼 성-고정관념의 성별 지형

일에 대한 전반적인 논의를 넘어 보다 구체적인 인식의 지형을 분석하기 위하여 성별과 세대별 인식 차이가 어떻게 구조화되어 있는가를 재분석했다(표 2).

먼저, 기업의 최고경영자(CEO)에 대한 성-고정관념적 인식을 남녀로 나누어볼 때, 프랑스는 남녀 간 인식의 차이가 가장 적다. 〈전혀 그렇지 않다〉의 강한 부정에 있어서 여성이 다소 높지만, 남녀 모두 거의 같은 인식의 지형을 보인다. 이는 프랑스에서 최고경영자에 대한 인식에서 성별은 변수가 되지 않음을 의미한다. 한편, 스웨덴과 미국은 조금 다른 양상을 보이는데, 스웨덴은 남녀 모두 기업 리더십 지위에 대한 성-고정관념적 인식이 낮다. 그러나 그 정도는 미국이 훨씬 높다. 미국은 전반적으로

〈표 2〉 성-고정관념의 성별 분포: 레짐별

		스웨덴		프랑스		미국		한국	
		여성	남성	여성	남성	여성	남성	여성	남성
기업의 CEO는 남성이 여성보다 더 적합	매우 그렇다	0.9	0.2	1.2	3.8	1.9	2.6	8.6	14.6
	그렇다	5.4	8.5	9.3	14.6	9.8	18.8	31.8	44.7
	그렇지 않다	35.8	52.9	28.6	33.2	45.7	62.1	36.6	31.5
	전혀 그렇지 않다	57.9	38.4	60.8	48.4	42.6	16.5	23	9.3
여성보다 남성이 정치 지도자로서 더 적합	매우 그렇다	1.8	1	2.6	5	5.4	3.2	6.8	16.1
	그렇다	6.5	6.2	15.7	19.3	16.9	24	44.3	49.4
	그렇지 않다	43.8	58.8	34	33.2	53.1	61.3	34	28.9
	전혀 그렇지 않다	47.9	34	47.6	42.4	24.6	11.5	15	5.6
남성이 여성보다 직업을 가질 기회가 더 많아야	그렇다	2.6	1.5	19.8	16.2	5.6	8	32.9	40.1
	그렇지 않다	95.2	93.1	74	73.5	74.1	58.3	33.2	19.6
	모르겠다	2.2	5.4	6.1	10.3	20.3	33.7	34	40.3
대학 교육은 여자보다 남자에게 더 중요	매우 그렇다	-	-	1.3	2.3	0.6	1.5	6.2	7.7
	그렇다	0.8	1.4	4	6	3.9	9.9	14.5	30.6
	그렇지 않다	35.4	51.7	15.8	24.8	51.1	66.1	43.6	46.5
	전혀 그렇지 않다	63.8	46.9	78.9	66.8	44.4	22.5	35.8	15.2

단위(%)

남녀 간의 인식이 수렴하는 듯하나, 〈전혀 그렇지 않다〉의 강한 부정에서 남녀 간의 차이가 현격하다. 이러한 결과는 미국에서 고정관념의 극단에 있어서는 성별이 하나의 변수가 될 가능성을 보여준다.

흥미로운 것은 한국의 현실인데, 프랑스와는 다른 의미에서 남녀 간의 인식이 수렴한다. 프랑스는 남녀 모두가 성-고정관념이 낮은 쪽으로 수렴하는 데에 반해, 한국은 고정관념적 인식이 강한 쪽으로 성별 인식이 수렴한다. 여성의 성-고정관념적 인식이 남성과 비교해 약간 낮지만, 그렇다고 반-고정관념적 평가가 현저하게 높지도 않다. 프랑스와는 다른 차원에서, 성별이 성-고정관념적 인식의 차이를 만드는 변수가 아님을 확인해준다.

다음으로, 정치 지도자에 대하여 프랑스는 남녀 기업 CEO에 대한 인식과 거의 같은 양상을 보인다. 스웨덴 역시, CEO에 대한 인식과 같은 양상을 보여, 남녀 모두 거의 유사한 인식을 나타낸다. 다만 〈전혀 그렇지 않다〉는 강한 부정에 있어서는 약간의 성별 격차가 발견된다. 여기서 주목할 것은 미국과 한국의 인식이다. 미국과 한국은 정도의 차이는 있지만, 남녀 인식의 양상이 거의 일치한다. 미국이 〈그렇지 않다〉의 반-고정관념적 평가가 많고, 한국은 〈그렇다〉의 고정관념적 평가에 좀 더 가까운 점은 다르지만, 남녀의 인식이 거의 유사한 지형을 보이고 있음이 확인된다.

또 하나 노동 시장 참여에 대한 성별 인식 차이이다. 프랑스와 스웨덴은 성별에 따른 차이가 없는 것으로 나타났다. 노동 시장 참여에 대한 성-고정관념적 인식의 정도는 스웨덴이 가장 낮지만, 두 국가 모두에서 남녀 간의 인식은 거의 동질적이다. 또한 두 국가 모두, 노동 시장 참여에 대한 인식이 확고하여 〈모르겠다〉와 같은 유보적인 인식이 거의 발견되지 않는 점도 공통적이다. 미국의 경우, 〈그렇지 않다〉에서 여성이 좀 더 높게 나타나는 차이는 있지만, 남녀 간의 인식 역시 동질적이다. 다만, 미국에서 〈모르겠다〉의 유보적 입장이 남성이 높게 나타나는데, 이는 스웨덴이나 프랑스와 달리 미국에서 남성 부양자 이데올로기의 영향력이 비교적 높다는 방증이다.

이들 세 국가와 완전히 다른 양상은 한국에서 나타난다. 남성의 경우, 〈그렇다〉와 〈그렇지 않다〉 사이의 상당한 인식의 차이가 존재함에 따라 서구와는 반대의 지형을 보인다. 이는 한국 남성들에게 있어서 일은 여전히 남성의 영역이라는 성-고정관념적 이분법이 공유되어 있음을 확인해준다. 다만 〈모르겠다〉의 유보적인 입장이 〈그렇다〉의 강한 고정관념적 입장과 거의 같은 정도인 점은 주목할 필요가 있다. 이는 한국 남성이 노동 시장 참여에 대한 전통적이고 성-고정관념적 인식을 유지하면서 동시에 인식의 변화 가능성을 함축하는 이중성을 보이기 때문이다.

더욱이 주목할 것은 한국 여성의 인식이다. 비교 대상이 되는 다른 나라 여성과는 달리, 일을 남성의 영역으로 보는 성-고정관념적 입장(그렇다), 반대하는 입장(그렇지 않다), 그리고 과도기적 입장(모르겠다)이 거의 같은 비중으로 나타나고 있다. 이는 다른 나라 여성과는 완전히 다른 인식 구조로서, 같은 동양권인 일본이나 중국과도 다른 양상이다. 같은 물음에 대하여 중국은 그렇다(42.3), 그렇지 않다(32.7), 모르겠다(25.1)의 순으로 여전히 고정관념적 인식이 지배적인 데 반해, 일본은 그렇다(27.1), 그렇지 않다(17.9), 모르겠다(55)로 유보적인 입장이 보다 강하게 나타났기 때문이다. 이러한 결과는 한국 여성은 여성이 노동 시장에 참여해야 하는 필요성을 인정함과 동시에 남성 부양자 이데올로기적 인식으로부터 자유롭지 못한 양가적인 인식 구조임을 보여준다.

마지막으로 대학 교육에 대한 인식이 프랑스나 스웨덴에서는 기업 CEO에 대한 인식과 거의 일치하는 지형을 보인다. 다만 그 인식 정도에 있어서는 대학 교육이 보다 반-고정관념적 속성을 보이는 점에서 차이가 있다. 그러나 한국과 미국은 대학 교육에 대해서는 노동 시장 참여나 정치 리더십에 대한 인식에 비해 고정관념적 평가 정도가 낮지만 여전히 남성은 고정관념적 인식, 여성은 탈-고정관념적 인식을 보이고 있어서 성별에 따른 차이가 여전히 건재함을 보여준다.

'일'을 둘러싼 성-고정관념의 세대별 지형

일과 관련한 성-고정관념적 인식의 지형을 세대별로 분석했다(표 3). 먼저, 기업의 CEO나 정치 지도자에 대한 인식의 경우, 스웨덴과 프랑스는 연령에 따른 차이가 현저하지 않아 세대 간 인식 차이가 약한 것으로 보인다. 50대 이상에서 다소 높은 성-고정관념적 인식이 보이지만, 연령에 따른 동질성이 확보된 것으로 보인다. 프랑스의 경우, 세대에 상관없이 반-

〈표 3〉 연령에 따른 성-고정관념의 분포: 레짐별

		스웨덴			프랑스			미국			한국		
	연령	15-29	30-49	50 이상	15-29	30-49	50 이상	15-29	30-49	50 이상	15-29	30-49	50 이상
기업의 CEO는 남성이 여성보다 더 적합	매우 그렇다	0	0.3	0.9	4	1.9	2.3	0	2.1	3.6	5.6	7.1	22.6
	그렇다	4.9	5.7	8.8	11.2	8.6	14.9	17.9	12.3	13.8	31.5	37.6	43.8
	그렇지 않다	40.4	40.4	49	25.3	31.5	32.7	46.5	54.5	56.6	44.1	36.7	23.1
	전혀 그렇지 않다	54.8	53.6	41.3	59.4	58.1	50.1	35.6	31.1	25.9	18.8	18.6	10.5
여성보다 남성이 정치 지도자로서 더 적합	매우 그렇다	1.1	0.3	2.4	6.5	2.4	3.7	3.5	4.9	4.3	5.6	7.8	21.1
	그렇다	4.7	5.9	7.4	16.9	15.8	19.1	19.9	19.3	21.5	35.9	49.1	50.8
	그렇지 않다	47.9	50.3	53.4	29	31.5	37.5	52.6	56.4	59.8	48.9	30.4	20.9
	전혀 그렇지 않다	46.4	43.5	36.8	47.6	50.4	39.7	23.9	19.3	14.5	9.6	12.7	7.1
남성이 여성보다 직업을 가질 기회가 더 많아야	그렇다	1.5	0.7	3.3	16.9	13.6	22.4	4.6	5.8	8.8	20	34.9	50.6
	그렇지 않다	95.7	95.9	92.1	77.5	79.4	67.5	68.1	69.2	63.1	37.3	27	17.9
	모르겠다	2.8	3.4	4.5	5.6	7	10.1	27.4	25	28	42.7	38.1	31.5
대학 교육은 여자보다 남자에게 더 중요	매우 그렇다	0	0	0	1.1	1.7	2.1	0.2	1.4	1.2	2.6	5.3	12.4
	그렇다	0.5	0.9	1.5	3.7	2.3	7.7	10.3	5.2	6.4	16.8	20.3	29.7
	그렇지 않다	36.7	39	49.8	16.9	18.2	23.2	46.6	59.4	63.7	49.2	45.9	40.8
	전혀 그렇지 않다	62.8	60.1	48.7	78.2	77.8	67	42.9	34.1	28.8	31.4	28.5	17.1

단위(%)

고정관념적 인식(전혀 그렇지 않다)이 강하게 나타나고 있다. 스웨덴은 50대가 다른 세대에 비해 반-고정관념적 인식이 다소 낮지만, 다른 세대와 비교해 주목할 만한 차이는 아니다.

이처럼 세대에 따른 편차가 크지 않은 현상은 노동 시장 참여에 대한 인식에서 보다 확연하게 나타난다. '남성이 여성보다 직업을 가질 기회가 더 많아야 한다'는 물음에 대하여 스웨덴과 프랑스의 모든 세대는 직업 기회의 성별 차이를 인정하지 않는 방향으로 일치된 인식을 보이고 있기 때문이다. 상대적인 비중은 스웨덴이 프랑스보다 좀 더 강한데 이러한 현상은 노동 시장 참여를 권리로 규정하는 사회민주주의 이데올로기와 무관하지 않다(Esping-Andersen, 1990; 1999; 송다영, 2012; 황은정 · 김교성, 2013).

자유주의적 시장 레짐을 대표하는 미국은 조금 다른 양상으로 나타난다. 프랑스나 스웨덴과 달리 〈전혀 그렇지 않다〉는 강한 부정이 비교적 낮게 나타남으로써 성-고정관념이 세대에 따라 고착되었을 가능성을 보인다. 특히 정치 지도자에 대한 인식에서 이러한 경향성이 보다 강하게 나타난다. 이러한 결과는 시장주의를 강조하는 자유주의적 전통과 무관하지 않다. 이러한 전통 속에서 시장이 정치 영역보다 여성에게 개방되는 정도가 더 높을 수 있기 때문이다. 직업 기회에 대하여 모든 세대가 일치된 인식을 보이는 것은 스웨덴이나 프랑스와 큰 차이가 없지만, 〈모르겠다〉는 유보적인 입장은 두 국가보다 높게 나타났다. 이러한 결과는 미국에서 일을 성-중립적으로 보는 정도가 스웨덴과 프랑스보다는 견고하지 않고 유동적이라는 추론을 가능하게 한다.

가족 지향적 레짐인 한국은 서구 국가들과는 달리, 성-고정관념 인식에 있어서 세대 차이가 현저하다. 기업 CEO나 정치 지도자에 대한 성-고정관념적 인식의 경우, 20대에서 〈그렇지 않다〉의 반-고정관념적 인식이 강하게 나타나는 양상을 보인다. 이에 반해 50대를 넘어서면서 〈매우 그렇다〉와 〈그렇다〉의 성-고정관념적 인식이 높게 나타나고 있다. 30-40대는 그 중간 위치를 차지한다. 이는 연령이 높아지면서 성별 인식이 보수적이 된다는 통념을 확인한다. 관심을 끄는 것은 기업 CEO에 대한 성-고정관념적 인식에 있어서 3-40대가 다른 집단에 비해 고정관념과 반-고정관념적 응답이 거의 같은 비중을 보인다. 이러한 결과는 한국의 3-40대에게 있어서 기업 CEO에 대한 고정관념적 인식에 있어서 긴장 상태가 존재함을 의미한다. 이러한 긴장 상태가 정치 지도자에 대한 인식에서는 발견되지 않는 점은 흥미롭다. 오히려 정치 지도자에 대한 성-고정관념적 인식은 세대에 따른 차이가 현저하지 않아, 3-40대와 50대 모두 유사한 양상을 보인다. 이러한 결과는 한국에서 시장 영역보다 정치 영역에서 성-고정관념이 더 강하게 유지되고 있음을 보여준다. 한국에서 여성의 세력화를 보여주는 국회의원 비율이(2012년 현재 15.7%로 세계 87위), 이를 반증한다(IPU: www.ipu.org).

대학 교육의 성별 중요성에 대한 인식의 경우, 스웨덴과 프랑스가 유사한 범주에 속하고, 미국과 한국은 각각 상이한 범주를 구성한다. 프랑스는 세대에 따른 차이가 거의 나타나지 않아 일치된 인식의 지형을 갖는다. 대학 교육의 중요성이 성별에 따라 다르지 않다는 인식이 공유되어 있는 것으로 볼 수 있다. 스웨덴은 50대가 상대적으로 보수적인 입장을 보이지만 전반적인 차원에서는 모든 세대에서 대학 교육을 성-중립적으로 인식하는 것으로 나타나 프랑스와 유사하다. 그러나 한국과 미국은 세대가 변수일 가능성을 보인다. 미국은 3-40대와 50대 이상이 거의 일치하는 보수적인 인식을 공유하는 데에 반해, 한국은 1-20대와 3-40대가 진보적인 인식을 공유하는 것으로 나타났다.

'가족'에 대한 성-고정관념의 수렴과 발산

전반적인 인식 지형

가족에 대한 성-고정관념은 '정상 가족' 이데올로기에 대한 수용도를 의미한다. 정상 가족 이데올로기란 이성애 부모가 함께, 결혼이라는 제도를 통해, 엄마는 사적 영역에서의 무급 노동, 아빠는 노동 시장에서의 유급 노동으로 이분화된 구조를 당연시하는 것이다. 이러한 형태의 가족은 전통적(traditional), 공통의(common), 자연스러운(natural) 등의 중립적인 수식어와 함께 '정상적(normal)', '건강한(healthy)'과 같은 가치 판단적인 수식어가 수반된다(Canetto, 1996; 31-34; Thorne, 1992; Van Every, 1992). 이러한 가치 판단적 수식어가 붙는 것은 자연스럽게 동성애 부모, 정식 결혼이 아닌 동거, 또는 한 부모, 미혼모, 그리고 여성이 유급 노동에 종사하는 것 등은 정상 가족의 범위를 이탈하는 것으로 전제하는 것이다.

세계가치조사(WVS)에서 실시한 '가족'의 범주에 속하는 문항의 구성은 양친 부모의 존재, 한 부모로서 여성에 대한 인정, 결혼 제도에 대한 평가 등으로 정상 가족 이데올로기와 밀접하게 관련되어 있다. 이는 각 국가에서 정상 가족 이데올로기를 어떻게, 어느 정도 수용하는가를 측정하는 것이다. 여러 차례 강조한 것처럼 가족을 둘러싼 성-고정관념적 인식은 여성의 노동 시장 참여에 대한 인식과 직결되고, 여성 공무원이 직면하는 현실을 구성하는 중요한 기반이라는 점에서 이에 대한 인식의 지형을 볼 필요가 있다.

각각의 젠더 레짐을 대표하는 국가별 가족과 관련한 성-고정관념적 인식의 전반적인 구조는 〈표 4〉와 같다. 양친 부모의 존재를 가족의 구성 조건으로 보는 것에 대하여 스웨덴이 가장 진보적이고 한국이 가장 보수적인 양상을 보인다. 미국은 스웨덴과 한국의 중간에 위치하고 있다. 가족지향적 레짐인 한국에서 조사 대상의 약 92%가 양친 부모의 존재가 중요하다고 본 것은 차치하더라도, 자유주의적 시장 레짐인 미국에서 62%가, 평등주의적 레짐인 스웨덴에서도 47%가 양친 부모의 존재를 가족 구성의 중요 조건으로 인정하는 것으로 나타났다. 사회적 변화나 레짐의 차이에도 불구하고, 정상 가족 이데올로기의 영향력을 가늠하기에 충분한 결과이다. 이러한 양상은 결혼에 대한 인식에서도 유사하게 나타나고 있다. 미

〈표 4〉 '가족'에 대한 성-고정관념의 인식 분포

	아이에게는 부모가 모두 함께 있는 가족이 필요하다			
	스웨덴	프랑스	미국	한국
그렇다	47.3	-	62.9	91.7
그렇지 않다	52.7	-	37.1	8.3
	결혼은 구식(out-dated)의 제도일 뿐이다			
	스웨덴	프랑스	미국	한국
그렇다	21.5	-	12.7	13.3
그렇지 않다	78.5	-	87.3	86.7
	한 부모(single parent)로서 여성			
	스웨덴	프랑스	미국	한국
인정한다	49.1	62.3	52.2	3.5
인정하지 않는다	37.1	26.4	47.8	61.8
상황에 따라 다르다	13.8	11.2	0	34.7

주: 프랑스에서 가족관련 인식 중 일부는 조사되지 않았다. 단위(%)

국은 87.3%, 한국은 86.7%, 스웨덴은 78.5% 순으로 결혼 제도를 인정하고 평가하는 결과는 세 국가 모두 젠더 레짐의 차이와 무관하게 결혼 제도의 효용과 의미에 대한 인식이 수렴하고 있음을 확인할 수 있다.

그러나 이처럼 수렴 양상을 보이는 것과는 달리 '한 부모로서 여성에 대한 인정'은 레짐에 따른 차이가 크게 작동하는 것으로 나타났다. 과거와 달리 다양한 형태의 가족이 존재하고, 남성 부양자 모형에 따른 부양자로서의 남성(아버지), 보살핌의 제공자인 여성(어머니)이라는 경직적 이분법이 약화되고, 한 부모 가정 또한 현실이 되고 있다(Canetto, 1996; Thorne, 1992). 남성이 가장인 전통적인 가족 형태와 달리, 남성 없이 여성(어머니)이 가장인 가정이 증가하는 추세이기 때문에 이러한 변화를 둘러싼 고정관념적 인식의 지형은 간단하지 않다. 상당히 높은 수준에서 한 부모로서 여성을 인정하는 프랑스와 비교하여 (62.3%), 조사 대상의 3.5%만이 이를 인정하는 한국은 극명한 대조를 이룬다. 다만 한국에서 주목해야 할 것은 '한 부모로서 여성'에 대한 유보적인 입장이 다른 나라에 비해 상당히 높다는 점이다. 스웨덴이나 프랑스는 10%를 약간 상회하는 수준인 데 반해, 한국에서는 약 35%가 유보적인 입장을 보이고 있기 때문이다. 이는 한국 사회에서 정상 가족 이데올로기를 둘러싼 성-고정관념적 인식의 지형이 변화하고 있음을 보여준다.

'가족'을 둘러싼 성-고정관념의 성별 지형

가족에 대한 고정관념의 전반적인 인식을 넘어 보다 세분화된 인식의 지형을 알아보기 위해 성별로 구분하여 분석했다(표 5). 주목을 끄는 결과는 아이들에게 엄마와 아빠가 함께 있는 것이 바람직하다는 정상 가족 이데올로기이다. 평등주의적 레짐인 스웨덴은 여성과 남성의 인식이 교차함에 따라 성별 격차가 비교적 높게 나타났다. 남성은 여전히 부모가 함께 있는 가족에 대한 믿음이 강한 데 반해, 여성의 믿음은 상대적으로 낮게 나타났다. 자유주의 시장 레짐인 미국은 스웨덴과는 다른 양상을 보인다. 여성이 남성에 비해 양친 부모의 존재에 대하여 다소 자유롭지만, 전반적으로 그 격차는 크지 않은 것으로 나타났다.

가족 지향적 레짐인 한국의 결과는 흥미롭다. 한국은 남녀를 불문하고 양친 부모로 구성된 가족의 중요성을 상당히 높게 인정함으로써 성별에 따른 인식의 차이가 거의 없다. 남녀를 불문하고 90%에 가까운 응답자가 '부모가 함께 있는 가족의 중요성'에 동의했다. 남성보다 오히려 여성이 그 중요성을 더 높게 인식함에 따라 서구와는 완전히 다른 양상을 보인다. 이러한 결과는 여성에게 가해지는 전통적 엄마 역할에 대한 압박의 작용을 부인할 수 없고 정상 가족 이데올로기에 대한 집합적 강조와도 무관하지 않은 것으로 보인다(은기수, 2006).

한편, 결혼에 대한 인식은 또 다른 차원에서 의미가 있다. 〈표 5〉에서 보는 것처럼 성별이나 젠더 레짐의 차이와 상관없이 결혼에 대한 인식은 정확하게 일치하는 양상을 보이기 때문이다. 문항이 단순하여 성별에 따른 인식의 스펙트럼을 다양하게 측정할 수 없는 한계를 감안한다고 해도, 세 국가 모두에서 남녀를 불문하고 여전히 결혼 제도에 대한 인식이 긍정적이며, 성별에 따라 정확히 일치하는 양상을 보인다.

반면, '한 부모로서 여성'에 대한 인정은 복잡한 양상을 띤다. 프랑스는 남녀 모두 '한 부모로서 여성'에 대한 인정 정도가 상당히 높고, 인식에 있어서 성차가 거의 존재하지 않는다. 미국 역시, 한 부모로서 여성을 인정하는 데에 있어서 남녀의 인식이 거의 일치한다. 그러나 프랑스는 남녀 모두 '한 부모로서 여성'에 대한 수용이 높은 것으로 일치하는 데에 반해 미국은 남녀 모두 수용과 불수용이 거의 비슷한 정도로 긴장 상태에 있다는 점이다. 스웨덴도 독특한 양상을 보이는데, 남성이 '한 부모로서 여성'을 인정하는 정도가 여성보다 매우 낮아 다른 나라에 비해 성별 격차가 비교적 높다. 한국은 여성과 남성 간의 인식의 양상이나 정도가 정확히 일치하

〈표 5〉 '사적 영역(가족)'에 대한 성-고정관념: 성별 차이

		스웨덴		프랑스		미국		한국	
	성별	여성	남성	여성	남성	여성	남성	여성	남성
아이에게는 부모가 함께 있는 가족이 필요	그렇다	35.7	59	-	-	55.3	71	94.6	88.6
	그렇지 않다	64.3	41	-	-	44.7	29	5.4	11.4
결혼은 구식(out-dated)의 제도	그렇다	20	23	-	-	12.8	12.6	12.3	14.2
	그렇지 않다	80	77	-	-	87.2	87.4	87.7	85.8
한부모(single parent)로서 여성	인정	58.2	40.1	64.8	59.6	55.1	49	4.2	2.8
	불인정	28.8	45.3	23.2	30	44.9	51	61.1	62.4
	상황에 따라	13	14.6	12	10.4	0	0	34.7	34.8

주: 프랑스에서 가족 관련 인식 중 일부는 조사되지 않았다. 단위(%)

여, 남성 없이 여성이 혼자서 부모가 되는 것에 대해 남녀 모두 가장 강한 거부 반응을 보인다. 한국에서 여전히 가족의 범위와 구성에 있어서 정상가족 이데올로기의 영향력이 얼마나 강한지를 반증한다. 다만 유보적 인식이 한국에서 가장 높게 나타난 점은 주목할 만하다. 한국에서 감지되는 가족에 대한 인식의 양가성을 보여주는 한 단면이다.

'가족'을 둘러싼 성-고정관념의 세대별 지형

사적 영역(가족)에 대한 성-고정관념적 인식의 세대별 차이를 알아본 결과(표 6), 젠더 레짐에 따른 공통점과 차이점이 발견된다. 먼저, 양친 부

〈표 6〉 '사적 영역(가족)'에 대한 성-고정관념: 세대별 차이

		스웨덴			프랑스			미국			한국		
	연령	15–29	30–49	50 이상	15–29	30–49	50 이상	15–29	30–49	50 이상	15–29	30–49	50 이상
아이에게는 부모가 함께 있는 가족이 필요	그렇다	29.4	40.5	59.5	–	–	–	59.5	62.5	65.1	89.7	90.5	94.8
	그렇지 않다	70.6	59.5	40.5	–	–	–	40.5	37.5	34.9	10.3	9.5	5.2
결혼은 구식(out-dated)의 제도	그렇다	29.9	22.9	17.3	–	–	–	15	13.3	11	14.5	14	11.2
	그렇지 않다	70.1	77.1	82.7	–	–	–	85	86.7	89	85.5	86	88.8
한부모(single parent)로서 여성	인정	51.2	51.6	46.4	62.7	66	59.2	59.7	52.2	48.4	6.7	3.7	0.9
	불인정	34.2	31.7	42.2	30.1	24	26.9	40.3	47.8	51.6	46.6	56.2	81.1
	상황에 따라	14.6	16.7	11.4	7.3	10.1	13.9	0	0	0	46.7	40.1	17.9

주: 프랑스에서 가족 관련 인식의 일부는 조사되지 않았다. 단위(%)

모가 함께 있는 가족의 필요성에 대하여 스웨덴은 연령에 따른 차이가 상당히 존재하는 데에 반해, 미국과 특히 한국은 세대 간 인식이 완전히 일치하는 양상을 보인다. 구체적으로 스웨덴의 50대 이상은 양친 부모의 존재가 가족 구성에 있어서 중요한 요소라는 것에 대한 동의가 여전히 강하게 나타나(약 60%), 30대 미만 세대(약 30%)와 격차를 보인다. 3-40대는 두 세대 사이에 존재함으로써(25%), 스웨덴은 연령에 따른 인식 차이의 전형을 보여준다. 이에 반해, 미국은 세대에 따라 미미한 인식 차이는 있지만, 모든 세대에서 60% 이상이 양친 부모를 가족 구성의 중요한 요소로 인정함으로써 세대 차이가 상대적으로 적다. 이러한 경향성은 한국이 가장 강하여 모든 세대가 양친 부모의 존재를 중시하는 인식이 90%를 상회하는 완전한 수렴 양상을 보인다. 한편, 결혼 제도에 대한 인식은 스웨덴에서 세대에 따른 약간의 차이가 발견되지만, 젠더 레짐을 달리하는 3개국 모두 유사한 양상을 보인다. 무엇보다 한국과 미국이 유사한 인식을 보이고 있어서 흥미롭다. 이처럼 3개국 모두가 결혼 제도에 대하여 세대와 무관하게 긍정적으로 평가하는 유사한 인식을 보임으로써 결혼 제도의 의미가 건재함을 확인해준다.

그러나 '한 부모로서의 여성'에 대한 인식의 양상은 복잡하다. 프랑스의 경우, 한 부모로서 여성에 대한 인정 범위가 상당히 넓고 그 정도는 세대차가 거의 없이 수렴하는 양상을 보인다. 스웨덴도 50대 이상에서 한 부모로서 여성을 인정하는 정도가 상대적으로 낮기는 하나, 전체적으로 볼 때 세대차가 극명하지 않다. 이에 반해 미국은 30대 이상과 이하로 인식의 양분이 목격된다. 30대부터 50대 이상은 상호 수렴하는 인식을 보이는데, 두 세대 모두에서 한 부모로서의 여성에 대한 인정과 불인정이 각각 50% 수준에서 팽팽한 긴장 관계에 있다. 이에 반해 30대 미만은 60% 가량이 한 부모로서 여성을 인정함으로써 다른 세대와 일정한 거리를 유지하고 있다. 여기서 주목할 것은 프랑스나 스웨덴은 일정한 정도의 유보적 입장이 존재하는 데에 반해, 미국은 〈상황에 따라〉로 표현되는 유보적인 입장이 발견되지 않는다는 점이다.

한국은 몇 가지 점에서 다른 국가와는 차이가 있다. 전체적으로 볼 때 한 부모로서 여성을 긍정적으로 보는 비율은 모든 세대에서 매우 낮게 나타났다. 반면 한 부모로서 여성을 부정적으로 보는 입장에서 연령은 하나의 변수로서 작용한다. 50대 이상의 조사 대상 중 80% 가깝게 '한 부모로서 여성'을 인정하지 않기 때문이다. 30대 미만은 약 40%, 50대 미만은 50% 이상이 '한 부모로서 여성'에 대해 부정적인 입장을 보임으로써 50대 이상과는 거리가 있다. 이처럼 '한 부모로서 여성'을 부정하는 인식이 연령대와 비례하여 증가하는 것은 연령이 높아짐으로써 보수적이 된다는 통념에 부합하는 결과이다. 다만 50대를 제외한 모든 연령층에서 유보적인 입장이 높게 나타났다. 이러한 결과가 의미하는 바는 아직은 양친 부모가 조건이 되는 정상 가족 이데올로기의 영향력을 부인할 수는 없지만, 세대가 낮아지면서 이러한 고정관념적 인식의 견고성이 흔들리고 있음을 보여준다. 부모의 존재가 자녀에게 갖는 의미나 결혼 제도 그 자체에 대해서는 세대 간 인식이 정확히 일치하는 데에 반해, '한 부모로서 여성'에 대해서는 세대별 인식차가 존재하는 것은 한국에서 편모에 대한 인식의 스펙트럼이 안정적이지 않음을 보여준다.

성-고정관념의 '한국적' 발산

이 장에서는 여성 공무원이 직면하는 현실의 중요한 생성 메커니즘인 성-고정관념의 존재 양식을 거시적인 차원에서 분석했다. 특히 '일'과 '가족'을 둘러싼 성- 고정관념을 개인이 아닌 국가를 집합적 단위로 하여 국제적으로 비교했다. 비교 대상 국가는 공적 영역과 사적 영역의 경직적 이분법을 사회적으로 수용하는 정도에 따라 각각의 젠더 레짐으로 분류했다. 각각의 젠더 레짐을 대표하는 스웨덴, 프랑스, 미국, 그리고 한국으로 설정했다. 자료는 제5차 세계가치조사(World Value Survey: WVS)를 활용했다. 비교 대상 국가가 '일'과 '가족'에 대해 갖는 성-고정관념적 인식의 수렴(유사성)과 발산(상이성)에 초점을 맞춤으로써 우리 사회의 성-고정관념의 지형을 확인했다.

그 결과 다음과 같은 몇 가지 중요한 함의가 도출되었다. 첫째, '일'과 '가족' 모두 프랑스와 스웨덴은 일관되고 견고한 반-고정관념적 인식이 자리 잡은 것으로 나타났다. '일'과 '가족' 관련 모든 문항에서 가장 진보적인 인식을 보이고 있는 것이 두 국가에서 공통적이다. 다만, 〈남성이 여성보다 직업 기회가 더 많아야 한다〉에 대해서는 여성 친화적 평등 레짐인 스웨덴이 인구학적 노동 시장 레짐인 프랑스보다 훨씬 높은 수준의 반대 의견을 보이고 있는 점이 다르다. 이는 일을 인간의 권리로 생각하는 스웨덴의 사회민주주의적 전통과 무관하지 않다. 프랑스는 여성의 노동 시장 참여를 독려함과 동시에 출산율의 유지를 위해 모성을 강조함으로써, 스웨덴보다 여성 노동 시장 참여가 상대적으로 적다는 점이 작용한 것으로 보인다. 이처럼 약간의 차이는 있지만 두 국가 모두 전향적인 인식을 가진 것은 수렴하는 현상이다. 결국, 거시적인 차원에서 일관되고 강한 반-고정관념적 인식의 사회적 공유가 두 국가에서 일과 가족에 대한 적극적인 정책의 수립·집행을 가능하게 하는 인프라가 되는 것이다.

한편, 자유주의 시장 레짐인 미국은 한국과 같은 가족 지향적 레짐보다는 전향적이지만 스웨덴이나 프랑스보다는 보수적인 인식을 보인다. 다만, 기업의 CEO에 대한 인식은 프랑스나 스웨덴보다 전향적인 것으로 나타났는데, 이는 시장에 대한 강한 믿음과 적자생존을 강조하는 자유주의적 경향성과 무관하지 않다. 결국, 시장을 통해 해결하는 것은 여성 개인의 역량에 따라 달라지는 것이고, 시장을 통해 해결할 수 없는 경우에만 잔여적으로 개입하는 것이다. 이상의 인식 지형은 스웨덴이나 프랑스보다 덜 적극적인 정책적 개입의 근거가 된다(Geist, 2005; 이동선 · 원숙연, 2012; 최성은 · 양재진, 2013).

한국은 가족주의 레짐의 전형을 보여주며 다른 나라와는 수렴보다 발산이 강하게 작동한다. 일-가족에 대한 인식에 있어서 가장 보수적이며, 다른 국가들과 비교해 차이가 많이 나는 독특한 지형을 보인다. 다른 국가와 비교할 때 보수적이고 남성 부양자 이데올로기가 사회 전반적으로 공유된 것으로 확인된다(Won & Pascall, 2004; Won, 2012; Sung & Pascall, 2014). 특히 가족에 대한 인식 중 〈한 부모로서 여성〉에 대한 인식에서 20대 이하에서 차이가 발견되지만, 성별이나 세대와 무관하게 완전히 일치하는 양상을 보인다. 이는 한국 사회에서 전통적인 정상 가족 이데올로기가 얼마나 견고하게 작용하는지를 보여준다. 그 영향력의 견고함은 한국이 왜 가족주의적 레짐으로 분류되는지에 대한 충분한 대답이 된다. 또 하나 주목해야 할 것은 이처럼 가족에 대해서는 보수적 인식이 견고한 반면 일과 관련해서는 일정한 변화가 감지되고 있다는 점이다. 이는 서구의 정책 레짐이 일에 대한 인식에서 성별이나 세대가 설명 변수가 되지 않는 것과는 대조를 이룬다. 특히, 여성의 인식 변화가 감지되고 있고, 어떤 측면에서는 세대 간 인식의 간극이 다양한 지형을 만들어내고 있다. 비슷한 맥락에서 인식의 방향성이 안정적인 여타 서구 레짐과는 달리, 한국의 인식은 여전히 유동적이고 유보적인 그래서 가변적인 지형을 보이고 있다.

결론적으로, 세대간, 성별간 성-고정관념 인식에 있어서 일정한 균열이 보이기는 하지만, 한국의 경우 전반적인 차원에서 보수적이고 남성 중심적인 성-고정관념이 상당한 수준으로 존재하고 있음이 확인된다. 이러한 결과는 여성의 노동 시장 참여의 현실적 불가피성에도 불구하고 인식의 지체를 보여준다. 이러한 현실과 인식 간의 간극은 노동 시장에 참여한 여성—여성 공무원을 포함한—에게는 도전적인 상황일 수밖에 없다. 현대적인 제도와 인식 사이에서 이중적이고 모순적인 신호가 나오고, 그 사이에서 여성은 혼란을 겪기 때문이다. 이처럼 모순적 이중성 속에서 여성 노동자(공무원)는 '힘겨운 줄타기'를 해야 한다. 무엇보다 거시적인 수준에서 광범위하게 공유된 성-고정관념적 인식이 중범위적인 조직 차원과 미시적인 개인 차원에 그대로 투영되어 나타난다는 점에서 그 줄타기는 단순하지 않다. 후술할 6장과 7장에서는 지금까지 논의한 거시적인 차원의 성-고정관념이 중범위적 차원과 미시적 차원에 어떤 방식으로 투영되어 나타나는지를 살펴보고자 한다.

6장

성-고정관념의 중범위적 지형

정부 조직 문화의 '여성 친화성'

문화의 다층 구조

성-고정관념의 거시적 지형은 공직 사회의 성-고정관념적 인식을 둘러싼 중범위적 지형에 불가피하게 영향을 미친다. 이 장에서는 앞장에서 논의한 거시적인 차원의 성-고정관념적 인식의 중범위적 지형을 살펴보고자 한다. 이를 위해 여성 공무원의 현실을 직접적으로 구성하는 공직 사회의 여성 친화성에 주목한다. 여성 공무원의 수가 많지 않았던 과거와 달리 현재 약 43%에 달하는 여성 공무원의 비율을 감안한다면(행안부, 2014), 정부 조직에서 여성 친화성은 불가피한 현실적 요구이다. 여성 친화성의 요구가 현실화되기 위해서 여성 친화적이라는 이름이 붙은 제도가 만들어지고 관리 방식이 도입되는 등의 하드웨어적 변화도 필요하다. 그러나 더 중요한 것은 공직 사회의 문화적 변화가 동반되어야 한다. 진정한 의미의 여성 친화성이란 하드웨어로서 제도와 소프트웨어로서 문화가 동시에 작동할 때 가능해지기 때문이다. 특히 소프트웨어로서 조직 문화는 조직 구성원의 가치관과 규범과 같은 추상적인 차원은 물론 그에 기초한 제도의 운영 방식과 구성원 간 상호 작용 방식에까지 광범위한 영향을 미치기 때문이다.

공직 사회의 문화가 여성 친화적이라는 것은 구체적으로 무엇을 의미할까? 어쩌면 공직 문화의 정향성에 대한 구체적인 이해를 결여한 상태에서 추상적인, 그래서 실체가 불분명한 어떤 이미지를 상정하고 있는 것은 아닐까? 만일 그렇다면 공직 사회의 여성 친화성의 정도를 보여주는 문화의 존재 양식을 밝히는 작업이 필요하지 않을까? 이러한 물음에 대한 답을 찾는 것은 여성 공무원이 직면한 현실을 구체적으로 조망하기 위한 큰 그림으로서의 의미를 갖는다.

그간 행정학 분야에서 이루어진 공직 문화에 대한 연구의 대부분은 문화를 하나의 독립 변수로 설정하고 조직 효과성을 종속 변수로 하여 이들 간의 인과 관계를 규명하는 데에 집중해왔다. 조직 문화와 조직 행태 간의 인과 관계를 밝히는 연구는 중요한 작업이다. 효과적인 조직 관리를 위한 도구적인 측면에서 특히 그렇다. 그러나 이 장은 조직 문화와 조직 행태 간의 인과 관계의 규명만큼이나 필요한 것이 공직 문화의 존재 양식을 밝히는 작업이라는 인식에서 출발했다. 더욱이 여성 친화성과 같은 기존의 주류 연구에서 논의되지 않았던 문화 차원은 인과 관계를 규명하기 전에 존재 양식을 먼저 밝혀야 할 필요성이 더 높다. 이 장에서는 공직 사회 문화 차원 가운데 여성 공무원이라는 소수 집단의 현실과 직접적으로 맞닿아 있는 문화의 여성 친화성을 탐색하고자 한다.

공직의 여성 친화성의 존재 양식을 추정하는 데 있어서 문화적 다층성에 초점을 맞춘다. 정부 조직은 추구하는 목표가 비교적 동질적이어서 사기업 조직 문화에 비해 문화적 다양성이 약한 것은 사실이다. 그러나 중앙 정부 조직 전체를 하나의 거대 문화(grand culture)로 보고 동질성에만 초점을 맞출 경우, 여성 공무원의 현실에 대한 부분적 이해에 그칠 가능성이 높다. 왜냐하면 여성 공무원은 다양한 부서에서 같은 듯 다른 문화를 만나면서 다양한 현실에 직면하기 때문이다. 따라서 여성 친화성이라는 추상적인 문화의 존재 양식을 여성 공무원이 근무하는 부처에 따라, 이들이 수행하는 역할이나 기능에 따라 다양하게 조망할 필요가 있다. 또한, 여성 공무원은 자신의 부서에서 다양한 배경을 가진 구성원과 상호작용하면서 현실을 구성한다. 이들 다양한 배경적 요소에 따라 자신이 일하는 조직의 여성 친화성을 다르게 인식할 수 있다. 이러한 문화적 인식의 다층성은 여성 공무원이 만나는 현실의 다양성으로 이어진다. 이러한 맥락에서 이 장에서는 여성 친화적 문화 지형을 탐사하는 데 있어서 문화의 다층성에 초점을 맞추어 다양한 기준에 따라 하위 문화의 존재를 확인한다. 이를 통해 여성 공무원의 현실을 구성하는 중범위적 메커니즘으로서 공직 사회의 성-고정관념의 지형을 간접적으로 밝힐 수 있을 것으로 기대한다.

'여성 친화성'의 구성 차원

문화에 대한 연구를 가로막는 중요한 장애는 개념적 혼란이다. 문화에 대한 정의는 다양한데, 환경을 관리하기 위해 인간이 만들어낸 인공물(Malinowski, 1944) 또는 집단의 사회적 정체성을 규정하는 일련의 유형(a set of pattern)으로 개념화된다(Deutsch, 1973). 문화는 집단 구성원들 사이에 공유된 가치와 규범의 체계로 공유되고 당연시되는 일련의 암묵적 가정으로 규정되기도 한다(Schein, 1996). 이러한 암묵적 가정은 특정 집단의 구성원을 다른 집단의 구성원과 구별되게 하는 집합적인 프로그래밍(collective mental programming)으로 기능한다(Hofstede, 1991; Harzing and

Hofstede, 1996; Hofstede & McCrae, 2004).

이러한 문화의 다의성과 그에 따른 개념적 혼란은 조직 문화에도 그대로 투영된다. 다만, 조직 문화를 둘러싼 개념적 다양성에도 불구하고, 조직 문화를 관통하는 공통된 요소는 1)집합적이며(holistic), 2)역사적으로 결정되며, 3)사회적으로 구성되며, 4)연성의 것으로(soft), 5)다른 조직과 구분되는 특수성이다(Hofstede et al., 1990: 286). 이러한 속성을 갖는 조직 문화는 구성원에게 적절한 태도와 행동이 무엇인지를 알려주고, 환경에 대한 대응 방식과 구체적인 행동 전략 및 상호 작용을 규율하는 지침으로 기능한다. 무엇보다 조직 문화는 조직이 추구하는 추상적 가치, 체계화된 제도는 물론 일상적인 관행으로 발현된다(Hofstede et al., 1990; Lytle et al., 1995).

조직의 문화적 정향성은 그 안에 있는 구성원들에게 어떤 행동 양식이 적절하며, 수용 가능한지를 공유하게 하고 알려주는 하나의 지침이며 압력으로 작용한다. 따라서 문화적 정향성에 부합하는 행동은 보상을 받으며, 그렇지 않은 행동은 유무형의 처벌을 받게 된다. 그러한 보상과 처벌은 문화를 내면화시키는 사회화의 기능을 한다. 예를 들어, 특정 조직이 집단이나 공동체에 대한 소속감을 중시하고, 조직의 제도나 관행이 자원 배분을 개인이 아닌 집단을 단위로 하는 경우, 개인은 자신의 이익이 다소 희생되더라도 집단이나 조직에 대한 충성을 요구받는다. 이때 조직과 집단에 대한 헌신과 충성은 개별적이고 독립적인 행동보다 더 많은 보상을 받게 된다(Hofstede, 1991; Gelfand et al., 2004; House et al., 2004). 이처럼 특정 조직에서 공유된 문화적 정향성은 그 조직 구성원의 상호 작용 방식과 현실을 구성하는 기준이 된다.

이처럼 다의성과 다차원성을 갖는 문화 연구에서 여성 친화성을 직접적으로 측정하는 문화 차원은 많지 않지만 대표적인 것으로 Hofstede의 남성성 대 여성성 차원을 들 수 있다(Hofstede, 1980; 1991; Hofstede et al.,

1990). 남성성 대 여성성 문화 차원은 말 그대로 여성과 남성 간의 사회적 역할 분리를 기초로 한다. 남성적 문화는 경쟁과 대립 그리고 공격성 등과 같은 가치를 중시한다. 따라서 남성성이 강한 조직은 공격성, 야망, 경쟁의 가치가 강조되고 과정보다는 결과가 중시된다(Hofstede, 1991; House et al., 2004). 이에 반해 여성성의 문화는 타인에 대한 배려나 봉사를 중시하며 관계 지향적이다. 이에 따라 각각의 문화적 지향에서 선호하는—가치 부여하는—구성원이나 관리자의 이미지도 달라진다. 남성성의 문화를 가진 조직에서는 공격적이고 단호하며 주장이 강한 구성원이나 관리자를 바람직하게 평가하며, 여성적 성향의 구성원이나 관리자는 덜 선호하는 경향이 있다. 따라서 문화적 정향성으로서의 남성성은 남성적 가치에 대한 강조와 함께 관리자에 대한 젠더화된 평가까지 포함한다(House et al., 2004).

여성성 대 남성성과 같이 직접적으로 여성 친화성을 측정하는 차원과 달리 간접적으로 공직 문화의 여성 친화성 정도를 측정할 수 있는 또 하나의 차원은 권력거리(power distance)이다. 권력거리는 공직 문화의 권위주의 정도를 나타내는 차원으로, 사회적 소수 집단 구성원인 여성이 직면하는 현실을 그대로 반영한다. 권력거리 차원을 조직의 성-평등성을 측정하는 대리변수로 사용한다는 점에서(House et al., 2004), 권력거리는 문화의 여성 친화성을 구성하는 한 요소이다.

권력거리는 조직에서 이루어지는 권력의 불평등한 배분을 수용하는 정도로(Hofstede, 1991; 2001; House et al., 2004; Orr & Hauser, 2008), 높은 권력거리와 낮은 권력거리로 세분된다. 권력거리가 높을수록 권력의 불평등한 배분을 쉽게 받아들이고 계층적 관계에 대한 수용의 범위가 상대적으로 넓다. 이 경우, 조직 구성원은 자신보다 지위가 높은 사람의 전제적이고 가부장적 태도에 대해 수용적이며 자신보다 지위가 높은 대상과 다른 의견을 내는 것을 꺼려한다. 권력거리가 높은 조직에서 상관 역시 의사 결정을 하는 데에 부하의 의견을 청취하거나 자문을 구하지 않는다. 부하는 상관의 지시에 의문 없이 따를 것을 요구받는다. 이에 반해 낮은 권력거리는 조직 내에 사회 관계가 평등하다. 권력거리는 조직에서 여성을 포함한 사회적 소수 집단에 대한 수용의 범위를 다르게 만든다. 높은 권력거리를 가진 조직은 여성과 같은 소수 집단을 수용하고 인정하는 범위가 좁은 경향성을 보이기 때문이다.

또 하나 간접적으로 공직 문화의 여성 친화성을 측정할 수 있는 차원은 성과 지향성이다(House et al., 2004). 성과 지향성은 조직이 업무 성과의 향상이나 수월성을 강조하고 이에 대해 적극적으로 보상하는 정도를 말한다. 성과 지향성이 낮은 조직에서의 승진은 객관적인 성취보다는 연공서열, 연령 또는 성별에 따라 달라지는 경향이 있다. 따라서 연령이나 성별 등 전통적인 요소를 중시하고 성과 평가에 충성심과 같은 덜 객관적인 요소가 작용할 가능성이 높다. 반면에 성과 지향성이 높은 조직은 지속적인 자기계발이나 성과의 향상을 요구하고 가치 부여한다. 업무나 성과에 대한 평가에서 무엇을 했는가와 무엇을 할 수 있는가에 대한 평가가 중요하지 업무를 수행하는 사람이 '누구' 인가는 중요하지 않다(Bajdo & Dickson, 2002; House et al., 2004).

여기에서 성과에 대한 가치 부여와 남성적 조직에서 강조하는 결과 지향성과는 구분할 필요가 있다. 전자는 구성원의 실적을 평가하는 기준이 업무 성과와 같은 객관적인 요소가 중시되는가 아니면 성별과 같은 귀속적 요소 등 객관성이 떨어지는 요소가 강조되는가에 따라 구분된다(House et al., 2004). 이에 반해 남성성에서의 결과 지향성은 과정이나 의도에 대한 고려 없이 최종적으로 나온 산물을 강조하는 정도를 의미한다(Hofstede, 1991; 2001).

이상의 논의를 종합하여 이 장에서는 중범위적 차원의 공직 사회를 대상으로 남성성 대 여성성, 권력거리, 성과 지향을 여성 친화성을 구성하는 하위 요소로 설정하여 문화 지형을 밝힌다. 특히 문화의 다층 구조에 주목하여 여성 공무원이 만나는 여성 친화성의 하위 문화를 확인한다. 이처럼 다양한 방식으로 발현되는 여성 친화성을 통해 공직 사회에서 여성 공무원이 직면하는 현실을 구성하는 중범위적 맥락에 접근할 수 있을 것이다.

'여성 친화성'의 중범위적 지형

중앙 정부 조직의 '여성 친화성'을 측정하기 위하여 중앙 정부의 전 부처를 분석 대상으로 했다. 국방부는 다양한 경로를 통해 설문 조사에 응해줄 것을 요청했으나 최종적으로 협조를 얻지 못했다. 다만 다음 장에서 보는 것처럼 국방 조직만을 대상으로 성-고정관념의 지형을 분석하고 있기 때문에, 국방부가 본 장에서 제외된 것이 갖는 한계를 일정 부분 상쇄될 것으로 판단된다.

중앙 정부 각 부처에 총 560부의 설문지를 배포하여 불성실 응답을 제외한 458부를 최종 분석에 사용했다. 연구 설계 당시 표본 할당은 15개 부처에 40부로 균분하여 각 부처의 관계자에게 협조를 요청했다. 다만 국방부는 설문 조사가 이루어지지 않았고 외교, 통일, 법무, 여성부는 40개의 설문에 난색을 표했다. 이에 따라 외교부, 통일부, 법무부와 여성부는 각 30부의 설문을 배포했다. 반면, 행정자치부, 기획재정부, 노동부, 국토해양부는 설문 조사에 적극적으로 협조를 해줌으로써 10부씩 추가하여 각 50부씩 배포했다. 이러한 과정을 거쳐 최종적으로 분석된 설문은 다음과 같다. 기획재정부(47), 외교통상부(27), 법무부(28), 문화체육부(29), 지식경제부(30), 환경부(29), 여성부(21), 교육과학부(26), 통일부(25), 행정안전부(40), 농림수산식품부(32), 보건복지부(35), 노동부(44), 국토해양부(45) 등이다.

수집된 표본의 특성은 다음과 같다. 성비는 남성이 291명(61.2%), 여성이 175명(37.36%)이었으며 평균 연령은 37.3세였다. 직급은 4급 12명(2.5%), 5급 135명(28.8%), 6급 168명(35.9%), 7급 85명(18.1%), 8급 17명(3.6 %), 9급 12명(2.6%)으로 구성되었다. 6급 이상이 전체 표본의 약 67%로, 대부분이 중상위직으로 구성되어 있다. 표본의 약 93%가 전문대 졸업 이상이며, 평균 근속 기간은 11.5년이다.

측정 도구와 관련하여 정부 조직의 여성 친화성을 직·간접적으로 측정하기 위해 Hofstede의 문화 차원을 조직 문화에 적용한 House et al.(2004)의 GLOBE(Global Leadership and Organizational Behavior Effectiveness) Culture and Leadership Scales 중 여성성 대 남성성, 권력거리, 그리고 성취 지향을 선별하여 사용했다. GLOBE 척도는 1994-1997년에 걸쳐 62개국 951개의 조직을 대상으로 이루어진 대규모 프로젝트에서 사용되었다(House et al., 2004). 설문 구성은 대부분 GLOBE 척도를 사용했으나 Hofstede(1991, 2001)와 Hofestede et al.(1990) 및 Bajdo & Dickson(2002)의 척도도 연구의 목적에 부합하는 것을 중심으로 선택적으로 사용했다. 이에 따라 1) 남성성 대 여성성(masculinity/femininity), 2) 권력거리(power distance), 3) 성과 지향성(performance orientation)으로 구성했다(표 7).

〈표 7〉 문화의 여성 친화성

여성 친화성 구성 차원	문 항
남성성	1. 우리 조직은 여성이나 남성이 동등하게 대우받는다.
	2. 우리 조직에서는 경력 개발에 도움이 되는 활동에 참여할 수 있는 기회가 여성보다는 남성에게 더 많다.
	3. 우리 조직에서는 여성 상관과 일하는 것을 꺼리는 분위기다.
	4. 우리 조직은 관리자에게 결단력과 공격성과 같은 남성적 특성을 강조하는 분위기이다.
	5. 우리 조직은 다른 사람에 대한 관심과 배려를 중시한다.

권력거리	1. 우리 조직에서 부하는 상관에게 무조건 복종할 것이 강조된다.
	2. 우리 조직에서 권력은 주로 상층부에 집중되어 있다.
	3. 우리 조직에서 권력이나 영향력은 능력이나 기여도 등 합리적 요소에 의해 결정된다.
	4. 우리 조직에서는 지위와 직급에 따라 차별적인 특권을 갖는 것이 당연시된다.
	5. 우리 조직에서는 계급을 초월해 중요한 정보가 자유롭게 공유되는 분위기다.
성과 지향 (성과 평가의 객관성)	1. 우리 조직은 업무 능력 향상을 위해 지속적으로 노력할 것을 강조한다.
	2. 우리 조직은 "할 수 있다(Can-Do)"는 자세를 강조한다.
	3. 우리 조직은 연공서열보다는 실력이 중시된다.
	4. 우리 조직에서는 누구인가보다 무엇을 할 수 있는가가 더 중요하다.
	5. 우리 조직은 개인의 실적에 따라 합리적으로 보상이 이루어진다.

정부 조직 문화의 여성 친화성

전술한 바와 같이 이 장의 초점은 공직 문화의 여성 친화성을 규명하는 데에 있어서 문화의 다층 구조(하위 문화)에 맞추어져 있다. 따라서 공직 사회가 갖는 여성 친화성을 부처, 업무 기능 그리고 구성원의 인구 통계적 배경에 따라 세분하여 분석한다. 이는 권력거리, 남성성 대 여성성, 객관적 성과 평가로 구성된 여성 친화성이 각각의 기준에 따라 다르게 발현되는 양상을 규명하기 위한 것이다. 이를 위해 거시적인 차원의 부서 차이(중앙 정부 구성 부처 기준), 중범위 차원의 업무 및 기능의 차이(법 · 질서 기능, 외교 · 통일 기능, 교육 · 문화 기능, 경제 기능, 사회 기능), 그리고 미시적 차원으로 정부 공무원 개인의 인구 통계적 차이(성별, 연령, 직급 등)를 기준으로 나누어 여성 친화성이 어떻게 다르게 발현되는가를 분석한다.

부처 단위로 본 '여성 친화성'의 지형

각 부를 단위로 여성 친화성을 차원별로 측정한 결과는 〈표 8〉과 같다.

중앙 정부 문화의 여성 친화성을 전반적으로 볼 때 공격성과 같은 남성적 가치가 강조되거나 여성에 대한 편견이나 차별적 인식이 강한 남성성(2.91/5)은 권력거리(3.21/5)나 성과 지향(3.18/5)에 비해 낮다. 이는 공직에서 여성 공무원의 자연 증가와 함께 여성 공무원의 수직적·수평적 편중화를 해소하기 위한 인위적 개입으로 인해 공직 문화의 남성성이 일정 부분 희석된 결과로 볼 수 있다. 그러나 절대적인 수준에서 보면, 남성성이

〈표 8〉 부처별 여성 친화성의 지형

부서명	남성성	권력거리	성과 지향
전체 평균	2.91	3.21	3.18
기획재정부	3.16	3.37	3.16
교육과학기술부	2.78	3.18	3.22
외교통상부	2.88	3.45	2.98
통일부	3.13	3.39	2.91
법무부	2.98	3.22	3.24
행정안전부	2.93	3.13	3.21
문화체육관광부	2.98	3.14	3.10
농림수산식품부	3.09	3.57	3.01
지식경제부	2.97	3.12	3.34
보건복지가족부	2.65	3.14	3.26
환경부	2.85	3.00	3.35
노동부	2.89	3.28	3.02
여성부	2.23	2.64	3.30
국토해양부	3.00	3.20	3.31

중간 이상으로 나타남으로써 여전히 여성 친화적이라고 평가하기에는 무리가 있다. 또한, 권력의 불균형한 배분을 받아들이고 이를 당연시하는 권력거리는 상당히 높게 나타났다. 이는 우리나라 행정 조직의 문화 특성 중 위계지향적 문화가 높다는 기존의 연구를 상기하게 한다(김호정, 2004; 최성욱, 2005; 박광국 외, 2006). 권위주의적 문화 정향은 여성 공무원과 같은 전통적인 소수 집단으로, 주로 하위직에 집중되어 있는 구성원에게 친화적인 환경은 아니다. 이에 반해 귀속적 요인이 아닌 객관적인 요소에 의한 평가는 비교적 높게 나타남으로써 전반적인 차원에서 소수 집단인 여성에게 다소 유리한 상황이라고 볼 수 있다.

그러나 이러한 전반적인 결과가 실제 각 부처에서 여성 공무원이 만나는 현실을 보여주기에는 지나치게 포괄적이다. 따라서 보다 세부적으로 부처별 분석을 실시했다. 그 결과 몇 가지 중요한 논제가 발견된다. 첫째, 권력거리의 경우 대부분의 부처가 유사한 양상을 보이는 데에 반해, 농림수산식품부, 외교통상부 및 통일부는 상대적으로 높게, 여성부는 상대적으로 낮게 나타났다. 권력거리의 맥락에서 본다면 여성부가 가장 여성 친화적이라는 평가가 가능해진다. 여성부가 권력거리와 남성성이 현격하게 낮게 나타난 것은 예상 가능한 결과이다. 여성부의 업무 성격과 설립 취지, 그리고 다른 부서에 비해 상당히 높은 여성 공무원의 비율(63.8%) 등을 고려할 때 더욱 더 그렇다.

여성은 남성에 비해 권위주의적 태도나 계층에 대한 수용 정도가 약하다는 점에서 여성부의 여성 친화성이 가장 높게 나타난 것은 이해 가능하다. 유사한 맥락에서 보건복지부 역시, 여성부 정도는 아니지만 복지와 보살핌과 같은 여성적인 업무 속성이나 비교적 높은 여성 비율(59.2%)의 영향력을 무시할 수 없을 것이다. 반면 농림수산부, 통일부, 외교통상부는 권력거리가 높게 나타났다. 측정 도구가 달라 일직선상에서의 비교는 어렵지만, 이동수(2007)에서도 이들 부처는 위계지향적 문화를 가진 것으로 분류되었다. 특히 외교통상부 및 통일부에서 권력거리가 높게 나타난 것은 업무의 속성과 무관하지 않은 것으로 보인다. 업무의 성격이 비교적 보수적이고, 국가 기밀과 같은 예민한 정보가 유통되기 때문에 통제 위주의 조직 분위기가 지배적일 가능성이 높다. 또한 일사불란한 업무 처리의 요구가 다른 부처에 비해 많다는 점에서 권위주의적 운영 방식이 강조될 여지가 많다.

성과 지향은 다른 차원에 비해 독특한 양상을 보인다. 남성성과 권력거리 차원은, 정도의 차이는 있지만, 일정한 패턴을 보이는 데에 반해, 성과 지향은 일정한 패턴이 발견되지 않는다. 환경부, 여성부, 지식경제부 및 국토해양부가 성과 지향성이 상대적으로 높게 나타났고 외교통상부, 통일부, 농림수산부는 낮은 수준을 보인다. 그 외의 부는 두 집단의 중간적 수준을 보이고 있다. 이러한 결과에 대한 탐색적인 수준에서의 해석은 다음과 같다. 첫째, 업무의 계량화 가능성이다. 업무의 속성상 계량화가 어려운 경우, 객관적인 실적이나 성과에 대한 평가가 쉽지 않다. 반대로 업무의 성격상 상대적으로 계량화가 가능한 경우는 객관적 성과 평가가 그만큼 가능해진다. 이렇게 본다면, 환경부가 성과 지향을 가장 높게 인식하고 있는 것은 이해 가능하다. 환경부는 업무의 성격이 여타의 부서에 비해 기술적인 측면이 많다. 환경부의 업무 영역은 계량화 가능성이 높다는 점에서 구성원들이 느끼는 평가의 객관성이 확보될 여지가 넓다. 또한 환경부의 여성 공무원 비율이 약 35%로 비교적 높다는 점도 일정 부분 작용한 것으로 보인다.

한편, 여성부의 성과 지향이 비교적 높게 나타난 것은 조금 다른 맥락에서 해석할 수 있다. 조직의 구성 특성이 작용했을 것으로 보인다. 여성부는 구성원 중 여성 비율과 5급 이상 여성 관리자 비율 모두 60%를 넘는 여성 지배적 조직이다(행정안전부, 2013). 여성이 수적으로 지배적인 조직은 평가에 있어서 공정성에 대한 강조가 남성 지배적 조직에 비해 강하고

(Ragins & Scandura, 1994; Ely, 1995; Biernat & Fuegen, 2001), 여성은 지연이나 학연에 대한 의존이 비교적 낮다. 여성부의 성과 지향성이 높게 나타난 것은 이러한 상황과 무관하지 않다. 반대로 통일부나 외교통상부는 정치적 합리성에 대한 요구가 많고, 성과를 계량화하는 것이 어려운 점이 작용한 것으로 보인다. 특히 외교부는 관료주의와 폐쇄성이 높고 인사운영상의 경직성에 대한 지적이 있어왔다. 이러한 상황은 업무 평가에 있어서 객관적인 요소보다는 귀속적인 특성이 개입되었다고 느낄 여지를 제공한다.

업무 · 기능에 따른 '여성 친화성'

보다 다양한 기준에 따라 하위 문화의 양상을 알아보기 위해 각 부처의 기능 또는 활동 영역을 기초로 여성 친화성을 분석했다. 부처의 기능별 구분에 따르면, 첫째, 법 · 질서 유지 기능(행정안전부, 법무부), 둘째, 외교 · 통일 기능(외교통상부, 통일부), 셋째, 교육 · 문화 기능(교육과학기술부, 문화체육관광부), 넷째, 경제 기능(기획재정부, 농림수산부, 지식경제부, 국토해양부), 마지막으로 사회적 기능(보건복지가족부, 환경부, 노동부, 여성부)으로 나누어진다. 이러한 기능적 분류에 따라 여성 친화성을 구성하는 문화 차원을 측정한 결과는 다음과 같다.

〈표 9〉에서 보는 것처럼, 남성성은 사회 기능 부서가 가장 낮게, 경제 기능 부서가 높게, 그 외 기능 부서(법질서, 외교통일, 교육 문화)는 그 중간에 위치하고 있다. 사회 기능 부서는 다른 부서에 비해 상당히 높은 여성 친화적 문화 지형을 가진 것으로 평가된다. 이는 여성부와 보건복지가족부의 영향이 크게 작용한 결과이다. 업무의 성격이 여성적이라는 것과 남녀 구성 비율이 타 부서에 비해 높기 때문이다. 이에 반해 경제기능 부처는 전통적으로 남성 지배적 조직으로 여성의 비율이 낮을 뿐 아니라 여성적

〈표 9〉 업무 · 기능에 따른 여성 친화성 분석

기능별 분류	남성성	권력거리	성과 지향
법 · 질서 (행정안전부, 법무부)	2.9470 b)	3.1654 a)	3.2176 b)
외교 · 통일 (외교통상부, 통일부)	3.0000 b)	3.4216 c)	2.9462 a)
교육 · 문화 (교육과학기술부, 문화체육관광부)	2.8839 b)	3.1563 a)	3.1607 b)
경제 (기획재정부, 농림수산부, 지식경제부, 국토해양부)	3.0608 c)	3.3105 b)	3.2078 b)
사회 (보건복지가족부, 환경부, 노동부, 여성부)	2.7194 a)	3.0688 a)	3.2144 b)
F value	11.101***	5.150***	3.195*

*p〈.05, **P〈.01, ***P〈.001, 사후분석(Duncan): a) 〈 b) 〈 c)

가치에 대한 중시가 적다는 점에서 대비를 이룬다.

이러한 차이가 갖는 함의와 관련해 주목할 것은 경제 부처의 남성성과 사회 부처의 여성성을 강화하는 편중화이다. 여성=사회 및 복지 기능, 남성=경제 기능이라는 경직적 이분법이 조직 문화에 투영될 수 있다는 면에서 단순한 차이 이상으로 논의되어야 한다. 무엇보다 각 부처의 정책 방향이 특정한 가치에 경도될 가능성까지 배제할 수 없다는 점에서 이러한 이분법은 결코 가볍지 않다.

권력거리도 비슷한 양상을 보인다. 법 · 질서, 사회, 교육 · 문화 기능을 담당하는 부처는 비교적 낮은 권력거리를, 외교 · 통일 기능을 담당하는 부서는 높은 권력거리를, 경제 부처는 그 중간에 위치하고 있다. 이 또한 업무의 성격과 인사 운영 방식과 연결해 생각해볼 수 있다. 이처럼 외교 · 통일 업무의 성과 지향성은 여타 업무에 비해 낮고, 남성성은 높고, 권력거리는 가장 높게 나타남으로써 중앙 정부 조직에서 여성 친화성이 가장 낮은 것으로 나타났다. 이러한 결과는 업무의 성격, 성과에 대한 객관적 판단의 어려움과 함께 조직의 인적 구성 방식이 함께 작용한 결과로 평가된다. 여기에 더하여 외교통상부의 인사 상 순혈주의 경향성과도 무관하지 않아 보인다.

개인적 특성과 '여성 친화성'의 다양성

조직 문화는 구성원 간 공유되는 객관적인 측면과 함께 구성원의 배경과 특성에 따라 상이하게 인식되는 주관적 측면이 공존한다. 이것이 조직의 하위 문화를 논의할 때 구성원의 인구통계적 특성에 주목해야 하는 이유이기도 하다. 이에 따라 미시적인 차원에서 '여성 친화성'이 어떻게 다르게 인지되는지를 탐색하기 위해 개별 공무원의 성별, 연령, 직급을 기준으로 분석했다(표 10).

〈표 10〉 여성 친화성에 대한 개인의 인식 차이

분류		남성성	권력거리	성과 지향
성별	남성	2.8798	3.1899	3.2491
	여성	2.9732	3.2457	3.0514
	T-value	-2.074 *	-.990	4.145 ***
연령	20-30대	2.9371	3.2348	3.1203 a)
	40대	2.8872	3.1732	3.2771 b)
	50대	2.8013	3.2019	3.4462 b)
	F-value	1.310	.545	6.257 **
직급	5급 이상	2.8916	3.2055	3.2639
	6급	2.9292	3.2224	3.1758
	7급 이하	2.9425	3.2259	3.1123
	F-value	.422	.046	2.910

*p<.05, **P<.01, ***P<.001, 사후분석(Duncan): a) < b)

먼저, 조직 문화의 여성 친화성이 성별에 따라 어떻게 인식되는지를 분석한 결과, 전체적으로 여성이 정부 조직의 여성 친화성을 남성보다 낮게 인식하고 있지만, 그 구체적인 양상은 다소 복잡하다. 권력거리에 대해서는 남성 공무원과 여성 공무원 간 인식의 차이가 존재하지 않았다. 이에 반해 조직의 남성성과 객관적 성과 지향에 대해서는 성별에 따른 차이가 통계적으로 유의미한 수준으로 나타났다. 여성 공무원은 공직의 남성성을 남성 공무원보다 높게 인식했다. 여성 공무원이 수적으로 늘어나고 있고 양성 평등을 위한 제도적인 노력이 이루어지고 있음에도 불구하고 여성 공무원이 생각하는 공직은 남성성에 가깝다. 남성 공무원에게 있어서 공직의 남성적 문화는 새롭거나 적응해야 하는 숙제가 아니다. 익숙하기 때문에 그 존재가 인식되지 않을 수도 있다. 그러나 여성 공무원에게 공직 문화의 남성성은 그 자체로서 적응해야 하는 숙제이고 따라서 그 존재의 현저성이 높게 인식될 개연성이 있다.

한편, 평가의 객관성이나 성과 지향성에 대해서 여성 공무원이 부정적으로 인식하는 것 또한 같은 맥락에서 설명된다. 실제 평가가 귀속적 요인에 의해 이루어지는지의 여부와 상관없이 여성 공무원은 자신이 여성이라는 이유로 남성과는 다르게 평가된다는 인식을 더 많이 하고 있는 것이다. 이처럼 남성 공무원에 비해 여성 공무원이 공직에서의 평가가 객관적인 요소보다는 개인의 귀속적 배경에 따라 다르게 평가된다거나 보상의 공정성 또는 합리성을 낮게 인식하는 것은 조직 운영 차원에서 고민해 봐야 할 문제이다. 개인 자존감, 집단 자존감의 차원은 물론 수직적, 수평적 편중화를 함께 논의해야 할 필요성을 제기하는 결과이기 때문이다.

이와는 조금 다른 차원에서 논의할 결과는 연령에 따른 여성 친화성 인식이다. 〈표 10〉에서 보는 바와 같이 40대와 50대가 2-30대에 비해 공직에서 이루어지는 평가에 성별이나 학연처럼 귀속적이고 비합리적인 기준이 작용한다는 인식이 낮은 것으로 나타났다. 나이가 많을수록 평가에 있어서 여성 등의 소수 집단이 불리할 가능성을 낮게 인식했으며 그 차이는 통계적으로 지지되었다. 이는 몇 가지 측면에서 설명된다. 첫째, 나이가 많을 경우, 평가에서 성별과 같은 개인적 배경 변수가 작용하는 영향력에 대한 수용의 범위가 넓고 당연하게 받아들일 가능성이 있다. 반대로 나이가 적으면 개인적이고 귀속적인 요소가 평가에 작용하는 것에 대해 비판적이고 민감하게 반응할 가능성이 높다. 두 번째는 직급에 따른 차이가 작용했을 수 있다. 그 차이가 통계적으로 지지되지 않았지만 직급이 낮을수록 성과 지향을 낮게 인지하는 것으로 나타났다. 나이와 직급의 상관관계가 높다는 점을 고려하면 어느 정도 설명이 가능해진다. 여성 공무원은 남성 공무원에 비해 평균 나이도 적고, 직급도 낮고, 여성이라는 소수 집단 구성원이라는 점이 모두 복합적으로 작용하여 공직의 여성 친화성을 남성에 비해 낮게 인식하리라는 설명이 가능해진다.

이상의 결과를 통해 볼 때, 중앙 정부 조직을 대상으로 한 공직 사회에서 개인적 특성에 따라 여성 친화성의 하위 문화가 존재할 가능성은 높지 않다. 이는 공직의 문화가 강한 문화임을 다시 한 번 확인해준다. 강한 문화란 구성원간 문화적 가치의 공유 정도가 높아서 개인의 개별적 특성이 작용할 여지가 적음을 의미한다. 따라서 공직의 문화가 강하다는 것은 동질적 문화 압력이 강하다는 뜻이 된다. 그러한 동질성의 압력에도 불구하고, 여성일수록 정부 조직의 성과 평가가 객관적이기보다는 성별을 포함한 주관적인 요소에 의해 좌우된다는 인식을 하는 것은 주목할 필요가 있다. 어느 조직에서든 성과 평가에서 모두를 만족시킬 만한 기준을 마련하는 것은 쉽지 않다. 정부와 같이 성과 측정 및 계량화 가능성이 낮은 상황에서는 더욱 더 어렵다. 그러한 현실을 감안한다고 해도 여성 공무원이 남성 공무원에 비해 성과 평가의 공정성과 객관성에 대해 부정적이라면, 평가 체계 및 과정 그리고 이를 기준으로 한 인사에 대한 보다 진지한 고민이 필요한 것은 부인할 수 없다. 공직의 50%를 육박하는 여성 공무원의 인적 자원을 효과적으로 활용하는 것이 어느 때보다 중요한 시점이라는 것을 감안한다면 그러한 고민을 더 이상 미룰 수 없다.

여성 친화성의 '함정'

공직 문화는 공무원의 가치관과 규범 등 추상적인 차원에서 그치는 것이 아니라 업무 추진 방향과 구성원간 상호 작용 양식 등 실질적인 차원에서도 상당히 중요하다. 따라서 이 책이 관심을 갖는 여성 공무원의 현실을 제대로 이해하기 위해서 공직 문화는 반드시 짚고 넘어가야 할 부분이다. 이에 중앙 정부 조직의 문화적 정향성 중 여성 친화성을 구성하는 문화 차원(남성성 대 여성성, 권력거리, 성과 평가의 객관성)을 중심으로 문화 지형을 분석했다. 그 결과, 공직 문화에 대한 논의에서 지속적으로 지적되어온 것처럼(백완기, 1995; 김호정 외, 2002; 김호정, 2004; 황창연, 2003; 주효진, 2005; 최성욱, 2005; 박광국 외, 2006), 권력거리로 대표되는 권위주의적 문화는 여전히 건재하고 있었다. 이처럼 공직 문화에 배태되어 나타나는 높은 권력거리는 업무 수행 전반을 경직적으로 만드는 것은 물론 여성과 같이 사회적 소수 집단에게는 결코 친화적일 수 없다.

또 하나 공직에 강하게 배태되어 있는 남성성에는 일정한 변화가 감지된다. 이는 정부 조직에 여성 공무원이 증가함에 따라 과거와는 달리 여성적 가치에 대한 인정과 강조가 작용한 결과로 보인다. 그러나 남성성을 둘러싼 현상의 이면에는 보다 복잡한 양상이 존재함을 잊어서는 안 된다. 전반적으로 볼 때, 공직에 존재하는 남성성은 낮은 듯 보이지만 업무의 성격이나 남녀 구성비에 따라 부처별 차이가 상당한 수준에서 존재하기 때문이다. 여성부와 복지부처럼 사회 기능 부서에서는 남성성이 비교적 낮게 나타났지만, 경제 및 외교 분야에서는 여전히 높게 나타나는 양극화 현상이 포착된다.

이러한 부처 간 양극화를 고려하지 않을 경우, 평균적인 여성 친화성을 과대평가할 가능성이 있다. 따라서 평균이 아닌 부처를 단위로 하는 하위 문화에 관심을 가져야 하는 것이다. 이러한 맥락에서 볼 때 여성부는 다른 부서와는 상이한 문화적 지형을 보인다. 남성성, 권력거리는 다른 부처에 비해 낮고, 성과 지향은 비교적 높은 양상을 띤다. 업무 성격, 설립 방식 및 취지, 그리고 인적 구성의 특수성이 작용한 결과이다. 사회 기능을 담당하는 부처 중 여성부는 다른 부처에 비해 '덜' 권위적이며, '덜' 남성적이며, 성과 평가가 '덜' 주관적으로 나타나 가장 여성 친화적인 것으로 분석되었다.

그러나 여기서 반드시 논의해야 하는 것은 여성부를 포함한 사회 기능 부처의 문화가 여성 친화적이라는 현실은 '양날의 칼'이며 '함정'일 수 있다는 점이다. 낮은 권력거리, 낮은 남성성 그리고 객관적인 성과 평가 등으로 인해 소수 집단인 여성에게 친화적이라는 것은 분명 고무적인 일이다. 그러나 이는 정부 조직 문화 속에서 분리된 그래서 주변부에 존재하는 '문화적 게토'로서 존재할 가능성을 동시에 갖기 때문에 양날의 칼이다. 더욱이 이들 사회 기능 부서는 여성 공무원 비율이 다른 부서와는 현격한 차이를 보이고 있다는 점에서 여성(만)의 부서, 여성적 업무라는 수평적 편중화를 오히려 심화시킬 수 있기 때문이다. 이는 자연스럽게 여성 친화적인 부서이니 여성을 많이 배치하는 식의 자기 충족적 예언을 강화시킬 수 있다는 점에서 특히 위험하다. 여성 공무원만 배치할 수는 없고 남성 공무원이 함께 일해야 하는데, 이처럼 여성적 업무로 규정이 되어버리면 이곳에서 일하는 남성 공무원에게는 심리적 갈등의 원인을 제공할 수 있기 때문이다.

또 하나 사회 부서의 문화적 게토화는 힘없는 부서로 등치되는 악순환의 위험이 있다는 것을 경계해야 한다. 주지하는 것처럼, 공직에서 부처

간 명시적 또는 암묵적인 영향력 차이가 존재한다. 전통적으로 경제 부서가 사회 부서에 비해 유력한 것으로 평가되고, 그러한 부서일수록 여성 친화성이 낮게 나온 것이 갖는 함의가 가볍지 않은 이유이기도 하다. 이러한 상황이 복합적으로 작용하여, '여성 친화성이 높은 부서=여성만의 부서=무력한 부서'라는 등식이 성립된다면, 여성 공무원의 현실은 물론 우리나라 공직 사회 전반에 걸쳐 부정적일 수밖에 없다. 모든 정부 부처가 같은 정도로 여성 친화적이 되는 것은 불가능하다. 그러한 상황은 문화 다양성 측면에서도 바람직하지 않다. 다만, 여성 친화성 또는 남성 친화성과 같이 성을 근거로 한 문화적 속성이 아닌 업무의 성격에 따라 문화적 특성이 다르게 나타나는 문화 다양성의 관점에서 본다면, 특정 부서만의 여성 친화적 문화가 여성 공무원의 현실에 주는 함의를 상기해야 한다. 무엇보다 젠더 중립성이 신화일 수 있는 가능성을 재확인한다는 점에서 주목해야 할 일이다.

7장

성-고정관념의 미시적 지형

'희소성'의 자기 강화

국방 조직, 성-유형화의 전형

생물학적인 성(性)이 특정 업무 수행에 있어서 더 이상 설명 변수가 아니라는 점에서 금녀(禁女)의 공간, 금남(禁男)의 공간은 과거의 유물처럼 보인다. 그럼에도 불구하고 여전히 남성의 공간으로 남아 있는 곳이 있다면 그것은 국방 조직일 것이다. 여기서 국방 조직은 국방을 위하여 조직된 체계적인 기구로서 기본적으로 「정부 조직법」 제14조에 의해서 설치된 국방부와 법률 제9호인 「국군조직법」에 따른 각 군의 조직을 의미한다. 국방 조직은 국방부, 합참, 그리고 육·해·공군의 각 군 본부와 예하 야전(전투)사령부, 그리고 특수전 부대 및 기타 부대로 구성되어 있다. 국방 조직은 수적인 면에서나, 업무의 정체성 면에서나 남성성의 총화로 논의되었고 우리 사회의 저변을 관통하는 남성적 문화의 진원지임은 부인할 수 없다.

이처럼 명실상부한 남성성의 총화로 규정되어왔던 국방 조직에서 변화가 감지되는데, 그것은 남성의 공간에 여성이 조금씩 보이기 시작한 것이다. 1950년대 여군이 창설된 이래 초기 행정지원병으로서 여군의 정체성은 여군 병과가 폐지되면서 전투병으로서 그 정체성의 변화가 나타났다. 이와 함께 여군 인력의 확대를 위한 제도나 남성 군인과 여성 군인 간 동등한 인사 관리의 필요성 등이 제기되고 있다. 여기에 더하여 국방 업무의 효율적인 수행을 위한 전문 인력으로서 여성 군무원의 진출도 활발하게 진행되고 있다(김경순, 2011).

국방 조직을 둘러싼 변화에서 특히 주목해야 하는 것은 그러한 변화가 명실상부한 남성의 영역이었던 그리고 여전히 남성 편향성을 보이는 국방 조직의 실질적 변화로 이어지는가 하는 점이다. 왜냐하면 국방 조직은 단순히 수적으로 남성이 우세한 것만이 아니라, 업무의 정체성 그 자체가 지극히 남성적인 것이어서 그 구조와 문화의 남성성이 그 어디보다 강하기 때문이다(Pettersson et al., 2008; 조성숙, 1997; 이동흔, 2002; 권인숙, 2005; 민진, 2008; 2010). 따라서 여군과 여군무원이 늘어나는 표면적 변화와는 무관하게 여성에 대한 성차별적 평가가 광범위하게 공유되고 성별 분업에 대한 인식의 변화가 없다면, 그 안에서 여성은 더 힘들어질 수밖에 없다. 다시 말해 성별화된 문화와 구조 속에서 여성은 자신의 역량을 발휘하기 어렵고, 그러한 상황은 여성은 국방 조직에 부적합하다는 이분법적이고 부정적인 고정관념의 자기 강화가 이루어지기 때문이다.

이러한 상황 인식 속에서 이 장에서는 다음의 질문에 대한 답을 찾고자 한다. 수적으로나 업무의 속성으로나 남성이 지배적인 국방 조직에서 성차별적 인식이 어떻게 구조화되어 있는가? 이러한 질문에 답을 찾아가는 과정에서 남성 군무원과 여성 군무원의 인식 차이에 주목한다. 국방 조직 관련 연구가 수적으로도 많지 않았지만, 연구의 내용 역시 군대의 조직 구조(민진, 2008; 2010)나 군대 문화가 내포·발현하는 남성성 그 자체에 집중

했다(조성숙, 1997; 이동흔, 2002; 김현영, 2002; 권인숙, 2005). 그러한 연구가 갖는 중요성을 충분히 인정하면서도 이 장에서는 남성성의 총화인 국방 조직에서 작동하는 성-고정관념의 젠더 역학이라는 이면의 현상에 집중한다는 점에서 여성 공무원의 현실에 주는 발견적 의미를 찾을 수 있을 것이다.

성-고정관념의 강화: '희소성'의 역학

이론 논의에서 본 것처럼, 특정 집단 구성원이 갖는 성격, 성향, 그리고 행태에 대한 고정관념은 개인을 평가하는 데에 필요한 모든 정보를 수집하거나 처리할 수 없는 현실적 한계 속에서 정보 처리 비용을 줄여준다. 그러나 평가에 필요한 정보를 일정한 방향으로 여과하거나 중요한 정보를 선택적으로 처리함으로써 왜곡을 초래할 수 있다는 점에서 그 정확성이 의문시된다(Heilman, 1997; 원숙연, 2009a). 문제를 더 복잡하게 하는 것은 정확성을 담보할 수 없는 고정관념적 평가가 단순한 차이를 넘어서 차별을 정당화하는 기제로 확대 적용된다는 점이다. 이러한 위험은 성-고정관념에도 그대로 발현된다.

국방 조직에서 성-고정관념이 발현되고 강화되는 데에 작동하는 기반 구조는 남성성의 총화인 국방 조직의 정체성이다. 남성 편향적인 국방 조직의 정체성은 명령과 복종에 근거한 권력 지향, 결단력, 단호함, 공격성, 합리적이며 전략적 사고 등 소위 남성성을 발흥하게 만든다(Graves & Powell, 1988; Bagilhole, 2004). 이러한 속성을 중심으로 여성(성) 대 남성(성)의 상대적 위치와 상호 작용이 구축되고, 국방 조직 안에서 그에 부합하는 젠더 레짐이 만들어진다.

이처럼 남성성이 중시되고 우위를 점하는 국방 조직의 젠더 레짐은 헤게모니로서 작동한다. 이미 논의한 바와 같이 헤게모니는 직접적이고 노골적인 지배로서가 아니라 내적인 정치를 규율하는 간접적이고 문화적인 지배이다(Gramsci, 1971). 남성 편향적인 조직에서 지배적인 삶의 방식은 남성적인 것이고, 남성의 경험은 중립적인 기준 또는 규범으로 인정되는 데 반해, (남성과 다른) 여성의 경험은 그 기준으로부터 벗어난 일탈이다. 기준으로부터의 일탈에 대한 평가가 긍정적일 수 없다. 남성(성)에 대한 여성(성)의 열위를 당연하게 받아들이게 하고, 그러한 차이는 사회적으로 구성된 유동적인 것이 아니라 생래적이고 생물학적인 본질로서 불변의 요소로 규정된다. 무엇보다 국가-군대-남성(성)의 관계는 특정 지배(주류) 집단의 삶의 방식—언어적, 경제적, 사회적—을 강제적인 형태로 강요하는 것이 아니라, 피지배(비주류) 집단의 인식과 삶의 방식을 소리없이 지배한다. 이처럼 간접적이고 문화적인 지배는 마치 피지배 집단의 동의를 얻은 듯, 집단 간 관계를 규율하는 담론 형성의 준거로 기능한다.

국방 조직에서 이 문제는 더욱 현저해진다. 여타의 정부 조직과 달리 국방 조직은 '국가-군대-남성(성)' 이라는 연결망 속에서 단순한 남성성 대 여성성의 이중 구조를 넘어서기 때문이다. 국가의 안위를 지키는 숭고한 임무가 개입되면서 여성성 대 남성의 이중 구조에 더하여 남성(성)에 대한 자긍심으로 확대된다(조성숙, 1997). 남성성에 대한 우월감에 국가 수호의 자긍심까지 더해지면서 단순한 남성 우월 의식 이상의 강력한 헤게모니적 영향력을 행사하게 된다.

이처럼 국방 조직에서 성-고정관념이 젠더를 행하는 작동 조건 중 하나는 업무 수행 과정에서 여성과의 접촉 경험 및 노출 빈도와 관련된 희소성이다. 기본적으로 정부 조직은 남성 지배적이지만 국방 조직이 가장 극단적이다. 이는 단순히 수적으로 남성 지배적일 뿐 아니라 전술한 바와 같이 조직(업무)의 정체성 자체가 불균형적으로 남성적이다. 양적으로나 질적으로나 여성(성)이 희소한 것이다. 단순히 남성(또는 여성)이 수적으로 많음으로써 수반되는 접촉 빈도만이 아니라, 업무의 정체성이 여성적인가 또는 남성적인가에 따라 성-고정관념은 강화(약화)되는데, 국방 조직은 그 강화의 조건을 모두 가지고 있는 셈이다.

이러한 속성은 이른바 유리벽으로 불리는 수평적 편중화와 밀접하게 관련된다. 수평적 편중화는 특정의 직업군이나 업무에 특정 집단이 과소(또는 과대) 대표되는 것이다(Bettio & Verashchagina, 2009; Meulders et al., 2010). 이에 따라 어떤 업무는 남성적 업무, 어떤 업무는 여성적 업무로 그 정체성이 미리 정해진다. 수평적 편중화의 측면에서 볼 때 정부 조직의 업무 중, 보살핌과 관련이 있는 업무(예: 보건복지, 여성, 아동, 보육 등)는 여성적인 업무로 젠더-유형화되는 반면, 국가의 안위나 안보 및 재정과 관련이 있는 업무(예: 국방, 경찰, 치안 등)는 남성적인 업무로 유형화되어 있다. 이러한 희소성은 단순한 차이를 넘어서 남성적인 업무에 참여하는 여성, 또는 여성적인 업무에 참여하는 남성에 대한 부정적인 평가로 이어지고 성-고정관념을 강화한다. 다시 말해, 업무의 정체성이 남성적인 것으로 규정된 업무에 여성이 참여한다는 것은 업무와 업무 수행자 간의 정합성이 떨어진다는 것을 의미하고 이러한 부정합성이 현저해질수록 남성적 정체성을 가진 업무에 진출한 여성에 대한 부정적인 평가의 가능성도 높아진다.

조직의 하위직에 여성이 과대 대표되는 수직적 편중화도 성-고정관념의 작동을 강화하나 국방 조직에서는 특히 수평적 편중화의 영향력이 강력하다. 국방 조직은 최근까지 금남(禁男)의 영역이었던 관계로 여성의 진출 그 자체가 어려웠던 곳이어서 수직적 편중화를 논할 여지가 적다. 국방 조직에 있는 여성 공무원의 경우, 대부분이 8-9급의 하위직에 포진되어 있기 때문에 직급의 변이가 거의 없다. 따라서 다른 정부 조직과는 조금 다르게 수평적 편중화에 따른 희소성이 성-고정관념의 강화를 야기하는 요인으로 지목된다.

이러한 희소성은 전통적으로 남성적인 것으로 업무의 정체성이 강하게 유형화되어 있는 국방 업무를 여성이 담당한다는 것은 업무 정체성과의 정합성이 낮다는 판단을 강화한다. 이러한 정합성의 결여는 실질적으로 여성이 그 업무를 수행하는 데 필요한 역량을 가졌는지, 능력이 있는지에 대한 객관적인 평가를 어렵게 하는 인지 왜곡을 초래할 수 있다. 이러한 인지 왜곡은 국방 조직에서 남성성에 대한 긍정적인 평가와 여성성에 대한 폄하와 맞물려 성-고정관념의 영향력을 강화하는 결과를 가져온다. 결국, 여성이 수적으로 적다는 '희소성'만이 아니라, 성-고정관념에 기반한 여성의 '열등함'에 대한 편견, 그리고 국방 업무의 '남성적' 정체성 등 삼각 구도가 남성 편향적인 국방 조직에서 여성 공무원의 현실을 구성하는 젠더 맥락인 것이다. 서구의 연구에서도 나타나는 것처럼 소위 남성적 업무에 진출한 여성들이 겪는 부당한 대우와 평가의 저변에는 단순한 희소성을 넘어선 여성(성)의 열위에 대한 고정관념이 작용한다고 보아야 할 것이다. 한마디로 희소성이 '열등 개념(the notions of inferiority)'으로 확대되는 가능성을 상기할 필요가 있다(Zimmer, 1988: 72).

성-고정관념, 인지—감정—행동의 통합

국방 조직에 존재하는 성-고정관념과 여성 군무원의 현실을 파악하기 위해 사용된 측정 도구는 두 차원으로 나누어진다. 하나는 남성과 여성을 둘러싼 성-고정관념적 인식이고, 다른 하나는 여성 군무원(의 업무/역량)에 대한 평가이다. 첫 번째 차원은 여성 군무원에 대한 평가에 영향을 미치는 맥락으로 작용한다. 이를 세분하면 국방 조직의 구성원이 평소에 가지고 있는 성-고정관념과 성-평등 실현을 위한 행동 의지이다. 인간의 태도는 인지적, 감정적, 그리고 행동의 차원으로 구성된다. 인지적 차원이 특정 대상에 대한 평가적 판단이라면 감정적 차원은 좋아함, 싫어함, 또는 유쾌 및 불쾌와 같이 특정 대상(사람, 사물, 현상)에 대한 감정적 반응이다. 여기에 더하여 행동적 차원은 대상에 대한 일정한 행동의 의지를 포괄한다. 따라서 성-고정관념은 인지적이고 감정적인 측면에 무게중심을 두고 있다면, 성-평등 관련 의지는 행동 차원에 중심을 두고 있다.

이러한 논의에 입각하여, 먼저 성-고정관념은 여성에 대한 남성의 우위("남성이 대체로 여성보다 우월하다"), 남녀 역할의 이분법적 구분("남자가 할 일과 여자가 할 일이 따로 있다"), 여성의 능력에 대한 불신("왠지 여성은 미덥지 못하다"), 그리고 여성과 권력(책임 있는 자리)간 불합치성("여성이 리더 역할을 하는 것은 자연스러워 보이지 않는다")으로 구성했다(Heilman et al., 1995; Schein et al., 1996; Heilman, 1997; Powell et al., 2002). 이처럼 남녀에 대해 개인이 가지는 추상적인 신념 체계에 대한 인식이 성-고정관념이라면, 성-평등 의지는 보다 구체적인 행동으로 확장된다. 남녀평등의 실현을 위해 일정한 불편함이나 손해를 감수하겠다는 의지("남녀평등을 위해서 어느 정도의 불편함은 감수하겠다"), 남녀평등의 실현을 위해 적극적 조치("남녀평등을 도모하기 위해 적극적 조치가 필요하다")나 평등 교육의 확대("남녀평등을 위한 교육이 확대되어야 한다")의 필요성 등 보다 구체적인 정책에 대한 인식으로까지 확장된다.

두 번째 차원은 여성 군무원에 대한 평가이다. 이 역시 두 차원으로 구분되는데 하나는 여성 군무원에 대한 일반적인 평가이다. 이는 국방 조직 전반에 공유되는 여성 군무원에 대한 전반적인 평가를 의미한다. 여군무원의 국방 조직 적응 정도("여성 군무원이 군조직과 잘 융화되어 조직 문화 조성에 긍정적이라고 생각한다"), 여군무원과 함께 일하는 것에 대한 선호("여군무원과 업무 파트너가 되는 것이 좋다"), 여군무원의 증원에 대한 인식 ("군 발전을 위해 여성 군무원이 증원되는 것이 바람직하다") 등으로 측정했다. 또 다른 차원은 여성 군무원의 업무에 대한 구체적인 판단으로, 여군무원의 업무수행 능력("여성 군무원이 업무 수행을 잘한다"), 업무 지원 정도("여성 군무원은 업무 관계자가 최대한 능력을 발휘할 수 있도록 도와준다"), 보상의 일관성("여성 군무원은 업무를 잘하면 칭찬하고 잘못했을 때 문책한다"), 그리고 통제력("여성 군무원은 하급자를 적절하게 통제할 줄 안다") 등 다차원적으로 구성했다.

이처럼 인지, 감정, 행동 차원이 통합된 측정 도구를 바탕으로, 국방 조직에서 여성 공무원에 대한 고정관념적 평가는 어떠한 지형을 형성하고 있으며 그것이 갖는 의미는 무엇인가를 밝히기 위해 남녀 군무원을 대상으로 실증 조사를 실시했다. 군무원은 군대에 근무하는 군인 이외의 공무원을 총칭한다. 이들 군무원은 신분상 국군의 구성원인 동시에 1981년에 제정된 〈국가공무원법〉상으로는 경력직 공무원 중 특정직 공무원에 속한다. 군무원의 인사관리는 국방부에서 맡고 있으며, 군인에 준하는 군법 적용을 받는다. 현재 전체 군무원은 20,636명으로 이 가운데 여성은 3,979명이고 전체 군무원 중 19.3%를 차지한다. 2014년 현재 전체 공무원 중 여성 공무원의 비율이 약 43%인 것을 고려하면(안전행정부, 2014), 꽤 낮은 수준임이 재확인된다. 일반적으로 남성 지배적 조직에서 편향된 조직 문화와 관행을 바꿀 수 있는 여성의 의미 있는 규모가 약 30% 또는 35%라는 점을 감안할 때(Gale, 1994), 국방 조직에서 여성 군무원의 과소 대표성은 이론의 여지가 없다.

육군, 해군, 공군 및 국방부 직속 기관의 남녀 군무원을 대상으로 설문조사를 실시했다. 여성 군무원의 현실에 대한 인식의 성별 차이에 초점을 맞추기 때문에 표본의 성균형이 중요하다. 이에 따라 여성 군무원과 남성 군무원 각각 200부 씩 설문지를 균분하여 우편과 현지방문을 통해 배포했다. 표본 추출 과정에서 국방 조직의 배타성으로 인해 협조를 얻는 것이 쉽지 않은 관계로 편의 추출 방식을 적용했다. 회수된 설문지 가운데 불성실 응답을 제외하고 남녀 각각 176부와 175부를 최종 분석에 사용했다. 응답자의 특성을 보면 남녀 각각 50.2%, 49.8%로 나타났다. 국방 조직은 압도적으로 남성이 많으나, 최대한 남녀 표본의 균형을 맞추는 것이 필요하다고 판단되어, 여성 표본을 확보하기 위해 노력했다.

국방 조직 내 성-고정관념의 자기 강화

성-고정관념에 대한 성별 인식 구조

국방 조직에 근무하는 남녀 군무원을 대상으로 추상적인 차원의 성-고정관념과 남녀평등을 위한 제도의 수용 정도가 어느 정도인가를 분석한 결과, 성별 인식 차이가 강하게 존재하는 것이 확인되었다. 구체적으로 국방 조직에서 추상적인 수준에서 여성과 남성에 대한 성-고정관념에 대한 인식의 성별 존재 양식은 〈표 11〉과 같다.

이러한 존재 양식은 몇 가지 점에서 주목할 만하다. 성-고정관념을 측정하는 모든 문항에서 남성 군무원과 여성 군무원 간 인식의 현격한 차이가 발견된다. 문항에 따라 정도의 차이가 있지만, 성-고정관념에 대해서 여성 군무원과 남성 군무원은 서로 다른 세계에 있는 것이 확인된다. 남성 군무원은 성-고정관념의 수준이 매우 높게 나타남으로써 기존 연구와 궤를 같이한다(방희정 · 조혜자, 2004; 주희진, 2005; 안상수 · 김금미, 2008). 여성 및 남녀 관계를 둘러싼 다양한 변화와 성별 이분법에 대한 지속적인 문제

〈표 11〉 국방 조직 내 성-고정관념의 성별 차이

성-고정관념	그렇다		그렇지 않다	
	여성 (%)	남성 (%)	여성 (%)	남성 (%)
1. 남성이 대체로 여성보다 우월하다	21.4	41.3	78.6	58.7
2. 여성이 리더 역할을 하는 것은 자연스러워 보이지 않는다	15.3	84.7	30.2	68.6
3. 남자가 할 일과 여자가 할 일이 따로 있다	20.4	79.6	31.4	69.8
4. 왠지 여성은 미덥지 않다	4.6	95.4	18	82

주: 남녀 간 인식 차이는 통계적으로 유의미하다. 문항별로 χ2 값은 16.965(p 〈.001), 13.462(p〈.001), 4.716(p〈.01), 17.059(p〈.001)으로 나타났다.

제기에도 불구하고, 여전히 국방 조직의 남성 군무원은 높은 수준의 경직적 이분법을 유지하고 있고 여성 군무원과의 인식 격차가 현저함이 확인된다.

관심을 끄는 결과는 남성 군무원의 경우 보수적인 성-고정관념적 평가 경향성이 강하지만 그중에서도 가장 높게 나타난 것은 남녀 간 우열에 대한 문항이다(남성이 대체로 여성보다 우월하다). 성-고정관념의 핵심 기반이 남녀 간 우열에 대한 인정이라는 점을 감안한다면 (Bem, 1993), 이러한 결과는 국방 조직에 근무하는 남성이 얼마나 견고하고 경직적인 성-고정관념을 가지고 있는지를 가늠하게 한다.

조금 다른 차원에서 흥미로운 결과는 남성 군무원은 여성에 대한 절대적인 평가보다는 여성과 남성을 비교하는 상대적인 문항에서 보다 경직적이고 보수적인 고정관념적 평가를 한다는 점이다. 예를 들어, "여성이 리더 역할을 하는 것은 자연스러워 보이지 않는다" 또는 "왠지 여성은 미덥지 않다"와 같이 여성만을 대상으로 한 문항보다 "남성이 대체로 여성보다 우월하다"또는 "남자가 할 일과 여자가 할 일이 따로 있다" 등 남녀를 대조하는 상대적인 문항에서 훨씬 높은 고정관념적 평가의 경향성을 보이고 있다. 이는 성-고정관념적 평가가 절대적인 차원의 여성 또는 남성에 대한 판단이 아닌 남성 대 여성, 여성 대 남성의 이분법을 기초로 한 관계적이고 상대적인 평가임을 보여주는 의미 있는 결과이다.

추상적인 가치 및 신념 체계인 성-고정관념에 대한 인식과 함께 구체적이고 일상적인 상황에서 성-평등을 실현하기 위한 실질적인 노력과 관련한 성-평등 의식을 분석했다. 실질적으로 남녀평등의 실현을 위해 자주 거론되는 구체적인 방안을 중심으로 국방 조직 내 남성 군무원과 여성 군무원 간 인식의 차이를 분석했다(표 12).

성-평등의식 및 제도에 대한 인식은 앞에서 본 성-고정관념과는 조금 다른 차원에서 젠더 역학을 보여준다. 전반적으로 성-고정관념과 마찬가

〈표 12〉 국방 조직 내 성-평등의식 및 제도에 대한 인식의 성별 차이

성-평등 의식 및 제도인식	그렇다		그렇지 않다	
	여성 (%)	남성 (%)	여성 (%)	남성 (%)
1. 남녀평등을 위해서 어느 정도의 불편함은 감수하겠다	92.9	82.6	7.1	17.4
2. 남녀평등을 위한 교육이 확대되어야 한다	93.9	84.3	6.1	15.7
3. 남녀평등을 도모하기 위해 적극적 조치가 필요하다	88.8	73.8	11.2	26.2

주: 남녀 간 인식의 차이는 통계적으로 유의미하다. 문항별 χ2 값은 9.230(p<.01), 8.865(p<.01), 13.728(p<.0001)

지로 남녀 간 인식의 격차가 크고 그 차이는 통계적으로도 지지되고 있다. 다만 제도에 대한 인식의 성별격차는 성-고정관념에 대한 인식에서보다는 낮게 나타났다. 성평등을 실현하기 위한 제도나 환경 조성에 대한 모든 문항에서 여성이 남성보다 그 필요성을 높게 인식하고 있지만, 남성도 그 필요성 자체에 대해서는 인정하고 있었다. 성-고정관념에 비해 성-평등을 실현하기 위한 정책적, 제도적 대안의 필요성에 대해서는 남녀 간 인식이 상호 수렴하는 양상을 보인 것이다.

이처럼 추상적인 성-고정관념에 비해 성-평등 관련 제도나 환경 조성에 대한 인식에 있어서 성별 차이가 작게 나타는 이유는 무엇일까? 첫 번째, 성-고정관념은 신념 체계이기 때문에 형성되는 데에도 상당한 시간이 걸리지만 변화하는 데에도 일정한 시간이 소요되는 안정적이고 경직적인 경향을 보인다. 이와는 대조적으로 성-평등 실현을 위해 필요한 환경 조성이나 제도는 구체적인 대안이기 때문에 신념이기보다는 선택의 문제이다. 따라서 고정관념과 같은 신념 체계에 비해 훨씬 유연하다. 또한 최근 남녀평등의 실현을 목표로 한 정책들이 다양하게 논의되면서 이들 조치에 대한 노출이 많아졌다. 노출 빈도가 높아지면서, 그러한 정책의 필요성에 대한 인식이 제고된 것도 일정 부분 작용했을 것으로 보인다.

조금 다른 맥락에서 성-평등에 대한 진심을 숨기는 사회적 관대화가 작용했을 여지가 있다. 남녀평등의 이슈가 빈번하게 논의되고, 남녀가 평등한 사회의 당위적 필요성이 역설되고 있다. 그에 따라 사회적 관심이 증대되고 있다. 이러한 상황에서 남성이 성-평등을 실현하기 위해 필요한 교육, 적극적 조치를 비롯하여 다양한 대안의 사회적 당위성을 부인하는 것은 부담스러운 일이다. 이러한 부담은 실제로 남녀평등을 위한 조치나 제도의 필요성을 인정하지 않더라도 표면적으로 반기를 드는 것을 어렵게 만든다. 이러한 상황에서 남성 군무원은 자신의 진심과는 무관하게 사회적으로 이상적이라고 평가되는 방향으로 답을 하도록 유도되었을 가능성도 배제할 수 없다. 이처럼 남성 군무원에게 나타났을 수 있는 사회적 관대화 경향성은 여성 군무원과의 인식 차이를 좁히는 데에 작용했을 수 있다.

성-평등과 관련하여 남성 군무원과 여성 군무원의 인식 격차가 크지 않은 것과는 대조적으로 적극적 조치에 대한 인식은 양상을 달리한다. 적극적 조치에 대한 남성 공무원의 인식은 다른 것과 비교해 상당히 부정적으로 나타났다. 적극적 조치는 그 속성상 재분배적 성격이 강하고, 수혜 집단과 비용 부담 집단의 구분이 명확하여 집단 간 이해 갈등과 저항 가능성이 높다(Fraser & Kick, 2000; Kravitz & Klineberg, 2000; Massey, 2004). 이러한 속성으로 인해 국방 조직의 남성 군무원에게 있어서 적극적 조치는 다른 제도에 비해 남성의 이해를 해칠지도 모른다는 불안감을 느끼게 했을 수 있다. 성-평등을 위한 제도나 환경 조성도 남성 이해의 관점에서 용인 범위 안에 있는 것과 그렇지 않은 것과는 민감성에서 차이가 생길 수 있다. 적극적 조치를 둘러싼 남성 군무원의 인식 구조는 남성이해와 직결된 제도에 대해서는 여성과는 다른 인식의 지형을 보이는 전형적인 예라고 할 수 있다.

여성 군무원 역량에 대한 인식의 성역학

전형적으로 남성적 조직으로 규정되어온 국방 조직에서 일하는 여성 군무원에 대한 평가는 어떠할까? 이러한 질문에 대한 답은 여성 군무원에 대한 일반적이고 포괄적인 평가와 여성 군무원의 업무 방식에 대한 구체적인 평가로 나누어 분석했다. 그 결과 여성 군무원에 대한 일반적인 평가나 구체적인 업무 처리에 대한 평가의 젠더 역학은 전술한 성-고정관념이나 성-평등 의식에서의 그것과 크게 다르지 않아, 남녀 간의 시각 차이가 상당한 수준임이 확인되었다. 다만 그 구체적인 역학은 다소 상이한 양상이다.

먼저 여성 군무원에 대한 전반적인 평가 중 조직 적응(여군무원이 군조직과 잘 융화되어 조직문화 조성에 긍정적이라고 생각한다)은 여성(3.53/5)이 남성(3.28/5)보다 긍정적으로 평가했다(t 5.299, p〈0.001). 선호도(여군무원과 업무 파트너가 되는 것이 좋다)의 경우도 같은 양상을 보여, 여성(3.72/5)이 남성(3.04/5)에 비해 높은 선호도를 보였다(t, 5.379, p〈0.001). 한편, 실질적인 차원에서 여성 군무원의 증원과 관련하여 (군 발전을 위해 여군무원이 증원되는 것이 바람직하다), 여성(3.77/5)이 남성(3.15/5)보다 증원 필요성을 높게 인정했다(t, 6.576, p〈0.001).

이러한 결과가 갖는 함의는 다음과 같다. 첫째, 남성은 다른 차원에 비해 여성 군무원의 조직 문화 적응 능력을 상대적으로 높게 평가한 데 반해 여성 군무원 스스로는 다른 문항에 비해 덜 긍정적으로 평가했다. 이처럼 여성 군무원이 스스로를 부정적으로 평가하는 것은 남성 군무원과 여성 군무원의 입장 차이에서 기인한 것으로 보인다. 국방 조직은 다른 어떤 조직에 비해 남성적인 문화와 정체성을 가진 조직이다. 주지하는 바와 같이 상명하복의 계서제적 특성과 권위적 지휘 및 명령 체계 등 지극히 남성 편향적인 구조와 문화를 가지고 있다(조성숙, 1997; 이동훈, 2002; 권인숙, 2005;

민진, 2008; 2010). 이처럼 남성적인 조직 문화에의 적응은 여성에게 일종의 "문화적 충돌"로 나타난다(김동원, 2007: 175). 남성적 문화에 대한 충격과 충돌의 어려움 속에서 남성적 국방 조직 문화에 실제로 적응하는 여성 군무원이 느끼는 어려움의 정도는 그 문화에 익숙해 있는 남성 군무원이 보는 것과는 다를 수밖에 없다. 이러한 남녀 간 인식의 차이는 남성들이 보기에는 여성 군무원이 남성적 조직 문화에 잘 적응하는 것처럼 보이지만, 실제로는 여성 군무원에게 있어서 조직 적응이 얼마나 어려운지를 역설적으로 보여준다.

여성 군무원의 증원 필요성과 관련하여, 남성 군무원은 비교적 부정적인 입장을 보이고 있다. 여성 군무원이 적극적인 것과는 상당한 대조를 이룬다. 이와 관련한 연구가 많지 않아서 조심스럽게 논의되어야 하겠지만, 이러한 결과는 국방 조직에서 여성의 증가를 반기는 분위기는 아님을 확인한다. 그 이유는 몇 가지로 추정할 수 있다. 먼저 논의했던 것처럼 국방 조직은 기본적으로 수평적 편중화에 따른 여성 군무원과의 접촉이 부족했다. 이처럼 여성 군무원과의 업무와 관련한 상호 작용의 결여는 이들의 능력이나 역량에 대한 합리적인 평가의 자료가 축적되지 않았다는 것을 의미한다. 따라서 경험 부족에서 오는 막연한 두려움이 작용할 수 있다. 여성적 업무 방식에 대한 노출이 부족한 상황에서 여성의 증가로 인해 발생할 결과를 예측하기 어렵기 때문에 두려운 것이다. 무엇보다 여성성에 대한 고정관념과 남성성의 총화로서 국방 조직의 정체성 사이에는 상당한 간극이 존재할 수밖에 없다. 두 요소 사이의 정합성 결여는 막연한 불안감을 강화시키는 요인으로 작용할 수 있다(Heilman, 1997).

이러한 막연한 두려움과는 조금 다른 맥락에서 실제적 두려움을 느낄 수도 있다. 아직 현실화되지는 않았지만 공공 조직에서 여성이 증가하게 되면 남성은 역차별을 받게 될지도 모른다는 우려와 그에 따른 심리적 저항이 작동했을 수 있다. 국방 조직에서 여성 군무원의 증원에 대해 갖는 불안감은 여군의 증가에 대해 남성 군무원이 갖는 부정적인 인식과 맞닿아 있다. 김동원(2007)에 따르면, 남성 군인들은 여성 군인이 승리에 대한 자신감이 결여되어 있고, 남성적 군대 훈련에 있어서 여성의 불편함이 크고, 군인을 평생 직업이 아닌 일시적으로 지나가는 경력 정도로 생각한다는 점에서 부정적으로 평가한다. 이러한 심리적 저항과 불안감 그리고 여성에 대한 편견 등이 복합적으로 작용하여 국방 조직에서 여성 군무원의 증가를 환영하지 않는 것이다.

이상의 여성 군무원에 대한 일반적인 평가에 이어 업무 처리를 기준으로 한 여성 군무원의 업무 역량에 대한 성별 인식 차이를 분석했다. 통제력(여성 군무원은 하급자를 적절하게 통제할 줄 안다)에서 여성(3.65/5)과 남성(3.00/5)의 인식 차이가 지지되었다(t 8.553, p〈0.001). 업무 지원(여성 군무원은 업무 관계자가 최대한 능력을 발휘할 수 있도록 도와준다)도 유사한 양상을 보여 여성(3.78/ 5)과 남성(3.19/5)이 서로 다른 평가를 했다(t. 8.435, p〈0.001). 보상 능력(여성 군무원은 업무를 잘하면 칭찬하고 잘못했을 때 문책한다)에서의 성별 차이(여성:3.53/5, 남성: 3.10/5, t. 5.928, p〈0.001)와 업무 능력(여성 군무원이 업무 수행을 잘한다고 생각한다)에서의 성별 차이(여성:3.81/5, 남성: 3.17/5, t. 7.929, p〈0.001)도 확인되었다.

이처럼 여성 군무원의 업무 처리에 대한 남성 군무원과 여성 군무원 간의 인식의 격차가 상당하다는 것이 통계적으로도 지지되었다. 업무 역량을 구성하는 모든 차원에서 그 양상과 정도가 거의 동일하게 나타났다. 특히 주목할 만한 결과는 여성 군무원에 대한 평가 차원별 상대적인 위치이다. 남녀 모두 업무 능력이나 업무 지원에 대한 인식이 통제력이나 보상 능력보다 긍정적으로 나타났다. 남성 군무원은 여성 군무원의 업무 역량 중 업무 지원, 업무 능력의 순으로, 여성은 업무 능력, 업무 지원의 순으로 높게 나타났지만, 양자 모두 통제력이나 보상 능력보다 업무 지원에 대한 평가가 앞서는 것으로 수렴하고 있다.

이러한 결과는 여성 군무원이 주로 하위직에 포진되어 있는 현실의 반영으로 보인다. 하위직에 포진되어 있기 때문에 통제력이나 보상 능력이 덜 중요한 덕목으로 인식되었을 개연성이 높다. 전체 군무원 중 여성 군무원은 19% 정도를 차지하며, 여성 군무원의 약 75%가 8급 이하의 최하위직에 집중되어 있다(한국국방연구원, 2008). 따라서 극단적인 수직적 편중화의 현실에서 여성 군무원이 통제력이나 보상 능력을 갖는 것은 가능하지 않다. 같은 논리로 여성 군무원이 낮은 지위를 유지하는 극단적인 수직적 편중화의 상황은 여성 군무원에게 가장 높게 인지하는 역량으로 업무 지원이 거론되는 것을 자연스럽게 만든다.

그런데 분명히 할 것은 여성이 통제력을 행사할 수 있는 고위직에 간다고 해서 남성과 같은 정도의 통제력이나 보상과 연결되는 것은 아니라는 점이다. 조직에서 작동하는 다양한 권력 기반은, 지위가 같아도, 남녀에 따라 다르게 평가되고, 다른 방식으로 작동하기 때문이다. 여성 군무원의 역량으로 통제력이 부각되지 않은 것은 수직적 편중화와 함께 여성과 권력, 또는 여성과 통제력을 연결시키지 않는 고정관념적 평가와 일정 부분 관련이 있기 때문이다. 여성 군무원의 통제력이나 보상력을 낮게 평가한 것은 여성 군무원이 지위가 낮다는 것과 여성의 권력을 남성보다 낮게 평가하는 일반적인 경향성도 작용한 것으로 보인다. 이에 대해서는 후술할 여성 관리자의 장에서 자세히 논의할 것이다.

희소성과 남성성의 상승 작용

지금까지 정부 조직에서 고정관념의 미시적 차원의 존재 양식과 여성 공무원이 직면하는 현실을 다각도로 분석하기 위하여 구조적으로나 문화적으로나 남성성의 총화로 규정되어온 국방 조직을 조망했다. 최근 여성 군무원이 증가하고 있지만, 남성의 우위를 당연시하는 성-고정관념이나 여성에 대한 성차별적 평가가 광범위하게 공유되어 있다면, 그 안에서 여성 군무원은 자신들의 역량을 발휘하기 어렵다. 그러한 어려움은 자연스럽게 여성의 능력에 대한 편견과 고정관념을 강화하는 요인이 된다. 그렇게 되면, 국방 조직을 비롯하여 여성이 과소 대표되어 있는 다른 분야에 여성이 진출하는 것을 막는 또 하나의 장애로 작용하게 될 것이다. 이러한 문제의식을 출발점으로 이 장에서는 육군, 해군, 공군 및 국방부 직속 기관으로 구성된 국방 조직에 근무하는 남녀 군무원을 대상으로 인식의 간극을 분석했다.

몇 가지 흥미로운 점이 발견되었다. 첫째, 성-고정관념 및 성-평등 의식, 여성 군무원에 대한 일반적 평가와 구체적인 업무 역량에 대한 평가 모두에서 남녀 군무원간의 현격한 인식의 차이가 존재했다. 여성에 대한 사회적 인식의 변화, 다양한 분야에서 여성의 약진 및 성인지적 교육에도 불구하고, 국방 조직에서 성-고정관념적 인식의 영향력은 크게 약화되지 않은 것으로 보인다. 둘째, 남성 군무원은 남녀 간 우열에 대해 강하게 동의했다. 여성 자체에 대한 평가보다는 여성과 남성을 비교하는 부분에서 남성 중심적 평가의 경향성을 강하게 보였다. 셋째, 성-평등의 실현을 위한 방안 마련에 대해서는 성별 차이가 상대적으로 약하게 나타났으나 적극적 조치에 대해서는 남녀 군무원의 인식 차이가 크게 벌어졌다. 이는 적극적 조치가 남성 군무원의 이해를 침해할지도 모른다는 두려움의 반영으로 보인다. 마지막으로 남성 군무원은 여성 군무원의 조직 문화 적응능력을 높게 평가한 데 반해 여성 군무원 스스로는 남성 문화에 대한 적응력을 낮게 평가했다. 또한, 남성 군무원은 여성 군무원의 증원 필요성에 대해 부정적이었으며, 여성 군무원의 업무 처리 방식과 관련하여, 업무 지원이라는 보조적인 역할로 규정하고, 권력이나 통제력과 여성을 연결시키지 않았다. 이는 여성(성)을 권력과 연계하지 않는 성-고정관념적 평가가 그대로 반영된 결과로 보인다.

그간 공직 사회를 대상으로 성-고정관념의 존재가 확인된 바 있지만, 국방 조직은 거의 논의되지 않았다. 국방 조직은 업무의 속성상 배타적이고 그로 인해 접근성이 떨어진다. 당연한 귀결로 국방 조직을 대상으로 한 조사가 쉽지 않았다. 그러한 현실적 어려움에도 불구하고, 이 장에서 실증적인 접근을 했던 것은 그간 상식이나 추정의 수준에 머물러 있는 국방 조직에서의 여성 군무원의 현실에 대한 이해를 실증의 차원으로 끌어올리고자 하는 의도에서였다. 물론 숫자로 표현된 현실이 전부를 보여주지는 않지만 적어도 국방 조직에서 일하는 여성 군무원이 직면하는 현실의 일부라도 보여주었다는 점에서 그 발견적 의미를 찾을 수 있을 것이다.

앞장에서 본 것처럼 공직에서 교육, 문화 및 사회 정책을 담당하는 부처는 남성성이나 권력 불평등 및 권위주의에 대한 수용이 상대적으로 낮게 나타났다. 또한 남성과 여성 간 역할에 대한 경직적 분리의 강도도 일정 부분 약화되고 있는 것이 확인되었다. 그러나 이 장에서 본 국방 조직의 남성 중심적 성-고정관념이나 여성에 대한 편견적 평가의 경향성은 공직에서 발견되는 변화와는 거리가 있어 보인다. 국방 조직이 갖는 보수성과 업무의 특성을 고려해볼 때 공격성, 야망, 경쟁과 같은 남성적 문화에 대한 선호가 다른 조직보다 높을 것임은 분명해 보인다. 국방 조직에 존재하는 여성 군무원의 '양적인 희소성'과 업무와 문화의 '질적인 남성성'이 자기 강화의 악순환을 지속시키고 있는 것이다. 이처럼 희소성과 남성성의 상승 작용에 따른 자기 강화의 악순환은 국방 조직 내 여성 군무원이 직면하는 현실이 다른 부서와 비교해 얼마나 척박한가를 그대로 보여준다.

3부

리더십, 권력, 그리고 '여성' 관리자:

제약-기회-선택의 역학

8장

여성 관리자에 대한 부정적 평가의 기반 구조

'여성' 관리자인가, 여성 '관리자'인가

공직에서 여성 공무원의 비율이 지속적으로 증가함에 따라 여성 공무원이 남성 공무원을 추월할지도 모른다는 때이른 우려가 제기되기도 한다. 공직에서 성별을 포함한 다양성의 확대는 당위의 차원만이 아니라 업무 성과라는 현실의 차원에서도 중요하다. 그런데 여성 공무원이 증가하는 현실의 이면에 관리직으로 분류되는 5급 이상 여성 공무원의 비율은 여전히 만족할 만한 수준에 이르지 못하고 있다. 2014년 현재 정부의 5급 이상 관리직 중 여성은 약 12.2%를 점하고 있으며 4급 이상에서 여성의 비율은 8.3%에 머물러 있다(안행부, 2014). 이처럼 여성 공무원의 비율은 증가하고 있지만 하위직에 집중 포진되는 수직적 편중화는 엄연한 현실이다.

그간 정부는 여성 공무원의 수직적 편중화를 완화하고자 「여성 관리직

임용확대 5개년계획」 등 다양한 정책적 노력을 경주해왔음에도 불구하고 관리직에서의 여성 공무원의 과소 대표성이 유지되는 이유는 무엇일까? 이러한 질문에 대한 하나의 답은 파이프라인 이론(pipeline theory)이다. 물이 파이프라인을 통과하기까지 일정한 시간이 소요되는 것처럼, 관리직에서의 여성 대표성이 일정한 수준까지 가시화되기 위해서는 상당한 시간이 필요하다는 논리이다. 다시 말해 관리직에서 여성 공무원의 과소 대표성은 경력 개발 과정에서 그동안 여성의 진출이 미미했기 때문에 나타난 결과로, 일정한 시간이 지나면 대표성이 확보되리라는 설명이다. 이러한 논리에 따르면, 여성 관리자의 과소 대표성은 시간의 문제일 뿐이다.

조금 다른 차원에서 관리직에서 여성이 과소 대표되는 것은 여성의 집단적 선택의 결과로 보는 입장으로, 인적 자본론이 대표적이다. 인적 자본론에 따르면, 여성이 노동 시장에서 직면하는 남성과 다른 현실은 여성과 남성의 생산성 차이에 기인한다. 여성이 남성에 비해 인적 자본량이 적기 때문에 다르게 대접받는 것이 당연하다. 무엇보다 여성이 양육자로서의 역할을 병행할 수 있는 범위 안에서 노동 시장에 진출하고 불연속적으로 남아 있기 때문에 인적 자본의 축적이 적고, 인적 자본에 대한 요구가 낮은 하위직이나 저임금의 미숙련 직종을 선택한다는 것이다. 인적 자본론이 관심을 갖는 것은 인적 자본의 축적이 적고 하위직에 집중 포진하는 것은 여성의 자기 선택 또는 선호의 결과라는 점이다(Becker, 1985; Hakim, 1995; 1996).

그러나 이 장에서는 관리직에서의 여성 공무원의 과소 대표성을 발생 · 유지시키는 맥락으로 여성 및 여성 관리자에 대한 부정적인 평가의 역학에 주목한다. 파이프라인 이론이나 인적 자본론은 여성 관리자의 과소 대표성을 표피적이고 젠더 중립적으로 접근하는 경향이 있다. 관리직에서 여성의 과소 대표성은 단순히 시간의 함수로 보기 어려운 복잡하고 근본적인 문제를 내포한다. 더욱이 여성의 선택을 자율적이고 중립적인 것으로 보는 인적 자본론은 그 선택을 강요하는 '선택의 강제성'을 고려하지 않는다는 점에서 이 장의 문제의식과는 거리가 있다.

기존 논의가 갖는 한계를 출발점으로 하여 정부 조직 내 관리직에서 여성의 과소 대표성을 여성 관리자에 대한 부정적인 평가와 연계하여 논의한다. 여성에 방점이 찍힌 '여성' 관리자와 관리직에 방점이 찍힌 여성 '관리자' 모두 고정관념과 궤를 같이한다. 전자는 성-고정관념, 후자는 관리직 고정관념이 그것이다. 어떤 것이든 여성 관리자에 대한 부정적인 평가로 이어진다. 결국 여성이 관리직에서 생존을 넘어선 일정한 발전을 하는 데에 있어서 이 두 고정관념의 작동을 간과해서는 안 된다. 이는 단순한 시차나 선택의 문제를 뛰어넘어 여성이 하위직에 집중 포진되는 수직적 편중화의 근거 논리로 작용하기 때문이다.

여성에 방점이 찍힌 '여성' 관리자와 관리직에 방점이 찍힌 여성 '관리자'모두가 갖는 젠더 함의를 염두에 두고 이 장에서는 다음과 같은 질문을 통해 공직에서 여성 관리자의 현실을 추적해간다. 수직적 편중화가 심한 정부 조직에서 여성 관리자에 대한 (부정적) 인식은 어떻게 구조화되어 있는가? 여성 관리자에 대한 부정적 평가에 있어서 성별 차이는 존재하는가? 여성 관리자에 대한 부정적 인식을 강화 또는 약화하는 요인은 무엇인가?

여성과 관리직의 부정합성

여성에 방점이 찍힌 '여성' 관리자나 관리직에 방점이 찍힌 여성 '관리자' 모두 젠더가 개입되어 있다. 전자는 명시적으로 젠더-개입적이며 후자는 암묵적으로 젠더-개입적이다. 전자는 성-고정관념이 후자는 관리직-고정관념이 작동한다. 여성에 대한 부정적인 평가는 이들 성-고정관념과 관리직-고정관념의 상호 작용의 결과인 것이다. 앞에서 밝힌 바와 같이 고정관념은 "특정 집단의 구성원들이 갖는 성격, 성향 그리고 행태에 대한 신념"(Hilton and Hippel, 1996: 240 quoted in Powell et al., 2002)이다. 이는 특정 집단에 속한다는 이유로 특정 집단의 속성과 개인의 속성을 동일시하는 인지적 경향을 의미한다. 성-고정관념은 물론 성(性)을 근거로 한 범주화의 산물이다. 고정관념은 단순한 차이의 언명을 넘어선 가치 판단적 차별로 확장되고 더 나아가 성을 기초로 한 기존의 사회 질서와 사회적 역할의 존재 양식을 정당화하며 기대 확인 과정을 거쳐 자기-충족적 예언으로 강화된다(Powell et al., 2002).

그런데 고정관념은 성이나 인종과 같은 사회적 집단을 대상으로 형성되지만, 특정 업무, 역할, 지위에 따른 고정관념도 존재한다. 엄마 역할, 아버지 역할은 물론 관리자(직), 부하(직)에 대한 경직적이고 고착화된 기대로서 고정관념도 존재한다. 성이나 인종에 따른 고정관념이 그렇듯, 특정 업무나 지위에 대한 고정관념도 그 지위를 점한 상대방에 대한 긍정적 또는 부정적 평가의 기준이 된다. 고정관념과 부합한 태도나 행동은 긍정적, 그렇지 않은 태도나 행동은 부정적인 평가의 원인이 된다. 여성 관리자에 대한 평가는 '여성'을 대상으로 한 성-고정관념과 '관리직'을 대상으로 한 지위(역할)-고정관념이 함께 작동한 결과이다.

관리직에서의 여성 과소 대표의 현실과 여성 관리자에 대한 부정적 평가의 대표적인 기반 구조가 바로 여성(성)과 관리직의 부정합성이다. 성-고정관념에 따르면 남성(성)은 공격성, 추진력, 결단력, 모험심 및 목표 지향성과 연결되는 데에 반해 여성(성)은 따뜻하지만 의존적이고 소극적이며 감정적이라는 평가와 연결된다. 주목해야 할 점은 성-고정관념과 관리자-고정관념의 불일치성이다. 여성(성)과 관리직은 그 속성상 부합하지 않는다는 인식이다. 이는 전통적인 의미의 공(노동 시장)-사(가정) 분리의 경직적 이분법과 수직적 편중화로 인해 관리직의 대부분을 남성이 점유함으로써 관리직은 남성의 업무로 고정되는 상황이 기반이 되어 작동한다. 이러한 불합치성은 관리자 역할을 남성적 특성과 연결 짓는 성-유형화로 강화된다.

이러한 성-유형화는 조직에 존재하는 관리직 고정관념으로 인해 활성화된다. 전통적으로 조직에서 유능한 관리자는 성과 지향적이고 공격적이며 권위적이라는 고정관념적 평가가 존재한다. 관리직 고정관념은 남성성과 가깝기 때문에, 여성과 관리자를 연결 짓기보다는 '남성(성)=관리자'라는 등식과 자연스럽게 이어진다. 더욱이 유능한/성공한 관리자의 자질에 대한 고정관념적 평가는 남성성에 훨씬 가깝다. 실증 연구에 따르면, 시대가 변했음에도 불구하고 관리직에 대한 고정관념적 평가는 여전히 건재하며, 남녀 모두 관리자의 자질은 남성적인 것으로 인지하고 있다. 전통적으로 남성 중심적 문화가 지배적인 우리나라는 물론 관리직에서 여성의 비율이 상대적으로 높은 서구도 상황은 비슷하다(Deal and Stevenson, 1998; Heilman, 2001; Schein, 2001; 원숙연 · 조승은, 2009). 이러한 고정관념적 등식으로 인해 여성(성)과 관리직을 연결 짓는 것이 부자연스러워지고 결과적으로 여성은 관리자로서 부적합하다는 평가로 확대 해석된다.

그런데 '여성'과 '관리자'에 대한 고정관념적 평가 기반을 더욱 활성화시키는 몇 가지 기제가 있다. 그 첫째가 조직의 남녀 구성비이다. 여성 및 여성 관리자에 대한 성-고정관념적 평가는 남녀의 성비가 불균형한 경우에 보다 강해진다. 이는 접촉가설을 통해 설명 가능하다(Bhatnagar and Swamy, 1995). 앞에서 논의한 것처럼 집단 간 사회적 접촉이 적을 경우 특정 집단에 대한 고정관념적 평가가 강화된다. 이를 통해 특정 집단에 대한 부정적인 편견이 지속적으로 유지되며, 차별적 행동을 유발하고 이를 정당화하는 기제로 작동한다. 특정 집단 구성원과의 접촉이 결여될 경우, 각각의 구성원을 개별적으로, 그리고 객관적으로 평가하기보다는 범주에 기초한 고정관념적 평가의 개연성이 그만큼 높아지기 때문이다. 따라서 성비가 균형적이어서 여성과의 접촉이 많아질수록 여성에 대한 부정적인 태도나 행동을 감소시킬 기회를 갖게 된다. 이는 경험적 연구에서도 증명되고 있다. 여성 관리자와의 접촉이 많을 경우 여성 관리자와 남성 관리자가 행사하는 권력의 차이가 없는 것으로 인지한다거나 여성 관리자와 접촉이 많은 경우, 여성 관리자의 능력을 긍정적으로 평가한다(Ragins and Sundstrom, 1990). 여성의 비율이 증가할수록 여성에 대한 지지적 태도가 나타난다는 주장 역시, 여성과의 접촉 증가가 성-고정관념을 완화시키는 반대 증거의 축적으로 이어졌을 가능성을 시사한다.

반대로 성비가 불균형한 조직의 경우, 유능하고 열심히 일하는 여성과의 업무 관계를 통해 여성에 대한 부정적인 고정관념을 교정할 만한 기회가 적다. 접촉의 결여는 정보의 부족으로 이어지고 정보의 부족은 상대방을 개별적으로 평가하기보다는 특정 집단의 구성원으로, 즉 고정관념적으로 평가하게 한다(Gutek and Cohen, 1992). 같은 맥락에서 여성이 많은 조직은 여성 관리자의 비율이 높을 개연성이 있다. 여성 관리자가 많다는 것은 여성과 관리직 간의 부정합성을 깰 수 있는 반대 증거가 된다. 여성도 얼마든지 관리자로서의 역할을 성공적으로 수행할 수 있다는 증거의 축적이 이루어진다. 이러한 증거는 관리자=남성이라는 등식을 깨고 결과적으로 여성 관리자에 대한 평가에 있어서 성-고정관념의 영향력을 희석시키는 요인으로 작용할 것이다. 한 가지 주목해야 할 것은 접촉의 빈도만이 아니라 접촉의 질이다. 접촉의 질이란 업무와 관련한 상호 작용 및 업무 성과에 있어서 긍정적인 경험을 의미한다. 따라서 여기서의 접촉이란 빈도와 만족도 모두를 포괄하는 개념이다.

여성 관리자 과소 대표성의 한계

여성 관리자를 둘러싼 평가의 역학을 통해 여성 공무원의 현실을 조망하기 위하여 중앙 정부의 모든 부처를 조사 대상으로 했다. 다만 국방부는 협조를 구하지 못해 제외되었다. 당초 각 부처당 40부로 균분하여 배포했으나 일정한 규모 이상의 여성 관리자의 표본이 필수적이었다. 그러나 정부 조직은 수직적 편중화로 인해 여성 관리자의 비율이 매우 낮기 때문에 비교적 여성 공무원의 수가 많고 여성 관리직 비율이 상대적으로 높은 행정자치부, 문화관광부, 정보통신부, 보건복지부, 노동부, 여성가족부 등 6개 부처에는 설문지를 추가하여 배포했다.

이러한 과정을 거쳐 740부를 배포하여 573부의 설문지를 회수했으며, 불성실 응답을 제외한 총 564부를 최종 분석에 사용했다. 응답자의 성비는 남성이 328명(58%), 여성이 236명(41.8%)이었다. 표본에서 여성 공무원의 수를 늘리기 위해 별도의 노력을 했음에도 불구하고 남성 비중이 훨씬 높게 나타난 것은 공직에서 여성 공무원의 수적 열세를 그대로 반영한다. 응답자의 평균 연령은 약 37세이며, 직급은 3급이 2명(0.4%), 4급이 31명(5.5%), 5급이 124명(21.9%), 6급이 158명(28%), 7급이 121명(21.4%), 8급이 39명(6.9%), 9급이 31명(5.5%)의 분포를 보였다. 학력은 전문대 졸업 이상이 전체의 93.6%를 차지하고 있으며, 석사 이상의 학력도 27.6%를 점유하고 있어 중앙 정부 공무원의 높은 학력 수준을 보여준다.

여성 관리자에 대한 평가를 다각도로 분석하기 위해 관리자–부하 간 성별 조합에 따른 차이에 주목했다. 이를 위해 응답자로 하여금 설문 당시 함께 일하고 있는 직속 상관 성별을 적시하도록 요청했다. 그 결과 남성이 직속 상관인 경우는 444명(78.7%)이고 여성이 직속 상관인 경우는 120명(21.2%)이었다. 이를 바탕으로 상관–부하의 성별 조합의 표본을 구분했다. 남성 상관–남성 부하 조합(MM)은 294개(51.9%), 남성 상관–여성 부하 조합(MF)은 149개(26.3%), 여성 상관-남성 부하 조합(FM)은 33개(5.8%), 여성 상관-여성 부하 조합(FF)은 87개(15.3%)로 나타났다. 이러한 성별 조합의 불균형은 여성 공무원의 수직적 편중화를 완화하기 위한 다양한 노력에서 불구하고, 관리직에서의 여성 과소 대표성을 여실히 보여준다.

여성 관리자에 대한 부정적 평가의 기반 구조로서 성-고정관념과 관리직-고정관념의 관계를 파악하기 위하여 관리자로서의 여성척도(Women As Manager Scale; WAMS)를 사용했다(Peters et al., 1974). 이 척도는 1974에 개발된 이후 최근까지 타당도와 신뢰도를 확보하기 위한 지속적인 정련 작업이 이루어진 여성 관리자 평가의 대표적인 척도이다. WAMS는 일반적인 성-역할 분리, 여성에 대한 남성의 지위 및 능력의 우월성, 관리자 역할 수행에 있어서 여성의 부적절성과 무능 등 다양한 차원에서 남성 관

〈표 13〉 성-고정관념의 하위 구성 요소 및 문항

구분	하위구성 요소	문항
고정관념(일반)	책임 있는 자리	책임 있는 자리에는 남자를 앉히는 것이 바람직하다
	육체적 매력의 중요성	여성에게 있어서 육체적인 매력이나 젊음은 중요하다.
	가정우선	남편과 아내 중 직장을 포기해야 한다면 아내가 그만두어야 한다.
	수학적 능력	수학(數學)적인 능력은 여성보다 남성이 우월하다.
	성취 욕구	여자는 남자보다 성취 욕구가 낮다.
	도전성	도전적인 업무는 여성보다 남성에게 더 적합하다.
	감정적 일처리	여성은 공적인 일을 감정적으로 처리하는 것 같다.
고정관념(관리자)	사소한 일에 대한 집착	여성 관리자는 관리자로서 중요한 일보다 사소한 일에 매달리는 경향이 있다.
	상황 판단 능력	여성 관리자는 관리자로서 상황 판단 능력이 떨어지는 편이다.
	부하의 감정적 갈등	여성 상관과 일하는 남성은 남성 상관과 일하는 남성에 비해 감정적 갈등이 더 많다.
	공격성	여성 관리자는 업무 수행에 있어서 공격적이지 못하다.
	관리직 성-정체성	관리직은 남성에게 더 적합한 직무이다.
	조직 기여도	여성 관리자는 남성 관리자에 비해 조직에 대한 기여도가 낮다.

리자와 여성 관리자를 비교하는 문항으로 구성되어 있다. WAMS는 여성(성)에 대한 전반적인 평가와 여성이 관리자로서 갖는 평가를 구분하고 있지 않으나 본 장에서는 보다 분석적인 접근을 위하여 이를 구분했다(표 13).

여성 관리자에 대한 부정적 평가의 젠더 역학

성별이 문제인가?

여성 관리자에 대한 평가를 다각도로 조망하기 위하여 일반 여성에 대한 평가와 여성 관리자에 대한 평가를 나누어 분석했다. 특히 여성 관리자에 대한 부정적인 평가의 기반 구조로서 고정관념을 둘러싼 성별 차이에 주목했다. 이를 위해 여성 관리자에 대한 고정관념적 평가를 측정하고 이를 성별로 나누어 차이를 분석했다.

먼저, 남성 공무원과 여성 공무원이 가지고 있는 여성 및 여성 관리자에 대한 평가의 성별 차이가 상당한 수준임이 확인되었다. 여성 일반에 대한 평가는 5점 만점에 남녀 각각 2.86과 2.43으로 나타났고, 여성 관리자에 대한 평가는 남녀 각각 2.72와 2.39로 나타났으며 그 차이는 통계적으로 지지되었다(여성 일반: t. 0.8593, p〈0.001; 여성 관리자: t. 6.037, p〈0.001). 남성 공무원은 여성 공무원에 비해 여성과 여성 관리자에 대하여 상당히 부정적인 평가를 하는 것으로 나타났다. 이러한 결과는 성(性)과 연결된 고정관념적 기대 및 인식이 남성에게 보다 강하게 나타난다는 기존의 연구 결과를 재확인한다(조혜자, 2002; 방희정 · 조혜자, 2004). 유교적 전통의 영향력이 일소되었다고 할 수 없는 우리나라에서, 그것도 보수적이고 남성 중심적 정부 조직에서 남성이 여성에 대해 고정관념적 평가를 하는 것은 예상 가능한 결과이다. 흥미로운 것은 남녀 모두 여성 관리자에 대한 평가보다 여성 일반에 대한 평가가 더 고정관념적이고 부정적이라는 점이다. 여성 관리자에 대한 평가는 업무 상황에서 함께 일한 경험이 있는 데에 반해, 일반적인 여성에 대한 평가는 여전히 기계적인 범주화에 기초한 평가를 했을 가능성을 보여준다.

다음은 보다 구체적인 성-고정관념의 성별 지형을 알아보기 위해 문항별 비교 분석을 실시했다. 그 결과는 다음과 같다. 먼저 여성 일반에 대한 성-고정관념의 경우, 책임 있는 자리(남성 2.70, 여성 2.02, p〈0.001), 육체적 매력의 중요성(남성 3.16, 여성 3.09, ns), 여성의 가정 우선(남 3.09, 여성 2.55 , p〈0.001), 남녀 간 수학적 능력의 차이(남성 2.89, 여성 2.61, p〈0.001), 남녀 간 성취 욕구의 차이(남성 2.55, 여성 2.21, p〈0.001), 남녀 간 도전성의 차이(남성 3.00, 여성 2.31, p〈0.001), 여성의 감정적 일처리(남성 2.62, 여성 2.28, p〈0.001) 등으로 나타났다.

한편, 여성 관리자에 대한 성-고정관념을 성별을 기준으로 차이 분석을 실시했다. 그 결과 여성 관리자가 사소한 일에 지나치게 집착한다는 것(남성 2.74, 여성 2.53, p〈0.05), 여성 관리자의 상황 판단 능력에 대한 부정적 평가(남성 2.61, 여성 2.21, p〈0.001), 여성 상관과 일하는 남성 부하의 감정적 갈등(남성 2.96, 여성 2.94, ns), 여성 관리자의 낮은 공격성(남성 2.68, 여성 2.42, p〈0.001), 관리직의 남성성(남성 2.72, 여성 2.12, p〈0.001), 여성 관리자의 낮은 조직 기여도(남성 2.61, 여성 2.14, p〈0.001) 등으로 나타났다.

이상의 결과는 몇 가지 흥미로운 논제를 제기한다. 첫째, 각 문항을 나누어 분석한 결과가 문항 모두를 합해 평균을 낸 결과와 유사하다. 남녀의 성역할을 둘러싼 사회적 인식의 변화가 지속되고 있음에도 불구하고, 여성에 대한 남성의 고정관념적 평가는 평균 2.9(5점 만점)를 보임으로써 여전히 높은 수준을 유지하고 있다. 이러한 결과는 여성 관리자에 대한 평가에서도 그대로 나타났다. 이는 공직 사회에서 성-고정관념의 조직전이가 비교적 높은 수준으로 이루어지고 있음을 보여준다. 남성 공무원이 갖는 높은 수준의 성-고정관념과 비교할 때, 여성 공무원은 상대적으로 낮은 성-고정관념적 사고를 보이고 있다. 여성에 대한 고정관념적 인식과 평가는 명시적으로 조직 내 남녀차별을 주장하는 것과는 달리, 비가시적이고 미묘한 방식으로 여성 공무원과 남성 공무원 간 차별적 대우를 합리화하고 정당화하는 기제로 활용된다는 점에서 특히 주목해야 할 필요가 있다.

두 번째 주목을 끄는 결과는 여성 일반에 대한 고정관념적 평가 중 외모에 대한 고정관념적 인식이 가장 강하게 나타났으며 이는 남녀 공무원 모두 같은 양상을 보인다는 점이다. 이 문항에 대해서는 남녀 간 인식의 차이가 통계적으로 지지되지 않았다. 이는 여성의 외모에 대한 고정관념적 편견이 남성 공무원만이 아니라 여성 공무원에게도 견고하게 유지되고 있음을 보여준다는 점에서 흥미롭다. 무엇보다 여성에 대한 고정관념적 평가를 하는 여타의 문항에서 성별 차이가 통계적으로 지지된 데 반해, 여성의 외모에 대한 고정관념적 평가의 성별 차이는 통계적으로 지지되지 않았다. 이는 여성 공무원 스스로에게도 여성의 외모에 대한 고정관념적 평가가 활성화되어 있음을 보여준다. 여성을 평가하는 데에 있어서 능력이나 성격에 비해 외모가 두드러진다는 기존의 논의를 재확인하는 결과이다. 여성 스스로도 외모에 대한 고정관념적 인식에 저항하지 못하고 남성과 유사한 수준을 유지하는 것은 근절되지 않는 외모주의로부터 여성이 자유롭지 못하다는 것을 의미한다. 더욱이 외모주의에 따른 직, 간접적인 피해를 경험함으로써 외모에 대한 고정관념의 위력—부정적이지만—을 무시할 수 없는 상황임을 간접적으로 보여준다.

세 번째 주목할 만한 결과는 여성 상관과 함께 일하는 남성 부하가 남성 상관과 함께 일하는 남성 부하와 비교해 겪는 심리적 갈등이다. 조사 결과 5점 만점에 남성은 2.96, 여성은 2.94로 여성 관리자에 대한 고정관념적 평가 중 가장 높게 나타났다. 더욱이 여성 관리자에 대한 여타의 문항에 있어서 여성과 남성의 인식 차이가 통계적으로 지지되는 데에 반해 이 문항에서는 남녀 간의 인식의 차이가 통계적으로 지지되지 않았다. 이는 남성만이 아니라 여성도 여성 관리자와 함께 일하는 남성 부하가 상당한 수준의 심리적 갈등을 겪으리라는 점을 인정하고 있다는 뜻이다. 이는 이론적 근거에서 논의된 것처럼 여성 관리자와 함께 일하는 남성 부하가 남성 상관과 일하는 남성 부하에 비해 성-정체성과 업무 정체성 간 갈등 상황에 직면한다는 추정을 실증적으로 뒷받침한다. 우리나라와 같이 관리직에의 여성 진출이 미약하고 남성 중심적 문화와 관행이 지배적인 상황에서 현저하게 발현될 수 있다는 점에서 의미 있는 결과이다. 무엇보다 단순한 성이 아닌 관리자-부하 간 성별 조합에 따른 차이를 분석할 필요성을 제기하는 결과라는 점에서 관심을 끈다.

성별 조합이 문제인가?

이상에서 본 것처럼 공직에서 여성 관리자를 평가하는 데에 있어서 성별의 영향력이 확인되었다. 특히, 여성 관리자와 함께 일하는 남성 부하의 심리적 갈등에 대해 남녀 공무원 모두 비슷한 인식을 가지고 있다는 결과는 상관-부하의 성별 조합에 따른 인식 차이를 살펴볼 필요성을 제기한다. 이에 따라 공직에서 여성 관리자에 대한 평가의 젠더 역학을 상관-부하 성별 조합을 기준으로 인식 차이를 분석했다. 설문 조사 시점에 함께 일하는 상관-부하의 성별 조합에 따라 남성 상관 대 남성 부하(Male/Male: MM), 남성 상관 대 여성 부하(Male/Female: MF), 여성 상관 대 남성 부하(Female/Male: FM), 그리고 여성 상관 대 여성 부하(Female/Female: FF)의 네 집단으로 나누어 집단별 차이분석을 실시했다.

집단 간 차이를 분석한 결과, 여성 일반에 대한 고정관념적 평가나 여성 관리자에 대한 고정관념적이고 부정적인 평가 모두 상관-부하의 성별 조합에 따라 차이가 있고, 그 차이는 통계적으로 지지되었다. 여성 일반에 대한 고정관념적 평가의 경우, 남성 상관–남성 부하(2.897/5), 여성 상관–남성 부하(2.680/5), 여성 상관–여성 부하(2.515/5), 남성 상관–여성 부하(2.395/5) 순으로 나타났다. 이러한 인식의 차이는 통계적으로 지지되었다(F. 26.690, $p<0.001$). 관리자에 대한 성–고정관념적 평가 역시 같은 양상으로 나타났다. 성별 조합에 따른 관리자에 대한 평가는 남성 상관–남성 부하(2.735/5), 여성 상관–남성 부하(2.57/5), 여성 상관–여성 부하(2.431/5), 남성 상관–여성 부하(2.369/5) 조합의 순으로 긍정적으로 평가했고 이러한 집단의 인식 차이도 지지되었다(F.12.563, $p<0.001$).

여성 관리자에 대해서 남성 상관–남성 부하(MM) 집단이 가장 부정적으로 평가하고 있음을 보여주는 이러한 결과는 이론적 추정을 그대로 뒷받침한다. 이는 남성이 여성에 대한 부정적 고정관념을 높게 유지하고 있다는 점과 남성–남성의 조합은 여성 상관과의 접촉이 없어서 여성 관리자에 대한 부정적 고정관념을 희석시킬 기회가 적기 때문이다. 여성과의 접촉 횟수의 증가가 여성 관리자에 대한 부정적 평가를 불식시킬 만한 증거를 축적할 기회를 주는데, 남성 상관–남성 부하는 그러한 기회가 차단됨으로써 여성 관리자에 대한 고정관념적 평가의 가능성을 높인 것으로 보인다.

두 번째로 여성 관리자를 가장 부정적으로 평가하는 집단은 여성 상관–남성 부하(FM)의 조합이다. 이론적 논의에서 제시했던 것처럼 여성 관리자와 함께 일하는 남성 부하는 남성이라는 자신의 성 정체성과 부하라는 업무 정체성 간의 갈등 상황에 직면하기 때문으로 보인다. 이러한 불균형성은 남성 부하로 하여금 여성 및 여성 관리자를 부정적으로 평가하고 폄하하려는 경향성으로 나타날 수 있기 때문이다. 다시 말해 여성 상관과 함께 일하는 남성 부하는 자신의 성 정체성이 위협을 받는 상황에서 자신의 성별 자존감을 회복하기 위해 오히려 여성 관리자에 대한 성차별적 인식을 강화하는 심리적 선택을 할 수 있다(West and Zimmerman, 1987; Bird,

2003; Agars, 2004; 최윤희 · 원숙연, 2014). 이러한 심리적 갈등은 남성 부하로 하여금 여성 상관과의 관계의 질을 부정적으로 인식하거나, 무의식적으로라도 여성 상관의 역량을 낮게 평가하려는 인식의 편파를 유발하게 되는 것이다.

관리자 정체성, 젠더 중립성에서 양성성으로

만족스러운 수준은 아니지만 정부 조직에서 여성의 관리직 진출이 가시화되고 있는 것은 부인할 수 없다. 그것이 공직에 오랫동안 당연시되었던 수직적 편중화를 완화시키기 위한 정부의 인위적인 노력과 무관하지 않지만, 여성 공무원이 가진 인적 자본의 양과 질적 향상도 여성의 관리직 진출을 견인하는 요인이다. 파이프라인 이론을 빌리지 않더라도, 향후 관리직에서 여성이 지속적으로 증가할 것이라는 예측은 그리 어렵지 않다.

그러나 이 장에서는 그러한 양적인 증가 이면에 존재하는 여성 관리자에 대한 부정적 평가의 젠더 역학을 살펴보았다. 공직에서 여성 관리자가 수적으로 늘어나는 것은 분명 중요하지만 양적인 증가에만 주목할 경우, 더 중요한 사실을 간과하게 될 수도 있기 때문이다. 공직에서 여성 관리자에 대한 부정적이고 고정관념적 평가가 엄존하는 한, 그리고 그것이 업무 상황으로까지 전이되어 여성 관리자에게 투사되는 한 여성 관리자의 수가 늘어나는 것은 표피적인 변화에 불과할 것이기 때문이다. 더 나아가 이러한 상황에서 여성 관리자가 행사할 수 있는 실질적인 영향력은 제한될 수밖에 없고 이는 여성 관리자에 대한 부정적인 평가를 강화하는 악순환을 초래할 것이기 때문이다.

이러한 문제의식을 출발점으로 하여 여성 및 여성 관리자에 대한 부정적 평가의 기반 구조를 다각도로 조망했다. 그러한 조망의 실증적 타당성을 남녀 공무원을 대상으로 분석한 결과 여성 관리자가 직면하는 현실을 구성하는 몇 가지 중요한 함의를 발견했다. 첫째, 이론적 예측과 다르지 않게 남성 공무원은 여성 일반 및 여성 관리자에 대해 상당히 높은 수준의 부정적 고정관념을 가진 것으로 나타났다. 여성 관리자에 대한 남성 공무원의 고정관념적 평가는 여성 공무원의 그것과는 상당한 거리가 있었다. 이러한 결과는 관리직 여성에 대한 여성 공무원의 인식은 상당한 수준으로 변화하고 있는 데에 반해 남성 공무원의 인식은 답보 상태에 있음을 추정하게 한다. 이러한 인식의 격차를 해소하기 위한 방안이 마련되지 않으면, 여성 공무원이 느끼는 실제적 현실과 표면적 현실 간의 간극은 커질 수밖에 없다.

둘째, 여성에게 있어서 외모의 중요성에 대한 인식이나 여성 관리자와 일하는 남성 부하가 겪을 심리적 갈등에 대한 고정관념적 평가는 여성 공무원에게도 상당한 수준으로 존재하고 있음이 확인되었다. 여성의 관리직 진출과 같은 진일보한 변화에도 불구하고 여성 공무원 역시, 외모의 문제나 남성과 관리직 간의 높은 정합성을 저항 없이 받아들이고 있음을 보여준다. 이처럼 여성 공무원이 갖는 이율배반적인 인식의 이중성은 사회구조적인 압력과 무관하지 않은 것으로 보인다. 외모에 대한 사회적 압박의 영향력은 외모주의의 측면에서 논의되고 있지만, 이러한 외모주의의 보다 심층적인 구조의 존재 가능성을 보여준다.

이론적 맥락에서 논의되었던 것처럼, 이 장에서는 여성에 대한 일반적인 차원의 고정관념적 평가가 업무 상황에도 그대로 전이되고 있음을 확인했다. 이는 노동 시장에서 관리직에 여성이 과소 대표되는 현상이 단순히 시간 문제이거나 여성 자신의 무능으로 치부하기에는 한계가 있는 심층적이고 구조적인 문제라는 점을 다시 한번 보여준다. 또 하나 접촉가설에서 가정하는 것처럼 여성과의 업무상 접촉이 여성 관리자에 대한 부정적인 평가에 작용할 가능성도 간접적으로 확인되었다. 일견 이러한 결과는 여성 공무원 스스로가 노력하여 성과를 내는 것이 여성 및 여성 관리자에 대한 부정적 평가의 해결책처럼 들리게 한다. 그러나 그 이면에 존재하는 더 중요한 메시지는 남성 지배적 조직의 구조와 관행을 바꾸어야 함을 웅변한다.

공사 조직 모두에서 관리직은 남성의 전유 영역으로 오랫동안 인식되어왔기 때문에 성과에 대한 판단 기준은 남성적이다. 또한 업무의 처리 과정이나 그에 대한 평가 기준 역시 남성에게 유리하게 되어 있다. 따라서 여성이 스스로 노력한다고 하더라도 남성적 기준으로 평가받을 경우, 긍정적이기보다는 부정적인 경우가 더 많다. 공직에서 고위직 관리자로서 긍정적인 평가를 받은 많은 여성이 남성적 업무 방식이나 상호 작용 방식 그리고 남성성을 수용한 경우가 많다는 실증적 논의를 감안한다면 더욱더 그렇다(박통희, 2004). 이렇게 평가 기준이 남성적인데도 불구하고 마치 중립적인 것처럼 수용되는 것이 현실이고 바로 그러한 현실이 젠더 중립성의 신화를 강화한다. 따라서 여성이 관리자로서 긍정적인 평가를 받고 자리매김하기 위해서는 여성 공무원 스스로의 노력도 중요하지만 그보다 더 중요하고도 선행되어야 하는 것은 젠더 중립성의 얼굴을 한 남성적 평가 기준과 관행을 바꾸는 일이다. 공직에서의 업무 구조에서부터 평가 시스템에 이르기까지 남성성만이 아니라 여성성과 남성성 모두가 반영된 '양성적인' 방향으로 재구조화해야 하는 또 하나의 이유가 여기에 있다.

9장

부하가 보는 여성 관리자의 역량과 권력

여성 관리자는 '다르다'?

여성 관리자에 대한 '무관심의 영역'

남녀를 불문하고 관리자로서 업무의 효과적인 수행과 관리를 위해서는 부하로부터의 자발적인 협력을 끌어내는 일이 중요하고, 이러한 자발적 협력은 관리자의 권위 및 결정에 대한 무관심의 영역(zone of indifference)을 확대한다(Barnard, 1958; Tyler and Degoey, 1996). 무관심의 영역이란 관리자의 권위나 결정에 대한 의문을 제기하지 않고 '기꺼이(readily)' 받아들이는 정도로, 관리자의 결정 및 권위에 대한 정당성의 기반이 된다. 관리자에 대한 무관심의 영역을 결정하는 데에 중요한 요소가 바로 부하가 인식하는 관리자 역량에 대한 평가이다.

관리자의 역량은 공직에서의 여성 관리자에게는 도전적인 현실이다. 관리자의 리더십 역량에 대한 평가가 어려운 것은 목표의 가시성과 측정가능성이 높지 않은 공직에서 업무 성과와 같이 객관적인 평가가 아닌 주관적인 인식에 기반을 둘 가능성이 높기 때문에, 평가자인 부하와 피평가자인 관리자의 특성은 물론 이들을 둘러싼 상황적 요인에 따라 달라질 수밖에 없다. 관리자의 역량이 공식적인 자격이나 학벌과 같은 가시적이고 계량화가 가능한 객관적인 요소에 의해서 결정되는 것이 아니라 부하들이 주관적으로 인지하는 평가가 개입되기 때문이다. 객관적으로는 동일한 자격이나 학벌을 가졌다 하더라도, 주관적인 평가 과정에 성이나 인종과 같은 사회적 배경적 요소가 작용할 가능성이 상존함으로써 남성 관리자와는 다른—부정적—평가의 대상이 될 수 있다.

이러한 가능성에 주목하는 논의 중 하나가 관계적 인구통계(relational demography)이다. 관계적 인구통계란 조직 구성원들 간의 성, 인종, 학력 등에 있어서의 상대적인 차이를 의미한다. 이러한 관계적 통계는 조직 구성원 각자가 가지고 있는 인구통계적 배경의 집합적 특성 그 자체보다는 지속적으로 상호 작용하는 대상들 간의 인구통계적 특성의 동질성(또는 이질성)이 상대방에 대한 주관적 평가에 더 중요한 요소로 작용한다는 점에 주목한다(Tsui and O'Reilly, 1989). 조직이란 도구적 합리성과 함께 구성원 간의 상대적 관계가 동시에 작용하는 사회적 구성체이기 때문이다.

여기에 더하여, 관리자의 귀속적 요인이 관리자의 역량에 대한 평가에 영향을 미치는데, 여성이나 유색 인종과 같은 사회적 소수 집단 구성원이 관리직에 진입했을 때 역량에 대한 부정적인 평가로 이어지는 예가 많다(Schein, 1975; Wiley and Eskilson, 1982; Eagly et al., 2002). 누차 언급했던 것처럼, 상당히 오랫동안 여성(성)과 관리직은 거리가 있는 것으로 인식되어 왔기 때문에, 남녀 관리자의 역량에 대한 평가와 이에 따른 실질적 수용의 정도가 달라질 수 있는 개연성은 높다. 따라서 상호 불일치한 관계가 당연시되었던 여성과 관리직 간 관계 설정 속에서 여성 관리자의 역량을 어떻게 인식하고 이를 받아들이고 있는지, 그러한 역량 평가에 있어서 남성 관리자와는 어떠한 차이가 있는지를 밝히는 작업은 공직에서 여성 관리자의 현실을 이해하는 데에 중요하다.

이러한 논의의 맥락에서 이 장에서는 여성 관리자의 역량에 대한 부하의 주관적인 평가에 초점을 맞추어 여성 관리자의 현실을 파악하고자 한다. 이를 위하여 여성 관리자의 역량을 관리자-부하 관계(Leader-Member Exchange: LMX)와 관리자의 권력 기반(power source)에 대한 부하의 평가를 기초로 남성 관리자와의 비교를 통하여 여성 관리자 평가의 또 다른 젠더 역학을 밝히고자 한다.

관리자 역량의 구성 요소: 관계와 권력

남성 관리자와 여성 관리자가 구사하는 리더십 유형에는 큰 차이가 없음에도 불구하고(Eagly and Johnson, 1990; Cockburn, 1991), 남성 관리자와 여성 관리자의 리더십 역량에 대해서 차별적 반응이 존재한다. 특히, 남성 부하는 여성 관리자의 리더십 역량을 더 부정적으로 평가하며, 여성 관리자와 함께 일하는 것을 꺼리는 것으로 논의된다(Nieva and Gutek, 1981; 박통희, 2004). 유사한 맥락에서 남성은 남성 관리자의 조직에 대한 기여를 여성 관리자의 기여보다 양적으로나 질적으로나 높게 평가하고 있다. 이와 함께 남성들은 자신보다 낮은 지위를 갖는 여성에 대해서는 편안함을 느끼는 데 반해(Martin and Harkreader, 1993), 여성 관리자나 상관에 대해서는 자신의 기득권을 위협하는 것으로 평가해 저항감을 보인다(Bird, 2003).

이처럼 여성 관리자와의 관계나 리더십에 대한 부정적인 반응은 조금씩 약화되고 있지만, 여성보다는 남성을 리더십 역량을 가진 성공한 관리자로 평가하는 경향이 여전히 강하다(Powell et al., 2002). 왜 그럴까? 이 질문에 대한 실증적 답을 구하기 위한 이론적 근거는 첫째, 리더-부하 교환

이론이다(Leader-Member Exchange: LMX). LMX에 따르면, 관리자와 부하 간의 관계가 일률적인 형태를 띠거나 관리자가 모든 부하에게 동질적인 관계를 형성하는 것이 아니라 부하에 따라서 차별적이고 다양한 관계가 형성된다. 따라서 관리자의 리더십 역량에 대한 평가 역시 부하와의 관계에 따라 다양한 스펙트럼을 갖는다(Dienesch & Liden, 1986; Graen & Uhl-Bien, 1995; Green et al., 1996; 최윤희 · 원숙연, 2014).

관리자와 부하 간 상이한 평가와 관계 설정을 결정하는 데에 있어서 중요한 요소가 사회적 범주화에 따른 내, 외집단 구분이다. 범주화에 따라 내-집단과 외-집단의 구분이 이루어지면, 내-집단에 대해서는 보다 긍정적으로, 외-집단에 대해서는 보다 부정적으로 평가하는 인지적 편파가 일어난다(Graen & Uhl-Bien, 1995; Liden & Maslyn, 1998). 또한 관계의 성격도 달라져서 관리자와 부하가 내-집단 구성원일 경우, 외-집단 구성원과 비교해 보다 우호적인 상호 작용이 발생한다. 이처럼 우호적인 상호 작용은 긍정적인 평가의 인지적 편파를 강화하는 순환을 형성하게 된다. 더욱이 리더-부하 교환 관계는 그 방향이 관리자로부터 부하에게로 내려오는 것과 부하로부터 관리자에게로 올라가는 것 모두를 포함한다. 전자는 관리자에 대한 감정적인 선호, 관리자가 부하를 보호해주리라는 기대 및 관리자의 업무 지식이나 능력 등이 포함되고, 후자는 부하가 관리자를 위해 공식적으로 요구되는 것 이상의 노력을 기울이려는 공헌의 의지 등으로 구성된다.

관리자의 역량과 관련하여 또 하나 중요한 요소는 관리자가 행사하는 권력의 양과 질을 포괄하는 권력 기반(source of power)이다(French and Raven, 1959; Wiley and Eskilson, 1982; Pfeffer, 1981; Ragins and Sundstrom, 1989; 1990). 권력 기반은 관리자의 권위나 결정을 당연하게 받아들이는 무관심 영역의 확대와 직결되기 때문에 특히 중요하다. 관리자에 대한 무관심의 영역이 넓을수록 관리자의 리더십 역량이 발휘될 수 있는 여지가 그만큼 커지기 때문이다. 문제는 동일한 직위의 관리자라 해도 여성 관리자의 권력 기반은 남성 관리자의 권력 기반보다 상대적으로 낮게 인식된다는 점이다. 관리자=남성성의 등식과 같은 맥락에서 여성(성)과 권력을 연결 짓는 일이 남성(성)과 권력을 연결하는 것보다 일상적이지 않기 때문이다.

그렇다면 관리자가 행사할 수 있는 권력 기반은 무엇일까? 첫째, 합법적 권력으로, 이는 지위에 기반을 둔 권력이다. 이 권력은 특정 지위의 점유자가 권력을 행사할 자격이 있고 구성원은 그러한 권력 행사에 당연히 따라야 할 의무가 있다고 생각할 때 발생한다. 전통적으로 관리직이 주로 남성들의 세계로 인식되어온 상황에서(Kanter, 1977; Billing and Alvession, 2000; Schein et al., 1996; Schein, 2001), 같은 직위라 하더라도 여성 관리자가 권력을 행사하는 데에 있어서 정당성이나 합법성에 대한 인식이 달라질 수 있다. 다만 다른 권력 기반에 비하여 지위에 부여된 비인격적 권력이기 때문에, 주관적 평가가 개입될 여지가 상대적으로 적다.

두 번째는 보상적 권력이다. 이는 관리자가 승진, 보직 및 중요 정보와 같은 사회적 보상을, 또는 성과급과 같은 재정적 보상을 제공할 능력이다. 이러한 능력이 있다고 판단될 때 관리자의 보상적 권력 기반은 강화된다. 보상적 권력 기반이 남성 관리자와 여성 관리자 간에 차이가 날 가능성이 있는데, 이는 공직의 구조와 관행이 남성적임에 따라 여성 관리자가 부하에게 제공할 수 있는 실질적인 보상이 적을 수 있기 때문이다.

셋째, 강압적 권력으로, 보상적 권력과 반대되는 권력 기반이다. 이는 관리자의 명령이나 요구에 따르지 않을 경우, 부정적 결과를 초래할 것이라는 두려움에 근거한다(Yukl et al., 1996). 일반적으로 여성 관리자는 남성 관리자에 비해 민주적 또는 참여적이며 남성 관리자에 비해 덜 지시적인 리더십을 구사하는 것으로 보고된다. 이러한 형태의 리더십 구사 방식은 여성 관리자가 남성 관리자에 비해 강압적 권력 기반을 활용할 가능성을 낮추는 결과를 가져온다.

지금까지 논의한 권력 기반이 대체적으로 관리자가 점하고 있는 지위에 따른 지위권이라면, 관리자 개인의 특성에 따른 권력 기반도 존재한다. 지위권이 비교적 객관적이라면 관리자 개인의 특성에 기반을 둔 권력 기반은 주관적인 특성을 갖는다. 그 첫 번째가 전문적 권력이다. 전문적 권력은 업무 수행에 필요한 전문 기술이나 지식을 가지고 있을 때 발생한다. 그런데 공익을 최종적인 목표로 하는 공직의 경우, 업무 성과가 덜 구체적이고 계량화의 정도가 낮다. 이와 함께 업무에 대한 개인의 기여 정도가 명확하게 나타나지 않는다. 따라서 전문적 기술이나 지식을 기반으로 한 전문적 권력이 객관적으로 평가될 가능성은 상대적으로 낮다. 이처럼 업무가 객관적이고 계량화되기 어려운 경우, 업무 판단력, 추진력, 전문 지식의 소유 정도로 표상되는 관리자의 업무 능력에 대한 평가에 있어서 남성이 여성보다 유리한 것이 일반적이다. 평가 기준이 여성성보다는 남성성에 보다 긍정적으로 구조화될 가능성이 높기 때문이다.

또 하나의 권력은 준거적 권력이다. 이는 자신보다 뛰어나다고 생각하는 사람을 닮고자 할 때 발생하는 권력 기반이다. 이러한 특성으로 인해 준거적 권력 기반을 가질 경우, 타인으로부터 존경, 신뢰를 받으며, 감정적으로 선호된다(French and Raven, 1959). 준거적 권력 기반은 유사성-매력 이론으로 설명이 가능한데(Tsui and O'Reilly, 1989), 사회적 배경에 따른 유사성이 높을수록 준거적 권력기반이 강화되는 경향이 있다. 일반적으로는 여성 관리자의 준거적 권력 기반은 여성 부하에게, 남성 관리자의 준거적 권력 기반은 남성 부하에게 보다 높게 인지될 가능성이 있다.

수직적 편중화와 성별 조합의 불균형

여성 관리자의 역량에 대한 평가가 남성 관리자와 비교해 어떠한가를 실증적으로 밝히기 위하여 공무원을 대상으로 설문 조사를 실시했다. 우선, 리더-부하 관계를 기반으로 한 역량 평가는 서울시 관내 25개 구청의 공무원을 조사 대상으로 했다. 주지하는 바와 같이 정부조직에서 여성 공무원이 하위직에 주로 포진하는 수직적 편중화로 인하여 여성 관리자를 찾는 일이 쉽지 않다. 수직적 편중화의 현실적 어려움에도 불구하고, 본 연구가 여성 관리자에 대한 평가에 초점을 맞추기 때문에 여성 상관과 함께 일하는 남성 부하가 일정 수 이상이 되어야 한다. 이에 따라 서울시 관내 25개 구청에서 여성 팀장 및 과장을 가진 남성 부하가 일정 수 이상 확보되도록 설문을 배포했다. 총 625부를 배포하고 불성실 응답을 제외한 423부를 최종 분석에 사용했다.

최종 분석에 사용된 표본의 구성은 다음과 같다. 남자가 221명(52,4%), 여자가 201명(47.6%), 평균 연령은 38세(20대: 6.6%; 30대: 53.5%; 40대: 33.1; 50대: 6.6%)이다. 학력 수준은 전체 표본의 약 82%가 대졸(전문대 포함) 이상의 학력 수준을 보였다. 직급은 5급이 0.3%, 6급이 11.5%, 7급이 39.7%, 8급이 35.5%, 9급이 12.8%로 나타났다. 상관-부하의 성별 조합의 경우, 여성 상관 대 남성 부하(Female/Male: FM)가 68명(16%)명, 여성 상관 대 여성 부하(Female/Female: FF)가 78명(18%), 남성 상관 대 남성 부하(Male/Male: MM)가 156명(37%), 그리고 남성 상관 대 여성 부하(Male/Female: MF)가 123명(29%)으로 구성되었다.

한편, 여성 관리자의 역량을 구성하는 권력 기반에 대한 젠더 역학을 파악하기 위하여 중앙 정부 17개 부처의 공무원을 연구 대상으로 했다. 여성 관리자에 대한 평가의 역학을 보다 다각도에서 조망하기 위하여 다양한 공무원을 대상으로 할 필요가 있었다. 리더-부하 관계에서와 마찬가지로 상관-부하의 성별 조합이 중요하기 때문에 중앙 부처 중 여성 공무원 비율이 높은 문화관광부, 보건복지부, 노동부, 여성가족부 등의 부처에 집중적으로 설문지를 배포하는 편의 추출 방식을 적용했다. 이를 통해 총 740부를 배포하고 그중 불성실 응답 설문지를 제외한 567부를 실제 분석에 사용했다.

최종 분석에 사용한 표본의 특성은 다음과 같다. 남성이 328명(57.8%), 여성이 236명(41.6%)이었고, 응답자의 평균 연령은 약 37세이다. 직급은 3급이 2명(0.4%), 4급이 31명(5.5%), 5급이 124명(21.9%), 6급이 158명(27.9%), 7급이 121명(21.3%), 8급이 39명(6.9%), 9급이 31명(5.5%)의 분포를 나타냈다. 학력은 전문대 졸업 이상이 전체의 93.6%를 차지하고 있으며, 석사 이상의 학력도 27.6%를 차지했다. 상관-부하 성별 조합의 경우, 남성 상관-남성 부하(MM)는 294개(51.9%), 남성 상관-여성 부하(MF)는 149개(26.3%), 여성 상관-남성 부하(FM)는 33개(5.8%), 여성 상관-여성 부하(FF)는 87개(15.3%)로 나타났다.

관리자의 리더십 역량에 대한 평가는 그 자체가 다차원적 개념이기 때문에 관련 논의에서 빈번하게 활용되는 차원을 모두 망라했다. 먼저 리더-부하 관계에 대해서는 업무 전문성, 감정적 선호, 의사소통의 원활성, 상관이 자신을 보호해주리라는 기대 및 상관에 대한 충성 의지로 구성했다(Dienesch and Liden, 1986; Liden and Maslyn, 1998). 업무 전문성은 업무와 관련한 상관의 능력에 대한 평가로(Liden and Maslyn, 1998), 업무 판단력, 추진력, 전문 지식의 소유로 구성했다. 감정적 선호는 업무와 직접적으로 관련되기보다는 개인적인 매력에 따라 형성되는 상관과 부하 간의 호혜적 감정으로 규정하고(Liden and Maslyn, 1998), 감정적으로 좋아함, 함께 일하는 즐거움 등으로 구성했다. 의사소통의 원활성은 상관과의 관계에서 나타나는 정보 제공의 개방성, 적시성 및 정확성으로 구성했다. 상관이 부하 자신을 보호해주리라는 기대는 부하가 어려운 처지에 놓이면 상관이 적극적으로 자신을 대변해주고 도와주리라는 부하의 주관적 바람으로 구성했다. 상관에 대한 기여는 일종의 충성의 의지로 상관을 위해 기대되는 것 이상의 노력을 할 의향으로 구성했다.

관리자의 역량을 구성하는 또 다른 차원인 권력 기반의 경우, 권력 기반 논의 중 가장 대표적인 French and Raven(1959)의 연구에 기초하여 구성했다. 특히 Holzbach(1974), Podsakoff et al.(1980), Ragins와 Sundstrom(1990)의 연구에서 사용된 문항을 재구성했다. 합법적 권력은 상관의 명령 권한에 대한 인정 및 지위에 걸맞은 충분한 자격이 있다는 평가로 구성했다. 보상적 권력은 성과에 따른 적절하고도 충분한 보상을 줄 수 있는 능력이 있는지에 대한 부하의 주관적 평가로 구성했다. 강압적 권력은 상관이 부하에 대해 얼마나 강압적이며 엄격한지에 대한 평가 및 권력의 사용 정도로 구성했다. 한편, 전문적 권력은 상관이 업무와 관련한 추진력, 판단력 및 기술과 지식을 가지고 있는가에 대한 부하의 주관적 판단으로 구성했다. 준거적 권력은 자신의 상관을 역할 모델로 받아들이는 정도, 인간적으로 존중하는 정도 및 상관에 대한 감정적인 선호 등으로 구성했다.

여성 관리자 역량 평가의 젠더 역학

여성 관리자와 리더-부하 관계

공직 사회에서 여성 관리자와 함께 일하는 부하들은 여성 관리자와의 관계를 어떻게 인식하고 있을까? 여성 관리자에 대한 평가는 남성 관리자의 그것과 어떻게 다를까? 이러한 질문에 대한 답을 구하기 위하여 상관-부하의 성별 조합을 기반으로 차이 분석을 실시했다. 그 결과는 다음과 같다.

첫째, 관리자의 업무 능력을 평가하는 데에 있어서 성별 조합에 따른 차이는 여성 상관-여성 부하(FF: 3.73), 남성 상관-남성 부하(MM: 3.62), 여성 상관-남성 부하(FM: 3.41), 남성 상관-여성 부하(MF: 3.23) 순으로 나타났다(F. 12.38, p〈0.01). 관리자와의 의사소통은 여성 상관-여성 부하(FF: 3.62), 남성 상관-남성 부하(MM: 3.43), 여성 상관-남성 부하(FM: 3.28), 남성 상관-여성 부하(MF: 2.93)로 나타났다(F. 20.68, p〈0.01). 감정 선호와 보호 역시 유사한 양식을 보이는데, 전자는 여성 상관-여성 부하(FF: 3.60), 남성 상관-남성 부하(MM: 3.42), 여성 상관-남성 부하(FM: 3.16), 남성 상관-여성 부하(MF: 2.88) 순으로(F. 12.38, p〈0.010), 후자는 여성 상관-여성 부하(FF: 3.58), 남성 상관-남성 부하(MM: 3.50), 여성 상관-남성 부하(FM: 3.21), 남성 상관-여성 부하(MF:3.01)로 나타났다(F. 13.64, p〈 0.01). 마지막으로 기여는 남성 상관-남성 부하(MM: 3.46), 여성 상관-여성 부하(FF: 3.37), 여성 상관-남성 부하(FM: 3.15), 남성 상관-여성 부하(MF:2.79) 순으로 높게 나타났다(F. 22.42, p〈 0.01).

이상의 결과는 여성 관리자의 리더십 역량을 평가하는 데에 있어서 성차 및 성별 조합의 영향력이 상당한 정도로 작용하고 있음을 확인해준다. 가장 흥미로운 것은 여성 관리자의 역량을 구성하는 요소 중 기여를 제외하고는 여성 부하는 여성 관리자에 대해 가장 긍정적인 평가를 한다는 점이다. 일종의 충성 의지로 상관을 위해 기대되는 것 이상의 노력을 할 의향으로 표현되는 기여만 남성 상관-남성 부하(MM)가 여성 상관-여성 부하(FF)보다 높게 나타났을 뿐, 업무 능력, 의사소통, 감정적 선호 및 보호 등 모든 영역에서 여성 상관-여성 부하(FF), 남성 상관-남성 부하(MM), 여성 상관-남성 부하(FM), 남성 상관-여성 부하(MF)의 순으로 동일하게 나타났다. 이론적 배경에서 논의했던 동일-성 선호(Mobley, 1982)와 유사성-매력 가설(Byrne, 1971)을 그대로 지지하는 결과이다. 관리자의 리더십 역량 중 관계를 평가하는 데에 있어서 여성 부하는 여성 관리자(FF)에 대해 상당히 긍정적으로 평가했고, 남성 부하는 남성 관리자(MM)를 긍정적으로 평가하는 것으로 나타났기 때문이다. 이러한 결과를 통해 상관-부하의 관계를 평가하는 틀로 서구에서 개발된 동일-성 선호 이론은 맥락과 관계없이 한국에서도 적용 가능한 것처럼 보인다.

그러나 좀 더 자세히 살펴보면, 동일-성 선호에 부합하는 듯 보이는 결과의 이면에 복잡한 젠더 역학이 존재한다. 먼저, 남성 관리자와 함께 일하는 여성 부하(MF)가 여성 관리자와 함께 일하는 남성 부하(FM)에 비해 리더-부하 관계를 구성하는 모든 영역에서 부정적인 평가를 하는 것으로 나타났다. 이는 여성 상관과 함께 일하는 남성 부하가 여성 상관을 더 부정적으로 평가한다는 기존의 논의와는 거리가 있는 결과이다. 기존의 연구는 일반적으로 여성에 대한 편견과 남성 중심적 조직 문화와 관행으로 인해 여성 관리자에 대한 평가가 남성의 그것에 비해 부정적인데, 그 정도는 남성 부하가 더 심한 것으로 규정해왔다. 물론 이 장의 결과가 기존 논의의 현실적 설명력이 사라졌다는 것을 의미하지는 않는다. 그러나 이 결과가 보여주듯이 여성 관리자를 평가하는 데에 있어서 성별의 역학에 일정한 변화가 있는 것만은 분명해 보인다. 여성 관리자에 대한 남성 부하의 평가가 여성 부하의 남성 관리자에 대한 평가보다 긍정적이기 때문이다. 오히려 새롭게 주목해야 하는 것은 여성 부하가 남성 관리자를 대상으로 한 리더-부하 관계를 상당히 낮게 평가하는 결과가 의미하는 바가 될 것이다. 앞에서 본 것처럼 상관의 업무 능력과 보호 부분에서 다른 성별 조합에 비해 남성 관리자-여성 부하(MF) 조합이 현격하게 낮은 평가를 하는 것은 흥미로운 결과이다.

왜 그럴까? 남성 상관과 함께 일하는 여성 부하의 경우, 상관과의 관계를 구축하고 유지하는 데에 남성 부하에 비해 현실적인 어려움을 겪는 것이 사실이다. 여전히 조직에서 관계 구축 방식이 남성적이기 때문이다. 상당한 변화가 있지만 여전히 남성적인 회식 문화가 관계 구축에 유용한 것도 부인할 수 없다. 또한, 남성 상관과의 긴밀한 관계를 유지할 경우, 부적절한 오해의 소지도 여성 부하에게는 부담일 수밖에 없다. 더욱이 기혼의 여성 공무원은 일-가족 간 양립 요구로 인해 관계 구축에 할애할 수 있는 시간적, 심리적 여유가 남성에 비해 적다. 전술한 바와 같이 관계가 긴밀할 경우 상대방에 대한 평가가 긍정적으로 형성되고 의사소통의 원활성이 제고되는데 이러한 관계 형성의 기회가 남성 부하보다 적다는 현실적 이유로 인해 남성 상관에 대한 평가가 여성 상관보다 덜 긍정적일 가능성을 보여준다.

여성 부하도 남성 관리자를 여성 관리자보다 더 선호한다는 기존의 논의와 다른 본 연구의 결과가 다른 영역에도 비슷한 양상으로 나타날까? 다시 말해 적어도 여성 부하는 여성 관리자를 남성 관리자보다 더 선호할까? 이러한 물음에 대한 하나의 답을 구하기 위해 단순 리더-부하 관계보다 더 중요한 권력 기반으로 논의의 초점을 이동할 필요가 있다.

여성 관리자 권력 행사의 차별성

공사 조직을 막론하고 권력이 갖는 의미는 간단하지 않다. 권력이란 자신이 원하는 것을 타인에게 하도록 하는 힘인데, 여기서 특히 중요한 것은 타인이 원하지 않는 경우에도 이를 강제할 수 있다는 점이다. 그렇다면 관리자의 권력을 평가하는 데에 있어서도 전술한 관계에서 작동했던 동일-성 선호가 같은 양상으로 영향을 미칠까?

이러한 물음에 답을 구하기 위하여 여성 관리자의 권력에 대한 부하의 인식을 남성 관리자의 권력에 대한 인식과 비교 분석했다. 그 결과, 합법적 권력(남성 관리자: 3.72/5, 여성 관리자: 3.63, ns), 강압적 권력(남성 관리자: 2.333/5, 여성 관리자: 2.334, ns), 보상적 권력(남성 관리자: 3.509/5, 여성 관리

자: 3.138/5, t: 5.873, p〈0.01), 준거적 권력(남성 관리자: 3.265/5, 여성 관리자: 2.90/5, t. 4.741, p〈0.01), 그리고 전문적 권력(남성 관리자: 3.63/5, 여성 관리자: 3.72/5, ns)의 성별 차이가 나타났다. 이러한 결과는 표면적으로 볼 때 모든 권력 차원에서 여성 관리자의 권력 기반이 남성 관리자의 권력 기반보다 낮은 것으로 나타났다. 이는 동일 지위에서도 여성 관리자의 권력이 훨씬 더 낮게 인지된다는 기존 논의와 맥을 같이한다.

그런데 표면적인 차이 이상의 몇 가지 복잡한 구조가 보인다. 그 하나는 합법적 권력은 남성 관리자가 여성 관리자보다 높게 인식되지만 그 차이가 통계적으로 지지되지는 않았다. 합법적 권력은 개인보다는 지위 그 자체에 부여된 권력이기 때문에, 지위를 점유하는 주체가 누구인가에 따라 달라질 여지가 상대적으로 적다는 점이 작용한 것으로 보인다. 또한 최근 정부가 관리직에 여성 비율을 높이려는 노력을 통해 여성 관리자와의 업무 경험이 늘어난 것도 일정 부분 작용했을 것으로 보인다.

특히 주목을 끄는 것은 이론적인 예측과는 달리 강압적 권력과 전문적 권력은 오히려 여성 관리자가 더 높게 인식되었다는 점이다. 그 차이가 통계적으로 지지되지는 않았지만 권력 기반에 있어서 성별 차이에 어느 정도의 변화가 감지되는 것으로 해석할 수 있다. 이처럼 권력 기반을 둘러싼 성별 지형에 작은 변화가 없는 것은 아니지만 여전히 남성 관리자의 보상적 권력과 준거적 권력은 여성 관리자를 압도하는 수준으로 높게 나타나고 있는 점은 권력 기반의 성별 지형의 견고한 벽을 재확인한다.

조금 다른 맥락에서 관심을 끄는 것은 다른 권력 기반에 비해 강압적 권력 기반이 상당히 낮게 인식되고 있다는 점이다. 이는 여성 관리자와 남성 관리자 모두 같은 양상을 보인다. 이러한 결과는 우리의 공직 사회가 권위주의적이라는 논의를 감안한다면, 새로운 발견이다. 물론 이러한 변화를 일반화할 수 있을지는 심층적인 후속 논의가 추가되어야 하겠지만 분명 의미 있는 결과로 보인다. 다만, 권위주의적 권력 행사가 사라졌으면하는 부하의 바람이 개입된 결과일 가능성은 후속 논의를 통해 밝혀야 하는 부분이다.

이상에서 제시된 관리자 성별에 따른 권력 기반의 성별 지형을 보다 심층적으로 파악하기 위해, 상관-부하의 성별 조합에 따라 네 개의 집단으로 나누어 그 차이를 세부적으로 분석했다. 그 결과는 다음과 같다. 합법적 권력은 남성 관리-남성 부하(3.734/5), 여성 관리자-남성 부하(3.697/5), 남성 관리자-여성 부하(3.691/5), 여성 관리자-여성 부하(3.605/5) 순으로 나타났으나 그 차이는 통계적으로 지지되지 않았다. 보상적 권력은 남성 관리자-남성 부하(3.533/5), 남성 관리자-여성 부하(3.459/5), 여성 관리자-남성 부하(3.182/5), 여성 관리자-여성 부하(3.128/5)순으로 인식했으며, 집단 간 차이는 통계적으로 강하게 지지되었다(F.11.504, p〉0.001). 한편, 강압적 권력은 남성 관리자-여성 부하(2.584/5),남성 관리자-남성 부하(2.554/5), 여성 관리자-남성 부하(2.545/5), 여성 관리자-여성 부하(2.517/5) 순으로, 전문적 권력은 여성 관리자-여성 부하(3.724/5), 남성 관리자-여성 부하(3.714/5), 남성 관리자-남성 부하(3.701/5), 여성 관리자-남성 부하(3.566/5) 순으로 나타났으나, 두 권력 모두 성별 조합에 따른 차이는 통계적으로 지지되지 않았다. 마지막으로 준거적 권력은 남성 관리자-남성 부하(3.305/5), 남성 관리자-여성 부하(3.189/5), 여성 관리자-여성 부하(2.950/5), 여성 관리자-남성 부하(2.773/5) 순으로 나타났으며, 성별 조합에 따른 인식의 차이는 강하게 지지되었다(F. 8.579, p〈0.001).

흥미로운 것은 성별 조합에 따라 권력 기반의 차이가 조금씩 다르다는 점이다. 보상 권력은 남성 상관-남성 부하, 남성 상관-여성 부하, 여성 상관-남성 부하, 여성 상관-여성 부하순으로, 준거 권력은 남성 상관-남성 부하, 남성 상관-여성 부하, 여성 상관-여성 부하, 그리고 여성 상관-남성 부하의 순으로 나타났다. 보상 권력은 남성 관리자가 보다 많이 가진 것으로 일관되게 평가되었다. 주목할 것은 보상적 권력은 여성 상관-여성 부하 조합에서 가장 낮게 인식된다는 것이다. 상관도, 부하도 모두 소수 집단의 구성원으로서 현실적으로 많은 어려움을 겪을 수밖에 없는 이중적 상황이 작용한 것으로 보인다. 이는 공직에서 여성 공무원과 여성 관리자가 직면하는 현실이 간단하지 않음을 보여준다. 보상적 권력이 관리자의 역량 발휘와 '무관심 영역'의 확대에 미치는 영향력을 감안할 때 더욱 더 그렇다.

또 하나 흥미로운 것은 준거 권력에 대한 것이다. 결과에서 보는 것처럼 여성 부하는 여성 상관보다 남성 상관의 준거 권력을 더 높게 인식하는 것으로 나타났다. 이는 준거 권력이 성별이나 인종과 같은 배경적 동질성을 매개로 확장된다는 동일-성 선호 이론과는 부합하지 않는다. 이러한 결과는 공직에서 여성 관리자가 남성 관리자에 비해 고전하는 것이 일반적이기 때문에, 여성 부하는 동성(同性)의 여성 관리자보다는 이성(異性)의 남성 관리자를 준거틀로 삼을 가능성을 보여준다. 동질성은 떨어지지만 조직에서 성공 가능성이 조금이라도 더 높은 남성 관리자에게 준거적 권력 기반을 찾으려는 것으로 해석할 수 있다. 여성 부하가 여성 관리자를 통해 자신의 긍정적인 정체성을 찾는 것이 어려워지면서 오히려 여성 집단에 대한 감정적 또는 인지적 애착, 선호를 감소시킬 가능성을 제기하는 결과이다. 여기에 더하여, 여성이 여성을 경쟁자로 생각함으로써, 여성에 대한 평가가 낮아질 가능성과 여성도 관리자는 남성이라는 고정관념을 가지고 있을 가능성도 배제할 수 없다.

반면, 여성 관리자의 전문적 권력이 남성 관리자보다 높게 평가된 것은 눈여겨 볼 필요가 있다. 전문적 권력은 다른 권력에 비해 객관적이어서 편견이나 관행에 따른 평가가 개입될 여지가 상대적으로 적다. 따라서 여성 관리자와 같은 사회적 소수자의 경우, 조직에서 겪는 어려움을 객관적인 전문 지식과 능력을 강화하는 방식으로 극복하려고 할 수 있다. 서구에서도 전문적 권력 기반은 오히려 여성이 더 높은 것(Kanter, 1977; Raigns and

Sundstrom, 1990) 역시 같은 맥락에서 이해할 수 있다.

한편, 강압적 권력의 경우, 남성 관리자가 조금 높게 나오기는 했지만 관리자의 성별에 따른 차이가 통계적으로 지지되지 않았다. 이는 이론적 예측이나 상식과 거리가 있는 결과로 몇 가지 가능성을 생각해볼 수 있다. 첫째, 여성 관리자 스스로가 실제로 강압적 권력 기반을 적극적으로 활용할 가능성이다. 관련 연구에 따르면(Billing and Alvesson, 2000; 박통희, 2004), 남성 중심적 조직에서 강압적 리더십에 대한 요구가 여전히 존재하고, 관리자로서 성공하기 위해서는 여성 관리자도 의식적으로 남성성을 부각시키는 경우가 많다. 이에 따라 여성 관리자 역시 강압적 권력 기반을 적극적으로 활용할 가능성이 있다.

또 하나 논의의 필요가 있는 것은 준거적 권력 기반에 대한 것이다. 남성 부하의 경우는 예측한 바와 같이 남성 관리자의 준거적 권력 기반을 높게 평가한 데 반해 여성 부하는 여성 관리자의 준거적 권력 기반을 높게 평가하지 않았다. 물론 여성이 꼭 여성 관리자를 자신의 역할 모델로 삼아야 하는 당위가 있는 것은 아니다. 그러나 준거 권력의 속성상 배경적 변수를 공유한 대상이 부각될 여지가 많기 때문에 일반적으로 여성은 여성에게, 남성은 남성에게 자신의 미래를 투영한다. 그럼에도 불구하고, 공직에서 남성은 남성 관리자에게서 준거적 권력을 많이 느끼는 데 반해, 여성은 여성 관리자보다는 남성 관리자에게서 준거적 권력을 더 느끼는 것은 일반적인 경향성과는 분명 배치되는 부분이다. 이는 일반적인 경향성인 동일-성 선호가 여성에게는 다르게 행사되는 그 무엇인가가 존재한다는 추정을 허락한다. 특히 남성 중심적 조직에서 여성 관리자의 성공 가능성을 남성 관리자의 그것보다 낮게 평가하는 것과 무관하지 않다.

관계와 권력의 양가성

관리자의 역량을 평가하는 데 있어서 남성 관리자는 업무에 근거한 업무 모형이 적용되는 데 반해, 여성 관리자에게는 여성이 전면에 부각되고 남성에 비해 열등하게 규정된 젠더 모형이 적용된다(Acker, 1992; Mills, 1992). 경험적으로 이러한 젠더 모형의 작동이 검증되기도 한다. 특히 우리나라와 같이 여전히 남성 중심적 조직 문화와 관행의 영향력을 무시할 수 없는 곳에서 여성 관리자에 대한 평가에 젠더 모형의 현실적 적용 가능성은 더 높을 것이다.

그런데 이 장에서의 결과는 공직에서 여성 관리자에 대한 평가에 젠더 모형의 작동이 사안에 따라, 또는 차원에 따라 다양한 지형 속에서 이루어짐을 시사한다. 먼저 여성 관리자와의 관계 차원의 역량을 평가하는 데는 젠더 모형의 영향력이 동일-성 선호에 의해 달라질 수 있는 가능성이 보인다. 여성 관리자에 대한 감정적 선호나 의사소통과 같은 관계적 속성을 가진 부분에서는 남성과 여성 간의 관계를 기반으로 한 젠더 모형이 작동하기보다는 동일-성 선호의 영향력이 상대적으로 강한 것으로 보이기 때문이다. 그렇다면 이러한 결과는 관리자에 대한 평가에 있어서 업무 모형과 젠더 모형의 이중적 적용의 문제가 어느 정도 해결되었다는 뜻일까?

이 물음에 긍정적인 답을 하기에는 여전히 논의해야 할 쟁점이 남아 있다. 동일-성 선호는 일종의 인지적 편파이다. 따라서 동일-성 선호가 지속되어야 한다거나 강화되어야 한다는 의미는 아니다. 다만 인간의 인지 과정의 선택성과 주관성으로 인해 인지 편파는 불가피하기 때문에 이에 대한 가치 판단은 유보하고, 동일-성 선호의 작동이 사안에 따라 다르게 표상되는 차별성에 주목하고자 한다. 여기서 중요한 것은 여성 관리자의 역량 중 주관적이고 관계적인 측면을 평가할 때는 동일-성 선호가 젠더 모형의 작동에 영향을 미치는 데 반해, 여성 관리자의 권력 기반에 대한 평가에 있어서는 젠더 모형이 그대로 작동한다는 점이다. 오히려 여성 부하가 여성 관리자의 권력 기반을 남성 관리자의 권력 기반보다 낮게 인식하는 동일-성 선호의 역행 현상이 나타나기까지 한다. 특히 보상적 권력과 준거적 권력에서 그 정도가 더욱 심하다. 이처럼 여성 관리자의 권력 평가에 있어서 젠더 모형은 여전히 건재하다.

이러한 차별성은 여성 관리자의 역량을 구성하는 '관계'와 '권력'이 조직이나 부하에게 갖는 의미와 비중이 다르기 때문으로 보인다. 권력은 중요한 희소 자원이다. 따라서 부하에게 관리자의 권력은 단순한 관계의 질을 넘어서는 매력적인 요소임에는 분명하다. 리더-부하 관계가 중요하지 않다는 뜻은 아니지만 조직에서 권력이 갖는 도구적 효용은 관계와는 분명한 차이가 있다. 이러한 논의의 연장선상에서 볼 때 이 장에서 본 결과는 중요하고 희소하며 도구적 효용이 높은 자원인 권력에 대해서는 여전히 젠더 모형이 적용된다는 뜻이 된다. 관계와 권력의 양가성에 주목해야 하는 이유이다.

과거보다 여성 관리자의 숫자도 많아지고, 여성 관리자와의 업무 경험도 많아졌다. 앞으로는 더 많아지리라 예상된다. 그럼에도 불구하고 본 연구 결과를 통해 권력과 여성의 연결고리는 여전히 약해 보이고, 조직 문화나 관행 역시 같은 맥락에서 작동하는 것으로 보인다. 과거에 비해 여성 관리자에 대한 평가가—적어도 여성 부하가 보는 여성 관리자만이라도—좋아지고 있는 것은 고무적이지만 그 본질에 대한 질문은 여전히 남는다. 무엇보다 남성 관리자와 남성 부하 사이에는 사안에 관계없이 작동하는 동일-성 선호 이론이 왜 여성 관리자와 여성 부하 사이에는 사안에 따라 차별적으로 작동하는지 그 원인과 맥락이 그 의문의 핵심이다.

단순히 여성에게 있어서 동일-성 선호가 작동하지 않는 것을 넘어서서 여성 부하가 남성 관리자를 더 높게 평가하는 동일성 선호의 역행을 남성 중심적 구조나 문화와 분리해서 설명하는 것은 오히려 현실을 왜곡할 우려가 있다는 점에서 경계해야 한다. 같은 맥락에서 여성 관리자의 권력 평가에 있어서 동일-성 선호가 여성에게만 나타나지 않은 현상을 여왕벌 신드롬으로 설명하려는 시도 역시 경계해야 한다. 여왕벌 신드롬을 '여성의 적은 여성'이라는 도발적인 관계 설정으로 이해하는 것은 매우 위험하다 (Staines et al., 1974; Cooper, 1997; Derks et al., 2011; 최윤희 · 원숙연, 2014). 문제의 핵심은 여성 관리자의 권력 기반을 남성 관리자의 그것과 다르게 인식하게 만드는 현실, 다시 말해 남성 관리자의 권력 기반의 효용을 더 높게 인식하게 만드는 구조, 문화 그리고 관행이기 때문이다.

10장

여성 관리자를 둘러싼 '기회'와 '선택'의 맥락

어느 여성 공무원의 목소리

제약-기회-선택의 삼각 지대

지금까지 공직에서 여성 관리자의 현실을 공직 문화의 남성 중심성과 성-고정관념적 평가를 중심으로 양적으로 살펴보았다. 이러한 양적인 접근은 여성 관리자에 대한 부하들의 인식이 어떠하며 남성 관리자와 어떤 면에서 차이가 있는지에 초점을 맞추었다. 공직에서 여성 관리자가 직면하는 현실은 부하나 동료, 또는 상사와 같은 외부자적 관점(from outside)과 여성 관리자 스스로가 규정하고 해석하는 내부자적 관점을 통해 만들어진다. 따라서 외부자적 관점과 내부자적 관점 모두가 고려될 때 여성 관리자의 온전한 현실에 가깝게 갈 수 있다. 그러한 맥락에서 이 장에서는 여성 공무원이 주체가 되어 자신의 경험과 현실을 구성하고 해석하는 내부자적 관점에 주목한다.

이를 위해 한 여성 관리자가 자신의 현실을 어떻게 프레이밍하고, 어떻게 대응하며, 어떤 선택을 하는지를 여성 관리자의 '목소리'를 통해 조망한다. 특히 여성 관리자의 현실을 이해하는 데에 공직 구조와 그 구조 안에서 이루어지는 선택을 연결 지어 논의한다. 구조로부터 자유로운 행위는 없으며 행위로부터 유리된 구조도 없기 때문이다. 이러한 시도는 공직에서 여성 관리자의 현실에 보다 가까이 갈 수 있는 기회를 제공할 것으로 기대한다. 더욱이 남성 중심적 조직에서 여성 관리자를 여성 차별의 피해자로, 또는 남성 중심적 구조에 수동적으로 적응하는 소극적인 존재로만 규정하는 것을 넘어서 여성 스스로의 선택이 있고 그것이 기회가 될 수 있음을 보여주고자 한다. 이처럼 다차원적 현실에 대한 이해는 여성 관리자가 늘어나야 한다는 당위적 수사를 넘어 실질적인 활용을 위한 기반을 구축하는데 기여할 것이다.

내부자적 관점을 통해 여성 관리자의 현실을 보기 위하여 질적 연구로서 단일 사례의 탐색적 접근을 적용한다. 그 이유는 이 책이 경계하는 지식권력의 작동을 최소화하기 위한 방법론적 조건을 충족하기 위해서이다. 구체적으로 공직 내 관리직에 여성이 증가하는 상황에서 수(數)로 치환할 수 없는 비가시적인 현실에 주목할 필요가 있기 때문이다. 여기서 여성 관리자의 현실은 객관적인 관찰이나 조사를 통해 파악할 수 있는 표피적인 현상 이면에 존재하는 것으로 당사자의 주관이나 의미 부여가 중요해진다. 둘째, 현실은 사회적인 구조나 관행, 즉 맥락에 의해 영향을 받는데 이 또한 가시적이지 않다. 따라서 여성 관리자 스스로가 생각하는 비가시적인 현실의 구성을 통해 접근하는 것이 필요하다. 질적 연구로서 단일 사례 접근을 통해 여성 관리자가 만나는 현실의 특수성을 찾아내고, 그 특수성을 생성하는 맥락 조건을 밝힐 수 있다.

이를 위해 환경부의 A 과장이 구성하는 현실을 사례로 심층 인터뷰를 실시했다. A 과장을 선택한 이유는 첫째, 공직의 여성 관리자라는 점이다. 공직은 여전히 남성 중심적이다. 사조직도 그렇지만, 공직은 공익을 목적으로 한다는 점에서 특정 집단 구성원이 편중되어 있는 것은 결코 바람직하지 않다. 이에 따라 최근 다양한 인위적 개입을 통해 관리직의 성비 불균형을 해소하려는 노력이 시도되어왔다. 그렇다면 이러한 노력이 과연 여성 관리자가 만나는 일상적인 현실 속에서 작동하는지를 확인할 필요가 있다. 둘째, A 과장은 환경부에서 유능한 여성 과장으로 평가되기 때문이다. 여성 관리자 중 소위 '잘나가는' A 과장의 현실을 통해 공직에서 주어지는 제약만이 아니라 기회와 선택의 다차원성을 볼 수 있다. 피해자 페미니즘(victim feminism)의 피해의식이 아닌 보다 균형 있는 접근을 위해서 유능하다고 평가되는 A과장의 현실을 조망할 필요가 있다.

인터뷰는 2차례에 걸친 대면 인터뷰와 함께 전화상으로 수차례에 걸쳐 이루어졌다. 질적인 사례 연구는 연구 대상이 자신의 경험에 부여하는 의미나 해석을 무시한 상태에서 연구자의 판단에 따라 연구 대상을 객관화하는 것을 경계한다. 따라서 A 과장 스스로가 경험과 에피소드, 그리고 그와 관련한 자신의 생각과 인식을 주체적이고 자유롭게 기술하게 하는 주제 중심의 대화 방식을 취했다(Mason, 1996: 38). 이를 통해 연구자가 주도하는 유도성 질문이나 기대된 답이 아닌 A 과장의 관점과 부여된 의미를 담아낼 수 있다. 같은 맥락에서 인터뷰 내용을 직접 인용하는 방식을 취했다.

여성 관리자를 둘러싼 구조적 제약과 기회

업무의 여성 친화성, 필요충분조건

이론적 논의에서 본 바와 같이 조직에서 균형 잡힌 남녀 구성비는 상호간 접촉 빈도를 높이고 상대방에 대한 고정관념적 평가의 가능성을 줄인다는 점에서 여성 관리자의 현실에 중요한 기회가 된다. 수적으로 남성 중심적인 공직에서는 여성과의 업무 경험이 부족하여 여성에 대한 고정관념을 깰 만한 증거를 확보하는 것이 어렵고, 여성이 많은 조직에 비해 여성(관리자)에 대한 고정관념적 평가의 개연성이 높기 때문이다.

A 과장이 근무하는 환경부는 남녀 구성비를 기초로 했을 때, 여성 비율이 비교적 높은 편이다. 인터뷰가 진행된 2012년에 환경부의 여성 공무원 비율은 27.9%로 15개 부처 가운데 6위로 중상위를 차지한다(행안부, 2012). 다른 부처에 비해 일정한 비율의 여성이 있는 환경부의 상황은 A 과장이 여성(관리자)으로서 운신의 폭을 넓히는 데에 기회로 작용한 것으로 보인다.

> 환경부 분위기가 영향을 미쳤다고 생각하는데요, 환경부는 여성이 비교적 많거든요…… 어느 정도 규모가 돼야 파워가 생기니까요…… 지금은 여성이 무시할 수 없는 포션(portion)이 되었기 때문에 인사 담당관들도 이 사람들(여성)이 중요한, 그러니까 신경을 쓸 수밖에 없는 파워가 있는 거죠. 기재부나 국토부 이런 다른 부(部)하고 비교해봤을 때 환경부에서 일하는 여성들의 상황이 조금 더 플렉시블(flexible)하다고 할까…… 소통도 더 잘 되고. 무엇보다 중요한 것이 커리어 패스(career path)가 보이잖아요. 그게 중요하거든요. 자신의 미래가 보이는 거죠……

그러나 분명한 것은 공직에서 여성이 약진하고 자신의 능력을 발휘할 수 있는 환경으로 단순히 수적인 성비만이 변수가 되지는 않는다는 점이다. 만일 그렇다면 여성이 많은 곳이라야만 여성이 성공할 수 있다는 잘못된 전제가 만들어지기 때문이다. A 과장의 경험은 조직의 남녀 구성비의 영향도 무시할 수 없는 기회 요소이지만, 더 중요한 것은 수행 업무의 정체성임을 보여준다. 환경 업무의 여성 친화적 정체성이 A 과장의 역량 발휘에 큰 영향을 미치는 것으로 보이기 때문이다.

'환경'은 여성이 많이 하는 부분이고 또 여성이 해야 된다는 인식이 있는…… 세계적으로도 그렇고요. 그러다 보니까 더 일하기도 편하고……. 국토부라든가 터프한 데 가서 잘하면 잘 될 거야, 뭐 그런 면도 없지는 않겠지만, 가끔 그쪽 후배들 보면 굉장히 어려워하고 그런 면이 있더라고요. 주눅 든다고 할까…… 본류가 아니고 눈치를 봐야 되는 그런 느낌이 있는 거 같아요. 그런 면에서는 여성들이 많고, 업무의 성격이 그런 면(여성적)이 있고, 그런 곳이 훨씬 더 좋은 것 같아요. 터프한 부들은…… 경직적이고 남성주의적 그런 것들이 많으니까, 처신을 어떻게 해야 하는지에 대해서도 고민하는 것 같기도 하고……

이처럼 환경부의 업무 정체성이 여성 친화적이라는 현실은 여성 관리자에게 긍정적인 조건으로 보인다. '정부 조직법 제34조'(환경부)에 따르면, 환경부는 "자연 환경 및 생활 환경의 보전과 환경 오염 방지에 관한 사무"를 하는 것으로 되어 있다. 개발과 보존을 기본으로 할 때, 보존은 보살핌이나 생명 존중과 같은 여성적 가치와 맥을 같이한다. 특히, 환경 업무가 포괄하는 쾌적한 자연, 맑은 물, 깨끗한 공기 등은 국민의 삶의 질이나 지구 환경을 보살피는 여성적 가치의 실현으로 규정될 수 있다.

그러나 여기서 경계해야 하는 것은 여성 친화적이라는 업무 정체성에 숨어 있는 함정이다. 정부 업무를 여성의 일 또는 남성의 일로 이분하는 젠더 유형화의 존재를 부인할 수 없다. 만일 여성 친화성의 정체성을 지나치게 강조할 경우, 이러한 젠더 유형화를 정당화하는 우를 범할 수 있기 때문이다. 또 다른 의미의 '젠더딱지(gender tag)'가 되어 성 분리의 논리로 활용되는 것은 언제나 경계해야 한다. A 과장의 경험은 역설적으로 여성 인력의 효과적인 활용을 위해서는 정부의 모든 업무에서 여성 또는 남성 간 구분이 없도록 성별 구성비의 균형을 맞추는 노력의 중요성을 상기시키는 것일 수도 있다.

이처럼 여성 비중이 비교적 높고 업무의 여성 친화성이라는 '기회' 구조에 더하여 A 과장이 환경부에서 입지를 구축하는 데에 결정적인 영향을 미친 기회는 김명자 환경부 전(前) 장관의 존재였다. 여성 장관의 등장과 함께 여성 수행 비서의 필요성이 제기되었고, 그 당시 초임 사무관이었던 A 과장이 수행 비서로 발탁되었다.

> 제가 들어왔을 때 손숙 장관님이 금방 그만두시고, 김명자 장관님이 오셨는데…… 그때까지는 남자분이 수행 비서였는데…… 여성이 필요했던 거죠. 같이 다니려고 하면, 여성이 좋겠다고 해서 그렇게 하게 된 거죠. 1년2개월 수행 비서를 했습니다…… (수행 비서 시절)…… 아주 재미있었습니다!!

후술하겠지만, 여성 장관을 수행했던 경험은 A 과장의 존재를 내·외에 알릴 수 있는 중요한 계기로 작용했다. 무엇보다 수행 비서를 하면서 공직자로서의 자세, 업무에 대한 태도 및 네트워크를 구축할 수 있는 여건이 마련되었다.

공직에서의 여성(관리자)이 직면하는 현실을 구성하는 것은 수적인 남녀 구성비만이 아니라 문화나 분위기 또는 네트워크와 같은 질적인 측면도 있으며 이러한 요소가 뒷받침될 때 그 효과가 배가되는 것으로 보인다. 업무의 정체성과 함께 장관 등 고위직에 여성이 존재하는 상황은 조직 구성원에게 성-고정관념적 인식을 변화시키는 계기가 되고, 여성에게도 기회 구조를 마련해주는 하나의 점화 장치로 작동한다. 이러한 가능성은 각 부처의 의사 결정 직위에 여성이 진출해야 하는 또 하나의 이유가 된다. 남성적 조직 문화와 방식에 편향되어 있는 구성원들의 인식을 전환시키고 중요한 멘토로서의 역할을 수행할 수 있는 가능성을 제시하기 때문이다.

높은 가시성, 양날의 칼

조직에서 가시성이 높다는 것은 업무 수행 결과의 노출 가능성이 높다는 뜻이다. 여성과 같이 소수 집단 구성원의 경우, 높은 가시성은 양날의 칼과 같다. 업무를 성공적으로 수행했을 경우, 높은 가시성은 긍정적이지만, 실패했을 경우, 그 부정적 평가는 가시성이 낮은 남성보다 훨씬 높아지기 때문이다.

높은 가시성은 A 과장에게도 그대로 적용되었는데, 그 이유 중 하나가 여성 장관의 수행 비서로서의 경력이다. 젊은 나이에 유일한 여성 수행 비서였다는 점에서 A 과장의 가시성은 남성 지배적 공직에서 일반적인 여성 공무원이 직면하는 것보다 훨씬 높은 수준일 수밖에 없었다. 이처럼 높은 가시성은 A 과장에게 부정적인 경험과 긍정적인 경험 모두를 가져다주었다. 높은 가시성으로 인한 부담이 없지 않았다. 남성 우위의 공직에서 여성으로서 높은 가시성은 부담이고, '나서지 말아라, 나대지 말아라'로 표현되듯, 여성에 대한 고정관념적 기대 속에서 하나의 제약 요인임을 부인하지 않았다.

너무 드러나는 것, 그 가시성이 부담스러워요. 예전에도 그랬지만, 지금도 여전히…… 김명자 장관님 수행했을 때도 저만 여자니까…… 제가 같이 가면 공무원이라고 생각하지 않고 장관 '딸'인가?…… 뭐 그렇게 생각하기도 하고…… 쟤가 누굴까? 뭐 그런 분위기죠…… 제가 과장이 돼서 구제역 때문에…… 맨날맨날 회의를 하면…… 그 자리에 여자가 저밖에 없어요. 너무 주시되는 것…… 어떤 때는 얘기를 막 던지는 것도 필요한데…… 그게 힘들어요…… 더 조심하게 되는 것 같아요. 말이 더 신중해지고…… 여자가 나서지 말아라, 나대지 말아라…… 그런 것.

그러나 높은 가시성은 부담이면서 동시에 긍정적인 경험의 기반이 되기도 했다.

그때 우리 부에서 4대강 수질 개선법을 만드는 게 가장 큰 테스크(task)였어요. 환경 부담금이라고 해서 수돗물 값에 조금씩 붙여가지고 상류에 사시는 분들, 개발도 못 하는 그런 지역을 지원하기 위한 사업비를 만드는 거였어요. 그때 조금 이상하게 생각했던 것이 장관이 직접 그 지역 주민들에게 편지를 쓰는 거였어요. 그 편지가 그날 중으로 나가야만 되는 거였어요……그날 장관님이 거의 한 시간 단위로 움직여야 하는데…… 그 바쁜 중에도 그 편지를 한 자 한 자 고치고 수정해서……받아오면 또 보시고 또 고치고…… 한번 자리를 옮길 때마다…… 그렇게 7, 8번을 하시는 거예요…… 그렇게 완벽하게 수정이 돼서 보내졌는데…… 그게 정말 큰 기여를 했어요…… 그 지역 사람들의 마음을 움직였어요…… 와! 정성을 쏟아야 된다. 일을 하려고 하면 사력을 다해서 완벽하게 하는 것이 나의 임무고 공직자의 임무다를 느꼈고…… 그때부터 저도 그렇게 하려고 노력하죠.

장관 수행 비서로서의 경험은 중요한 학습의 기회를 제공했다.

김대중 대통령이 환경의 날에 환경부에 와서 동강댐을 백지화하겠습니다……이걸 발표하는 자리였거든요. 내용은 정말 완벽하게 준비를 했었는데…… 장관님이 회의장의 세팅 하나하나, 다 신경을 쓰시는 거예요…… 전 그때 장관이 뭐 저런 것까지 신경을 쓰나? 그런 건 직원이 하면 되는 건데…… 그런 생각을 하기도 했죠…… 그런데 그게 아니더라고요…… 그 하나하나가 장관이 하는 일이었던 거예요…… 장관은 대범하고 큰 것만 봐야 돼…… 그런 것들은 선입견이더라고요. 문제는 항상 작은 데서 생겨요…… 큰 건 다른 사람들도 다 챙기니까…… 사람들이 과장이 되고 국장이 되고 그러면 뭐 그런

(사소한) 것까지 챙기냐 그러는데…… 전 장관 수행 비서 하면서…… 그런 말에 개의치 말고 내가 필요하다고 생각하면, 아주 작은 것이라도 챙기는 거다…… 챙겨야 한다…… 선입견에 맞는다고 안 하는 것은 바람직하지 않다고……

더 중요한 기회는 여성 장관을 수행하는 유일한 여성 수행 비서의 경험을 바탕으로 구축된 인간관계이다. 다음의 인용이 보여주듯 그렇게 구축된 인간관계는 A 과장의 업무 능력 발휘에 중요한 발판으로 작용했다.

그때 사귀었던 분들, 그때 서로 시간을 같이했던 것이 큰 도움이 되었고요…… 수행 비서들은 부처에서 나름 잘나가는 유능한 사람들이기 때문에…… 수행 비서들이 모여서…… '어제 이런 일이 있었다더라', '청와대는 무슨 이야기를 한다더라' 뭐 그런 고급의 정보들을 주고받고, 도와주기도 하고…… 그때는 정말 많은 사람들을 만나잖아요…… 매일매일 새로운 사람을…… 지금도 그때 network이 있죠…… 여전히 대부분 잘나가고 있고, 수행 비서 했던 사람들이 세상 돌아가는 이야기도 하고 실질적인 도움을 받기도 하고…… 자산이죠…… 예산 딸 때 그런 분들의 도움 받아 늘리기도 하고……

남성 지배적 조직에서 여성의 높은 가시성이 기회인 것은 부인할 수 없다. 그러나 잊지 말아야 할 것은 이러한 기회 구조는 지극히 제한적이고 예외적이라는 점이다. 주지하는 바와 같이 여성 장관을 만나 수행 비서가 된다는 것은 누구나 경험할 수 있는 것은 아니다. 또한 환경부와 같이 업무의 계량화 가능성이 비교적 높고 전문적인 지식의 활용이 요구되는 영역에 있었기 때문에 가시성이 기회 구조로 작용할 수 있었다. 전문 지식은 객관적이며 개인의 노력을 통해 축적되고, 무엇보다 고정관념이나 편견이 작용할 부분이 적다는 점에서 여성에게는 기회가 될 수 있다. 결국, 여성 관리자의 현실을 이해하는 데 있어서 여성의 높은 가시성이 기회 구조로 작용할 가능성도 배제할 수는 없지만 여전히 제한적이라는 점은 염두에 두어야 할 상황이다.

여성적 리더십, 그 지속 가능성

남성적 리더십의 효용

공직의 문화는 여전히 남성성에 대한 선호가 있고 이는 자연스럽게 남성적 리더십의 선호로 이어진다. 이러한 상황에서 관리직에 진출한 여성은 전통적인 의미의 남성적 리더십을 구사하거나, '새로운' 리더십을 선택해야 한다.

A 과장 역시, 관리자로서 이러한 갈등으로부터 자유롭지 않음을 인정한다. 그러한 갈등의 와중에서 A 과장은 유연하고 배려와 관계를 중시하는 이른바 여성적 리더십을 선택한 것으로 보인다. 여기서 선택에 방점을 찍은 것은 여성이기 때문에 여성적 리더십이 자동으로 부여되는 것은 아니라는 점을 강조하기 위해서이다. 리더십과 관련하여 어렵지 않게 발견되는 오해 중 하나는 여성이 구사하는 리더십은 당연히 여성적 리더십이고 남성이 구사하는 리더십은 남성적 리더십이라는 등식이다. 그러나 여성적 또는 남성적 리더십은 그 속성에 따른 구분이지 리더의 성별에 따른 구분은 아니다. 따라서 남성 리더가 여성적 리더십을 구사할 수도 있고, 여성 리더가 남성적 리더십을 구사할 수도 있다. 이는 선택의 문제이지 리더의 성별 문제가 아니다.

A 과장에게 있어서 리더십 선택의 이면에 작용하는 몇 가지 요인이 있었다. 첫째, 강하고 전통적인 남성적 리더십의 지속 가능성에 대한 회의

(懷疑)이다. A 과장은 기존의 부정적 강화를 중시하는 남성적 리더십의 효용과 지속 가능성에 대한 회의를 가지고 있었다. 물론 여전히 남성적 공직 문화 속에서 부정적 강화나 공격성에 기초한 남성적 리더십 방식이 단기적으로는 유효할 수도 있지만, 지속 가능하지 않은 것으로 보았다.

> 부정적인 강화를 대놓고 하는 것 역시 효율적인 방법일 수 있어요…… 아래 사람이 어떻게 생각하는지 전혀 개의치 않고…… 그야말로 조지고…… 그래서 성과를 내고…… 아직까지도 먹히니까요…… 사람들이 공포에 의해서 많이 움직여요…… 공무원은 잘리지 않잖습니까…… 그러니까 긍정적인 것만으로는 100%를 끌어내는 데는 문제가 있기 때문에 성과 지향으로 갈 거면…… 쪼고 조지고, 다 있는 자리에서 완전 바보 만들고 안 되면 쫓아내고…… 그런데 전 아니에요…… 그런 방식이 단기 성과에는 작용하는 것 같은데…… 장기 성과에는 …… 아닌 것 같아요……

리더십 선택의 두 번째 이유는 여성 관리자의 리더십 구사와 관련한 부정적 경험이다. A 과장은 이와 관련하여 간접적인 학습 기회가 있었다.

> 진짜 잘나가는 (여성) 과장이 있었는데…… 굉장히 빨리 승진하고…… 너무 영특하고 일 잘하는 서기관. 과장 될 때까지 굉장히 빨리 승진하자마자 주무 과장으로 갔는데…… 파격적이었죠. 그만큼 일을 잘했어요…… 서기관까지는 아무 문제 없었죠…… 그건 혼자 열심히 잘하면 되는 거니까…… 그런데 과장이 돼서 문제가 된 게, 그 언니가 직원들을 막 쪼는 하드 트레이닝 시키는 타입이었어요…… 한 사무관이 가지고 온 보고서가 마음에 안 들었던 거죠. 너무 성의도 없고 내용도 없고…… 막 뭐라고 했대요……30분간 세워놓고 막 뭐라고 한 거예요…… 근데 그게 소문이 쫙 퍼져가지고…… 나쁜 평판이 생기고…… 너무 힘들어서 유학 가버렸잖아요…… 만일 여자가 아니고 남자였으

면 조금 다르지 않았을까…… 부 내에서 그 언니 이미지에 데미지를 너무 많이 입어서…… 본부에서 떠나 있겠다고……

이처럼 선배 여성 과장의 사례를 통한 간접 경험은 공직 사회에 건재하는 여성에 대한 편견과 고정관념이 여성 관리자의 현실을 구성한다는 것을 재확인해주었다. 이러한 경험은 여성이 남성적 리더십을 구사하는 것이 내포하는 위험을 인식하는 기회가 되었다. A 과장 선배의 경험은 여성 관리자와 남성 관리자에 대한 평가 기준의 이중성을 그대로 보여준다. 성과를 내기 위해 직원을 몰아붙이고 일을 제대로 하지 않는 직원을 질타하는 것은 관리자가 보통 하는 일임에도 불구하고(Billing · Alvesson, 2000; Powell et al., 2002; Billing, 2011), 여성 과장이라는 점 때문에 분명히 남성 과장과는 다른 기준의 평가가 작동했을 가능성이 있다. 이러한 간접 경험은 A 과장으로 하여금 남성적 리더십이 아닌 새로운 선택의 필요성을 느끼게 했다. 공직에 진출한 여성이 매순간 자신이 여성임을 자각하는 것은 아니지만, 이러한 경험은 자신이 여성임을 상기하게 하는 표식으로 작동하는 것은 부인할 수 없다.

남성적 리더십을 선택하지 않은 또 하나의 이유는 A 과장의 개인적 성향 때문이다.

나를 따르라 이런 식의 리더는 아닌 것 같아요. 밤의 네트워크, 골프네트워크 그런 것들 잘 못해요. 주변에서 골프 치라고 하는데……골프네트워크가 꽤 통한다고 하더라고요…… 그런 것 잘 못해요…… 잘 못하는 것에 신경 쓰기보다는 잘하는 것에 집중하는 편이에요…… 위로 올라갈수록……(카리스마적인 것)…… 더 필요하지 않을까 하는 생각이 들어요…… 제가 그 부분에 조금 자신이 없거든요……단점을 인정해야 할 것 같아요……

이처럼 A 과장은 '나를 따르라'는 식의 리더십이나 밤의 네트워크, 골프 네트워크로 표현된 남성적 네트워크의 도구적 효용은 여전히 인정했다. 그러나 그러한 방식이 자신의 성향과는 부합하지 않은 것으로 규정했다. A 과장이 소위 남성적 리더십이 아닌 다른 선택을 한 데에는 개인의 성향, 신념, 그리고 여성에 대한 고정관념적 평가 모두가 복합적으로 작용한 결과로 보인다. 그렇다면 A 과장은 어떤 선택을 했을까?

여성적 리더십, 대안적 리더십

A 과장이 선택한 대안은 부하의 장점에 집중하고 배려하는 리더십이다. 부하의 장점에 집중하는 것이 장기적인 성과에 효과적이라는 신념을 가지고 있었다. 이러한 인식의 기반에는 조직을 움직이는 데 소수의 상위 구성원만으로는 부족하다는 믿음이 자리하고 있다.

> 보통 2:8조직이라고 해서 2명만 잘하면 나머지 8명은 먹고산다고 하지만…… 실제로 그런 것 같지는 않아요…… 같이 해야 하는 일인데, 다른 8명이 안 하면 일이 굴러가지가 않거든요…… 그 사람에게 맞는, 그 사람이 제일 잘하는 일을 적절하게 잘 분배해서…… 어떻게 하면 모두 잘하게 할 수 있을까 고민 많이 하거든요…… 어떤 과장 보면…… 자기 마음에 들고 일 잘하는 사람은 200씩 돌리고 나머지는 20-30씩 밖에 안 돌리고…… 모두 100씩 하면 전체적인 성과는 500이 되는데……잘하는 사람만 마구 돌려서 그 사람들은 힘들어서 떨어져나가고…… 다른 사람들은 아무것도 안 하고 방해하고……

이러한 신념을 바탕으로 부하들의 장점에 집중하고 이를 극대화하려고 노력한다고 했다. 그 과정에서 부하들의 잠재력이 발휘되고, 성과를 극대화하는 데에 기여한다고 믿고 있고, 실제로 그러한 리더십이 효과적으로 작동한다고 스스로 평가했다.

(부하 직원을 볼 때) 어떤 사람들은 이 직원은 이것 못하니까 …… 됐어 하고 끊어버리고, 그러는데요…… 사람들을 살펴보면, 잘할 수 있는 부분이 분명히 있거든요. 저 사람이 뭘 잘할 수 있을까, 지금 볼 때 이 사람은 이걸 잘하니까 이것만 시켜야겠다는 것 말고…… 조금 더 업그레이드하면 이것도 잘할 수 있지 않을까…… 더 큰 것 더 어려운 것을 잘할 수 있는데, 그걸 안 보고 지금 못하는 것, 또는 지금 잘하는 것만 보는 것 같아요……

무엇보다 직원의 장점을 활용하는 데 있어서, 상하 간 업무 분담을 과감히 벗어나는 유연성을 발휘한 점은 인상적이다. 다음의 인용에서 보는 것처럼 A 과장이 직원의 장점을 발굴하고 활용하기 위해 자신과 직원 간의 역할 분담을 과감하게 시도한 것은 자신감이 없고서는 가능한 일이 아니기 때문이다.

직원들에게 "이것밖에 안 돼?", "더 해와!" 그러기보다는 "여기까지 왔는데, 이 부분을 해볼 수 있을까요?"…… 그러면 다 해 가지고 와요…… 되는 방향으로 해가지고 와요…… 우리 과에 사무관 한 사람이…… 모든 과장들이 답답해하는 기피 대상인 사람이 있어요. 이분이 답답하기는 해요…… 내용, 콘텐츠가 안 되는 거예요…… 제가 과장으로 와서, 그 분은 뭘 잘할까 하고 자세히 보니까 콘텐츠는 안 되는데 Relationship에는 굉장히 능해요…… 모든 방면의 Relationship을 아주 잘해요. 특장점이에요…… 보통 업무를 할 때 콘텐츠는 직원이 맡고, 관계는 과장이 하고 그렇잖아요…… 다른 직원들하고는 그렇게 하고, 이 직원하고는 반대로…… 잘하는 Relationship을 더 잘할 수 있게, 그리고 그 과정에서 뭘 할 수 있는지를 끌어내는 거죠. 항상 그래요…… 잘하는 것에 집중하는 거죠…… 그분하고 관계에서는 역시 내 방법이 맞았구나, 그렇게 생각이 돼요…… 내가 과장이라고 그 사람하고 confrontation을 하면…… 그 사람들이 안 되는 것을 가지고 자꾸 요구를 하면 나도 상처고 그 사람들도 상처고…… 서로 상처니까……

여성 관리자로서의 또 다른 선택

소신과 추진력의 미덕

A 과장은 대학 시절부터 공무원으로서 바이오 관련 업무를 하고 싶다는 욕망이 강했고, 입직하면서 환경부를 지원하여 현재까지 계속 환경 업무만을 담당해온 정통 환경 관료이다. 대학에서 배운 내용을 현실에서 정책으로 실현한다는 것에 대해 자부심과 자신의 전문적 능력에 대한 자신감이 매우 강했다. 그러한 자부심과 자신감은 소신과 열정을 가지고 중요한 업무를 성공적으로 수행하는 특유의 추진력의 기반이 되었다고 볼 수 있다. 초임 사무관 시절, 환경부 내부에서조차도 회의적이었던 규제를 적극성과 열정, 공무원으로서의 사명감을 가지고 관철시켰는데, 그중 하나가 '휘발성 유기화합물질' 배출 관련 규제였다.

2000년 당시 규제 완화의 정책 방향으로 인해 새로운 규제를 만드는 것에 대해 매우 부정적인 상황이었다.

김대중 정부 들어오고 제일 크게 했던 것이 규제 개혁 , 규제 혁파였거든요. 그 당시 이슈가 휘발성 유기화합물질 규제에 대한 것이었는데…… 이게 너무 많이 나오면 오존도 파괴되고…… 호흡기 장애도 일으키고 그러니까 이건 규제를 꼭 해야 되는 거예요…… 그런데 정부가 규제 혁파를 외치고 있으니 여건이 너무 안 좋은 거예요…… 일단 기업들이 다 반대하고…… 아무리 규제 혁파를 한다고 해도 이건 아닌데…… 이건 규제를 해야 되는데…… 저는 그런 생각을 했죠…… 그 당시 제일 큰 타겟이 기업하고 규제위(규제개혁위원회)였어요…… 기업의 입장을 대변하는 것이 산자부였으니까, 자주 만나서 얘기하고 설득하고…… 완벽하게 준비해서…… 설득해서 동의를 구했는데, 문제는 개혁위에서 "규제를 없애야 되는데 왜 새로운 규제를 만드느냐, 안 된다."

새로운 규제에 대한 외부 인식이 부정적이고 상황이 불리하게 전개되어 환경부 내에서도 그 실현 가능성에 대해 회의적이었다. 그럼에도 불구하고, 부임한 지 갓 2년 된 A 과장(당시 사무관)은 환경을 위해, 국민을 위해 밀고 나가야 한다는 소신을 견지했다. 그것이 가능했던 것은 관련 시설을 모두 방문하면서 현장에서 생생한 체험을 했기 때문이다. 여성 사무관에 대해 회의적이었던 다른 구성원들에게 자신의 자질과 능력을 보여주겠다는 열정이 작용한 결과였다.

그때 제가 간 과(課)에서 사람들이 별로 안 좋아했어요…… 사업국이었는데…… 사업국을 간다고 하니까, 어린(여자)애가 업자를 상대할 수 있겠냐, 안 된다, 뭐하러 받았냐 이런 얘기들을 참 많이 들었기 때문에……가자마자 그 업계를 파악하기 위해서 모든 공장들을 다 다녔어요…… 울산에 있는 페인트 공장, 자동차 제련공장, 조선공장…… 전부 다 직접 다녔어요…… 그런 곳들은 대부분 큰 탱크들이 있거든요. 탱크 위에 다 올라가보고…… 시화 쪽 폐기물 처리업체를 가면 눈이 따가워서 눈을 뜰 수가 없어요. 공해가 너무 심해서…… 그런 곳을 다 돌아다니면서 이건 규제가 꼭 필요한 것이라고 생각했던 건데…… 대충 그냥 누가 반대한다고 해서…… 그냥 넘어가는 것은 안 되는 거죠……

현장 방문을 통해 규제의 필요성을 절감한 A 과장은 외부의 부정적인 시각과 조직 내부의 회의적 반응에도 불구하고, 규제개혁위원들을 일일이 찾아다니면서 규제의 필요성을 역설하는 추진력을 보였다.

(외부 환경이 부정적이니까) 그때 우리 부 직원들이 이번엔 안 된다…… 어렵다…… 내년에 하든지 상황이 좋아질 때 그때 하자 그러는 거예요…… 그런데 저는 그러면 안 된다고 생각했어요…… 월드컵도 있고, 월드컵 때 공기가 깨끗하려면…… 미리 준비가 되어야 맞춰서 할 수 있고…… 미리 예고도 안 하고 갑자기 할 수는 없으니까…… 올해 꼭 만들어야 한다 그렇게 생각이 되더라고요…… 근데 규제위에 계신 모든 분들을 설득을 해야 되는데…… 그때 우리 과장님은 안 가시려고, 안 만나시려고 하는 거예요…… 만나서 사정도 해야 되고 그러니까 싫으신 거죠…… 과장님은 불편하시니까…… "니가 갔다 와라" 그러시고……

이러한 노력의 연장선상에서 관련 공무원을 만나려고도 하지 않는 규제개혁위 위원들을 직접 찾아가 규제 자체에 대해 부정적인 위원을 하나하나 설득했다.

제가 그때 여러 가지 방법을 통해서 개혁위 위원들을 만났죠…… 일단 만나줘야 설명을 하잖아요…… 그런데 안 만나주는 거예요. 만날 필요 없다고…… 그때 한 위원님은…… 연대 교수님이셨는데…… 그때 그분이 분과 위원장 정도 되셨어요…… 안 만나주니까…… (예고도 없이) 그냥 찾아 갔었어요…… 만날 필요 없다고 안 만나주셨는데…… 찾아가니까……(할 수 없이)…… 제가 열심히 얘기했더니…… "다른 데 반대 없나?" 그러셔서…… "반대가 없습니다…… 이 규제는 해도 아무런 문제가 없습니다. 준비할 시간을 주는 것이기 때문에 기업들이 오히려 더 좋아합니다."…… 설득이 되더라고요…… 그때

총괄위원장은 장영신 애경회장이셨는데…… 연대 교수님 다음 장영신 회장도 직접 찾아가서 이 규제는 이런 이런 내용이다…… 반대가 없다…… 산자부도 오케이했다…… 그걸 다 얘기 드리니까…… 장영신 회장님도 그렇게 하자 그러시더라고요……

규제에 부정적이었던 위원들을 설득하는 데 A 과장의 뜨거운 가슴(소신과 열정)만이 아니라 규제개혁위원회에서 모델 사례로 활용할 정도로 객관적이고 체계적으로 만들어진 보고서, 그리고 여성이라는 점이 긍정적으로 작용한 부분도 없지 않았다.

아직은 여성이 많지 않으니까, 여성이 조금 적극적으로 나오면 상대방이 '움찔'하는 게 있어요…… 그리고 그때 보고서가 상당히 좋았죠…… 그렇게까지 만드는 사람들이 별로 없었는데…… '대충 만들어라' 뭐 그런 분위기가 많았는데…… 저는 굉장히 체계적으로 접근하고…… 숫자로 딱 나와 있고…… 외국 사례도 넣고…… 전체적으로 일관된 흐름 내에서 좋았던 것 같아요. 규제개혁위원회에서 만든 사례집이 있었는데 제 보고서가 한 5년 정도 모범 사례로 나왔었어요……

조직 외부는 물론 내부적으로도 불리하게 돌아갔던 상황에서 A 과장은 초임 사무관으로 그저 그 분위기에 편승하여 갈 수 있었음에도 소신과 뚝심, 그리고 전문적이고 체계적인 보고서를 가지고 중요한 쟁점을 무리 없이 해결하는 추진력을 발휘했다.

전문성, 여성 관리자의 성공 방정식

다른 많은 여성 공무원이 그렇듯, A 과장도 어려운 고비가 없지 않았다. 사무관 시절, 자신이 알 수 없는 이유로, 배치된 과에서 한 달 만에 다른 과로 옮기게 되면서, A 과장에 대한 부정적인 평판이 형성되기도 했다.

유학을 막 갔다 왔을 때였는데…… 그때는 bio를 하고 싶은 의욕이 넘쳐 있었어요…… 가게 된 과 과장이 너무 안 맞는 거예요…… 그 과장은 이해하기가 힘들었는데, 업무 지시가 명확하지 않고 뭘 하라고 하는지 잘 모르겠고, 물어보면 화내고 자기가 잘 아는 사람(남자)을 쓰고 싶었는데…… 제가 가니까 (싫었던 것)…… 자기가 좋아하는 남자 사무관을 지방에서 불러들이고…… 저를 다른 과로 보낸 거죠…… 한 달 만에 …… (과를 옮기는 것에 대해) 그 과장이 직접 얘기한 것도 아니고, 발령 사항을 서기관을 통해서 들었어요…… (그 서기관이)…… "저쪽 과가 적성이 맞으니까 저쪽 과로 옮기면 어때?"…… 정말 기분이 나빴죠. 난 잘할 수 있는데, 시켜보지도 않고 한 달 만에 왜 딴 데로 보내나 내가 뭘 잘못했기에……

보수적인 공직에서 배치 한 달 만에 다른 과로 옮긴 사무관에 대한 평판이 긍정적일 리 없고, 새롭게 배치된 과의 과장 역시, A 과장에 대해 편견을 가졌던 것으로 추정된다.

제가 여자이고 결혼도 안 했고…… 배치받고 한 달 만에 과를 옮기니까…… 새 과장은 '쟤 문제가 있는 거 아니야?' 이렇게 생각을 한 것 같아요…… 처음에 업무 분장을 하는데…… 저에게 일을 주는데 진짜 아무나 해도 되는 그런 일을 시키는 거예요. 과장이 업무 분장을 했으니까 뭐라고 할 수도 없고…… 진짜 속상했죠……

이러한 상황에서 A 과장은 위축되고 소극적으로 되기보다는 특유의 적극성과 일에 대한 열정으로 부정적인 편견을 극복하는 기회를 만들어갔다.

그때 제 옆의 사무관은 연배도 있는 분이었는데…… 그 사무관에게 새로운 법을 만드는 업무를 준 거예요…… 저는 진짜 아무나 해도 되는 그런 일을 시키고…… 그런데 그 사무관이 "나 이거 하기 싫은데"……. 그래서 제가 "그러면 그거 나 달라…… 나 그거 잘할 수 있을 것 같다"…… 그랬더니 그 사무관이 좋아하더라고요…… 과장에게 "나, 이 업무 내가 잘할 수 있을 것 같다…… 이거 하겠다"고 하니까 "그래? 그러면 *사무관이 해" 그랬는데…… 그게 야생동식물보호법이었어요. 정말 열심히 재미있게 만들었죠. 그 법 만드는 것 잘 끝내고 …… (저의) 진가를 알게 되었고……

A 과장의 이러한 적극성의 기저에는 전문성과 업무 역량에 대한 자신감이 있었다. 면담 과정에서 A 과장이 가장 많이 썼던 단어가 전문성, 실력이었다는 것은 그녀가 자신의 경쟁력으로 무엇을 생각하고 있는지를 충분히 보여준다.

나의 무기는 전문성과 소통 능력…… 전문성을 쌓아야 한다는 생각을 해요…… 내년에 40이 되는데, 계속 활용할 수 있는 나의 무기가 뭘까? 전문성을 갈고닦고 싶어요…… network이 중요하지만, 그것만으로는 아니고 전문성이 제일 중요하니까…… 남들보다 잘하고, 더 오래 할 수 있고…… 내가 갑자기 10억이 생긴다면 이걸 할까 안 할까…… 저는 할 것 같아요. 저는 공부를 생물 쪽으로 했고…… 대학 때부터 환경을 해야겠다…… 내가 해야겠다…… (그렇게 하고 싶은) 환경 일을 하는 것만으로도 좋은데 돈도 주잖아요. 인정해주고……

제약과 기회의 이분법을 넘어서

이 장에서는 환경부의 한 여성 관리자가 자신의 현실을 어떻게 구성하고 대응하며, 어떠한 전략적 선택을 하고 자신의 위치를 잡아가는가를 통해 공직에서 여성 관리자의 현실을 조망했다. 물론 A 과장의 독특한 경험이 공직 내 여성 관리자의 현실을 모두 보여주는 것은 아니다. 그러나 A 과장의 경험을 통해 공직에서 여성 관리자를 둘러싼 제약과 기회 구조 모두를 볼 수 있는 계기가 된 것은 부인할 수 없다. 여성 공무원의 현실이란 여러 가지 조각들이 함께 어우러져—각 조각들이 나름의 모습을 잃지 않은 채—만들어진 일종의 꼴라쥬(cf. Hatch, 1997)와 같은 것이 아닐까? 탐색적인 한계에도 불구하고 A 과장의 경험은 그러한 현실을 구성하는 숨겨진 하나의 퍼즐 조각이 될 수 있을 것이다.

거시적 측면에서 A 과장의 현실을 구성하는 데 성-고정관념과 남성적 문화가 작동하는 공직 구조의 영향력을 부인할 수 없다. 그 속에서 A 과장은 여성으로서 직·간접적인 부당한 대우도 경험했다. 여성이라는 이유로 과장으로부터 환영받지 못했던 경험, 여성에 대한 고정관념의 압력 속에서 이를 불식시키기 위해 전국의 폐기물 업체를 모두 돌아다녔던 경험을 비롯해, 선배 여성 관리자로부터의 간접적인 경험으로 표상된 성-고정관념과 남성적 문화와 관행은 A 과장에게 주어진 현실(거시적 구조)이었다. 이러한 현실은 A 과장에게 가장 정합성이 높은 전략을 선택(행위)하게 했다.

이 과정에서 A 과장은 자신이 어쩔 수 없는 부분(거시적 구조)은 인정하고 그 안에서 최선의 답을 찾아내고, 자신이 어쩔 수 있는 부분(미시적 행위)은 철저하게 자기 통제 하에 두는 구조와 행위의 영리한 조합을 구현했다. A 과장은 거시적인 차원에서 존재하는 성-고정관념이나 여성 관리자에 대한 회의적 시각을 제거하거나 저항하는 적극적인 선택보다는 적응하려는 실용적 선택을 한 것으로 보인다.

여기서 놓쳐서는 안 되는 것은 적응의 대상으로 규정한 거시적 구조의 제약 하에서 A 과장의 선택이 일정 부분 작동한 데는 몇 가지 기회 구조가 존재했다는 점이다. 첫째, 환경 업무의 여성 친화성과 환경부에 여성 장관이 많았다는 점이다. 물론 이러한 환경 때문에(에서만) A 과장이 두각을 나타낼 수 있었다는 의미는 결코 아니다. 그러나 분명한 것은 이러한 상황이 기회 구조라는 점이다. 여러 번에 걸친 여성 장관의 존재는 환경부 구성원들에게 여성적 관리 방식이나 여성적 가치에 대한 노출의 기회를 제공하고, 여성적 접근 방법에 대한 인정—의식적이든 무의식적이든—의 가능성을 높이는 요인일 수 있기 때문이다.

조직에서 여성이 직면하는 차별적 현실이 남성으로 대변되는 다수 집단의 차별 의도에 의한 것도 있겠지만, 여성적 방식에 대한 노출 빈도가 낮아 발생하는 여성(성)에 대한 무지도 배제할 수 없다. 여성 장관의 존재는 남성들의 무지를 극복하는 기회가 될 수 있다. 특히 최고위직에 여성의 등장과 성공적인 업무 수행은 성-고정관념을 변화시킬 수 있는 '현저한' 정보라는 점에서 더욱 그렇다. 이런 의미에서 A 과장이 나름의 성공을 하는 데 환경부에 여성 장관이 비교적 많았다는 점이 시사하는 바가 작지 않다. 의사 결정 지위에 여성이 증가해야 하는 또 하나의 이유임에는 분명하다.

두 번째, 김명자 전 장관을 통한 멘토링의 제공이다. 다음 장에서 자세히 논의하겠지만 멘토링은 업무 경험과 지식을 가진 상위자가 하위자를 대상으로 주는 긍정적 지원으로, 여성과 같은 소수 집단 구성원에게 특히 중요하다(Ragins, 1997a, b; Neilson et al., 2001). 그럼에도 불구하고, 여성이 멘토를 구하는 것은 어렵다(이은아, 1999; 이성은, 2005; Noe, 1998; O'Neill & Blake-Beard, 2002). 물론 김명자 전 장관이 의도적으로 그리고 공식적으로 멘토링을 제공한 것은 아니지만, 장관 수행 비서로서 공직자로서의 업무 방식이나 공직의 작동 원리를 배우고, 공직 내 중요한 네트워크에 노출이 된 것은 멘토링을 통해 얻을 수 있는 혜택이 될 수 있다. 이는 다른 여성—남성의 경우에도—이 쉽게 경험할 수 없는 것으로, A 과장에게 유리한 기회 구조임은 분명하다.

또 다른 기회 구조는 환경 업무와 A 과장의 전문 지식 간 높은 정합성이다. 전문성에 대한 자신감은 부하와의 관계에서 역할을 기꺼이 바꿀 수 있는 유연성으로 발현되기도 하고, 조직 내·외부의 강력한 반대 여론을 설득하여 규제를 성사시키는 동력이 되기도 했다. 공직 업무는 계량화가 어렵고 전문성이 확연하게 드러나지 않지만, 환경부와 같이 업무의 속성상 전문성에 대한 요구가 많다는 것은 A 과장에게 유리한 기회 구조가 된 것은 분명하다. 관리자가 활용할 수 있는 권력의 원천 중에서 여성은 전문적 권력의 효용이 높다는 논의에 기초할 때 더욱 그렇다. A 과장을 둘러싼 기회 구조가 다른 여성에게 그대로 적용되는 것은 물론 아니다. 오히려 A 과장에게 제공된 기회 구조는 상당히 예외적이다. 다만, A 과장의 경험은 남성 중심적 관행의 견고함과 함께 그 안에서 여성이 어떠한 방식으로 이에 적응하고 극복해가는지에 대한 하나의 사례를 제공한다. 무엇보다 여성 공무원을 둘러싼 제약과 기회는 분절적이기보다는 상호 침윤 가능한 영역임을 보여준다.

4부

네트워킹의 젠더 역학:

멘토링을 둘러싼 선택적 편입과 배제

11장

여성 공무원의 멘토링 형성을 둘러싼 모순

무엇이 문제인가?

모순, 높은 필요성, 많은 어려움

여성 공무원은 수적인 확대에도 불구하고 여전히 승진이나 의사 결정과는 거리가 있는 하위직에 포진해 있다. 이러한 현상의 원인을 규명하고 이를 극복하기 위한 방안에 대한 이론적 · 실천적 노력이 증가하고 있는데, 여성의 경력 관리 방식에 대한 논의가 그중 하나이다. 이러한 논의의 초점은 정보 흐름의 경로이면서 성공적인 경력 관리에 필수적인 네트워크에서 여성이 소외된다는 것이다(주경미, 1992; 이은아, 1999; 박통희, 2004). 특히 비공식적 네트워크는 여성에게는 생소할 수밖에 없는 남성적 조직 문화와 관행에 대한 이해와 적응을 용이하게 할 실질적인 학습의 기회를 제공한다는 점에서, 네트워크로부터의 소외는 부정적인 영향이 더 크다. 이러한 논의의 맥락에서 여성의 비공식 네트워크, 그중에서도 멘토링 형성의 어려움에 주목할 필요가 있다.

멘토링(또는 멘토링 관계)은 상급자와 하급자 간의 강하고 지속적인 관계의 조성, 유지 및 발전에 영향을 미치는 일련의 과정이다. 멘토링은 멘티의 심리적 안정은 물론 효과적인 훈련 및 경력 관리를 도와주는 유용한 도구로 평가된다. 멘토링의 필요성은 여성에게 보다 강한데, 여성에게 불리한 조직의 관행과 구조가 엄존하는 상황에서 여성의 경력 관리상의 어려움을 극복하는 데에 멘토링이 효과적이기 때문이다(Kram, 1985; Ragins, 1997a, b; O'Neill and Blake-Beard, 2002; Joiner et al., 2004).

이처럼 높은 필요성에도 불구하고 여성은 멘토링 관계를 형성하는 것 자체가 어려운 '모순된' 현실에 직면한다. 여성이 남성에 비해 네트워킹에 어려움이 많다는 것은 일반적이지만 우리나라의 여성 공무원은 네트워킹에 더 많은 어려움을 겪으리라는 추론이 어렵지 않다. 연줄 사회라고 칭해질 만큼 관계 형성에 있어서 지연과 학연의 영향력이 강한 우리나라에서 남성적 문화의 결집체인 올드보이 네트워크는 남성 친화적 조직 문화와 맞물려 여성을 배제시키는 구조로 작동하기 때문이다(주경미, 1992; 손승영 외, 1999; 구자숙, 2006).

이러한 논의의 맥락에서 이 장에서는 다음과 같은 질문에 답을 구함으로써 여성 공무원의 현실에 접근하고자 한다. 공직에서 여성 공무원을 둘러싼 멘토링은 어떠한 방식으로 구조화되어 있을까? 멘토링 관계 형성에 있어서 여성 공무원이 직면하는 어려움은 무엇이며 남성 공무원과 비교해 그 양상은 어떻게 다른가? 이러한 질문에 답을 구함으로써 여성 공무원이 멘토링을 형성하는 데 직면하는 모순적 현실을 극복할 수 있는 실질적 대안 제시가 가능할 것이다.

젠더화된 멘토링의 효용과 장애

멘토링의 기능은 경력 개발과 사회심리적 기능으로 나뉜다(Kram, 1985; Ragins and Cotton, 1991: Ragins, 1999; Joinner et al., 2004). 경력 개발 기능은 멘티로 하여금 조직 전반 및 업무를 학습하여 성공할 수 있도록 도와주는 것으로 몇 가지 차원으로 구성된다. 승진 및 보직 이동을 도와주고 조직 내 실력자 앞에서 멘티의 능력을 칭찬하며(지원), 멘티에게 업무를 적극적으로 가르쳐주고 내부의 중요한 정보를 제공하며, 조직의 구조와 조직 내 정치에 대해 알려주고(지도), 멘티의 경력 개발에 부정적인 상황을 차단하고 물의를 일으키지 않도록 보호하며(보호), 업무 추진 능력 및 경력 개발에 도움이 될 만한 업무를 부과하고(도전적 업무 부과), 조직의 지배적 네트워크에 멘티를 소개한다(노출).

한편, 멘토링의 사회심리적 기능은 다음과 같다. 멘티가 직업인으로 자의식을 발전시킬 수 있도록 도와주고 멘티의 의견을 경청하며 가치를 부여하는 것(수용), 어려움이 있을 때 해결책을 제시하고 상담자가 되어주며 신속하고 진심어린 피드백을 주는 것(조언), 멘티를 신뢰하고 존중하며 지지하는 것(우정), 그리고 일체감을 느끼게 하고 모범을 보임으로써 역할 모델이 되어주는 것(역할 모델) 등이다(Lyon et al., 2004).

이러한 기능의 멘토링은 여성에게 특히 중요함에도 불구하고 멘토링 관계를 형성하는 데에 여러 가지 장애가 존재한다. 멘토링은 자발적인 신뢰 관계로서(Kaplan et al., 2001) 불확실성과 위험을 안고 있다. 대부분의 신뢰 관계가 그렇듯 멘토링 역시 멘토나 멘티 입장에서 부담해야 하는 위험(비용)이 상존한다. 멘토 입장에서의 부담은 먼저, 멘토링을 위한 별도의 시간과 노력을 할애해야 한다는 점이다. 또한 멘티가 무능하여 업무 수행에 실패할 경우 그것이 멘토에 대한 비난과 무능으로 전가될 위험이 있다. 그리고 진실하지 못한 멘티에 의한 배신 및 그로 인한 어려움이 발생하기도 한다. 멘토 관계는 인간적으로 밀접할 뿐 아니라 조직 내의 중요한 (때로는 비밀스러운) 정보를 교환하기 때문에 잠재적 멘티의 진실성과 정직성이 중요하다. 한마디로 멘토 입장에서는 잠재적 멘티의 능력과 신뢰 가능성에 대한 불확실성으로 인해 멘토링 관계의 형성이 어렵게 된다(Allen et al., 1997; Ragins, 1999; Kaplan et al., 2001). 그런데 주로 멘티가 되는 것이 일반적인 여성에게는 멘토로서의 어려움보다는 멘티로서의 어려움이 보다 더 현실적이다. 따라서 이 장에서는 멘티의 입장에서 직면하는 어려움에 주목하여 논의한다.

기본적으로 멘토와 멘티가 점하고 있는 지위의 차이 때문에 멘티는 멘토와는 다른 장애에 직면한다(Kram, 1985; Ragins, 1999; Joinner et al., 2004). 첫째, 잠재적 멘토에게 접근하는 데에 어려움이 있다. 가장 일반적으로는 잠재적 멘토가 부족한 경우 멘토에의 접근 자체가 어렵게 된다. 후술하겠지만 멘토링 형성에 있어서 잠재적 멘토와 멘티의 인구통계적 유사성이 작용하는데, 여성과 유색 인종 멘티는 이러한 장애가 더욱 커진다(제안의 두려움). 다음은 하위자로서 상위자인 잠재적 멘토와의 관계 형성을 제안하는 것이 쉽지 않다. 잠재적 멘티가 다수의 잠재적 멘토 중에서 자신의 경력에 도움이 될 만한 멘토를 선택할 가능성이 전혀 없는 것은 아니지만 멘토 관계 형성의 주도권은 주로 멘토에게 있다. 따라서 멘토는 능력과 신뢰 가능성에 대한 평가에 기초해 다수의 부하(또는 후배) 중에서 자신의 멘티를 선택한다. 이런 상황에서 멘티는 자신보다 상위의 멘토에게 멘토 관계의 형성을 제안하는 것이 어렵고 잠재적 멘토의 선택을 기다릴 수밖에 없다(멘토의 의지). 다음으로 잠재적 멘티가 많은 장애를 무릅쓰고 멘토 관계 형성을 제안한다고 해도 잠재적 멘토가 그 제안을 수락할지에 대한 확신이 없기 때문에 어려움을 겪는다. 마지막으로 멘토 입장에서 조직의 구성원들이 자신의 멘토 관계를 어떻게 생각할 것인가에 대한 걱정도 어려움 중 하나이다(타인의 승인). 타인의 승인과 관련하여 주로 여성 멘티가 직면하는 어려움이 성적인 오해의 가능성이다. 멘토 관계는 일대일의 밀접한 관계에 기초하기 때문에 멘토-멘티의 성이 다를 경우, 불필요하고 불미스러운 오해의 가능성이 항상 있다(성적인 오해).

이상과 같은 멘토와 멘티의 심리적 측면만이 아니라 조직 구조와 분위기도 멘토 관계 형성을 저해(또는 촉진)하는 요인이 된다(Kaplan et al., 2001). 조직 내 공식적 또는 비공식적인 상호 작용이 원활하지 않거나 경직적인 분위기를 가진 경우, 잠재적 멘토와 잠재적 멘티가 멘토 관계를 형성할 수 있는 기반이 약하다(Ragins, 1989). 멘토의 입장에서 볼 때, 멘토 관계의 형성은 자발적인 것이고 따라서 공식적인 대가를 전제한 것은 아니지만(McManus and Russell, 1997), 조직의 전체적인 분위기가 멘토링에 대해 부정적이거나 수용의 범위가 협소한 경우는 그렇지 않은 경우와 비교해서 멘토 관계의 형성이 어려워진다(Scandura, 1992; Kaplan et al., 2001).

멘토링 경험을 찾아서

멘토링의 기능과 장애 요인을 둘러싼 젠더 역학을 파악하기 위해 서울시 25개 구청의 남녀 공무원을 대상으로 설문 조사를 실시했다. 남성 공무원과 여성 공무원의 경험을 비교하는 것이 필수적이어서 남녀 공무원 비율을 50:50으로 설정하여 설문을 배포했다. 먼저 서울 시내 25개 전 구청당 30개씩의 설문지를 균분한 후 멘토링 경험이 있는 여성 공무원과 남성 공무원 각 15명에게 설문지를 배포했다. 수거된 설문 중 불성실 응답을 제외한 630부가 최종 분석에 사용되었다. 응답자의 성비는 남성이 53.9%(340명), 여성 46.1%(290명)이다. 응답자의 평균 연령은 38.7세(여성:35.5세, 남성:41.4세), 직급은 5급 1.5%, 6급 20.9%, 7급 49.9%, 8급 19.8%, 9급 7.9%로 구성된다. 학력은 응답자의 72.5%가 전문대졸 이상

(석사:5.5%, 박사, 0.2%)의 학력을 가진 것으로 나타났다.

측정 도구와 관련하여, 멘토링 기능은 멘티 입장에서 자신이 경험한 멘토링이 어떤 기능을 하는가를 중심으로 문항을 구성했다. 멘토링을 둘러싼 젠더 역학을 심층적으로 논의하기 위해 멘토링의 각 기능을 세분화했다. 구체적인 설문 문항은 Noe(1988)와 Ragins and McFarlin(1990)의 MRI(Mentor Role Instruments)를 기초로 구성했다. 첫째, 경력 개발 기능은 멘티의 승진과 보직 이동에 도움을 주는 지원, 멘티에게 업무를 적극적으로 가르쳐주고 조직 내 중요한 정보를 공유하는 지도, 멘티의 경력 개발에 부정적으로 작용할 만한 장애로부터 멘티를 막아주는 보호, 비중 있고 중요한 업무를 부과함으로써 멘티의 업무 능력을 향상시키는 도전적 과업의 부여, 조직 내 유력한 인사나 비공식 네트워크에 멘티를 소개하는 노출 등이다.

멘토링의 사회-심리적 기능은 멘티의 개인적 고민과 어려움에 대해 상담자가 되어주는 상담, 하급자(또는 후배)라고 하더라도 멘티를 신뢰하고 존중하며 지지를 보내는 우정, 멘티에게 일체감을 느끼게 하고 모범을 보이는 역할 모델로 나누어 설문을 구성했다.

이 장에서 특히 주목하는 멘토링 형성 장애 요인은 Ragins and Cotton(1991, 1999)의 척도를 중심으로 다음과 같이 구성했다. 멘토 관계 형성에 있어서 느끼는 전반적인 어려움, 하급자인 멘티로서 상급자인 멘토에게 자신의 멘토가 되어줄 것을 적극적으로 제안하지 못하는 어려움(멘토 관계 제안의 두려움), 상급자인 멘토가 자신을 멘티로 삼을 의지가 있는가에 대한 불확실성(멘토의 의지), 멘토 관계에 대해 조직의 타구성원이 어떻게 평가할 것인가에 대한 우려(타인의 승인), 교차-성 멘토링에서 멘토가 되어주겠다는 제의가 성적인 의도를 가진 것인지를 파악하는 것의 어려움(성적인 오해) 등이다.

멘토링 형성 장애의 젠더 역학

멘토링 효용의 젠더 차이

공직 사회에서 멘토링 형성 및 유지와 관련한 전반적인 구조를 남녀 공무원을 구분하여 검토했다. 먼저, 멘토링의 필요성과 관련하여 멘토가 경력 성공에 도움을 줄 것이라는 믿음은("나의 경력 성공에 멘토가 중요할 것 같다") 여성 공무원이 남성 공무원보다 조금 높게 나타났으나(남성: 3.93/5, 여성: 3.94/5, t. −0.175, ns), 그 차이가 통계적으로 지지되지 않았다. 그러나 멘토가 있었으면 하는 바람은("나를 도와주고 끌어줄 멘토가 있었으면 좋겠다") 여성 공무원이 남성 공무원보다 훨씬 높았으며(남성: 3.97/5, 여성: 4.13/5, t. −2632 p〈0.01) 그 차이는 통계적으로도 지지되었다.

이처럼 공직에서 경력 개발과 성공을 위한 멘토링의 필요성은 전반적으로 높지만, 남성 공무원에 비해 여성 공무원이 그 필요성과 중요성을 더 높게 인지하는 것으로 나타났다. 이러한 결과는 남성 중심적 조직에서 여성은 여러 가지 어려움을 겪고 있으며 이러한 어려움을 극복하는 데에 멘토링의 효용성이 남성보다 훨씬 높다는 추론을 뒷받침한다. 수적으로도 남성 지배적일 뿐 아니라 문화적으로도 남성 중심성을 탈피하지 않은 공직에서 여성 공무원이 겪는 어려움은 남성보다 클 수밖에 없다는 점에서, 이러한 성차가 갖는 의미는 가볍지 않다.

이상의 멘토링에 대한 전반적인 필요성과 함께 멘토링의 기능에 대해 남녀 공무원이 어떻게 인식하는지를 비교 분석했다. 남녀 모두 멘토링을 통해 경력 개발에 도움이 될 것이라는 도구적 기능보다는 멘토링을 통한 상호 작용 및 심리적 안정을 주는 사회-심리적 기능을 더 높게 인식했다. 남성(경력 기능:3.295, 사회심리적 기능:3.493, p〈 .001)과 여성(경력 기능:3.1822, 사회심리적 기능:3.4574, p〈 .001) 모두 그 인식의 차이가 통계적으로 지지되었다. 우리나라에서 남녀 공무원 모두 멘토링의 기능을 경력 개발보다는 사회-심리적 지원에 보다 무게를 두는 결과는 남성은 멘토링의 기능 중 경력 개발 기능에, 여성은 사회-심리적 기능에 비중을 더 둔다는 서구의 논의와는 차이가 있다.

이러한 차이는 우리나라 공직 문화와 무관하지 않다. 변화하고 있지만, 우리의 행정 문화는 집합주의적이고 정의적(情誼的) 문화로 특징지어진다(백완기,1982; 김호정, 2004). 정의적 문화 속에서 구성원은 인간적으로 대우하고 개인적인 고충을 들어주고 문제 해결을 도와줌으로써 소속감과 심리적 안정감을 제공하는 가족적 분위기를 기대한다. 이러한 집합주의적 문화에서는 개인주의적 문화에 비해 멘토링을 통한 사회-심리적 지원에 대한 기대가 높으리라는 추론이 어렵지 않다. 우리 사회가 갖는 독특한 문화적 정향은 능률성을 최우선으로 하는 경제적 체제로서의 조직관을 넘어선 구성원 간의 관계 및 감정적 정서가 중요한 사회 심리적 체제로 규정될 가능성을 높인다. 이로 인해 서구와 달리 남녀를 불문하고 멘토링을 통한 사회-심리적 지원에 무게중심을 두는 것으로 해석된다.

보다 심층적인 젠더 역학을 이해하기 위해 멘토링의 각 기능별 구성 요소를 세분하여 성별 차이를 검증했다. 분석결과 멘토링의 경력개발 기능 중 지원(남성 3.29/5, 여성:3.15/5, t. 2.793, p〈0.001), 지도(남성: 3.57/5, 여성: 3.46/5, t. 2.179 p〈0.01), 보호(남성: 3.22/5, 여성: 3.14/5, ns), 도전적 과업(남성: 3.09/5, 여성: 2.97/5, t. 2.278, p〈0.01), 노출(남성: 3.29/5, 여성: 3.17/5, t. 2.269 p〈0.01)에서의 성별차이가 나타났다. 한편, 멘토링의 사회심리적 기능 중 상담(남성: 3.53/5, 여성: 3.55/5, ns), 우정(남성: 3.45/5, 여성: 3.36/5, t. 1.711, p〈.1), 역할 모델(남성: 3.48/5, 여성: 3.45/5, ns)에서 다양한 인식의 성별 차이를 보였다.

결과를 요약하면 지원에서부터 노출에 이르는 경력 개발 기능 모두에서 남성 공무원이 여성 공무원에 비해 많은 혜택을 보는 것으로 나타났다.

멘티의 경력 개발에 부정적으로 작용할 만한 요소를 차단해주는 보호에 대해 남성과 여성 공무원 간의 인식 차이가 통계적으로 뒷받침되지 않았지만 여타 구성 요소의 성별 차이는 강하게 지지되었다. 이에 반해 사회-심리적 기능의 경우, 멘티와 멘토 간의 인격적인 만남을 근간으로 하는 우정에서의 성별 차이만이 제한적으로 지지될 뿐 다른 구성 요소에 있어서 성별 차이는 지지되지 않았다.

이러한 결과는 몇 가지 논제를 제기한다. 첫째, 여성 공무원이 남성 공무원에 비해 멘토링의 경력 개발 기능을 전반적으로 낮게 인식하는 것으로 나타났다. 이는 조직 구조와 무관하지 않다. 남성 중심적 공직에서 여성 멘티는 남성 멘토와의 교차-성 멘토링을 할 수밖에 없다. 그런데 교차-성 멘토링은 동일-성 멘토링과 비교해 멘토링의 효과가 낮은 것으로 평가된다(Tsui and O'Reilly, 1992; Ragins and McFarlin, 1990). 이는 동일-성 멘토링이 지배적인 남성 멘티와 비교했을 때 교차-성 멘토링을 경험하는 여성 멘티가 그 효용을 낮게 인식하게 될 가능성이 높다는 뜻이 된다.

여성 멘토-여성 멘티의 동일-성 멘토링의 경우에도 여전히 문제는 남는다. 부하들은 동일 직급의 남성 관리자와 비교해 여성 관리자의 권력을 낮게 인지하는 경향이 있다. 이는 여성성에 대한 고정관념이 작용한 결과로 남성 중심적 조직에서 '이상적 관리자=남성(성)'이라는 등식 하에서 여성 관리자의 능력과 권력의 행사를 부정적으로 평가하기 때문이다. 이미 9장에서 본 것처럼 우리의 공직에서 관리자가 행사하는 권력 기반이 남녀에 따라 다르다는 것과 맥을 같이한다. 이렇게 되면, 여성 멘토가 제공할 수 있는 지원이나 지도의 범위가 남성 멘토에 비해 제한될 수밖에 없다. 문제를 복잡하게 하는 것은 남성 중심적 조직에서 여성 관리자 자신도 지위가 안정적이지 못하고 조직의 지배적 네트워크에의 편입 역시 어렵다는 점이다. 이 모든 상황은 여성 멘토-여성 멘티의 조합에서도 여성 멘티가 느끼는 멘토링의 혜택을 낮게 인식하게 하는 요인으로 작용한다.

또 하나 남성 멘토가 여성 멘티에 대한 지원, 노출 및 도전적 과업의 부여 등 경력 개발을 위한 멘토링을 소극적으로 할 가능성도 배제할 수 없다. 여성의 능력과 직무 몰입을 평가절하하고 도전적인 일에 여성은 부적합하다는 인식에 기초하여 여성 멘티에게 도전적인 과업을 부여하지 않을 수 있기 때문이다. 또한, 일반적으로 직위가 낮은 경우 경력 개발에 대한 관심이 낮다. 주지하는 바와 같이 여성들이 대부분 하위직에 포진되어 있기 때문에 직위의 영향력이 멘토링을 통한 경력 개발 기능에 대한 인식을 오염시켰을 가능성을 배제할 수 없다(Ragins and McFarlin, 1990). 이상의 경로가 복합적으로 작용하여 여성 공무원이 남성 공무원에 비해 멘토링이 갖는 경력 개발 기능을 전반적으로 낮게 인식한 것이라는 해석이 가능해진다.

경력 개발 기능만큼 성별 차이가 현격하지는 않지만, 멘토링의 사회-심리적 기능도 여성이 남성에 비해 낮게 인식하는 것으로 나타났다. 여러 가지 논의가 가능하겠으나, 주로 교차-성 멘토링의 작용 결과로 보인다. 사회-심리적 기능을 구성하는 역할 모델이나 우정 등은 교차-성 멘토링에서 활성화되기에는 한계가 있다. 성이 다를 경우, 의사소통의 원활성이 떨어지고 이에 따라 친근감도 감소한다. 따라서 이러한 의사소통의 원활성과 친근감을 근간으로 하는 사회-심리적 기능이 동일-성 멘토링을 주로 하는 남성과 비교해 교차-성 멘토링이 대부분인 여성에게 적게 나타날 개연성은 그만큼 높다. 결국, 이러한 기제가 작용해 사회-심리적 지원 역시 남성보다 여성에게 낮게 인지된 것이라는 해석이 가능하다.

여성 멘토링, 무엇이 문제인가?

공직에서 여성 공무원과 남성 공무원은 멘토링 형성에 있어서 어떤 어려움을 얼마나 다르게 경험할까? 먼저 공직에서 멘토링을 형성하는 데 있어서의 전반적인 어려움을 파악했다. “나는 멘토 관계를 형성하는 데 어려움이 많다”라는 문항에 대하여 여성(3.34/5)이 남성(3.08/5)에 비해 훨씬 더 많은 어려움을 경험하고 있는 것으로 나타났고, 그 차이는 통계적으로 지지되었다(t:-3.974, p〈 .01). 이러한 어려움의 세부 구조를 파악하기 위해 멘토링 형성을 둘러싼 장애 요인을 세분하여 구체적으로 분석했다. 멘토링 형성의 장애를 멘토 관계 제안의 두려움, 멘토의 의지에 대한 불확실성, 타인의 승인, 성적인 오해로 나누어 각 차원별 성차를 분석했다. 결과는 다음과 같다. 멘토링 관계를 제안하는 두려움(남성: 3.04/5, 여성: 3.27/5, t. -4.848, p〈0.001), 멘토의 의지(남성: 2.86/5, 여성: 2.95/5, t. -2.032, p〈0.01), 타인의 승인(남성: 3.05/5, 여성: 3.29/5, t. -4.123, p〈0.001), 및 성적인 오해(남성: 2.73/5, 여성: 3.01/5, t. -4.603, p〈0.001)에서 인식의 차이가 발견되었다. 앞에서 논의한 멘토링의 기능과는 달리, 멘토링 형성을 둘러싼 모든 어려움을 여성이 남성보다 더 많이 경험하고 있었으며 그 차이는 통계적으로 모두 강력하게 지지되었다. 이러한 결과는 여성 공무원이 멘토링의 필요성은 더 높은데, 형성의 어려움은 더 많은 모순된 상황을 그대로 보여준다.

이처럼 멘토링을 둘러싼 장애 요인의 세부적인 내부 구조를 알아보기 위해 장애를 구성하는 각각의 문항을 기준으로 성별 차이를 분석했다. 그 결과 몇몇 문항을 제외하고 멘토링 형성에 있어서 장애를 둘러싼 성별 격차가 상당한 수준임이 확인되었다(표 14).

멘토링 장애를 둘러싼 성차의 세부 구조는 다음과 같다. 첫째, 제안의

〈표 14〉 멘토링 형성 장애 요인의 성별 차이: 세부 문항별

<table>
<tr><th colspan="2">설문</th><th>성별</th><th>평균</th><th>t</th></tr>
<tr><td rowspan="4">제안의 두려움</td><td rowspan="2">상관(선배)에게 먼저 접근해 멘토가 되어달라는 제의를 하는 것이 어렵다.</td><td>남성</td><td>3.4441</td><td rowspan="2">-4.323***</td></tr>
<tr><td>여성</td><td>3.7316</td></tr>
<tr><td rowspan="2">나는 멘토 관계를 제의했다가 거절당할까봐 걱정된다.</td><td>남성</td><td>2.7578</td><td rowspan="2">-4.337***</td></tr>
<tr><td>여성</td><td>3.0607</td></tr>
</table>

<table>
<tr><td rowspan="2">제안의 두려움</td><td rowspan="2">부하(후배)인 내가 먼저 나서기보다는 상관(선배)이 멘토 역할을 해줄 때까지 기다려야 한다.</td><td>남성</td><td>2.9516</td><td rowspan="2">−1.420</td></tr>
<tr><td>여성</td><td>3.0450</td></tr>
<tr><td rowspan="6">멘토의 의지</td><td rowspan="2">상관(선배)은 내가 끌어줄 만큼 유능하다고 생각하지 않은 것 같다.</td><td>남성</td><td>2.7892</td><td rowspan="2">−2.363**</td></tr>
<tr><td>여성</td><td>2.9296</td></tr>
<tr><td rowspan="2">상관(선배)은 멘토 관계를 형성하는 것이 좋은 것보다 나쁜 것이 더 많다고 생각하는 것 같다.</td><td>남성</td><td>2.6486</td><td rowspan="2">−0.791</td></tr>
<tr><td>여성</td><td>2.6987</td></tr>
<tr><td rowspan="2">상관(선배)은 멘토 역할을 적극적으로 하고 싶어 하지 않는 것 같다.</td><td>남성</td><td>3.1453</td><td rowspan="2">−1.407</td></tr>
<tr><td>여성</td><td>3.2308</td></tr>
<tr><td rowspan="4">타인의 승인</td><td rowspan="2">내가 유력한 멘토를 갖게 되면 내 동료들이 시기할 것 같다.</td><td>남성</td><td>3.1089</td><td rowspan="2">−4.204***</td></tr>
<tr><td>여성</td><td>3.3987</td></tr>
<tr><td rowspan="2">내가 유능한 멘토를 갖게 되면 이런 저런 말이 많을 것 같다.</td><td>남성</td><td>3.0057</td><td rowspan="2">−2.722**</td></tr>
<tr><td>여성</td><td>3.1891</td></tr>
<tr><td rowspan="8">성적인 오해</td><td rowspan="2">내가 만일 남성/여성 멘토를 갖게 되면 동료들이 이상한 눈초리로 볼 것 같다.</td><td>남성</td><td>2.8516</td><td rowspan="2">−3.746***</td></tr>
<tr><td>여성</td><td>3.1383</td></tr>
<tr><td rowspan="2">만일 남성/여성이 나에게 멘토 역할을 해주겠다고 하면 혹시 딴 생각이 있는지 의심이 될 것 같다.</td><td>남성</td><td>2.5221</td><td rowspan="2">−3.940***</td></tr>
<tr><td>여성</td><td>2.8051</td></tr>
<tr><td rowspan="2">만일 남성/여성과 멘토 관계를 형성한다면 회사에 이상한 소문이 날까 걱정이 된다.</td><td>남성</td><td>2.6726</td><td rowspan="2">−4.200***</td></tr>
<tr><td>여성</td><td>2.9839</td></tr>
<tr><td rowspan="2">내가 여성/남성이기 때문에 남성/여성 멘토에게 접근할 경우 오해의 소지가 많다.</td><td>남성</td><td>2.9199</td><td rowspan="2">−3.058**</td></tr>
<tr><td>여성</td><td>3.1392</td></tr>
</table>

*p<0.05, **p<0.01, ***p<0.001

두려움 차원에서 보면, 하위자인 멘티는 상위자인 멘토가 제안을 해올 때까지 기다려야 한다는 것에 대해 남녀 모두 소극적인 태도를 보였다. 인간에 대한 우열 구분과 상하 간의 엄격한 위계 질서를 강조하는 권위주의적 문화 속에서 멘토링의 주도권은 상위자인 멘토에게 있고 하위자인 멘티는 상위자의 선택을 기다려야 한다는 것을 남녀 모두 비슷하게 수용하고 있다. 그러나 보다 적극적인 행위에 대해서는 남녀 공무원 간의 차이가 현격하게 나타난다. 멘토에게 적극적으로 접근하는 것이 어렵다는 것과 멘토가 거절할지도 모른다는 두려움은 여성이 남성보다 훨씬 높았다. 이러한 차이는 몇 가지 차원으로 설명된다. 먼저, 현실적으로 교차-성 멘토링을 할 수밖에 없는 여성 멘티는 남성 멘토에게 인간적 일체감과 편안함을 느끼는 것이 어렵다. 이로 인해 접근도 어렵지만 어렵게 접근한다 해도 남성 멘토가 여성 자신을 멘티로 받아들이지 않을지도 모른다는 불확실성이 커진다. 또한 수동적이고 덜 공격적일 것을 요구하는 성-역할 기대로 인해 여성 멘티가 자신보다 상위직의 멘토에게 멘토링 관계를 적극적으로 제안하는 것은 남성 멘티에 비해 훨씬 어려운 일이 될 것이다.

더욱 주목할 만한 결과는 멘토의 의지에서 발견된다. 여성이 멘토의 의지를 소극적으로 해석하기는 하지만 그 차이는 지지되지 않았다. 문제는 멘토가 자신을 멘티로 삼으려고 할 만큼 유능한가에 대한 자기평가이다. 여성이 남성보다 자신에 대한 평가가 낮게 나타났고 통계적으로도 그 차이는 지지되었다. 이는 여성 공무원이 느끼는 자아 존중감과 자신감이 남성 공무원보다 낮다는 것을 의미한다. 남성 중심적 조직에서 좌절 등 부정적인 경험에 빈번하게 노출되는 여성이 남성에 비해 자아 존중감과 자기효능감이 낮으리라는 예상은 어렵지 않다.

다음은 타인의 승인을 둘러싼 성별 차이이다. 타인의 승인은 자신의 멘토링 관계를 다른 사람들이 부정적으로 볼지도 모른다는 우려이다. 여성 공무원(3.29)이 남성 공무원(3.05)에 비해 타인의 부정적 시선에 대한 우려를 상당히 높게 하고 있다. 이러한 우려의 원인 중 하나는 여성(성)에 대한 사회적 기대이다. 여성(성)은 타인 또는 관계 중심적으로 사회화됨으로써 타인의 시선에 민감하다. 또한, 직위가 낮은 경우에는 자신의 운명이 타인과의 관계를 어떻게 유지하느냐에 따라 달라지기 때문에 타인의 시선에 신경을 많이 쓴다(Wilson, 1995). 또 다른 가능성은 멘토링이 제공하는 반사권력에 대한 여성의 우려이다. 멘토링을 통해 주어지는 반사권력이 일종의 특혜로 비춰질지도 모른다는 것에 대해 여성이 남성보다 더 민감할 가능성이 있다(Ragins, 1989).

가장 흥미로운 것은 성적인 오해의 차원이다. 남성 공무원과 달리 여성 공무원이 이에 대한 부담을 높게 인식하는 것으로 나타났다. 이러한 결과는 첫째, 조직의 성비와 연결된다. 조직 내 성비가 지나치게 불균형한 우리의 공직에서는 의도와는 상관없이 성의 현저성이 높아진다(Kaplan et al., 2001). 또 다른 이유는 섹슈얼리티와 관련한 이중잣대이다. 전술한 바와 같이 조직에서 나타나는 남녀 간의 로맨스나 성적인 소문과 같은 섹슈얼리티를 둘러싸고 여성과 남성에게 각각 다른 기준이 적용되기 때문이다. 성적 오해는 여성에게 훨씬 불리하기 때문에 여성 공무원이 남성 공무원에 비해 민감해질 수밖에 없다. 유사한 맥락에서 서열 문화와 섹슈얼리티의 이중성이 복합적으로 작용할 수 있다. 서열이 중시되는 공직에서 대부분 하위직을 점하고 있는 여성 공무원에게 남성 상관이 멘토를 제의해 올 때 그것이 순수한 업무 관계인지 또는 성적인 의도를 가진 것인지 판단하기가 어렵다. 이러한 불확실성과 이중성은 여성으로 하여금 멘토링 형성에 있어서 성적인 오해의 가능성을 현저하게 느끼게 하는 원인이 된다.

여성 멘토링의 명(明)과 암(暗)

여성의 공직 진출이 거스를 수 없는 현실이 된 상황에서 여성 공무원의 효과적인 활용은 더 이상 미룰 수 없는 중요한 과제이다. 여성 공무원이 수적으로 적었던 시절에는 여성에 대한 편중 배치나 생색내기식의 할당이 정부 생산성 차원에서 그리 큰 문제가 아닐 수 있었다. 그러나 여성 공무원이 지속적으로 늘어가고 있는 현 시점에서 여성 인력의 활용에 대한 고민과 관심의 결여는 정부 생산성의 저하와 직결될 가능성이 높다. 바로 여기에 여성의 경력 개발 및 훈련을 위해 중요한 네트워킹의 하나인 멘토링에 대한 관심이 전면에 부각된다.

전술한 것처럼 멘토링은 많은 업무 경험과 지식을 가진 상위자(선배: 멘토)가 업무 경험과 지식이 부족한 부하(후배: 멘티)를 대상으로 심리적인 지원과 경력 성공을 도와주고 이끌어주는 관계이다. 멘티에게 있어서 멘토링은 고충이나 고민을 나누는 심리적인 위안과 함께 멘토의 도움으로 승진 및 보직 이동이 빨라지고 조직 내의 중요한 네트워크나 정보에의 접근성이 제고되는 등 업무와 관련한 실질적인 지원을 받을 수 있는 중요한 자산이다. 멘토링의 이점은 여성이나 유색 인종과 같은 소수 집단 구성원에게 특히 많다. 표면적으로 보이는 기능적 중립성과는 달리 무한 경쟁과 적자생존의 논리에 기반한 조직의 구조, 관행 및 문화는 다수 집단 중심이어서, 다수 집단의 문법에 익숙하지 않은—문법과 다른—소수 집단으로서는 이에 적응하여 성공을 거두는 것이 쉽지 않기 때문이다. 따라서 소수 집단 구성원으로서 멘토링을 통해 이러한 어려움을 극복할 수 있는 기회를 갖는 것이 다수 집단보다 더 필요하다는 점에서 여성에게 멘토링의 중요성은 더 클 수밖에 없다.

그러나 모순적이게도 여성 공무원의 현실은 성공적인 경력 개발을 위한 멘토링의 필요성이 훨씬 높은데도 멘토 관계를 통한 경력 개발 및 사회-심리적 지원은 남성 공무원에 비해 훨씬 적다. 더욱이 멘토 관계의 제안, 멘토의 의지, 멘토 관계에 대한 타인의 평가 및 확인되지 않은 성적 오해에 이르기까지 멘토 관계 형성 전반에 걸쳐 여성 공무원이 남성 공무원에 비해 훨씬 더 많은 어려움에 봉착해 있음을 확인했다.

이처럼 여성 공무원이 직면한 모순된 현실—멘토링의 필요성은 높으나 혜택은 적고 장애는 많은—은 일차적으로는 구조적 편중화로 인해 여성은 남성과의 교차-성 멘토링이 불가피하다는 점에 기인한다. 이러한 문제는 여성 공무원의 비율이 높아지면 해결될 일시적인 문제로 비춰질 수도 있다. 그러나 우리가 주목해야 하는 것은 구조적 편중화에 더하여 남성 중심적 문화와 관행 그리고 여성 차별적 고정관념 등 비가시적인 요소들의 작동 가능성을 간과할 수 없다는 점이다. 이들 비가시적 요인의 영향력은 보다 강력하게 멘토 관계를 둘러싼 젠더 역학의 '심층 구조'이기 때문이다. 바로 이 점이 여성이 직면하는 멘토링의 어려움을 미시적인 차원에서만이 아니라 조직 구조, 문화, 규범과 같은 거시적인 요인과 함께 다루어야 하는 이유이기도 하다. 멘토링 관계의 형성을 촉진, 또는 저해하는 거시적이고 광범위한 요인들에 대한 논의가 다음 장에서 이어진다.

12장

멘토의 성(性)에 대한 선호(選好)와 비호(非好)의 이중성

‘선택’의 젠더 중립성?

인간 삶의 많은 부분을 차지하는 활동인 선택은 경제학적 접근이 가정하듯 합리적인 계산에 기초한 인지적 측면만 존재하지는 않는다. 때로는 감정에 따라서, 때로는 구조적 제약에 의해서 이루어지기도 한다. 또한 경제학적이고 합리적인 계산에 따른 것처럼 보이는 선택이 고정관념과 같은 비합리적인 요소에 의해 이루어지기도 한다. 그렇기 때문에 선택의 표면적인 결과만이 아니라 그 선택의 이면에 존재하는 생성 메커니즘에 대한 심층적 논의가 함께 이루어져야 하는 것이다.

앞장에서 논의한 것처럼 멘토링은 업무 경험과 지식을 많이 가진 상위자(선배: 멘토)가 부하(후배: 멘티)를 대상으로 심리적인 지원과 경력 성공을 도와주고 이끌어주는 관계이다. 기본적으로 멘토링의 이점은 여성이나 유색 인종과 같은 소수 집단 구성원에게 특히 많다. 조직의 문화와 관행은 전반적으로 다수 집단 중심이어서, 소수 집단으로서는 이에 적응하는 것이 쉽지 않다. 따라서 여성과 같은 소수 집단 구성원에게 심리적으로나 실질적 경력 개발 차원에서나 상위자로부터 지원을 받을 수 있다면 적응의 어려움이 감소되고 경력 개발에 있어서의 성공이 가능해지기 때문이다.

이처럼 중요한 멘토링이지만 공직에서 멘토링은 공식적인 제도로서 존재하기보다는 주로 자연발생적이다(Kaplan et al., 2001). 자연발생적이라는 것은 선택을 함축한다. 수많은 구성원 중에서, 또 수많은 상위자 중에서 특정의 멘티와 또는 특정의 멘토와 관계를 맺는 것이기 때문이다. 멘토링을 형성하는 과정에서 멘토나 멘티 모두 나름의 기준을 가지고 상대방을 선택하는 것이다. 왜, 무엇 때문에 많은 사람 중에서 '그' 멘토를 선택한 것일까? 이 장에서는 멘토의 성(性)을 둘러싼 선택의 역학을 통해 여성 공무원의 현실에 접근하고자 한다. 특히 그 선택이 젠더 중립적일 수 없음을 보여주고자 한다.

수직적 편중화로 인해 남성이 주로 상위직을 점유하기 때문에 어떤 면에서 볼 때 멘토의 성을 선택할 여지가 없는 것처럼, 즉 젠더 중립적으로 보일지도 모른다. 그러나 공직에서 여성 비율이 지속적으로 증가하고 있고, 관리직에 여성 진출이 확대되면서 여성을 대상으로 한 멘토링의 필요성과 함께 잠재적 또는 현재적 여성 멘토가 등장했다. 이러한 일련의 상황 변화는 멘토링에서의 성별 조합과 이에 따른 젠더 역학이 쟁점으로 부상할 여지를 제공한다. 여기서 멘토 선택 과정에 개입하는 젠더 역학을 행위자의 관점에서 규명할 필요성이 제기된다.

이러한 필요성의 맥락에서 이 장에서는 정부 조직에서 멘토링을 둘러싸고 남녀 공무원이 경험하는 선택적 편입과 배제의 이중성을 확인할 것이다.

선호의 이중성을 찾아서

멘토의 성을 둘러싼 선택(선호)의 젠더 역학을 알아보기 위하여 이 장에서 근거이론을 적용했다. 근거이론은 이론에 대한 검증보다는 자료를 기반으로 한 이론 도출에 무게중심이 있다. 근거이론에서 연구자는 가설을 세우고 이를 검증하는 것이 아니라 연구하려는 현상이 무엇을 말하는지를 개방하고(open) 해석하는 역할을 한다(Glaser and Strauss, 1967; Austen et al., 2003). 따라서 근거이론은 사회적으로 구성된 경험을 규명하는 데에 유용하다. 사회적으로 구성된 경험이란 계량화하는 데에 한계가 있고 숫자로 나타나는 것이 현상의 전부가 아닌 현상의 이면(裏面)에 존재하고, 인간 상호 작용의 유형이나 의미를 형성하는 맥락적 환경과 관련되어 있기 때문이다(Goulding, 1998; Charmaz, 2003; 2008).

멘토 성(性)을 둘러싼 선택의 젠더 역학은 사회적으로 구성된 경험이라는 점에서 근거이론 적용이 타당하다. 선호란 여러 가지 가운데 특별히 가려서 좋아하는 것을 의미하며, 그 자체로서 주관적이다. 따라서 주관적이고 다양한 인식이 자신의 목소리를 낼 수 있도록 허용하는 근거이론이 필요하다. 더 중요한 것은 멘토의 성에 대한 선호는 멘토-멘티 간의 상호 작용의 유형과 연결된다. 이러한 상호 작용은 진공 상태에서 존재하는 것이 아니라 멘토-멘티를 둘러싸고 있는 구조적(또는 문화적) 맥락에 의해 결정된다. 주지하는 바와 같이 구조적 · 문화적 맥락은 현상의 이면에 존재하는 것이기 때문에, 이를 밝히는 데 유용한 근거이론을 적용할 필요성은 한층 높아진다.

이러한 타당성에 기초하여 서울시 25개 구청의 공무원 631명을 대상으로 멘토의 성에 대한 선호를 알아보았다. 관심의 초점이 멘토를 선택하는 데 있어서 멘토의 성에 대한 선호와 이를 둘러싼 젠더 역학이므로, 멘토의 성에 대한 특별한 선호가 있는지, 있다면 그 이유는 무엇인지를 묻는 개방형 질문 방식을 취했다. 비교적 참여자가 많기 때문에 직접적인 인터뷰 방식이 아닌, 자기기입식의 개방형 설문의 형식을 활용했다. 참여한 공무원 중 여성이 297명(47%), 남성이 334명(53%)이다. 멘토링을 둘러싼 젠더 역학은 여성과 남성 모두의 인식을 고려해야 한다는 점에서 남성과 여성 공무원 모두를 대상으로 했다.

근거이론에서 중요한 것은 코딩 과정이다. "자료가 보여주는 핵심적인 테마와 관계적 패턴의 축약적 표현"을 의미하는 코딩은 양적인 연구에서의 코딩과는 다르다(Holton, 2007; 권향원 · 최도림, 2011: 284에서 재인용). 숫자로 표현되는 양적인 연구와는 달리 연구자의 의식, 주관, 인식 및 통찰 등이 개입되어 자료가 가진 의미 구조와 관계 유형을 파악하고 판단하는 의식적인 과정이다. 또한, 양적인 연구에서와 같이 일회적이고 단선적인 과정이 아닌 자료가 내포하는 의미 구조와 관계 유형을 지속적으로 수정하고 보완하는 반복적이고 순환적인 과정이다(Holton, 2007). 이러한 코딩을 통해 흩어져 있는 자료들이 특정의, 독립적 개념으로 분류되고, 그렇게 분류된 개념은 공통점과 차이점의 차원에서 범주화되고, 각각의 범주를 관통하는 또는 관계를 구성하는 중간 범주가 생성되고, 중간 범주간의 관계가 대범주로 포괄되는 반복적인 과정을 거치게 된다(Glaser, 1978; Strauss and Corbin, 1998).

본 연구의 참여자가 제시한 총 354개의 응답에 대해 먼저 개방 코딩(open coding)을 실시했다. 이는 수집된 자료 전체를 한꺼번에 놓고 분석하면서, 자료를 구성하는 특정의 개념을 찾아내는 작업이다. 자료에 내포되어 있는 구성 요소, 아이디어, 사건 및 행위를 분리해내고, 각각을 표상하는 개념을 명명하는 과정이다(Glaser, 1978; Strauss and Corbin, 1998). 이 과정에서 연구자는 어떤 선입견이나 의도에 매이지 않고 자료를 수차례 반복적으로 읽으면서 각각의 자료가 표상하는 대표 개념을 분리해냈다. 응답 내용의 특수성을 최대한 인정하면서도 유사한 응답을 하나의 대표 개념으로 치환하는 작업을 수차례에 걸쳐 실시했다. 개방 코딩 과정을 통해 멘토의 성(性)에 대한 선호를 중심 현상으로 놓고, 여성이면서 여성 멘토 선호(1: 여*여), 남성 멘토 선호(2: 여*남), 멘토 성 무관(3: 여*무)으로 구분했다. 같은 방식으로 남성이면서 남성 멘토 선호(4: 남*남), 여성 멘토 선호(5: 남*여), 멘토 성 무관(6: 남*무)으로 나누어 총 6개의 집단으로 구분했다. 그 다음 중심 현상에 따라 "섬세함, 부드러움, 추진력, 리더십, 동질감, 남성 중심성, 경쟁심, 눈치 보임, 업무 구조, 네트워크, 남녀평등, 조직 사회, 이상한 오해, 인간관계, 여자의 적은 여자, 인맥, 성차별 " 등 총 120개의 구성 개념을 도출했다.

이러한 과정을 거쳐 도출된 120개 개념을 축 코딩(axial coding)했다. 축 코딩은 개방 코딩에서 도출된 개념을 연결하여 추상적인 범주로 결집, 또는 하위 범주로 분리하는 과정으로(Creswell, 1998), 범주 분석과 과정 분석으로 구성된다. 전자가 분석하는 현상(대상)을 둘러싼 조건이나 맥락으로 범주화하는 과정이라면, 과정 분석은 시간의 흐름에 따른 구조와 과정을 통합해 분석하는 방식이다(Strauss and Corbin, 1990). 이 장에서는 멘토의 성에 대한 선호를 시간의 흐름에 따른 과정으로 보는 것이 아니기 때문에 범주 분석만을 실시했다. 120개의 개념을 기초로 관계 구조를 형성하여 추상적인 범주 및 하위 범주로 묶는 작업이다. 개방 코딩의 결과 도출된 개념 간 동질성과 차이점에 주목하여 각 범주에 이름을 부여했다.

이러한 과정을 통해 총 33개의 범주가 도출되었는데, 편안함, 동성에 대한 선호, 성차별에 대한 거부감, 의사소통의 원활함, 능력 및 경력의 풍부함, 이상한 오해, 여성에 대한 부정적 인식 등이 그 예이다. 이렇게 하여 도출된 33개의 범주를 대상으로 범주 간 관계를 설정하기 위한 2차 축 코딩을 실시했다. 2차 축 코딩은 1차 축 코딩을 통해 생성된 범주들을 서로 긴밀하게 연결하여 새로운 방식으로 결집시키는 과정으로(Strauss and Corbin, 1990), 축 코딩에서 만들어진 하위 범주를 기초로 각 범주 간의 공통점과 차이점을 찾아 중범위로 묶는 작업을 했다. 이를 위해 개방 코딩에서 도출된 개념과 원자료 모두를 함께 검토하는 교차 분석을 실시했다. 이상의 과정은 근거이론의 코딩이 단선적이기보다는 순환적인 과정임을 보여준다.

동일-성 선호의 이면

표면적 동질성

멘토의 성(性) 선호를 둘러싼 젠더 역학을 본격적으로 논의하기 전에 예비적인 분석으로 멘토의 '성(性)'에 대한 선호의 단순 구조를 살펴보았다.

그 결과, 남성 공무원은 남성 멘토 선호(63%), 여성 멘토 선호(2.9%), 멘토 성 무관(33.8%)으로 나타났고 여성 공무원은 여성 멘토 선호(34.3%), 남성 멘토 선호(15%), 멘토 성 무관(51%)의 양상을 보였다. 여성 공무원이나 남성 공무원 모두 동성 멘토를 선호했다. 이는 멘토링이 단순한 상관(선배)-부하(후배)의 관계보다 훨씬 친밀하고 상호 작용이 빈번하기 때문에 동성에 대한 선호가 존재한다는 동성 선호 경향성을 확인해준다(Young and Perrewe, 2004). 성(性)을 포함해 자신과 비슷한 배경을 가진 사람에 대한 평가가 긍정적이고, 인간관계의 유지가 보다 용이하여 사회적 거리감을 가깝게 느낀다는 것을 인정할 때, 남녀 공무원 모두가 동성 멘토를 선호하는 경향성은 이해 가능하다.

그러나 문제는 동성에 대한 선호 정도가 남녀에 따라 상당한 차이를 보인다는 점이다. 여성 공무원이 여성 멘토를 선호하는 정도(34.3%)와 남성 공무원이 남성 멘토를 선호하는 정도(63%)는 거의 두 배에 가까운 차이를 보이고 있다. 이러한 격차는 어떻게 설명할 수 있을까? 남성 공무원과 여성 공무원이 같은 성의 멘토를 선호하는 정도가 다르게 나타난 것은 이성 멘토에 대한 선호 및 멘토의 성이 무관하다는 입장에서 나타난 성별 차이와 자연스럽게 연결된다. 멘토의 성은 상관없다는 입장이 남성 공무원(33.8%)보다 여성 공무원(50.8%)이 훨씬 높다. 여성 공무원의 경우 여성 멘토가 좋다는 동일성 선호를 훨씬 능가하는 수준인 반면, 남성 공무원은 동일성 선호보다 훨씬 낮게 나타났다. 이러한 결과를 표면적으로 보면, 남성은 여전히 비합리적이고 귀속적인 요소에 대한 고려가 있는 데 반해 여성은 그렇지 않다고 해석될 수도 있지만 그 이면에는 젠더의 도구적 효용성이 남녀에 따라 다르게 작용할 가능성을 보여준다.

더욱 흥미로운 것은 이성 멘토에 대한 선호와 관련된다. 여성 공무원 중 자신의 멘토가 남성이길 선호하는 경우는 약 15%인 데에 반해, 남성 공무원 중 멘토가 여성이길 선호하는 경우는 약 3%로 5배의 차이가 난다. 이러한 결과가 내포하는 의미를 찾기 위해 멘토의 성에 대한 선호 구조의 이면에 존재하는 젠더 역학을 추적하는 것이 필요하다. 이에 따라 전체 631명의 참여자 중 멘토의 성(性)에 대한 선호 이유를 밝힌 354개의 응답(여성: 178, 남성: 176)을 기초로, 전술한 개방 코딩과 축 코딩을 실시했다. 그 결과, 178명의 여성 공무원 중 여성 멘토 선호(82명: 46.1%), 남성 멘토 선호(53명: 29.8%), 멘토 성 무관(43명: 24.2%)으로 나타났다. 이에 반해 176명의 남성 공무원 중 남성 멘토 선호(96명: 54.5%), 여성 멘토 선호(11명: 6.2%), 멘토 성 무관(69명: 39.2%)으로 나타났다. 이상의 결과는 멘토의 성 선호만을 밝힌 631명의 응답 내용과 크게 다르지 않다. 남녀 공무원 모두 동성 멘토에 대한 선호가 높은 것은 공통되나, 여성 공무원은 남성 멘토에 대한 선호가 비교적 높아, 여성 멘토에 대한 선호가 매우 낮은 남성 공무원과는 대조를 이루고 있다.

〈표 15〉는 남녀 공무원이 동일-성 멘토를 선호하는 이유로 제시된 것을 구조화한 결과이다. 이를 기초로 성이 같은 멘토에 대한 선호의 이면에

〈표 15〉 동일-성 멘토 선호의 구조 및 구성 개념

	하위 범주		구성 개념(응답)
여성	1	편안함	성별이 같아서, 부담 없음, 편함, 접근 용이, 솔직, 역할 모델
	2	동질감/공감대	경험의 공유, 친밀감, 공감, 이해, 함께 나눔
	3	여성적 특성	부드러움
	4	의사소통 원활	사적인 얘기, 대화 용이, 잘 통함
	5	어려움 공유	애로와 고충, 육아와 일의 어려움 나눔, 같은 고민
	6	주위시선, 오해	신경 쓸 필요 없음, 오해가 없음
남성	1	편안함	성별이 같아서, 편함, 부담 없음, 접근 용이, 솔직함
	2	동질감/공감대	상호 이해, 경험 공유, 뜻이 잘 통함, 친밀감, 같은 관심사
	3	남성적 특성	남자다운 멘토 역할, 화끈함, 남자답게
	4	의사소통 원활	자유로운 의사 교환, 사적인 얘기, 대화 용이, 솔직한 대화, 흉금을 터놓음
	5	환경적 요인**	남성의 수적 우세, 남성 멘토가 많음, 남성은 시간과 공간적 제약 없음, 남성은 어울릴 기회 많음, 수시로 만날 수 있음
	6	능력(경력)의 풍부함	업무적으로 도움, 경력이 많음, 업무적으로 신뢰, 업무추진력
	7	주위 신경 (불필요한 오해)	불필요한 오해를 받기 싫어서, 오해의 소지가 없어서, 남의 눈 신경, 이상한 소문, 주변 눈초리, 이상한 시선

존재하는 구조를 하나씩 파악해보고자 한다.

첫째, 남녀 공무원 모두 동일-성 멘토에 대한 선호가 상대적으로 높게 나타났다. 남녀를 불문하고, 거의 모든 응답자들이 동성 멘토가 좋은 이유로 '편하다'라는 표현을 쓰고 있었는데 이는 동성으로서 사회적 거리감이 가깝다는 것을 포괄하는 것으로 보인다. 이러한 결과는 기존의 멘토링 관련 논의와 맥을 같이한다(Kram, 1985; Ragins and Cotton, 1991). 성(性)이 같다는 것은 배경적 기대를 공유할 가능성이 높다. 배경적 기대의 공유는 특정 사물이나 사건을 동일한 방식으로 보고 비슷하게 해석하리라는 가정에 근거를 둔 호혜적 관점으로, 유사한 배경을 공유할 경우 그 기대는 더욱 커진다. 배경적 기대의 공유는 자연스럽게 유사성-매력 패러다임으로 연결된다. 성(性)을 근거로 한 유사성은 대인관계의 매력으로 작용하여 상호 작용을 촉발하고 의사소통을 원활하게 함으로써 인간적 편안함을 느끼게 한다(Tsui and O'Reilly, 1989; Ely, 1995). 동성 멘토에게 느끼는 '편안함'은 결국, 배경적 기대의 공유와 유사성에 따른 상호 작용의 질과 직접적으로 연결되고, 그 결과 동성 멘토를 선호하는 이유로 편안함과 함께 동질감/공감대 및 의사소통의 원활성이 높은 순위를 기록한 것으로 보인다. 이러한 경향성은, 적어도 표면적으로는, 여성이나 남성 모두에게 공통적으로 나타난다.

멘토 역할 기대의 성별 분리

동성의 멘토를 선호하는 데 있어서 여성 공무원과 남성 공무원 사이의 표면적 동질성을 넘어선 젠더 역학이 포착된다. 앞의 〈표 15〉에서 보는 바와 같이, 여성 공무원의 경우, 여성 멘토를 선호하는 이유에 대하여 남성과는 달리 '어려움', '고민', '고충' 등에 대한 언급이 많았다. 여성 공무원이 여성 멘토를 선호하는 이유 중에 조직 생활의 어려움과 고충, 육아를 포함한 일하는 여성으로서의 어려움, 고민의 공유 등이 중요한 요소로 작용하고 있음을 의미한다. 남성 공무원에게서는 이러한 요소에 대한 언급을 전혀 찾아볼 수 없었다는 점에서 상당한 대조를 이룬다.

이러한 결과는 공직에서 여성 공무원의 지위와 일상적인 경험과 무관하지 않다. 변화하고 있지만, 여전히 공직은 남성 중심적인 문화와 관행이 지배적이다. 그 속에서 여성은 남성과는 다른 어려움에 직면하게 되는데, 육아를 포함한 일-가정의 양립과 관련한 어려움은 여성의 고민을 가중시킨다. 이처럼 쉽지 않은 상황에서 여성 공무원이 여성 멘토를 원하는 이유는 여성이기 때문에 감수해야 하는 어려움과 고충을 또 다른 여성과 함께 나누고 싶은 욕구의 표현으로 해석된다.

더 중요한 것은 이러한 선호의 차이가 동성 멘토에게 기대하는 역할이 남녀에 따라 다를 수 있는 가능성으로 이어진다는 점이다. 전술한 바와 같이 멘토링의 기능은 경력 개발과 심리적 지원으로 나뉜다. 전자는 조직 전반 및 업무를 학습하여 성공할 수 있도록 도와주는 것으로, 승진이나 보직 이동에 도움이 된다. 이에 반해 심리적 지원은 멘티와의 정서적 유대를 유지하며, 멘티가 겪는 어려움에 상담자가 되고 진심 어린 피드백을 제공함으로써 멘티에게 정서적 안정을 가능하게 하는 것이다. 이렇게 볼 때 남성 공무원과는 달리 여성 공무원이 여성 멘토를 선호하는 이유는 여성 멘토에게 심리적 지원의 기대가 상대적으로 높다는 추론을 가능하게 한다. 여성 멘토를 선호하는 여성 공무원 중 선호 이유로 업무 및 능력과 관련한 언급이 거의 없는 데 반해, 남성 공무원은 남성 멘토를 선호하는 이유로 업무(능력) 관련 언급이 많다는 점은 이러한 추론을 뒷받침한다.

후술하겠지만 여성 공무원 중 남성 멘토를 선호하는 이유로 남성의 업무 능력에 대한 언급이 가장 많았다는 점(24.5%) 또한 여성이 동성 멘토에게 바라는 역할 기대와 남성 멘토에 대한 역할 기대가 다를 가능성을 보여준다. 다만 여기서 분명히 할 것은 여성 멘토와 남성 멘토에 대한 역할 기대가 다른 이유를 단순히 미시적인 차원(여성의 관계 지향성과 정서적 민감성)에서 접근하는 것은 현실을 왜곡할 수 있다는 점이다. 또한 조직 문화와 관행의 남성성 그리고 그 안에서 여성이 겪는 어려움만으로 설명하는 것도 제한적이다. 이보다 더 거시적인 차원의 구조가 작용할 가능성이 있기 때문이다.

'불편한' 시선으로부터의 자유

흥미로운 것 중 하나는 '주위의 시선' 또는 '불필요한 오해'의 범주이다.

남녀 공무원 모두 동성 멘토를 선호하는 이유로 주위의 이상한 시선으로부터 자유로울 수 있다는 점을 들었다. 여기에서 '이상한', '불필요한', '남의 눈'이라는 표현은 '성적인 함의'를 내포하고 있다고 보는 것이 타당하다. 멘토링은 다른 상관-부하 관계보다 밀접하고 빈번한 상호 작용이 개입되기 때문에 동성이 아닐 경우, 전적으로 업무 관계로만 인식되지 않고 로맨틱한 관계로 비춰질 가능성을 배제할 수 없다. 따라서 이성의 멘토나 멘티를 가지고 있는 경우, 확인되지 않은 부적절한 소문이 만들어지기도 하고, 배우자로부터의 오해가 생길 수도 있다. 이러한 맥락에서 본다면 동성의 멘토를 선호하는 이유로 이러한 오해로부터 자유가 언급되는 것은 이해할 만하다.

그런데 주목할 결과는 '이상한 시선으로부터의 자유'와 관련한 언급이 남성이 여성보다 압도적으로 많다는 점이다. 여성은 82명 중 2명만이 이를 언급한 데 반해(2.4%), 남성은 96명 중 13명이 언급하여(13.5%) 상당한 대조를 이룬다. 앞장에서 본 것처럼 멘토링에 있어서 이상한 소문에 대한 두려움은 여성이 남성보다 더 높게 인식한다는 것이 일반적인 논의의 방향이다. 여성이 주로 하위직에 있기 때문이거나 성과 관련한 젠더화된 이중 잣대로 인해 성적인 소문의 희생양이 될 가능성은 여성이 더 높기 때문이다.

그렇다면 기존의 논의와 달리 우리나라에서 남성 공무원이 '이상한 시선'에 대해 더 민감하게 나타난 결과는 어떻게 설명할 수 있을까? 먼저, 사회적 바람직성의 맥락이다. 이는 자신의 생각이나 행동을 사회적으로 바람직하다고 생각하는 방향으로 의도적으로 편향되게 하는 것으로 섹슈얼리티나 인종주의 또는 마약과 같이 사회적으로 민감한 이슈에 대한 자기방어적 기제로 나타난다(Anton, 2006). 남성 공무원이 의식적 또는 무의식적으로 섹슈얼리티와 관련한 자신의 성향이나 선호를 사회적으로 승인된 방향으로 구조화하려는 경향성 때문에 여성보다 오히려 사회적 바람직성의 방어 기제가 더 강하게 작동할 수 있다.

둘째, 다른 맥락에서, 실제로 남성이 이성과의 멘토링에서 발생할지도 모를 오해에 대해 여성보다 민감할 개연성이 있다. 이는 사회적인 분위기의 변화와 연결된다. 그간 우리나라에서 만연했던 성희롱이나 성폭력을 둘러싼 사회적인 불감증에 대한 반성과 함께 비교적 최근 관련 법규의 정비 및 사회적인 경각심이 확장되고 있다. 이러한 상황에서 그간 문제의식이 없이 남성들에 의해 자행되었던 성적 행태에 대한 심리적 경계가 강화되었을 가능성이 있다. 이러한 경계심이 멘토링을 둘러싼 성적 함의에도 반영되어 오히려 남성 공무원이 여성과 멘토링 관계를 맺는 것을 더 부담스럽게 느꼈을 수도 있다.

교차-성 선호의 젠더 역학

다음은 자신과 다른 성의 멘토를 선호하는 이유가 보여주는 젠더 구조를 분석한 것이다.

〈표 16〉에서 보는 바와 같이, 남성 멘토를 선호하는 여성 공무원이 여성 멘토를 선호하는 남성 공무원보다 압도적으로 많다. 교차-성 멘토링이 갖는 여러 가지 위험과 비용으로 인해 이성 멘토에 대한 선호가 낮은 것이 일반적임에도 불구하고 우리나라에서 여성 공무원이 남성 멘토에 대한 선호가 높다는 것은 그 이면에 존재하는 젠더 역학을 분석할 필요성을 제기한다. 남성 멘토를 선호하는 여성 공무원이 제시한 이유 중 가장 관심을 끄는 것은 여성 멘토에 대한 부정적 인식이다. 다른 범주들과 비교했을 때 남성의 능력에 대한 긍정적 평가와 함께 상당히 높은 빈도로 제시되었다. 세간에 떠도는 '여자의 적은 여자'라는 원색적인 표현을 그대로 옮긴 응답자도 있었다. 이들의 동성에 대한 부정적 인식 범주를 재분류하면, 두 개

〈표 16〉 교차-성(cross gender) 멘토 선호의 구조 및 구성 개념

	하위 범주		구성 개념(응답)
여성	1	남성적 특성	융통성, 적극적, 넓은 사고방식, 추진력, 큰 스케일
	2	인간관계 능력	대인관계의 원만함, 넓은 인맥, 다양한 인적 네트워크
	3	능력(경력)풍부	유능함, 유력, 경력이 많음, 잘 이끌어줌, 간접체험 기회
	4	동성에 대한 부정적 인식	여자의 적은 여자, 소극적, 경계(경쟁자로서), 추진력 부족, 이끌어주지 않음
	5	환경적 요인	남성 중심 조직 문화, 여성 멘토의 부재, 남성이 상위층에 분포, 여성의 시간부족, 여성역할 모델 미정립, 가사 치중 및 시간 부족, 남성 관리자가 수적으로 많음
남성	1	여성적(모성) 특성	섬세함, 부드러움, 자상함, 친절함, 모성애 느낌
	2	이성 선호	여자라서
	3	호기심	경험해보지 못함

의 하위 범주로 구분된다. 첫째, 동성으로서의 경쟁 의식(예: 여자의 적은 여자, 경쟁자로서의 경계), 둘째, 여성에 대한 고정관념적 평가의 수용(예: 소극적, 추진력 부족, 이끌어주지 않음)이다.

첫째, 여성 멘토가 여성 멘티를 경쟁자로 느끼기 때문에 오히려 경계하거나 멘토링을 주저한다는 동성으로서의 경쟁 의식을 생각해볼 수 있다. 굳이 여왕벌 증후군을 거론하지 않더라도 남성 중심적 조직 및 노동 시장에서 여성은 자신이 점할 수 있는 지위가 제한되어 있고 다른 여성과의 경쟁을 기반으로 한 제로-섬 관계로 인지함에 따라 다른 여성을 경쟁자로 보게 되는 구조가 원인으로 주목될 수 있다(Staines et al., 1974; Ellemers and van den Heuvel, 2004에서 재인용). 결국 동성으로서의 경쟁 의식은 단순히 여성 특유의 속성으로 치부해서는 안 된다. 조직 내 여성의 대표성이 낮으면 낮을수록, 조직의 문화가 남성 중심적일수록, 조직 내 남녀차별이 만연할수록 여성 간의 경쟁 의식은 강화될 여지가 있기 때문이다. 만일 여성 멘토가 여성 멘티에 대해 더 비판적이고 경계하는 것처럼 보인다면 그

것은 공직 사회가 남성 중심적이고, 남녀차별이 심하며, 여성의 대표성이 낮다는 반증이다. 다시 말해 여성이 여성 멘토를 덜 선호하는 것은 여성 개인의 문제가 아닌 구조의 문제라는 뜻이다(최윤희 · 원숙연, 2014).

둘째, 여성에 대한 고정관념 역시 구조적인 문제이다. 멘토로부터 도움을 받기 위해서는 조직에서 중시하는 속성을 많이 가진 것으로 평가되는 남성 멘토에 대한 선호가 강화된다. 이처럼 여성성에 대한 부정적인 인식과 평가는 조직의 구조와 문화가 남성 중심적일수록 강화된다. 따라서 여성적 고정관념을 그대로 수용하여 여성보다는 남성 멘토를 선호하는 것은 조직의 문화나 관행이 남성 중심적이라는 또 다른 증거이다. 다시 말하지만, 우리나라에서 여성 공무원의 남성 멘토와의 교차-성 멘토링에 대한 선호가 높은 이유는 공직의 남성 중심적 구조와 관행의 산물인 남성 멘토의 높은 도구적 효용성 때문이다.

이와 함께 논의해야 할 또 하나의 논제는 멘토 역할 기대의 이중성이다. 앞에서 동성 멘토링 관계에서 여성과 남성이 멘토에게 기대하는 역할 기대가 다를 수 있음을 논의했다. 여성은 여성 멘토에게 경력 개발을 지원해주는 역할 기대보다 심리적 지원에 대한 기대가 더 클 가능성을 확인했다. 이러한 가능성은 교차-성 멘토링 관계에서도 재확인되었다. 〈표 16〉에서 보는 것처럼 남성 멘토를 선호하는 여성의 경우(여*남), 남성 멘토가 좋은 이유로 남성적 특성, 넓은 인맥, 그리고 업무 경험의 풍부함 등을 지적하는 데 반해 정서적이고 심리적인 기대는 찾아보기 어렵다. 여성 공무원이 교차-성 멘토링에 기대하는 것은 전적으로 경력 개발과 관련한 남성의 도구적 효용성인 것이다. 이렇게 보면, 전술한 동일-성 멘토링에서 본 것처럼 여성 멘토에게는 심리적인 지원을 기대하고, 경력 개발은 남성 멘토에게 기대하는 역할 기대의 분리가 또다시 목격된다.

이에 반해 남성 공무원은 멘토의 성에 따른 역할 기대의 분리가 발견되지 않는다. 앞 장에서 보았던 것처럼 남성 멘토에게 경력 개발과 심리적 지원 모두를 기대하고 있기 때문이다. 지극히 적은 수의 남성이 여성 멘토를 선호한다는 것만으로도 남성에게 있어서 여성 멘토의 도구적 효용성은 매우 낮음을 알 수 있다. 남성 공무원이 여성 멘토를 선호하는 이유로 섬세함, 부드러움, 자상함과 같은 여성성을 언급하기는 했지만, 이것이 여성 멘토에게 정서적 지원을 기대한다는 해석을 허락하는 것은 아니다. 오히려 여성 멘토를 경험해보지 않은 호기심의 발로로 보는 것이 타당할 것이다.

'선택'의 젠더 개입

지금까지 네트워킹의 중요한 방식으로서 멘토링 관계를 형성하는 데 있어서 작용하는 선택의 젠더 역학에 주목했다. 다시 말해 멘토를 선택하는 과정에서 남성(성)과 여성(성)의 관계 설정 및 정체성을 기반으로 젠더가 어떻게 작동하는지를 밝히고자 했다. 이를 위해 354명의 남녀 공무원을 대상으로 멘토의 성에 대한 선호의 함의를 논의했다.

전반적으로 볼 때 남녀 공무원 모두 동성 멘토에 대한 선호가 높게 나타나는 것은 공통적인 현상이다. 그러나 실제로 여성 공무원은 남성 멘토에 대한 선호가 상당히 높은 데 반해, 남성 공무원은 여성 멘토에 대한 선호가 거의 없어 양자 간의 현격한 차이가 나타났다. 흥미로운 것은 여성 공무원의 경우, 여성 멘토에 대한 부정적인 인식이 적지 않고 이는 남성 멘토에 대한 선호로 이어진다는 점, 여성 멘토를 원하는 경우에도 여성 멘토에게는 정서적이고 심리적인 지원만을 기대하고, 경력 개발을 위한 지원은 남성 멘토에게 기대하는 멘토 역할 기대의 분리(경력 개발→남성 멘토, 심리적 지원→여성 멘토)가 나타난다는 점이다. 이에 반해 여성 멘토에 대한 남성 공무원의 주목할 만한 선호는 발견되지 않았고 남성 멘토에게 경력 개발과 심리적 지원 모두를 기대하는 멘토 역할 기대의 통합(경력 개발 + 심리적 지원 →남성 멘토)이 확인되었다.

여성 멘토에 대한 낮은 선호가 여성 멘토 개인의 노력이나 의지로 해결될 수 있는 문제는 아니다. 여성이나 남성이 여성 멘토에 대해 부정적인 것은 결국 여성을 둘러싸고 있는 거시적인 맥락이 작용한 결과이기 때문이다. 또 하나 여성이 경력 개발 지원을 남성 멘토에게 기대한다는 것 또한 그리 단순한 문제는 아니다. 멘토링과 관련한 기존 연구에 따르면 (Ragins and Cotton, 1991; Russell and Adams, 1997; Higgins and Kram, 2001; Kaplan et al., 2001; Young and Perrewe, 2004), 남성 멘토가 여성 멘티를 선호하지 않아서 남성 멘토-여성 멘티의 교차-성 멘토링의 성사가 쉽지 않기 때문이다. 여성 멘티의 능력에 대한 회의, 남성이 아닌 여성을 도와준다는 남성으로부터의 비난, 교차-성 멘토링에 대한 부적절한 시선 등이 작용하기 때문에 남성 멘토가 굳이 여성을 멘티로 삼으려 하지 않는다는 것이다. 이렇게 되면 여성 멘티가 (원한다고 해도) 남성 멘토와 멘토링 관계를 형성하는 것이 쉽지 않을 개연성이 높다.

이 문제를 어떻게 해결할 수 있을까? 먼저, 여성 멘토의 경력 개발 지원 능력을 저하시키는 조직 구조와 관행(수직적 편중화, 여성의 과소 대표성, 시간 헌신의 중시, 남성성에 대한 강조 등)과 이를 둘러싸고 있는 거시적인 차원의 문화적 압력(여성 능력에 대한 고정관념적 평가, 젠더화된 일-가족 양립의 이중부담, 섹슈얼리티와 관련한 젠더화된 이중 잣대 등)을 약화시켜야 한다. 간접적이나 강력한 헤게모니로 작동하는 이들 조직 구조와 관행, 그리고 거시적인 사회 구조 및 문화적 압력의 작용이 계속되는 한 여성 멘토의 멘토로서의 도구적 효용성은 낮을 수밖에 없다. 물론 이러한 조직 구조와 관행 및 이를 둘러싸고 있는 거시적 맥락의 변화는 하루아침에 이루어지지 않는다. 그럼에도 불구하고, 여성 멘토에 대한 노출의 기회를 늘리는 노력은 지속되어야 한다. 관리직에 여성을 많이 진출시켜 잠재적 여성 멘토를 늘리고 이들과의 접촉 경험을 많이 하게 함으로써 막연하게 존재하는 여성(관리자)에 대한 고정관념적 평가를 불식시킬 수 있는 기회를 제공해야 한다. 본 장에서의 결과는 멘토의 성에 대한 선호가 젠더 중립적이기보다는 젠더 개입적일 개연성을 보여주고 있기 때문이다. 이러한 노력을 통해 여성의 능력이 검증되고 자연스럽게 여성 멘토에 대한 수용성은 확대될 수 있을 것이다. 다음 장에서 보다 구체적인 대안을 탐색할 기회를 갖고자 한다.

13장 멘토링의 젠더 역학을 보는 남녀 공무원의 시각 차이

남녀 인식의 간극

앞 장에서 멘토링 관계 형성에서 여성 공무원이 겪는 어려움과 멘토의 성에 대한 선택을 둘러싼 젠더 역학을 이론적이고 실증적으로 확인했다. 이 장에서는 그러한 어려움과 젠더 역학에 대한 남녀의 시각 차이를 실제 남녀 공무원의 목소리를 통해 확인하고자 한다. 남녀 공무원의 멘토링 형성 과정에 이루어지는 젠더 개입에 대한 인식의 거리는 얼마나 될까? 특정 현상에 대한 인식은 그 자체로 주관적이다. 주관적이라는 것은 인식의 수렴보다는 발산의 가능성이 더 높다는 것을 의미한다. 인식의 발산은 개인적 특성에 의해서도 만들어지지만 그 개인이 처해 있는 구조적 위치와 문화적 압력에 의해서도 만들어진다. 따라서 특정 현상에 대한 실질적인 이해는 이들 인식의 수렴과 발산을 모두 다루고 인식의 수렴과 발산을 만드는 기제로서 구조와 문화를 함께 논의할 때 가능해진다.

인식의 수렴 또는 발산을 양적인 방법으로 찾아내는 데에 한계가 있다. 여러 차례 언급했던 것처럼 실증주의적 접근은 평균으로의 수렴에서 출발하기 때문이다. 평균으로의 수렴이란 특정 현상에 대한 개인이 갖는 인식의 특수성이나 독특성을 인정하지 않는다는 뜻이 된다. 따라서 이 장에서는 멘토링을 둘러싼 여성과 남성 간 인식의 간극을 남녀 공무원의 목소리를 통해 해석하는 질적인 접근을 한다.

더욱이 이 장에서 주목하는 멘토링은 조직 구성원들 간의 자생적이고 비공식적인 상호 작용의 한 방식이어서 이에 대한 양적인 접근을 통한 표면적 존재 양식과 함께 무엇이 그러한 존재 양식을 가능하게 했는가에 대한 심층적 이해가 요구된다. 무엇보다 멘토링을 둘러싼 젠더 역학은 사회 전반에 공유되는 젠더-이데올로기, 또는 젠더-문화와 밀접한 관련을 갖기 때문에 이데올로기 및 문화에 대한 논의가 불가피하다. 표면적 현상의 기저에서 작용하는 문화와 이데올로기는 질적인 방법의 적용이 특히 적실한 영역이다(Denzin and Lincoln, 1994; Rubin and Rubin, 1995; Strauss and Corbin, 1998). 이에 따라 현상의 이면을 밝히는 데에 적실성이 있다고 평가되는 심층 면접을 적용하여 남녀 공무원의 생생한 목소리를 들어보고자 한다.

이 장에서는 실제로 멘토링 관계를 형성하여 운용하고 있는 공무원의 일상적 경험을 통해 현실을 '해석'한다. 특히, 멘토링과 관련하여 여성 공무원이 만나는 어려움과 장애에 대한 남녀 공무원의 시각 차이에 초점을 맞추었다. 여성 공무원의 현실은 남성 공무원의 경험과 인식과의 비교를 통해 보다 현실적이고 입체적으로 해석될 수 있다. 기존의 젠더 관계 또는 젠더 역학에 대한 많은 논의들이 여성의 경험과 인식에만 편중된 경향이 있었다. 그러나 이론적 논의에서도 밝힌 바와 같이 젠더 관계란 남성과 여성의 상대적인 관계이므로 여성만을 대상으로 한 연구는 현실에 대한 제한된 이해만을 가능하게 할 것이다. 따라서 여성과 남성 모두의 경험을 반영한 연구가 현실을 정확하게 보여줄 수 있다는 점에서 남성의 목소리도 함께 반영했다. 이를 위하여 중앙과 지방 공무원 18명(여성 11명, 남성 7명)과의 심층 면접을 실시했다.[1] 이를 통해 공직에서 멘토링과 관련하여 경험하는 다양하고 살아 있는 현실에 보다 가깝게 갈 수 있을 것이다.

멘토에 대한 모순된 선호

왜 남성 멘토여야 하는가?

멘토링은 멘토-멘티의 양자적 관계를 근간으로 한다. 앞 장에서 멘토-멘티 관계의 형성에 있어서 특정 성(性)에 대한 선호가 존재한다는 것을 확인했다. 그렇다면 그 이유를 좀 더 자세하게 들어볼 필요가 있다.

남성 공무원은 다음과 같은 이유를 들어 일관되게 남성 멘토에 대한 선호를 확인해준다.

> 남자가 아무래도 좋죠. 말이 통하니까요…… 또 멘토가 돼줄 만한 여성 상관이 없기도 했구요…… 요즘 많이 들어오고는 있지만 기본적으로 공직에 여자가 별로 없으니까 일단 찾기가 쉽지 않은 것도 있고…… 또 솔직히 멘토가

---

1 공직의 성격상, 면접 대상들이 자신의 개인적 신원은 물론, 자신이 속해 있는 조직이 밝혀지는 것에 대해 민감하게 반응했으며 비밀 보장에 대한 요구가 높았다. 이에 따라 참여자는 익명으로 처리했다. 참여 공무원의 특성은 다음과 같다. Ms A(39세, 경력: 12년, 기혼), Ms B(29세, 경력: 11개월, 기혼), Ms C(42세, 경력: 12년, 기혼), Ms D(30세, 경력: 6년, 미혼), Ms E(35세, 경력: 4년, 기혼), Ms F(32세, 경력: 6년, 기혼), Ms G(37세, 경력: 10년, 기혼), Ms H(33세, 경력: 2년 3개월, 기혼), Ms I(42세, 경력: 15년, 기혼), Ms J (29세, 경력: 1년 3개월, 기혼), Ms K(32세, 경력: 2년 7개월, 기혼). Mr A(34세, 경력: 1년 2개월, 미혼), Mr B(35세, 경력: 3년 3개월, 미혼), Mr C(33세, 경력: 9년, 기혼), Mr D(31세, 경력: 3년, 미혼), Mr E(40세, 경력: 17년, 기혼), Mr F(34세, 경력: 1년 6개월, 기혼), Mr G(39세, 경력: 9년, 미혼).

돼주었으면 좋겠다고 생각할 만큼 유능한 여성을 만나질 못했어요, 아직까지는…… 〈Mr A: 미혼〉

멘토는 일을 하다보면 돌파구가 안 보인다던지 업무적으로 스트레스를 받을 때 하소연도 하고 상담도 해주고…… 그런 역할을 하면서 술도 한 잔씩 기울이고 그래야 되는데 여자들은 아무래도…… 개인적으로 친분 관계를 쌓는데 장벽이 있다고 할까 그래요…… 남자들하고 다르니까 유대감이랄까 그런 것이 잘 안 생기는 것 같아요…… 또 사실 열심히 하시는 여자 분도 많겠지만 그런 분들이 제 주변에는 별로 없었던 것 같구요…… 〈Mr B: 미혼〉

저는 솔직히 여성 상관에 대해 기대하는 바가 별로 없습니다. 제가 처음 공직에 왔을 때 제 상관이 여자 팀장이었는데…… 업무적인 것은 완전 무능했어요…… 팀장이면 우리가 무엇을 어떻게 해야 하는지 정확히 판가름을 해주고 우리가 모르는 부분은 끌어주어야 하는데 그걸 전혀 못했어요…… 솔직히 욕 진짜 많이 했어요…… 그 다음에 온 분이 남자셨는데 확연하게 구분이 되죠…… 우리가 미처 생각하지 못한 부분을 딱딱 체크해주고…… 이건 이런 이런 문제가 있으니까 다음에는 이렇게 해라…… 이 부분은 이렇게 계산을 해라…… 아, 딱 맞더라구요…… 그러니까 업무의 부담감도 줄고 일도 잘 되고…… 배울 점이 참 많았어요…… 〈Mr D: 미혼〉

남성 공무원이 여성 멘토를 선호하지 않는 것은 몇 가지 차원에서 논의할 수 있다. 첫째, 접근성의 문제로, 공직의 수적인 남성 우위로 인해 잠재적 여성 멘토의 풀이 빈약하다. 수직적 편중화로 인해 멘토가 되어줄 여성 관리자가 적다는 점은 접근성의 문제를 증폭시키는 하나의 요인임은 분명하다.[2]

---

2 2014년 현재 중앙 정부의 공무원 중 여성 공무원의 점유율은 32.9%이나 대부분이 하위

두 번째는 여성에 대한 편견의 작용이다. 앞의 사례 모두에서 나타나 있는 것처럼 남성 공무원은 여성 멘토의 능력과 업무 방식에 대해 부정적인 평가를 하고 있다. 〈Mr D〉는 매우 노골적으로 여성 관리자의 능력에 대해 부정적인 입장을 견지한다. 실제로 무능한 여성 상관을 만났을 수도 있겠지만, 기존의 연구에 따르면 동일한 상황에서도 조직에서 여성 관리자가 남성 관리자에 비해 부정적인 평가를 받는다(Eagly and Johnson, 1990; Eagly et al., 1992; 1995; 박통희, 2004). 여성 관리자에 대한 부정적 평가는 여성 멘토에 대한 선호에 부정적으로 작용하리라는 추론으로 이어진다. 비슷한 차원에서 남성 부하는 여성 관리자와 함께 일하기를 꺼리는데, 이는 여성과 남성의 지위에 대한 고정관념적 편견과 무관하지 않을 것이다.

그렇다면 여성 부하는 여성 멘토를 선호할까? 멘토를 선택할 수 있다면 여성은 소위 동일성-선호에 기반을 둔 선택을 할까? 여성 공무원들은 심정적으로는 여성 멘토를 선호하고 있었다.

> 일단 편하니까…… 자상하고…… 여성으로서 직장생활을 하면서 느끼는 어려움 같은 것을 상당히 공감할 수 있잖아요. 아이를 키우는 문제라든지, 육아와 직장생활을 병행하는 문제라든지, 그런 문제에 대해서 조금 더 공감대가 형성되어 있으니까 실질적인 조언 같은 것을 받을 수 있죠…… 남자 멘토도 있었는데 개인적인 그런 얘기는 거의 하지 않았어요. 저도 그렇고 그분도 그것을 원하지 않을 테고요. 〈Ms A: 기혼〉

> 미스는 다를 수도 있지만, 저는 가정이 있는 여자이기 때문에 사무실에 나오

직에 집중 포진되어 있어서 5급 이상 여성 공무원 비율은 10%를 약간 상회한다. 또한 지방자치단체의 경우 여성 공무원의 비율은 31.3%이며 이 중 관리직 여성 공무원의 점유율은 9.8%로 중앙 정부와 동일한 수직적 편중화의 양상을 보이고 있다(행정안전부, 2014).

면 육아 문제나 와이프로서의 역할 문제라든가 며느리로서의 역할 문제 같은 고민을 갖고 있거든요…… 그런 고민을 먼저 해본 사람들이니까 비슷한 상황에 처해 있는 사람을 상담자로 여기게 되죠. 〈Ms C: 기혼〉

전 여자 멘토예요…… 남자들과는 공감대가 형성되는 게 다르잖아요…… 지극히 형식적인, 업무적인 얘기만 할 것 같고…… 멘토는 친밀감이 있어야 하는데 (남자 멘토는) 그게 어렵잖아요. 〈Ms J: 기혼〉

멘토-멘티 간의 의사소통의 원활성과 친근감의 측면에서 여성 공무원이 여성 멘토를 선호하는 것은 이해할 수 있다. 기혼 여성은 일과 가정의 양립과 관련해 겪는 어려움을 공유하고 그 해결책에 대한 고민을 함께 나눌 수 있다는 점에서 여성 멘토에 대한 선호가 강하게 나타났다. 서구에서도 멘토의 중요한 역할 중 하나로 일-가정 양립에 대한 심정적 지원을 드는 것이 현실이다(Neilson et al., 2001).

그러나 흥미로운 것은 앞 장에서도 논의한 것처럼 여성 공무원은 여성 멘토에 대한 '모순된' 선호를 가지고 있다는 점이다. 모순된 선호는 어디로부터 기인하는 것일까?

여자들하고 남자들이 약간 포부가 다른 경우가 많은 것 같아요. 그러니까 여자는 저도 그렇지만 약간 가정에 얽매이고 그러다 보면 여자들이 생각하지 못했던 것을…… 남자들은 다른 시각을 많이 갖고 계신 것 같아요. 여자들은 그냥 안주하고…… 잘 살아가는 것에 대한 조언은 많이 말씀해주는데 남자들은 더 적극적으로 인생을 설계하지 않나 그런 생각이 들어요. 그런 걸 보면 제 인생에서 다른 면을 발견할 수 있는 기회를 주기도 하고…… 다만 남자는 제 속 깊은 얘기를 자연스럽게 할 수 없다는 것이 문제지만요. 〈Ms B: 기혼〉

편하긴 여자가 더 편하죠…… 어떤 상황에서 남자들은 내가 느끼는 것과 다르게 느끼기 때문에 뭔가 좀 다르다는 느낌이 있어요…… 그렇지만 전체적으로 보면 똑같은 능력을 가졌다면 남자가 여자보다 훨씬 좋은 평가를 받게 되잖아요?…… 물론 그러면 안 되지만 사회가 그러니까요…… 그건 남자가 (멘토로서) 줄 수 있는 부분이 더 많을 수 있다는 거죠. 〈Ms K: 기혼〉

한마디로 남성 멘토가 경력 성공에 보다 더 효율적이기 때문이다. 공직사회는 남성 지배적 조직으로 남성적 문화와 관행 및 업무 양식이 선호되는 데 반해 여성적 가치와 특성은 폄하되어왔다. 따라서 여성 멘토에 대한 감정적인 선호나 애착과는 무관하게 남성 멘토의 도구적 효용으로 인해 남성 멘토를 선호할 수 있다. 여성 공무원은 의사소통의 원활성과 그에 따른 친근함보다 공직에서의 성공 가능성을 선택함으로써 남성 멘토에 대한 선호를 보일 수 있다.

여성 멘토–여성 멘티, 그 높은 가시성

공직은 여성의 저-대표성과 여성 관리자 비율이 절대적으로 낮은 수직적 편중화가 심화되어 있다. 이로 인해 여성은 남성 멘토와 멘토링 관계를 형성해야 하는 교차-성 멘토링의 개연성이 높다. 인터뷰를 한 대부분의 공무원은 멘토 역할을 해줄 여성 관리자의 부족 문제를 토로했다.

만 4년 동안 여성 관리자는 한 명도 없었어요. 여성 멘토는 찾을 수가 없죠…… 처음에 저는 그냥 업무에 대해서 옛날 파일 다 뒤져가면서…… 보고서 혼자서 다 봤어요. 독학을 했어요. 부탁할 사람도, 물어볼 사람도 없고 그랬어요. 다들 다 바쁘다고 하니까…… 오죽하면 남편(고시 출신 사무관)에게 업무를 물어서 배울 정도였으니까요. 처음에 너무 적응이 안 되더라고요. 〈Ms E:

기혼〉

여자이기 때문에 그게 제일 큰 것 같아요…… 우리 부에 아주 최근에 여성 과장님이 한 분 생겼지만 그동안 여자로서 윗 직급에 있는 사람들이 별로 없었고. 〈Ms F: 기혼〉

(여성 멘토가) 있으면 너무 좋죠…… 대부분의 사람들이 그렇겠지만 일이 힘든 것도 물론 힘들지만 사람이 힘들고 그러면 직장 자체가 싫어지잖아요. 보통 12시간씩 근무하는데 가족보다 더 오래 있다고 할 수 있는데…… 고민을 나눌 수 있는 대상이 없어요…… 그러니까 업무와 사적인 고민을 상담하고 털어놓을 수 있는 그런 여자 선배나 상사가 필요한데. 〈Ms J: 기혼〉

제가 공직생활한 지 17년 됐는데, 여자(관리자)는 없었죠, 그때만 해도…… 최근에 와서 몇 명 나왔지만…… 〈Mr E: 기혼〉

일반적으로 멘토와 멘티의 성(性)이 다른 교차-성 멘토링은 동일-성 멘토링보다 관계 형성이 어렵다. 무엇보다 하위직의 여성 멘티가 상위직의 남성 멘토에게 적극적으로 접근해 멘토 관계를 제의하는 것 자체가 거의 불가능하다.

그러나 최근 새로운 변화가 포착된다. 과거에 비해 여성 관리자가 증가함으로써 공직에서 여성 멘토-여성 멘티의 동일-성 멘토링의 가능성이 늘고 있다. 이처럼 여성 관리자가 많아지면 여성이 멘토링 형성과 관련해 겪는 어려움이 완화될까? 이 경우에도 여전히 문제는 남는다. 첫째, 수적으로 여성 관리자가 증가하고 있지만 남성적 조직 문화와 구조 및 관행 속에서 여성 관리자의 실질적 지위는 남성 관리자와 비교해 불안하다. 승진이나 경력 개발에 있어서 여성 관리자는 훨씬 많은 장애에 직면해 있고 이를 극복하기 위해서는 상당한 노력이 필요하다. 게다가 기혼의 여성 관리자는 일-가정 양립의 어려움으로 멘토 역할을 해줄 만한 시간적, 정신적 여유도 부족하다. 이처럼 여성 관리자가 직면하고 있는 이중, 삼중의 어려움은, 수적인 증가와는 무관하게, 여성 멘토-여성 멘티의 동일-성 멘토링의 형성을 어렵게 하는 또 하나의 요인이 될 것으로 보인다.

> 남자들이 아무래도 여자보다 유리하다고나 할까 그 쪽(멘토링)에 더 비중을 둘 수 있죠…… 왜냐하면 시간 문제인데요, 저 같은 경우는 집하고 직장밖에 없는 셈이거든요, 생활이라는 게…… 직장에서는 정말 하루 종일 내 일 하느라고 정신이 없고 업무가 마무리되면 바로 또 집에 가서 아이를 봐야 하니까 생활이 딱 그거 아니면 이거지 중간에 누구를 도와주고…… 누구하고 약속해서 뭘 가르쳐주고 그럴 시간적인 여유가 없으니까요. 〈Ms A: 기혼〉

이처럼 여성 관리자의 부족은 여성 멘토-여성 멘티 조합의 가시성을 높이는 결과를 가져온다. 우리와 비교해 조직에서 남성 중심성이 상대적으로 낮은 서구의 경우에도 여성 멘토-여성 멘티의 조합을 "골칫거리 페미니스트"로 보는 부정적인 시각이 존재한다(Ragins and Scandura, 1994: 959). 그렇다면 수적으로나 문화적으로 훨씬 더 남성 중심적인 우리의 공직 사회에서 여성 멘토-여성 멘티 조합이 갖는 가시성은 더욱 높을 것이고, 이처럼 높은 가시성은 여성에게는 부담으로 작용할 수밖에 없다.

> 여자들이 워낙 없다보니까 여자들끼리 다니면 지들끼리 몰려다닌다…… 이런 의심을 받을 수도 있고. 그러니까 윗분도 그걸 썩 좋아라하시지는 않고요. 드러나요, 여자들은…… 여성부 같은 경우는 여성이 반 이상이니까 여자들끼리 만나는 것이 별로 눈에 띄지 않겠지만 우리 부는 워낙 여자들이 소수이기 때문에 그대로 드러나거든요. 쟤네들 또 끼리끼리 모인다…… 그래서 우리는 직장에서 좀 멀리 떨어진 장소로 잡아서 그러니까 사무실 사람들하고 맞닥

뜨리지 않을 만한 장소에서 모임을 해요. 〈Ms F: 기혼〉

요약하면 여성 공무원이 남성과 달리 여성 멘토에 대한 모순적 선호를 가지는 이유 중 하나는 구조적 편중화로 인해 여성 관리자의 수가 적고, 여성 관리자가 있는 경우에도 남성 관리자에 비해 입지가 불안정하다는 점이다. 여기에 더하여 일-가족 양립에 따른 시간 압력과 높은 가시성으로 인해 부정적으로 비춰질지도 모른다는 우려 등이 더해진 결과이다.

멘토링 형성 기반의 여성 배제 기제

업무와 관계 사이의 갈등

멘토링 관계는 자발적 신뢰 관계이다. 대부분의 신뢰 관계가 그렇듯 멘토링 역시 멘토와 멘티 각각이 부담해야 하는 불확실성과 위험이 존재한다. 따라서 잠재적 멘토(또는 멘티) 모두에게 멘토링으로 인한 불확실성과 잠재적 위험을 계산하고 자신과 잠재적 멘티(또는 멘토)와의 적합도를 평가하는 탐색 과정이 필요하다. 그런데 그 과정이 남성적이어서 여성이 소외될 가능성이 포착된다. 잠재적 멘티로서의 적합성 판단에 있어서 업무 수행 능력만이 아니라 업무 이외의 영역이 영향을 미치는데 그 영역이 여전히 남성적이다.

업무적으로 이 사람이 잘하고 못하고가 중요한데…… 이 사람이 일을 잘한다 못한다, 효율적으로 잘한다, 뭐 추진력이 있다 이런 것보다 어떤 때는 그 사람의 '됨됨이'가 어떠냐 이게 중요하게 작용을 할 때가 많아요. 그런데 사람 됨됨이를 비공식적인 자리에서 판단을 하는 것 같아요…… 남자들은 술자리를 같이 한다거나, 스킨십을 통한 끈끈한 뭔가가 될 수 있다고 생각하는데 여자들은 아무래도 그런 점에서는 좀 자유롭지 못하니까, 그런 속에서 사실 일을 잘하지 못하는 사람도 남자들은 조금 땡겨주는 게 있죠. 보직 경로나 뭐 이런 면에서 좀 챙겨주죠. 〈Ms F: 기혼〉

많이 좋아지기는 했지만 아직도 공직에서 술자리를 통해 사람을 알아본다는 생각을 여전히 해요…… 물론 극단적인 예가 되겠지만…… 제가 처음 **부에 갔을 때 회식 자리에서 고시 출신 여사무관을 놓고 "별로 똑똑하지도 않고 다 쓸모없다…… 그런데다가 그 술 마시는 것 보니까 성공하긴 틀렸다" 그러는 사람도 있었어요…… 술을 못 마셔서 출세 못할 거다…… 그런 시대는 지났다라고 하지만 사실 완전히 무시할 수는 없죠…… 저녁에 늦게까지 술자리를 하는데 남자들은 줄을 만드는 것, 인간관계를 만드는 것도 일이라고 생각하거든요…… 조직에서 높은 분이 그런 것을 중시하는 경우에는 "너 1차만 하고 갔어. 벌써 걘는 글러먹었다" 이렇게 찍힌 분도 있어요…… 상황에 따라서는 인간관계나 술을 잘하는지 그런 것이 사람을 평가하는 기준이 되기도 하고…… 그런 자리가 많아지고 그러면 높은 사람하고 격의 없이 대할 수 있는 기회가 많아지고…… 그런 자리에서 멘티로 픽업(pick-up)이 되는 경우도 있죠…… 하나 찍어서 사람 만들기로 하고 뭐 이렇게 되는 것 같아요. 〈Ms E: 기혼〉

우리 국장님이 기러기 아빠신데, 집에 일찍 들어가지 않으시고 주로 사무실에서 늦게까지 남아 계시죠. 그렇다 보니 다른 약속이 없으면 저녁식사를 꼭 하고 가시죠. 어떤 때는 제가 일주일 내내 저녁을 함께 할 때도 많았어요. 근데 우리 과에 나 말고 여자 과장이 한 명 더 있는데 그 사람은 지금까지 한 번도 국장님 모시고 저녁식사를 한 적이 없는 거예요. 일 끝나면 바로 퇴근이에요…… 적어도 한두 번은 자기도 해야 되는 거잖아요……그래 가지고 조직 생활이 되겠습니까? 그런 평판이 조직에 퍼지게 되고 다 알죠, 국장님도…… 누

가 같이 일하고 싶겠어요? 〈Mr G: 미혼〉

더욱이 아래의 사례에서 보는 것처럼 업무 이외의 영역에서 만들어진 관계가 업무 영역에까지 확장되어 상관과의 상호 작용에 영향을 미치고 있다.

> 나는 술자리나 그런 사석에서는 과장님도 형님이라고 부른단 말이지…… 그거는 공직에서 단순히 직급이 위니까 과장님이라고 부르는 것이 아니라 인간적으로까지 나간 거지…… 그런 상태까지 가면 자연스럽게 개인적인 문제까지 이야기하게 되고 그 다음에 못할 게 없고 업무적으로나 뭐 모든 부분에서 도와달라고 하고 또 도와주고 그렇게 되는 거지. 〈Mr E: 기혼〉

남성적 회식 문화와 이중 잣대

이러한 남성적 문화에 여성으로 적응하기가 어려울 뿐 아니라 실제로 여성이 적응하려고 할 경우에도 여성을 배제하는 기제가 존재한다. 그 첫 번째 배제 기제는 남성적인 회식 문화와 남성의 이중적 잣대이다.

> 뒷담화라 그러죠? ……아주 늦게까지…… 새벽까지 이뤄지는 경우도 많거든요. 술자리가 새벽까지 이루어지는데 거기 남아 있으면 오히려 "아유 여자가 아직까지도 남아 있다"라는 생각을 가진 사람이 있고 일찍 가면 일찍 가는대로 "아유 저거 보라고 소극적이다"라고 하는 사람도 있고 남아 있든 안 남아 있든 얘기를 듣는 건 마찬가지더라고요…… 한번 늦게까지 남아봤었는데 그게 오히려 부담을 주는 것 같기도 했어요. 왜냐하면 이제 호프집에만 가서 술을 마시고 집에 각자 가는 게 아니기 때문에 제가 좀 들어가기 어려운 그런 자리도 가시고 그러니까…… 제가 따라 들어가기가 좀 어렵죠. 〈Ms F: 기혼〉

여자들 같은 경우는 술자리, 뒷풀이 같은 게 있으면 오래 있기가 어려우니까 서로 친해지기가 어렵거든요. 제 멘토(남성)는 많이 적극적으로 참여를 하라고 말씀하시는데 저한테는 좀 어려운 일이죠…… 싱글이니까 시간적 구애는 별로 없는데 하여튼 술자리로 이어지는 모임에 오래 남아 있기가 힘들어요…… 그 분위기가 그래요. 〈Ms D: 미혼〉

멘토링의 기반 형성 과정에서 여성을 배제하는 또 다른 기제는 극단적으로 불균형한 가정 내 성별 분업과 여성의 일-가정 양립의 부담이다. 일-가정의 양립과 관련해 여성이 갖는 부담은 실질적인 장애로 작동한다.

저는 직장에서 회식이 있다거나 그런 저녁 모임이 있을 때는 상당히 눈치를 보면서 남편한테 얘기를 해요. 그것도 미리, "아 나 언제, 언제 저녁약속이 있어서 늦게 들어갈 텐데 괜찮아? 일찍 들어와서 애 좀 볼 수 있어?" 이런 식으로 미안해하면서 얘기를 하는데, 남편은 그런 데에서 부담을 느끼는 것 같지 않아요…… 언제 들어온다 딱 얘기하면 되고. 저 같은 경우에는 아무리 늦어도 한 열 시 반이나 들어가고 그 이후에는 상당히 미안해하면서 그러는데 남편은 새벽 한, 두 시에도 들어와도 전혀 문제없고…… 〈Ms G: 기혼〉

직장에서 앞으로 계속 커나가고 승진도 해야 하고, 그런 데 있어서 도움이 되죠, 아직까지는. 제가 아무리 능력이 뛰어나다 하더라도 저만 뛰어난 게 아니고 저만큼 뛰어난 능력을 가진 사람이 몇 명 있다고 할 때, 아무래도 사람이라는 게 조금 더 관계가 좋은 사람 쪽으로 선호가 되는 그런 면은 있죠…… 같이 나가 저녁을 먹는다든가 술을 마신다든가 그러면서 아무래도 그런 자리에서 인간관계도 좋게 형성되고, 다른 정보도 많이 얻을 수 있고…… 남자들이 아무래도 유리하죠…… 시간이 많잖아요…… 근데 우리(여성)는 하루 종일 업무를 하느라고 정신없고 업무가 마무리되면 빨라도 8시가 넘어요…… 그때 끝나면 바로 또 집으로 가서 아이를 봐야 하니까 누구하고 저녁 약속을 한다든지, 누구를 만난다든지 그런 건 생각할 수도 없거든요. 사실상 어렵죠. 〈Ms A: 기혼〉

'연줄' 영향력의 건재

멘토링 형성 과정에서 여성을 소외시키는 세 번째 기제는 여전히 건재한 연줄의 영향력이다. 연줄은 우리나라에서 개인적 관계의 구조적 성격을 나타내는 대표적인 개념으로 단순한 개인적 관계 이상의 의미가 있다. 혈연, 지연, 학연을 근거로 한 연줄은 유 · 무형의 사회적 자원이 교환되고 획득되는 통로이다. 연줄이 있는 대상에게는 선별적 이익을 제공하는 데에 반해 연줄이 없는 대상에게는 유 · 무형의 자원을 제한하는 배타성으로 이어진다는 데에 문제가 있다. 인터뷰를 한 공무원들은 이러한 연줄이 멘토링 형성 과정에서 강하게 작용하고 있음을 확인해주었다. 무엇보다 남성 공무원은 연줄의 효용을 인정하고 적극적으로 활용하려고 했다.

학교만이 아니라 동호회라든지 아니면 전에 근무했던 인연이라든지…… 또 남자들은 군대라는 게 있기 때문에 아무런 연관이 없다가도 같은 그 해병대를 나왔다. 아니면 같은 뭐 하다못해 민방위, 아니 예비군 훈련도 같이 받았다는 게 서로 연관이 되어서 물어보고 도와주고 그러니까…… 그런 여러 가지 요인들을 많이 붙여가지고 접근을 하죠. 〈Ms D: 미혼〉

남자들 보면 학교끼리 잘 뭉쳐요. 특히 대학보다는 고등학교…… 그런 모임으로 잘 뭉치는 것 같아요. 그것이 일종의 멘토링의 기초가 되죠. 밖으로 드러나지 않는 조직의 어떤 알 수 없는 부분들을 알려주는 그런 것…… 여자들은 그런 면에서 연대가 부족한 것 같기는 해요. 〈Ms F: 기혼〉

더욱이 〈Mr E〉처럼 연줄을 근거로 한 선택적 네트워킹의 형성과 선별적 혜택의 부여를 별 문제의식 없이 받아들이거나, 〈Ms E〉의 예처럼 멘토링 형성 기반이 당연히 연줄(지연)이었을 것이라고 보는 현실은 공식 사회에서 연줄의 효용을 가늠하는 좋은 사례가 된다.

학연이나 지연의 영향이 없다고 할 수 없죠. 욕심이 생기죠. 예를 들어 내 고등학교 후배다 그러면 내가 좀 더 가르쳐주려고 하죠. 내가 좀 더 공격적이고 적극적으로 도와주게 되죠. 그래도 내 후배니까…… 좀 수위를 높여서 강하게 자극하고 훈련하고 그런 거죠…… 키우고 싶다 그런 생각이 들고 특히, 멘토링 형성 초기에 크게 영향을 주게 되지…… 다른 사람들도 다 알아요. 숨길 필요가 없어요, 다 오픈해…… 내 후배라는 것도 다 알고 내가 좀 더 강하게 하는 것도 알고, 훈련시키는 것도, 끌어준다는 것도 다 알고, 숨길 수도 없고. 그 정도는 수용되는 분위기라고 보는데. 〈Mr E: 기혼〉

저는 아주 높은 분이 멘토가 되어주셨어요…… 개인적으로 부르셔서 이런 일 좀 한 번 해봐라, 이런 건 이렇게 해야 된다라면서…… 도움을 정말 많이 받았어요…… 그 분은 저를 개인적으로 굉장히 마음에 들어 하셨고 저도 그 분을 존경해요…… 그런데 사람들이 좋게 보지는 않는 것 같아요…… 샘을 낸다고 해야 되나. 심지어 제가 전라도 출신이라고 회사에 소문이 쫙 퍼진 거예요. 저는 서울 출신이고 그 분은 전라도 출신이시거든요…… 저는 그 소문을 듣고 깜짝 놀랐어요…… 그러니까 사람들은 두 사람이 고향이 같을 것이다, 줄이 있으니까 저렇게 챙기지 뭐 그렇게 소문이 난 거죠, 전혀 아닌데. 〈Ms E: 기혼〉

문제는 이러한 연줄에 여성이 편입되는 것은 쉽지 않다는 점이다. 고등학교를 중심으로 한 학연에 여성은 자연스럽게 배제되는 것이 현실이다. 여성 공무원도 나름의 연대나 네트워크를 형성해 멘토링의 기반을 마련하는 것이 대안이 될 수 있다. 그러나 많은 여성 공무원들이 연줄을 형성하여 활용하려는 적극적인 의지를 보이지 않았다. 오히려 연줄의 부정적인 측면에 주목하면서 '실력으로 승부하겠다'는 의지를 보이는 것도 남성 공무원과 다른 부분이다.

여자들은 지나가다가 우연히 이 사람이 나랑 같은 학교였네, 또는 나하고 같은 지역 출신이라네 이렇게 알게 되고 그렇지 일부러 챙겨서 모인다거나 그렇게 되지는 않는 것 같아요. 우리 부에 **대 출신이 저까지 포함해 6명이 있는데 그 6명이 약 2년 동안 딱 1번 모임을 했을 정도니까요. 〈Ms F: 기혼〉

고등학교 동창은 없고 대학 동창이 몇 명 있는 것으로 아는데 뭐 같이 모이고 그러지는 않아요. 어떤 때는 그런 게 불편할 때도 있고요. 어떤 줄을 만들기보다는 내가 없으면 안 될 뭔가를 하나 만들자, 뭐 나를 어떻게 할 수 없는 그런 경쟁력 같은 것, 그래서 영어를 열심히 했고요. 〈Ms E: 기혼〉

모든 일을 함에 있어서 너무나 권력 지향적으로 되다 보면 사실 부작용이 많은 거잖아요. 일이라는 게 사실 능력 위주로 합리적으로 돌아가야죠…… 그렇지 않고 관계에 의해 형성된다든가 파워게임에 의해서 의사 결정이 된다든가, 그런 것은 좋지 않은 것 같아요. 〈Ms G: 기혼〉

멘토링에서 여성의 '강요된' 소극성

접근성의 젠더 역학

이미 본 것처럼 멘토링을 통한 경력 개발 지원이 갖는 효용은 확인되고 있고 그 효용은 여성과 같은 소수 집단 구성원에게 더 크다. 이러한 현실은 인터뷰에 참여한 남녀 공무원을 통해서도 그대로 확인되는데, 남녀를 불문하고 멘토링 관계의 필요성에 대해서는 의견을 같이하고 있었다. 그렇다면 멘토링의 필요성에 대한 인식이 실제로 멘토링 관계를 형성하려는 적극적인 노력으로 이어질까?

본 연구에서 만난 여성 공무원의 경우, 〈Ms C〉와 같이 적극적으로 멘토를 찾아야 한다고 생각하는 경우가 없지는 않았다.

> 멘토- 멘티 관계뿐만이 아니라 어디서나 다 마찬가지로 필요한 쪽이 먼저 해야 되고 만약 그쪽(멘토)에서 싫다 그러면 삼고초려를 하든지 그렇게 해야 되지 않나 그렇게 생각해요. 멘티 입장에서 그렇게 적극적으로 해야죠. 〈Ms C: 기혼〉

그러나 인터뷰에 참여한 거의 모든 여성 공무원들은 멘토링 관계 형성에 소극적인 경향을 보였다.

> 특별히 제가 발 벗고 나서서 찾아야겠다 그렇지는 않았던 것 같아요. 제가 나서서 관계를 맺지는 않지만 관계가 맺어질 때에는 최선을 다하죠. 제 업무능력을 보여준다던지, 그리고 저에 대한 좋은 인식을 심어주기 위해 노력을 다 하긴 하지만…… 먼저 나서서 그러지는 않고 기다리는 거죠. 또 그럴(멘토가 되었으면 한) 사람도 마땅하게 없었고요. 〈Ms A: 기혼〉

> 여자들이 그런 일에 적극적인 것 같아 보이지는 않아요. 저부터도 그렇고. 신경 쓸 여유도 없고…… 사회적으로나 어떤 출세나 권력 지향적인 것이 좀 덜하기 때문이 아닐까 그런 생각이 들기도 하고. 〈Ms G: 기혼〉

> 먼저 얘기 꺼내는 것이 쉬운 일이 아니거든요. 상사가 바빠 죽겠는데 어떻게 생각할지도 모르는데 내가 귀찮게 하는 것은 아닐까 그런 게 있기 때문에

그냥 포말(formal)하게 엮어놓으면 좋겠어요. 그러면 부담 없이 내가 저 사람하고 언제든지 상담할 수 있다, 내가 모르는 것은 언제든지 (물어보는 것이) 가능하다는 것이 되니까 훨씬 낫죠. 〈Ms I: 기혼〉

더 큰 문제는 여성 공무원은 멘토링 관계가 형성된 후에도 크게 만족하지 못한다는 점이다.

만족할 만한 멘토링은 글쎄 뭐…… 조직에 적응을 시키기 위해 이러이러한 분야를 좀 가르쳐줘야겠다 뭐 그런 것이기보다는 얘가 어떻게 하는지를 두고 보겠다는 자세로 관찰을 하지 그 사람한테 다가가는 자세로 적극적으로 조직에 빨리 소프트랜딩을 시켜야 되겠다는 그런 건 아니기 때문에…… 그러니까 약간 방관자적인 입장에서…… 적극적으로 나서서 찾아보고, 도움 받고 뭐 그런 경우는 많지 않았던 것 같아요. 〈Ms F: 기혼〉

소극적인 여성 공무원과는 대조적으로 남성 공무원은 멘토링 관계의 형성에 훨씬 더 적극적이며 자신감을 보였다. 멘토에 의한 일방적인 훈련이 아니라 상호 학습이라고 규정하는 등 멘토링 관계에 대한 높은 만족도와 자신감을 보였다.

저는 멘토를 제가 적극적으로 찾아다니는 편입니다. 선배들이나 계장님이라든지, 과장님이라든지 찾아가서 물어보고 상담하고. 그러면 그 분들 모두 아주 열심히 가르쳐주죠. 저는 원래 이만큼 알고 싶었는데 그 분들은 그 이상, 그 일의 배경까지 훨씬 넓게 알려주시고 도움을 진짜 많이 받고 있죠. 〈Mr A: 미혼〉

저는 멘티가 기다리는 것보다 적극적으로 다가가야 한다고 생각해요. 내가 지금 무엇을 하고 있는지 보여주고 …… 바쁘지만 뭐든지 물어보고…… 페이

펴 검토도 해주시라고 보여주고 뭘 할 것 없는지 먼저 가서 물어보고…… 그런 좀 능동적인 부분이 필요하죠. 〈Mr D: 미혼〉

공직자로서 기본적인 생활이라든지, 어떤 정책을 입안하거나 집행을 하거나 할 때 도대체 무슨 기준을 가지고 어떤 결정을 내려줘야 되는 건지…… 최종적인 결정을 할 때 또는 정치적인 과정 등등 거의 모든 부분들에 대해 그동안의 자신의 경험에 근거해서 상당히 깊은 부분까지 알려주었죠…… 멘토링은 상호 학습 과정이라고 봐요…… 성공적이죠. 〈Mr E: 기혼〉

나는 멘토를 찾는 편이에요. 바빠서 안 되는 경우가 아니라면 또 내가 정말 싫어서 또는 무능하다고 생각해서 그쪽에서 거부한다면 할 수 없지만 사실, 그런 적도 없었고 다 잘해줬고…… 제 생각에는 멘토들이 오히려 기다리는 것 같더라고요. 예를 들어 나에게 와서 배우겠다는데 싫어할 이유가 없죠…… 다만 멘티들이 적극적으로 접근해오지 않고 그렇다고 멘토들이 나서서 적극적으로 찾을 수는 없고 그러니까 멘티들이 적극적으로 찾아 가야지요. 〈Mr F: 기혼〉

섹슈얼리티의 이중성과 성적인 오해

공직에서 멘토링 관계를 형성하는 데에 여성 공무원에게서 나타나는 소극성의 내부 구조를 보여주는 또 다른 요소는 성적인 오해에 대한 두려움이다. 잠재적 여성 멘토가 많지 않은 상황에서 여성 멘티에게는 교차-성 멘토링이 일반적이다. 멘토링은 단순한 업무 관계만이 아니라 인간적 친밀함을 기초로 빈번한 상호 작용을 하기 때문에 교차-성 멘토링은 확인되지 않은 성적인 소문이 생길 개연성이 높다. 이러한 개연성은 여성으로 하여금 멘토링에 대해 소극적이게 만드는 중요한 장애가 된다.

우리 사회 자체도 그렇고, 더더군다나 공무원 사회는 더 보수적이고 그래서 그 경우(교차-성 멘토링) 많은 시간을 어쨌거나 전화를 하든 만나든 뭘 하든 간에, 그만큼 같이 보내는 시간이 많다는 건데, 그건 당연히 곱지 않죠…… 그래서 이성이 어렵죠. 〈Ms B: 기혼〉

동성보다 신경 쓸 것이 훨씬 많죠. 항상, 다른 사람 눈도 한 번 더 생각해봐야 되는 거고, 내가 하다못해 남편이 있는데 밖에서, 아니면, 그 사람과 한 번 더 통화하게 되거나 내 속을 보여주는 거잖아요. 쉽게 말하면 그것을 얼마나 서로가 받아들일 수 있을지 그런 어려움이 많죠. 그 사람이 그런 것이 아니라는 것(성적인 측면이 포함된)을 알게 되기까지는 시간이 더 많이 걸릴 거고. 〈Ms C: 기혼〉

최근에 실제로 우리 조직에서 불미스러운 일이 있었어요. 과장님 한 분이 자기 부 여자 직원하고 부적절한 관계가 있었다는 소문이 쫙 돌았었어요. 남자는 나이가 많았고 여자는 어렸고…… 둘 다 그만뒀거든요…… 사실 여부를 떠나서 그런 일들이 있으니까 남자 상관도 그렇고 남자 부하도 그렇고 부담스럽죠. 그러니까 조심하게 되죠. 큰일나죠. 〈Ms F: 기혼〉

예전에 있던 직장에서 남자 동료가 있었거든요…… 그냥 밥을 먹으러 갈 때도 둘이 가면 사람들이 밖에서 그래요. "어 너네 데이트하러 가는구나" 그렇게 비춰지는 게 별로 좋지 않고 신경 쓰이고…… 공직이 워낙 보수적이다 보니까 남자들하고 친밀한 관계를 갖는 것이 꺼려지죠…… 뭔가 이성 관계로 볼 것 같고 그런 게 있죠. 〈Ms J: 기혼〉

이상의 경험을 통해 여성은 남성과의 교차-성 멘토링 관계가 유발할지도 모를 오해를 우려하고 신경 쓰고 있음을 알 수 있다. 소문의 진위와는 무관하게 소문 자체를 부담스럽게 느끼는 것이 확인되었다. 이처럼 여성 공무원이 갖는 우려와는 대조적으로 남성 공무원은 이 문제를 그렇게 심각하게 생각하지 않았다. 여성 멘티에 대해 부담을 느끼는 남성 멘토가 있기는 했다.

그 분(남성 멘토)이 저에게 "네가 남자였다면 좀 더 적극적으로 너를 이끌어 줄 수 있었을 것이다…… 내가 널 데리고 가서 막 소개도 시켜주고 앞으로 잘 봐달라고 부탁하는 게 아무래도 쉬웠을 텐데 여자이기 때문에 좀 어려웠고……"라고 하시더라고요. 제가 여자인 것이 부담이 되셨다는 거죠…… 사실 그 분이 결혼을 안 하셨다면 제가 더 부담스러웠을 것 같아요. 여자 부하를 부인이 싫어한다 뭐 그런 얘기들도 하더라구요…… 아무래도 여자끼리면 그런 부담이 없을 텐데 그게 좀 그렇죠. 〈Ms D: 미혼〉

그러나 이는 오히려 소수에 그치고 대부분의 남성 공무원들은 교차-성 멘토링이 갖는 성적인 오해의 가능성을 무시할 만한 문제로 규정하고 있다. 소문이 사실이 아니라면 걱정할 것 없다는 남성 공무원의 인식은 소문 자체가 부담스러운 여성 공무원과는 분명한 대조를 이룬다.

아직까지 여성 멘티는 없었지만…… 만일 갖는다고 해도 그런 시선에 대해서는 신경 쓰지 않을 것 같아요. 수상쩍은 행동을 안 하면 돼요. 멘토가 멘티와 충실한 관계를 유지하는 거랑 그것을 넘어서 사적인 감정 표현을 하는 것은 다르거든요. 뭐 그런 것 신경 씁니까? 자기만 아니면 되지. 〈Mr A: 미혼〉

미혼의 경우는 문제없을 것 같아요…… 저는 미혼이어서 그런지 차라리 이상한 소문이 났으면 좋겠네. 〈Mr D: 미혼〉

전혀 상관없는데…… 신경이 안 쓰이는데…… 여자 멘티랑 같이 늦게까지

사무실에 남아 있는 경우에도 전혀 그런 생각해본 적 없어요. 〈Mr E : 기혼〉

여자 멘티랑 사무실에 늦게까지 있을 때도 많았는데 저는 그런 생각은 별로 …… 다만 우리 집사람이 그 멘티랑 출장을 함께 가니까 약간 신경을 쓰는 것 같더라고요. 나는 뭐 별로…… 내가 아무렇지도 않으면 남이 뭐라고 하든 상관없지 않나요? 별로 큰 문제 아닌 것 같은데. 〈Mr F: 기혼〉

이러한 남녀 간의 인식 차이는 섹슈얼리티를 둘러싼 권력 관계 관점에서 논의할 필요를 제기한다. 이 책의 1부에서 밝힌 바와 같이 주류 조직 연구가 조직을 목표 달성을 위한 탈성화된(de-sexualized) 객관적인 도구로 규정함으로써 조직과 섹슈얼리티는 별개의 것으로 분리되었다. 그러나 탈성화된 논의는 여성의 현실을 구성하는 섹슈얼리티의 작동을 그것도 권력 차원에서 작동하는 영향력을 감추고 약화시키는 결과를 가져왔다. 섹슈얼리티를 기초로 한 남성의 지배는 조직 및 사회 전반에 배태되어 발현되는 가부장제와 그에 따른 여성의 종속성과 무관하지 않다(Calas and Smiricichi, 1996). 교차-성 멘토링에서 발생할지도 모를 성적인 오해에 대해 여성 공무원의 우려가 남성 공무원의 우려보다 높은 것은 섹슈얼리티를 둘러싼 권력 관계에서 여성의 열위를 그대로 보여준다.

사회적으로 부여된 상대적 권력의 우위와 조직 내 상관으로서의 지위권을 가지고 있는 남성(멘토)과 비교해 권력이나 지위에서 열위에 있는 여성은 성적인 오해가 발생했을 경우, 사실 여부와 관계없이, 경력 관리에 치명적이다. 직장 내 성희롱에서와 같이 명백한 피해자임에도 불구하고 여성은 원인 제공자로 치부되거나 이를 문제시할 경우 오히려 비난을 받는 것이 현실이라는 것을 감안한다면 이러한 남녀 간의 차이는 어쩌면 당연한 현실의 반영이다. 조직의 구조적 편중화로 인해 여성 멘토가 부족한 상황에서 교차-성 멘토링의 가능성이 높다. 그럼에도 불구하고 여성의 사회적, 조직적 지위의 열위와 젠더화된 섹슈얼리티로 인해 남성 멘토에게 접근하는 것이 어려운 모순적 현실이 여성을 소극적으로 만드는 것이다.

편입과 배제의 양면성

많은 여성들이 공직에 진입하는 것만이 능사는 아니다. 진입 이후의 효과적인 훈련과 재사회화를 기초로 성공적인 경력 관리가 가능하고 이를 통해 정부의 생산성 및 경쟁력 제고에 기여할 수 있는 인적 자원으로 성장하는 것이 중요하다. 그렇게 되면 여성의 능력에 대한 근거 없는 폄하와 그를 기초로 한 여성 공무원의 양적 확대 필요성과 효과성 그 자체에 대한 회의적 시각을 불식시킬 수 있는 계기가 될 것이다. 바로 이러한 측면에서 성공적인 경력 관리의 도구로 평가되고 있는 멘토링이 여성 공무원에게 더 중요한 의미가 있다.

이러한 중요성의 맥락에서 공직 내 멘토링의 구조와 작동 원리를 젠더 관점을 통해 비판적으로 논의했다. 특히 멘토링을 둘러싼 편입과 배제의 역학을 여성 공무원과 남성 공무원의 경험차이와 인식의 간극에 주목해 살펴보았다. 그 결과 멘토링과 관련하여 여성 공무원과 남성 공무원은 서로 '다른 세상'에 살고 있었다.

공직에서 멘토링은 성차별적으로 구조화되어 있으며 이를 가능하게 하는 작동 원리 또한 남성 친화적이다. 멘토의 성(性)에 대한 차별적이고 모순적이기까지 한 선호가 존재하고, 남성은 물론 여성도 여성 멘토가 갖는 도구적 효용을 높게 보지 않는다. 남성 중심적인 조직 구조, 문화, 관행 속에서 여성 멘토의 실질적 권력이 동일한 지위의 남성과 비교해도 상대적으로 낮은 것과 무관하지 않다. 멘토링 관계를 형성하는 방식과 문법이 남성적이고 그 안에서 여성의 배제가 자연스럽게 이루어졌다. 그 배제 기제를 남성 공무원은 인지하지 못하고 여성 공무원은 현저하게 인식하고 있었다. 문제는 이러한 배제를 교정하기에는 여성 공무원의 대응은 소극적이고 무력해 보이기까지 한다.

그러나 이러한 소극성이 여성의 성향만의 문제가 아님은 여성 공무원의 목소리를 통해 확인되었다. 오히려 젠더화된 하위 구조가 그 원인임이 포착되었다. 여성에 대한 성 역할 기대, 수직적 편중화로 인한 여성 멘토의 부족, 남성과의 교차-성 멘토링 관계에 수반되는 성적인 오해의 가능성 등이 그것이다. 공직에서의 멘토링을 둘러싼 남성 친화적이고 성별화된 하위 구조는 여성 공무원으로 하여금 멘토링 관계 형성에 소극적일 수밖에 없게 만들고 그러한 소극성은 결국 여성의 경력 관리와 경력 성공에 부정적일 개연성을 그 자체로 내포한다.

이처럼 멘토링을 둘러싸고 남녀가 '서로 다른 세상'에서 벗어나기 위해 젠더화된 구조와 작동 원리를 어떻게 완화할 것인가를 고민해야 할 때이다. 몇 가지 탐색적 대안을 생각해볼 수 있다. 먼저, 남녀 구성비의 균형을 통해 수직적 · 수평적 편중화를 극복해야 할 것이다. 이는 조직 구조, 문화 및 관행의 남성 친화성 완화에 기여할 것이다. 무엇보다 여성 관리자의 증가를 통해 역할 모델이 생기고 이는 여성 멘토의 도구적 효용을 높이는 대안이 될 수 있다. 진부해 보이지만 여전히 중요한 대안이다. 둘째, 보다 실질적인 대안으로는 공식적 멘토링의 활성화도 고려해볼 만하다. 앞에서 나타난 바와 같이 자생적이고 자발적인 비공식 멘토링의 형성 기반이나 작동 원리가 남성적이어서 여성이 소외되고 있다. 따라서 조직 차원에서 공식적으로 멘토링을 제도화함으로써 남성적 작동 원리를 완화시킬 필요가 있다. 단기간에 걸친 공식적 멘토링은 보다 친밀하고 장기적인 비공식 멘토링으로 발전할 수 있는 발판이 될 한시적인 보완재로서 기능할 수 있기 때문이다. 이를 위해서는 멘토링을 활성화하는 조직 문화의 조성이 필요하다. 조직에서 공식적 멘토링을 인위적으로 형성하고 지원한다는 것은 조직이 멘토링을 중시한다는 신호가 된다. 이러한 신호는 조직 전반에 걸쳐 멘토링에 대한 긍정적인 분위기를 형성하는 계기가 될 것이고 향후 비공식적인 멘토링으로 이어질 수 있는 토양을 마련하는 계기가 된다. 한시적 보완재라 해도 여성과 같은 소수 집단 구성원에게 공식적 멘토링의 의미와 효용은 결코 가볍지 않다.

5부

일, 가족,
그 젠더화된
이중성

14장

일-가족 양립을 둘러싼 수사와 현실

'형식'과 '현실' 사이에서

기혼 여성의 노동 시장 참여는 대세이며 공직 역시 예외가 아니다. 어떤 면에서 공직은 여성 참여의 모범적 장이 되고 있다. 아니 모범적인 장이 될 것을 요구받고 있다. 1990년을 분기점으로 하여 기혼 여성의 노동 시장 참여율이 미혼 여성의 그것을 상회하기 시작했고 그 추세는 지속되고 있다(여성정책연구원, 2014). 이처럼 기혼 여성이 노동 시장에 활발하게 참여하는 현실적 변화는 과거와는 다른 조직 관리 방식의 필요성을 제기한다. 그간 여성이 가정이라는 울타리 안에서 담당해온 보살핌의 책임을 그동안 책임의 밖에 존재했던 남성과 국가가 분담해야 하는 현실적 불가피성을 야기했기 때문이다. 이러한 상황적 변화에 대응해 일-가정의 조화로운 양립을 위한 정책적 지원과 조직 관리가 중요한 아젠다로 부상했다.

1990년대 들어와 보육, 출산 및 육아휴직으로 대표되는 일-가정 양립을 지원하는 정책적 개입이 그 대표적인 예이다(여성가족부, 2014; 안전행정부, 2014). 일-가정 양립 지원을 목표로 하는 정책의 형식적 내용은 서구 선진국가와 비교해도 부족하지 않다. 그러나 표면적으로는 선진적인 일-가족 양립 정책이 여성 공무원(노동자)의 실제 삶 속에서 얼마나 효과적이고 실질적으로 기능하는가는 형식과는 별개이다. 잘 알려진 것처럼 특정 정책의 존재가 그것의 실질적인 작동을 보장하는 것은 아니기 때문이다. 여기서 여성 공무원(노동자)이 직면하는 현실 중 일-가족 양립 지원을 형식주의(formalism) 맥락에서 논의해야 하는 필요성이 제기된다. 형식주의는 "한 제도가 규율하고자 하는 목적 기준이나 수단과 실제 관행 간의 격차"를 의미한다(이종범, 1986:53).

여성 공무원의 일-가족 양립 현실을 형식주의의 맥락에서 논의해야 하는 이유는 충분하다. 우리나라에서 오랫동안 일-가족 양립은 개인이 해결해야 하는 문제로 규정되어왔기 때문에 이와 관련한 정책적 유산이 축적되어 있지 않다. 또한, 일-가족의 분리주의적 믿음의 건재는 일-가족 양립 이슈를 담아낼 만한 사회적 운신의 폭을 줄이고 있다. 이러한 현실적 맥락은 일-가족 양립을 지원하는 정책이 현실에서 효과를 보지 못하고 상징적인 제스처로 남을 개연성을 높인다. 한마디로 정책 내용과 현실 간의 간극, 즉 형식주의의 가능성이 그만큼 커질 수 있기 때문에 이를 밝히는 작업이 중요해진다.

이러한 기본적 문제의식에 따라 이 장에서는 여성 공무원(노동자)이 만나는 일-가정 양립 지원 정책의 형식적 목표와 여성 공무원이 실제로 경험하는 현실 사이에 어느 정도의 간극이 존재하는지를 여성과 남성의 목소리를 통해 들어보고자 한다. 일-가족 양립 지원의 형식적 목표와 실제 운용 간의 간극은 표면적인 현상의 이면에 존재하므로 일상의 경험들 속에서 그것이 어떻게 작동하는가를 밝히는 심층 면접을 적용했다. 특히 여성 공무원만이 아니라 남성 공무원의 경험과 인식도 함께 담아냈다.

일-가족 양립의 수사(修辭)

일-가족 양립을 지원하는 정책의 필요성은 여성 노동력의 활용을 통한 국가 경쟁력 제고 및 노동 시장에서 남녀평등의 실현으로 요약된다. 2014년 현재 우리나라 여성의 노동 시장 참여율은 55.6%로 평균 62.6%를 상회하는 OECD 회원국 중 하위권에 머물러 있다(통계청, 2014). 기혼 여성의 노동 시장 참여가 불가피한 상황에서 이들 여성 인력의 효과적인 활용을 위해서는 모성 보호 및 일-가정 양립을 위한 정책적 지원이 중요하다. 특히 우리나라의 경우, 여성의 생애 주기별 노동 시장 참여 양상은 극단적인 분절을 특징으로 하는 전형적인 M자형을 보이고 있다. 결혼 이전인 20대 초반에 가장 높은 참여율을 보이다가 결혼과 출산이 맞물려 있는 20대 중·후반에서 30대 중반까지 급격한 감소를 나타내고 그 이후에 참여율이 회복되는 양상을 보인다.

이처럼 여성 노동 참여의 분절적 양상은 선진 외국과 비교했을 때 보다 극명해진다. 소위 선진국으로 분류되는 국가에서 여성의 노동 시장 참여는 남성의 그것과 유사한 형태를 보이고 있다. 이는 남녀를 불문하고 20대부터 50대까지 전 생애에 걸쳐 지속적으로 노동 시장에 참여함으로써 결혼이나 출산으로 인한 경력 단절의 심각성이 거의 발견되지 않는다. 동아시아 국가와의 비교도 흥미로운데 일본은 우리와 유사한 형태를 보이고 있다. 일본의 경우, 우리나라와 유사한 가족 문화적 전통으로 인해 기혼 여성의 가족 책임에 대한 사회적 기대가 높고 육아의 가족 책임을 기본으로 한다(Won, 2012; Sung & Pascall, 2014). 이는 우리나라에서와 같이 기혼 여성의 노동 시장 참여를 어렵게 하는 요인으로 작용해 여성의 경제 활동의 분절성으로 나타나리라는 추론이 가능해진다. 그러나 일본은 우리나라에 비해 여성의 노동 시장 참여율 자체가 높고 분절의 정도도 완만한 것으로 평가할 수 있다.

한마디로 우리나라는 노동 시장에 남아서 가장 활발하게 일을 해야 하는 연령대의 여성들이 결혼이나 육아 등 가정적 책임과 일을 함께 하는 것이 어려운 현실로 인해—자의든 타의든—노동 시장으로부터의 퇴출을 경험하고 있는 것이다. 이로 인해 고급의 여성 노동력이 사장되고 노동 시장에서 여성의 종속적인 지위가 지속적으로 양산되는 악순환을 보인다. 따라서 이러한 악순환의 고리를 끊고 여성 노동력을 효과적으로 활용해 국가 경쟁력을 제고시키고 노동 시장에서의 양성 평등을 실현하기 위한 조치들이 요구되는 것이다. 이러한 필요에 부응해 우리나라에서도 출산휴가 및 육아휴직 등 다양한 휴가 시스템을 중심으로 일-가정 양립의 지원을 목적으로 하는 정책적 개입이 이루어지고 있다.

이처럼 고질적인 여성 노동의 분절성을 완화하는 것을 목적으로 하는 일-가정 양립 지원 정책의 형식적인 내용은 다음과 같다. 출산휴가는 여성 근로자의 출산 전후에 90일간 제공되는 법정 휴가로 휴가를 제공하지 않거나 단축 사용할 경우 징역 또는 벌금형이 부과되는 강제 규정이다. 휴가 기간 중 임금의 보전은 90일 100%가 제공되는 유급의 휴가로 운영된다.[1] 또한, 육아휴직은 만 8세 이하 또는 초등학교 2학년 이하의 자녀를 둔 근로자(남녀 불문)가 자녀의 양육을 위해 최대 12개월까지 신청해 사용할 수 있다. 육아휴직 역시 통상임금의 40%가 지급되는 유급 휴가이며 육아휴직의 사용으로 인한 인사상의 불이익은 법적으로 금지되어 있다.

---

1 일반 근로자의 경우는 90일 급여를 고용보험에서 지급한다. 대기업은 최초 60일은 사업주가, 그 이후 30일은 고용보험에서 지급한다. 90일에 대한 통상임금에 상당하는 금액이 405만 원을 초과하는 경우에는 405만 원을 지급한다. 공무원은 출산 전후 90일이 인정되며 통상임금에 상당하는 급여를 지급한다(남녀고용평등법, 국가공무원법, 지방공무원법 참고).

〈표 17〉 출산휴가 및 육아휴직 제도의 내용: 국가 간 비교

국가명	출산휴가		육아휴직	
	수급기간	소득보장	수급기간	소득보장
한국	12주 (90일)	100%	52주 (공무원은 3년까지)	40%
일본	14주	60%	52주	50%
미국	12주	무급	12주	무급 (지역에 따라 유급 가능)
영국	52주	첫6주(90%), 20주(GBP 108.85 정액 혹은 90%), 26주 무급	자녀당 13주 (장애아일 경우 18주)	무급
이탈리아	20주	80%	6개월	30%
스웨덴	150일	80%	480일 (부모 공동 사용, 60일씩 남녀 할당)	출산일 14일까지 80% 15일–270일 90% 잔여기간: 390일은 80%, 90일은 정액급여(SEK 60/일)
노르웨이	9주 (부모 보험에 포함)	48주 100%, 1년 80%	1) 54주, 이 중 9주는 모에게(출산휴가 포함), 6주는 부에게 할당되며, 나머지 39주는 부모 중 선택 2) 추가 무급휴가 1년	1) 부모 중 한 사람이 29주까지 사용할 경우 100% 부모 중 한 사람이 29주 이상을 사용할 경우 80%(39주까지 가능함) 2) 무급

출처: 통계청(2014), OECD Family DB.

우리나라에서 현재 실시되고 있는 출산휴가와 육아휴직 제도의 형식적 내용은 다른 나라와의 비교 속에서 보다 명확해질 수 있다. 〈표 17〉에서 보는 것처럼 현재 법적이고 형식적으로 정비되어 있는 출산휴가와 육아휴직 제도의 내용은 여타 국가와 비교해볼 때 크게 뒤처지는 상황은 아니다. 육아휴직의 경우는 오히려 선진국보다 진일보한 측면이 없지 않다. 특히 공공 부문의 경우는 육아휴직 제도가 상당히 선진적인 형태로 정비되어오고 있다. 2002년 국가공무원법과 지방공무원법의 개정을 통해 육아휴직 대상 자녀의 연령을 1세 미만에서 3세 미만으로 확대했고, 현재는 만 8세 이하 자녀도 대상이 된다. 자녀 수에 관계없이 각 자녀당 1년 이내, 여

성 공무원은 3년 이내의 육아 기간이 보장될 수 있도록 했다. 지방공무원 임용령(제31조의6 제2항)을 개정하여 자녀 양육을 위한 육아휴직 기간도 직무에 종사한 것으로 보아 경력 평정 대상 기간에 산입하도록 했다(행정자치부, 2004). 일-가족 양립 지원에 적극적인 스칸디나비아 국가들과 비교해 미진한 부분이 없는 것은 아니지만 전체적으로 볼 때 우리나라의 출산휴가 및 육아휴직 제도의 '형식적' 내용은 상당히 진전되어 있다는 평가가 충분히 가능하다.

일-가족 양립의 현실 : 젠더화된 이중성

이처럼 여성 노동의 분절성 완화를 목적으로 하고 선진국과 비교해서도 크게 뒤떨어지지 않는 출산 및 육아휴직 제도의 형식적 내용이 현실 속에서 어떻게 구체화되고 있을까? 출산 및 육아휴직의 형식적 내용이 여성 공무원(노동자)의 실제 현실에서도 그대로 반영되어 운용되고 있을까? 이러한 질문에 대한 답을 심층 면접을 통해 구하고자 한다.

출산휴가, 엄마 벌점의 시작

이미 본 바와 같이 임신한 여성 공무원(노동자)은 산전 · 후를 통하여 90일간의 유급 출산휴가를 사용할 수 있다. 이러한 출산휴가는 일종의 권리로 인식됨으로써 심리적 수용의 범위는 비교적 넓은 것처럼 보인다. 그러나 면접에 참여한 여성 노동자의 직 · 간접적인 경험을 통해서 보자면, 그것의 현실적인 운용은 심리적인 수용 범위와는 일정한 거리가 있는 것처럼 보인다. 공공 부문이 아닌 사 부문, 그중에서도 영세한 조직의 경우가 대부분이지만 출산휴가에 대한 변칙적이고 탈법적인 운영의 가능성을 완전히 배제할 수 없음을 보여준다. 3개월의 법적으로 보장된 휴가 기간에도 불구하고 고용주의 현시적 또는 암묵적 강압과 요구로 인해 2개월도 채우지 못하고 업무에 복귀해야 하는 사례도 없지 않다. 더욱이 자신의 법적 권리를 충분히 인지하고 있음에도 불구하고 약자일 수밖에 없는 여성이 그러한 탈법적 요구에 대항하는 것이 현실적으로 불가능하다는 것이 일치된 주장이었다.

> 두 달 조금 못 되어서 나오라는 전화가 왔어요…… 나갈 수밖에요…… 법으로 3개월이니까 못 나가겠다고는 할 수 없잖아요…… 회사를 그만둘 생각이 없는 한 밉게 보여서 좋을 게 없으니까요. (Mrs 최)

여기서 주목해야 할 또 하나의 문제는 출산휴가에 대한 조직의 부정적인 반응이다. 본 연구에서 만난 출산휴가 경험자들은 상관은 물론 동료들 모두 휴가자에 대해 부정적인 반응을 보임으로써 휴가의 사용이 당연한 사회적 권리로서가 아닌 죄책감을 느끼게 하는 조직 분위기를 가장 큰 문제로 지적하고 있다. 이러한 부정적인 반응은 기업의 규모와 무관하게 공통된 경험이었다.

> 휴가 신청했더니…… 남자 동료들은 (농담조로) "끝나고 오면 책상 없어질 수도 있어"…… 그게 우리 회사의 분위기예요. (Mrs 강)

> 다 싫어하죠. 왜 남의 집 애 때문에 그 짐을 내가 떠맡아야 하나, 내가 똑같은 월급 받으면서 일을 더 많이 해야 되나, 다 그렇게 생각하죠, 남자들은. (Mrs 김)

휴가자의 죄의식을 유발하는 조직의 부정적인 반응과 분위기는 상당수의 여성 근로자들에게 휴가가 시행되기 전에 업무 공백과 다른 구성원들의 업무 부담을 최소화하기 위해 지나칠 정도의 초과 근무에 대한 요구로 이어지기도 했다. 명시적으로 초과 근무를 요구하는 것은 아니지만 묵시적인 압력의 존재를 무시할 수 없다는 것이다. 여성 공무원인 아래의 사례는 일-가정 양립에 상대적으로 관대하다는 공직 사회에서도 휴가가 여성 공무원에게 어떤 의미가 있는가를 충분히 보여준다.

> 출산 얼마 전부터 과장이 휴가 동안 일을 못하니까 최대한 보충하라고 하데요…… 출산 이틀 전까지 회사를 나왔는데…… 밤 12시까지 일한 적도 많았어요. (Mrs 허)

더 심각한 문제는 이러한 부정적인 반응이 단순한 인식과 선호의 문제로 그치는 것이 아니라 실질적으로 여성 근로자의 승진이나 경력 관리에 부정적으로 작용할 가능성이다. 다음의 경험들은, 법적인 규정과 무관하게, 또는 법적인 규제의 이면에서[2] 임신과 출산은 여전히 여성 근로자에게 차별적인 처우의 보이지 않는 근거로 작용하고 있음을 보여준다.

> 휴가 후에 고과가 너무 나쁘게 나왔더라구요…… 과장한테 따졌더니 "입장을 이해 못하는 건 아니지만 '개인적'인 사유로 일을 안 한 거고……" 하더라고요…… 불만이야 많았지만 받아들일 수밖에 없었는데…… 문제는 그 고과가 계속 따라다닌다는 거죠. (Mrs 문)

> 산후휴가 다녀온 여직원에게 고과 D를 준 거예요. 고과 D를 받는다는 게 얼마나 치명적인지 아세요? D가 둘이면 사표 써야 돼요. (Mrs 이)

2 남녀고용평등법은 "차별이라 함은 사업주가 근로자에게 성별, 혼인……, 임신, 출산 등의 사유로 합리적인 이유 없이 채용 또는 근로의 조건을 달리하거나 그 밖의 불리한 조치를 취하는 경우를 말한다"(제2조①).

여성의 사회적 권리로서 당연히 행사해야 하는 법적으로 보장된 강제 규정임에도 불구하고 조직에서 출산휴가에 대한 실질적인 수용의 범위는 제한되어 있으며 무엇보다 그것의 사용으로 인한 '벌점(penalty)'이 엄존한다는 사실은 정책의 형식적인 수사와 실질적 현실 간의 간극의 존재를 방증한다.

육아휴직, 경력 성공의 '함정'

앞에서 본 것처럼 1년 미만(공공 부문은 3년 미만)의 영아를 가진 근로자는—남녀를 불문하고—최대 12개월에 이르는 육아휴직을 신청할 수 있으며, 육아휴직의 사용으로 인한 불평등한 처우는 법으로 금지되어 있다. 더욱이, 2004년 2월부터 매월 40만 원의 급여(또는 수당)가 지급되는 유급의 휴가로 운영되고 있다. 그러나 표면적 변화에도 불구하고 그것의 실질적 운영과 효과성(또는 현실적 수용 가능성)에 대해서는 몇 가지 다른 각도에서 논의의 필요를 제기한다. 첫 번째는 육아휴직의 이용률이 매우 미미한 상태이다. 공공 부문의 경우, 휴가 대상자 중(지방자치단체 공무원 12.2%, 중앙부처 8.7%)가 휴가를 사용했고, 사기업 부문의 경우는 0.18%에 불과한 실정이다(안전행정부, 2013). 남성은 대상자의 4.4%만이 육아휴직을 사용했다.

왜 이처럼 휴가 이용률이 저조할까? 인터뷰에 참여한 남녀근로자를 통해 몇 가지 사회문화적 장벽이 포착되었다. 가장 큰 문제는 육아휴직에 대한 부정적인 반응과 불이익 처분에 대한 불안감이다. 사 부문은 차치하고 일-가정의 양립 지원에 상대적으로 관대하다는 공공 부문에서도 육아휴직을 하는 데에 상당한 용기가 필요했다는 점에서 공공 부문의 경우에도 육아휴직의 수용의 범위가 넓지 않다는 평가가 가능해진다.

> 우리 과장은 너무 부정적으로 "진담이야?"라고 반문하데요…… 우리 과장

도, 담당 부서도 육아휴직이 실제로 있을 거라는 생각조차 안 하고 있었던 거죠. (Mrs 윤)

그 당시 과장은 물론 부원 모두가 너무 부정적이더라구요…… 나중에 들었는데, 우리 과장이 "어떻게 육아휴직을 신청할 수 있지?"라고 얘기했대요. (Mrs 도)

과장이 퉁명스럽게 "육아휴직을 쓰면서까지?"…… 그러더라구요…… 그 말이 저에게는 '차라리 일을 그만두지 그래?'라는 말로 들리더군요. (Mrs 박)

육아휴직으로 인한 불리한 처우의 금지 규정에도 불구하고 육아휴직은 승진에 있어서 불이익으로 이어질지도 모른다는 우려가 포착된다. "육아휴직=일(조직)에 대한 헌신의 결여"라는 암묵적인 공식이 성립되는 분위기에서 그러한 불안감과 우려는 어쩌면 당연한 것일지도 모른다. 아래의 사례에서 볼 수 있듯이 육아휴직으로 인한 차별적 처우가 당연하고 심지어 공정하게까지 인식된다면 육아휴직에 대한 실질적 수용의 범위가 어느 정도인가를 가늠할 수 있을 것이다.

회사 전체에 소문이 쫙 퍼질 정도로 잘나가는 선배가 있었는데 사정상 육아휴직을 했거든요…… 돌아왔을 때 업무를 주지 않는 거예요. 이리 저리 돌아다니다가 결국 그만뒀어요…… 그게 현실이에요. (Mrs 리)

그건(차별적 대우), 암묵적인 합의인 것 같아요…… '복직시켜주는 것만도 고맙지'라고 생각하는 것 같고요…… 처음부터 각오했어야 했죠…… (Mrs 도)

일보다 가정을 앞세우는 사람을 어떻게 신뢰하겠습니까?…… 그런 사람을

'자를 수' 없다면 승진에서 누락시키는 건 너무 당연하죠. 그건 차별이 아니라 고 봐요. (Mr 한)

육아휴직 제도의 실질적 운용과 관련한 또 하나의 문제는 남성들의 태도 및 참여율이다. 원칙적으로 육아휴직은 육아 책임의 공유를 목적으로 도입되었다는 점에서 남성(아버지)들의 적극적인 참여가 정책 효과성을 가늠하는 중요한 척도로 논의된다. 그러나 현실적으로 육아휴직의 사용에 있어서 상당한 남녀 격차가 존재한다. 공공 부문의 경우, 육아휴직자의 95%가 여성 공무원으로 구성되며(안전행정부, 2014), 사 부문의 경우, 조직의 특성상 남성 육아휴직자의 비율이 미미한 수준일 것이라는 추정은 어렵지 않다. 사기업에 다니는 남성 면접자들의 태도와 인식은 그러한 추정을 충분히 뒷받침한다.

아마 그렇게 되면(육아휴직을 하게 되면) 낙인찍히는 거죠……'얼마나 무능하면 집에서 애나 볼까' 또는 아주 냉소적으로 '대단한 wife를 뒀구먼' 뭐 이렇게 되는 거죠. (Mr 한)

만일 휴가를 신청한다면 사장은 "아예 회사 그만두고 집에서 애나 보지?" 바로 그럴걸요. 상상도 못해요. (Mr 고)

육아휴직이란 '사표 내겠습니다' 하고 같은 의미거든요…… 회사를 그만둘 생각이 아닌 한 말도 못 꺼내죠. (Mr 양)

이러한 반응의 저변에 상호 연계되어 작동하는 사회문화적인 요인을 포착할 수 있다. 우선 육아와 관련해 극단적으로 성별화된 가부장적 이데올로기의 영향력을 지적할 수 있다. 경직적인 이데올로기에 근거한 성별 분업이 강하게 남아 있으므로 맞벌이 가정이라고 하더라도, 남성과 육아는 상호 연계 가능한 상황이 아니다. 남성으로서의 정체성과 아버지로서의 역할 기대 간의 간극을 만드는 이데올로기는 직장에도 그대로 반영되어 육아로 인한 휴가의 사용은 경력상의 불이익으로 이어진다는 불안감으로 확장된다. 흥미로운 것은 육아휴직을 어렵게 하는 전술한 이유의 상대적 중요성과 관련해 여성의 경우는 경제적 이유가 고려 대상이 되는 반면, 남성은 오히려 경제적인 고려는 2차적이고 소속 조직의 반응과 그로 인한 경력상의 불이익이 결정적인 장애 요인으로 지적되고 있다는 점이다.

이상의 논의를 정리하면 사회적 권리로 인정받아야 할 출산과 그에 상응한 출산휴가는 지극히 개인적인 선택의 문제로 규정된다. 또한 여성을 고용함으로써 치러야 하는 '불필요'하고 '부가적'인 비용으로 인식되고 있음을 포착할 수 있었다. 육아로 인한 노동 시장에서의 단절을 막고 육아 책임의 공유를 통한 근로자의 가정과 일의 균형 있는 양립이라는 정책적 수사(修辭)에도 불구하고 육아와 관련한 남성(아버지)들의 비가시성은 계속되고 있다. 결국 일-가정의 양립이란 여성만의 문제로 인식되고 따라서 양립 지원 정책 역시 노동자를 위한 정책이 아닌 여성만을 위한 정책으로 규정될 수밖에 없는 기저 구조가 발견된다. 이러한 상황은, 여성의 노동 시장에의 참여와 무관하게, 육아와 관련한 전통적인 성별 분업을 오히려 강화시키는 동시에 노동 시장에서의 여성의 지위를 약화시키는 악순환—소위 Mommy's track—을 초래하는 또 하나의 성별화된 함정으로 기능하고 있다는 평가를 가능하게 한다.

왜 이처럼 출산 및 육아휴직 제도의 공식적 목표와 실질적 운영 간에 거리가 존재하는 것일까? 다음 절에서는 노동 시장에 존재하는 이데올로기적 장애를 중심으로 이러한 질문에 답을 구하고자 한다.

수사와 현실의 딜레마

젠더화된 이분법

국가나 지역에 따라 정도의 차이는 있지만, 여성의 노동 시장 참여로 인해 공(노동 시장=남성)-사(가정=여성) 영역의 전통적인 이분법에 기초한 남성 부양자 모델의 현실적 설명력이 약화되고 있다. 여성이나 남성 모두 노동 시장에 참여함에 따라 어머니로서 또는 아버지로서 가정에서의 보살핌 책임을 공유해야 한다. 그러나 인터뷰를 통해 우리나라의 노동 시장에서 여전히 강력하게 작동하고 있는 공-사 영역의 전통적인 이분법의 영향력이 확인된다. 사적인 일과 공적인 업무 간의 상호 연계성을 인정하지 않는 분위기 속에서 남녀를 불문하고 일-가족 간 명확한 경계선의 획정이 중요한 덕목이 되고 있다. 직장과 가족 간의 이분법은 '신데렐라'라는 은유가 극명하게 보여준다.

> 일하는 엄마들은 완벽하게 변신할 수 있는 '신데렐라'가 되어야 해요…… 회사에서는 싱글처럼 집에서는 전업주부처럼…… 현실적으로 그게 가능한가요? (Mrs 리)

공사 영역 간의 명확한 경계는 남성 중심적이고 가부장적인 이데올로기로 이상적인 노동자란 가사로부터 자유로울 뿐 아니라 성실한 아내로부터 전적인 지원을 받는 남성을 전제하고 있다. 따라서 이러한 경계의 획정이 남녀 모두에게 공통적으로 요구되는 듯하지만, 노동 시장 참여와 무관하게 육아(가사 포함)의 80% 이상을 부담하고 있는 한국의 여성 근로자에게 이러한 경계 구분은 현실적으로 거의 불가능하다. 그럼에도 불구하고 주목해야 할 점은 현실적 가능성이나 남성과 여성과의 상황 차이는 고려하지 않고 양자 간의 명확한 경계를 획정해야 하고 그렇지 못할 경우 무능과 불성실, 그리고 헌신의 결여로 규정되어 결국 공적인 영역(노동 시장)으로부터 떠나야 하는 것으로 인식되는 현실이다. 이러한 현실은 당연히 여성에게 불리하게 작용한다.

> 남녀를 불문하고 집안일 때문에 직장일에 지장을 주는 것은 프로페셔널하지 못한 건데, 불행하게도, 여자들이 그래요…… 프로가 되려면 사적인 집안일을 어떻게 해서든 문제없이 처리를 해야죠. 그게 안 되면 그만둬야죠. (Mr 한)

> 남자는 기·미혼에 따른 변화가 별로 없는데, 여자들은 (결혼 후) 일에 대한 태도가 180도 달라져요…… 집과 직장 간의 명확한 구분이 잘 안 된다고 할까…… 끝나면 그저 집에 갈 생각만 하는 사람들에게 뭘 기대할 수 있겠어요. (Mr 고)

이상의 논의는 현재 노동 시장에서 공-사 영역의 명확한 구분이라는 남성 중심적 이데올로기에 근거해 임신과 출산과 같은 사적 문제에 대한 수용의 범위가 매우 좁다는 것을 보여준다. 이미 논의한 것처럼 혁신과 무한 경쟁을 강조하는 신관리주의적 요구는 공-사 영역의 경직적 이분법을 강화하는 또 하나의 요인이다. 신관리주의에서는 업무 성과가 다른 구성원들과 같은 수준에 미치지 못하거나 특정 기준에 부합하지 않을 경우 가해지는 차별적인 처우—임금, 승진 및 직업의 안정성 등—는 당연시된다. 일견 이러한 기준이 남녀 모두에게 공통적으로 적용되기 때문에 여성이 노동 시장에서 성공할 수 있는 기회가 확대된 것으로 해석될 수도 있을 것이다. 그러나 이러한 요구의 이면에는 강력한 공-사 영역의 경직적 이분법이 작동함을 부인할 수 없다. 무한 경쟁을 강조하는 노동 시장에서는 사적 영역이 공적 영역에 유출되는 것에 대한 수용의 범위가 훨씬 좁아질 것은 자명하기 때문이다.

결과적으로 이러한 상황은 '공(일)과 사(가정) 영역의 상호 연계성과 조화로운 양립'이라는 일-가정 양립 지원 정책의 형식적 목표와 정면으로 배치됨으로써 그러한 정책 목표의 실질적인 실현을 어렵게(또는 왜곡된 방향으로 운용되게) 하는 장애로 기능한다. 더욱이 여성의 노동 시장 참여에도 불구하고 가정 내의 성별화된 분업 구조의 변화가 없는 상태에서 사적 영역의 수용이라는 정책적 요구는 여성을 고용하지 않는다면 지불하지 않아도 되는 그리고 조직의 생산성을 저해하는 불필요한 비용의 유발 요인으로 인식될 것이다.

여성의 경제력, 그 양가적 의미

일-가정 양립 지원 정책이 성별화된 방식으로 운용되는 데 기여하는 또 하나의 맥락은 여성의 일과 남성의 일에 대한 차별적 규정이다. 일반적으로 노동 시장에 참여하는 동기는 크게 두 가지로, 경제적 필요성과 자아실현의 욕구이다. 이러한 동인은 남녀 모두에게 적용되는 것임에도 불구하고 여성의 일에 대해서는 차별적으로 규정되는 경향이 있다. 남성은 가족의 생존에 직결되는 경제적인 필요성으로 규정하는 데 반해 여성은 가족의 생존과는 거리가 있는 자아실현과 같은 개인적인 필요가 전면에 부각된다.

그러나 현실은 이러한 차별적 규정과 상당한 거리가 있음을 보여준다. 본 연구에서 만난 면접자들은, 성과 무관하게, 경제적인 필요성을 노동 시장에 참여하는 일차적인 이유로 들었다. 여성 공무원(근로자)도 남성 공무원과 마찬가지로 일을 추진해가는 과정에서 자아실현을 경험하는 것은 사실이지만, 그것은 오히려 부차적인 것으로 가족의 생활을 유지하기 위한 경제적인 필요가 일차적인 목적임을 강하게 주장하고 있다.

전 돈 때문에 일해요…… 그런데도 여자는 개인 욕구 충족을 위해 일한다고 일단 접고 들어가죠. 그걸 가지고 제일 먼저 자르고, 승진에서도, 남자니까, 가족을 먹여 살려야 되니까 하면서…… 남자나 여자나 다 먹고 살려고 일하는 거죠, 사실. (Mrs 변)

자아실현 때문이라면 전 벌써 그만뒀어야 돼요…… 거의 매일이 전쟁이에요…… 자아실현 그런 것 없어요…… 어떤 때는 너무 힘들어서 옷도 못 벗고 쓰러져서 잘 때도 많아요. 그런데도 일을 그만둘 수가 없어요…… 해야 되니까. (Mrs 리)

이렇게 본다면 서구에서는 물론(Pascall, 1986; Yousefi, 1997; Barrett and McIntosh, 2000), 우리나라에서도 여성의 노동 시장에의 참여가 자아실현을 위한 여성의 선택의 문제이기보다는 생존의 문제로 보는 것이 타당할 것이다. 이러한 여성의 노동 시장 참여에 대한 가부장적 이데올로기는 성인 남성은 가족을 부양할 만한 정도의 임금을 받아야 한다는 가족 임금 이데올로기에 근거해 있으며, 가족 임금 이데올로기는 여성의 작업 조건과 승진에 부정적으로 작용하여왔다(조순경, 1999; 이동선 · 원숙연, 2013). 그러나 기혼 여성의 노동 시장 참여를 통해 가족 임금 이데올로기의 경제적 기초가 변하고 있으며 1998년과 2008년 경제 위기로 인해 그 흐름이 가속화되고 있다. 경제 위기에 따라 노동 시장의 구조 조정과 남성 실업의 증가로 인해 여성의 임금이 가족 생계에 중요한 부분을 차지하게 된 결과로 보인다.

이러한 가족 임금 이데올로기의 현실적 기반이 변하고 있음이 인터뷰 참여자를 통해서도 발견된다. 여성 면접자 중 대다수(약 90%)가 남편의 월급만으로는 일정 수준 이상의 생활을 영위할 수 없고 자신들이 노동 시장에 참여하는 것이 가족 생계의 중요한 부분을 차지하고 있음을 보여주었다. 그중 여러 명은 다양한 이유로 실질적이고 일차적인 생계 부양자의 책임을 맡고 있었다. 그에 따라 일과 가족의 양립이 어려워 일을 그만두고 싶어도 남편의 반대 때문에 일을 그만둘 수 없다는 여성이 상당수 있음을 볼 때 여성의 일이 가정 경제와 무관한 개인의 욕구 충족이나 사치와는 거리가 있음을 분명히 보여준다.

흥미롭게도 남성 참여자의 경우, 부인의 노동 시장 참여가 가정 경제에 기여를 하고 있음을 인정하면서도 그런 부인이 가정이 아닌 바깥일에 집중하는 것을 부정적으로 보는 모순적이고 양가적인 태도를 보이고 있다.

> 최근 강남에 꽤 큰 평수의 아파트를 구입했어요…… 맞벌이가 아니었다면 제 나이에 불가능하죠…… 다 부러워하죠. (Mr 양)

> 물론 경제적으로 도움이 많이 되죠…… 그런데 우리 wife는 너무 바깥일에 열심이어서 그게 문제죠…… 남자처럼 평생 일할 것도 아니고 어차피 일시적인 건데…… 바깥일보다는 집안일에 비중을 두어야 되는 것 아닙니까? (Mr 황)

이는 전통적인 젠더 이데올로기와 여성에게 요구되는 새로운 역할(임금노동자) 간의 갈등에서 기인하는 것으로 일하는 여성이 겪게 되는 일-가정 양립의 어려움을 배가시키는 요인이다. 그간 한국에서 여성과 남성에 대한 전통적 의미의 성역할 인식에 변화가 있는 것은 부인할 수 없다. 관련 연구에 따르면(원숙연, 2013b; 2014a), 1990년대 후반 이전까지는 기혼 여성의 노동 시장 참여와 관련하여 전통적인 인식이 지배적이었으나 그 이후 상당한 변화가 감지되고 있다. 예를 들어 기혼 여성의 취업의 적기(適期)에 대한 인식에서 1990년대 중반까지는 결혼 전과 자녀 성장 후가 높은 비율을 보였다. 전업 주부로서 '가정에 전념해야 한다'는 인식도 높게 나타났다. 그러나 1999년 경제 위기와 함께 기혼 여성의 노동 시장 참여에 대한 기혼 남성의 인식의 변화가 목격된다. 1999년 아내의 노동 시장 참여에 대하여 '시기와 상관없이 노동 시장에 언제나 참여해야 한다'는 응답이 상승세를 보이고 전업 주부에 대한 인식은 하락하는 양상을 보였다(통계청, 1998; 2009).

그러나 여성의 노동 시장 참여에 대한 인식의 변화가 남성이 갖는 성역할 인식의 변화로 이어지는가는 여전히 회의적이다. 1999년의 통계청 조사에서 맞벌이 가정에서도 가사 노동의 88%를 여성이 담당하는 것으로 나타났다. 이러한 경향성은 최근에도 크게 달라지지 않았는데, 2014년 현재 맞벌이 가정에서 여성의 가사 노동 참여 비중은 78.6%이다(통계청, 2014). 이는 기혼 여성이 가족의 생계 부양 부담을 남편과 분담해야 한다는 인식은 지속적으로 증가하고 있지만, 남편의 가사 분담에 대해서는 여전히 전통적인 인식이 유지되는 양가성을 확인해준다.

이처럼 공공 영역(노동 시장)과 사적 영역(가정)의 경계는 상호 침투하면서 영향을 미칠 뿐 아니라 여성의 노동 시장 참여는 더 이상 선택의 문제가 아닌 불가피한 현실이 되고 있다. 그럼에도 불구하고 여성의 일에 대한 차별적 이데올로기는 여전히 당연한 것으로 받아들여짐으로써 일-가정 양립 지원이란 여성들이 생계와 무관하게 노동 시장에 진출함으로 인해 기업이 별도로 부담해야 하는 비용으로 인식되는 것이다. 한마디로 공사 영역의 경직적인 이분법과 여성 노동에 대한 차별적 규정은 일-가정 양립 지원이라는 정책 수사의 이면에 존재하면서 왜곡되고 파행적인 정책운용을 야기한다. 이는 노동 시장에서 여성의 지위를 약화시키는 또 하나의 '성별화된 함정'의 기초를 제공한다.

'형식주의'를 넘어서

이번 장은 극단적으로 분절적인 여성의 노동 시장 참여 문제를 시정하고 남녀 간 육아 책임의 분담을 통해 노동 시장에서의 남녀평등 실현을 목적으로 추진되어온 휴가 제도를 중심으로 일-가정 양립 지원이 현실 속에서 어떻게 기능하며, 그러한 기능에 영향을 미치는 이데올로기적 요소에 초점을 맞추어 논의했다. 이미 밝힌 바와 같이 우리나라의 출산휴가나 육아휴직을 중심으로 한 정책적 수사와 형식적 내용은 선진 국가와 비교해도 크게 뒤지지 않는다. 어떤 면에선 오히려 외국보다 선진적인 형태를 띠고 있는 부분도 없지 않다. 그러나 정책의 존재 그 자체나 외연의 확대가 현실에서 그대로 반영되는 것은 아니라는 점에서 정책의 형식 논리와 실질적 운용 간의 간극을 밝히는 작업은 중요하다.

일-가족 양립과 관련한 여성과 남성의 일상적 경험은 일-가족 양립 지원의 수사와 현실 사이에 거리가 있음을 웅변한다. 출산휴가나 육아휴직이 직장과 가정 내의 경직적인 남녀 간 분업의 양상을 극복하고 이를 통해 노동 시장에서 남녀평등의 실현에 기여하기보다는 오히려 그러한 분업의 양상을 강화시키는 또 하나의 성별화된 함정으로 기능하고 있음을 보여준다. 이처럼 왜곡되고 편향된 운영은 '공(남성=직장) · 사(여성=가정)' 간의 경직적인 이분법과 여성의 일과 남성의 일에 대한 차별적이고 이중적인 규정을 통해 양산되고 합리화되고 있었다. 이러한 상황에서 일-가정 양립 지원 정책은 기혼의 여성 공무원에게 부과되는 엄마로서 감수해야 하는 '보이지 않는 벌점'으로 작용할 가능성을 배제할 수 없다. 공직에서 일-가족 양립 지원이 사 부문보다 관대하다는 것을 인정한다고 하더라도 여전히 그 벌점의 존재는 부인할 수 없다. 정도의 차이일 뿐이다.

이제 남은 문제는 어떻게 하면 일-가족 양립 지원을 둘러싼 성별화된 함정에서 벗어나서 당초의 정책 목표와 실제적 운용 간의 거리를 좁힐 것인가이다. 진부해 보일지 모르지만 일-가정 양립 지원이 단순한 형식적인 수사로 그치지 않고 실질적인 제도로 정착될 수 있게 하는 정부의 의지가 중요하다. 일-가정 양립 지원의 형식과 현실 간의 간극 없이 성공적으로 이루어진 선진국의 경험은(Hass and Hwang, 2000; Hass et al., 2000; Bjornberg, 2002), 일-가정과 관련한 여성과 남성의 성별화된 분업의 이데올로기를 극복하고 노동 시장에서의 양성 평등을 이루는 데 있어서 적극적이고 전향적인 정부의 개입이 얼마나 중요한가를 보여준다. 스웨덴이나 노르웨이의 경우, 일-가정 양립과 관련한 정책적 개입의 초기부터 변화·발전 단계마다 다양한 채널을 통해 양육의 사회적 책임은 물론 남녀 간 양육 분담의 필요성과 중요성에 대한 지속적이고 일관된 캠페인과 교육을 실시해왔을 뿐 아니라 법적인 제재가 관련 정책에 대한 기업의 순응을 결정짓는다는 인식 하에서 강력한 집행의 의지를 보여왔다(Hass and Hwang, 2003: 145 재인용; Bjornberg, 2002). 이러한 노력을 통해 보살핌과 관련한 성별화된 이데올로기를 불식시키고 남녀 간 공동 책임에 대한 사회적 인식을 확산시키는 결과를 가져왔다.

최근 TV에서 인기를 끌고 있는 아버지 육아 프로그램은 의미 있는 시도로 평가된다. 이와 함께 스웨덴의 아버지의 달과 같은 형태의 보다 적극적인 정책적 개입을 병행하는 것이 바람직할 것으로 보인다. 일정 기간 의무적으로 아버지들이 육아에 참여할 수 있는 기회를 주는 것은 가정은 물론 직장 및 우리 사회 전반에 존재하는 일-가정의 성별화되고 경직적인 이데올로기를 불식시키는 데에 상당한 효과를 기대할 수 있기 때문이다. Scott(1999: 150)가 지적하듯이 "정부의 개입은 대중의 의식을 단순히 반영할 뿐 아니라 대중의 의식을 보다 전향적인 방향으로 변화시키고 이끌어나가야 한다"는 의미에서 전술한 이데올로기적 장애를 극복하고 육아 책임의 분담과 공사 영역의 상호 의존성에 대한 인식의 지평을 확대시키기 위한 정부의 적극적인 개입의 필요성은 아무리 강조해도 지나치지 않다. 선진국의 경험도 이를 방증하고 있다.

15장

일-가족 양립을 둘러싼 노동 시간의 젠더 이중성

시간, 노동 조건인가 젠더 관계인가?

일-가족 양립과 관련한 여성 공무원의 현실을 이해하는 데 있어서 시간은 중요한 요소이다. 특히 유급의 노동 시간과 무급의 가사 노동 시간 사이에 존재하는 젠더화된 이중성이 여성 공무원의 현실에 미치는 영향력을 주목해야 한다. 여기서 '젠더화된 이중성'이란 시간은 젠더 중립적이지 않으며, 여성과 남성에 따라 그 작동 방식이 다르다는 것을 의미한다. 무엇보다 일-가족 양립과 관련한 시간은 여성에게 이중 삼중의 부담을 가한다는 의미에서 더욱 그렇다. 과거와 달리 여성이 유급 노동을 하는가의 여부만이 아니라 무급 노동과 유급 노동에 할애하는 시간의 배열이 어떠한가에 따라 젠더 역학이 달라질 수밖에 없다. 말할 것도 없이 24시간이라는 불가변의 희소 자원 속에서 남성의 유급 노동 시간은 가족을 위해 어느 정도의 시간을 할애할 수 있는가를 결정하고 여성의 무급 노동 시간은 노동 시장에서 사용할 수 있는 시간의 양을 결정하기 때문이다.

이처럼 시간이 가지는 젠더 역학에도 불구하고 우리나라에서의 노동 시간은 노동 조건의 차원에서 주로 논의되어왔다. 이는 오래전부터 노동 시간을 젠더 관점에서 논의해온 서구와는 거리가 있다(Fagan, 1996; 2001; O'Reilly &Fagan, 1998; Perrons et al., 2007). 무엇보다 세계에서 가장 긴 노동 시간을 가진 우리나라에서 노동 시간을 젠더 관점에서 논의하지 않은 것은 시간을 젠더 중립적인 것으로 규정한다는 것을 의미한다. 한마디로 시간과 관련하여 '젠더를 행하는(doing gender)' 것이다. 그러나 여성(공무원)이 직면하는 현실을 구성하는 일-가족 양립에서 유급 노동과 무급 노동 시간의 배열이 갖는 의미를 감안한다면, 젠더 관점을 통해 시간을 조망해야 하는 필요성은 그 어느 때보다 높다. 여성이 노동 시장에 적극적으로 참여하는 현실적 변화에도 불구하고 장시간 노동 시간의 관행 속에서 과거와 같이 남성이 무급 노동에 할애하는 시간은 변하지 않았다. 그러나 여성은 과거와 달리, 무급의 가사 노동에 할애하는 시간은 그대로 둔 상태에서 노동 시장에서의 유급 노동까지를 담당하는 이중성에 직면해 있다.

이러한 맥락에서 이 장에서는 다음의 질문에 답을 구한다. 세계에서 가장 긴 노동 시간을 가진 우리의 노동 시간 관행은 여성(공무원)이 경험하는 젠더 관계에 어떤 영향을 미칠까? 시간 사용의 측면에서 볼 때 지나치게 불균형적인 여성의 보살핌 책임과 전통적 아버지 역할에 대한 인식의 변화가 감지되는가? 앞 장에서 본 것처럼 여전히 존재하는 직장과 가정 간의 엄격한 이분법이 규범이 되는 현실에서 시간이 젠더 관계에 미치는 영향은 어떠할까?

이러한 질문에 대한 답을 구하기 위해 노동 시간 레짐(working time regime)을 분석틀로 활용한다. 노동 시간 레짐은 일-가족 양립의 차원에서 여성(공무원)과 남성(공무원)의 노동 시간 배열이 젠더 평등에 미치는 영향력을 조망하는 데에 도움이 되는 개념틀이다. 이와 함께 일-가정 양립의 현실에 직면해 있는 여성(공무원)과 남성(공무원)의 일상 경험에 대한 심층 인터뷰를 통해 시간을 둘러싼 일-가족 양립의 현실을 여성과 남성의 목소리를 통해 담아내고자 한다. 통계적 대표성보다는 이론적 근거에 보다 큰 비중을 두는 이론적 샘플링 방법을 적용하여(Finch and Mason, 1999: 293), 13명의 맞벌이 가구의 여성과 남성을 선정하여 시간을 둘러싼 젠더 역학을 밝힌다.[1]

젠더 개입적 시간 접근

일-가족 양립 그리고 이를 둘러싼 여성 공무원의 현실을 볼 때 주목해야 하는 노동 시간은 결코 젠더 중립적이지 않다. 그럼에도 불구하고 노동 시간과 관련한 기존의 논의는 젠더 중립성을 전제한다. 노동 시간과 관련한 기존 논의 중 대표적인 것이 신고전주의 경제학파와 마르크스주의 접근이다. 먼저, 신고전주의 경제학 접근에 기반을 둘 때 노동 시간은 시간 소비와 선택의 차원에서 설명된다(Sirianni and Negrey, 2000). 이 접근에 따르면 시간의 배열은 유급 노동을 위한 시간과 시간 소비를 둘러싸고 이루어지는 선택에 초점을 맞추어야 한다. 특히, 희소한 자원인 시간 배열을 통한 편익을 극대화하려는 합리적 선택이 중요하다. 이러한 입장에 따르면 여성과 남성 간의 상이한 때로는 불균형적으로 보이는 시간 배열은 일종의 선택의 문제(matter of choice)이다(Hakim, 1996; Sirianni and Negrey, 2000). 합리적 여성은 자신의 시간을 유급 노동에 '덜' 투자하기로 선택했

1 심층 인터뷰에 참여한 13명은 다음과 같다. Mrs 강 (아이 2: 5세, 3세), Mrs 변 (아이 1: 3세), Mrs 리 (아이 1: 3세), Mrs 지 (아이 1: 4세), Mr 황 (아이 2: 6세, 3세), Mr 고 (아이 2: 8세, 6세), Mr 김 (아이 1: 5세), Mrs 하 (아이 1: 1세), Mrs 김 (아이 2: 6세, 4세), Mrs 신 (아이 1: 7세), Mrs 구 (아이 1: 6세), Mr 민 (아이 2: 6세, 1세), Mr 전 (아이 2: 5세, 3세).

다고 보는 것이다. 여성의 엄마로서, 아내로서의 역할을 기준으로 그렇게 선택했다고 본다. 이에 반해 합리적인 남성은 자신의 시간을 유급의 노동에 최대한 집중시키기로 결정하는데 이러한 선택과 결정 역시 합리적인 계산에 기초한 것이다. 따라서 신고전주의 경제학에 기반한 시간에 대한 접근은 가정과 노동 시장에 걸쳐 나타나는 "젠더화된 그리고 불평등한 시간 배열"을 합리적인 선택의 결과로 정당화하는 논리로 작동한다(Sirianni and Negrey, 2000: 61).

남녀의 노동 시간에 대한 신고전주의 경제학적 접근이 현실을 설명하는 데는 한계가 있다. 그 중요한 이유는, 대부분의 경제학적 접근이 그렇듯, 시간과 관련한 구조적 요소의 영향력을 간과하고 있다는 점이다. 개인을 분석 단위로 하는 대부분의 경제학적 접근과 마찬가지로 인간을 합리적이고 사회적 구조로부터 자유로운 존재로 가정함에 따라 여성과 남성에 의해 이루어지는 노동 시간에 작용하는 구조적 · 사회적 요소는 간과한다. 그러나 현실에서 노동 시간을 둘러싼 결정은 구조적 요소의 산물이며, 사회적 관계에 배태되어 있다. 결국, 젠더 관계가 사회적으로, 구조적으로 형성된다는 점을 감안한다면(Connell, 1987), 젠더 이데올로기나 문화와 같은 사회적 제약과 압력이 작용하여 여성(또는 남성)으로 하여금 특정한 방식의 시간 배열을 선택하도록 '강요'할 수 있는 것이다. 그럼에도 불구하고 시간 배열을 합리적인 개인의 자율적인 선택만으로 논의하는 경제학적 접근은 젠더화된 사회 세계의 맥락에서 노동 시간을 설명하는 데 한계가 있을 수밖에 없다(Sirianni and Negrey, 2000: 61; Tomlinson, 2007).

한편, 자본주의 하에서 노동력의 상품화에 초점을 맞추는 마르크스주의 접근은 남녀의 노동 시간에 대해서도 상품화 차원에서 논의한다. 이 접근에 따르면, 자본가는 잉여 자본을 극대화하는 것과 마찬가지로 잉여 노동 시간을 극대화하려고 하는데, 잉여 가치를 통해 자본을 축적하기 위한 것이다. 자연스럽게 생산성의 증가와 함께 필요한 노동 시간과 잉여 노동 시간은 반비례한다. 이 과정에서 노동자는 자신의 노동 시간과 여가 시간에 대한 통제력을 잃게 되는 시간으로부터의 소외를 겪게 된다(Sirianni & Negrey, 2000).

이러한 마르크스주의적 접근도 남녀의 노동 시간과 관련한 젠더 관계를 설명하는 데는 한계가 있다. 대부분의 마르크스주의적 접근과 마찬가지로, 노동 시간은 자본과 노동의 갈등 관점에서 조망하기 때문이다. 마르크스주의자들에게 있어서 노동 시간을 설명하는 데에 '젠더'는 분석적 범주 또는 독립 변수가 되지 못한다. 그러나 Walby(1990)가 지적하듯 계층 개념을 통해 유급 노동과 무급 노동에 있어서 행사되는 남성 권력을 개인적 문제로 만들거나 자본가의 이해 또는 자본가와 노동 사이의 갈등 관점으로만 설명하는 것은 재고되어야 한다. 노동 시간과 관련하여 여성이 직면하는 현실은 남성의 그것과 같을 수가 없기 때문이다. 오히려 노동 시간에 있어서 여성의 현실은 남성과의 비교 속에서 결정된다.

이러한 논의의 맥락에서 다음과 같은 Sirianni and Negrey의 주장은 주목할 필요가 있다(2000: 60).

> 마르크스적 분석이 간과하는 것은 (1) 노동 시간과 관련한 다양한 가치 중 하나인 젠더, (2) 젠더화된 현실의 맥락에서 노동 시간을 보는 것, 특히 '노동으로부터의 자유 시간(free time)이 남성과 여성에게 같은 의미의 자유인가'에 대한 것이다.

이처럼 신고전주의 경제학이나 마르크스주의적 접근을 통해 노동 시간을 보는 것은 모두 한계가 있다. 두 관점 모두 젠더 관계 또는 젠더 배열을 논의하고 있지 않다는 점에서 시간을 젠더 관점에서 접근하는 또 다른 시도가 필요하다. 이를 위해 젠더에 따라 다르게 구성되어 있는 젠더화된 노동 시간 배열을 "일상적이지만 구조화되어 있고, 지엽적이기보다는 확장적이며, 일시적이기보다는 안정적이며, 심층적으로 배태된 사회 구조"라는 가정에서 출발한다(Cockburn, 1991: 6). 이를 기초로 젠더에 기초한 노동 시간 레짐을 개념틀로 적용한다. 노동 시간 레짐이란 "노동 시간 관행에 영향을 미치는 일련의 법적, 자발적 관습적 규제의 총합"을 의미한다(Rubery et al., 1998: 72). 이 개념은 노동 시장에서의 젠더 차이를 제한하고 젠더 평등을 촉진하기도 저해하기도 한다는 점에서 일-가족 양립에 있어서 시간과 젠더 관계를 분석하는 유용한 틀을 제공할 것으로 보인다.

한편, 젠더 관점을 통해 한국의 노동 시간 레짐을 이해하는 데 있어서 문화적 배경으로서 유교의 영향력을 간과할 수 없다. 철학이며 세계관으로서 유교는 상당히 복잡한 원리와 사회적 관계의 이념으로, 그 모두를 논의하는 것은 주제의 범위를 벗어난다. 따라서 일-가족 양립을 둘러싼 시간의 젠더 역학을 논의하는 데에 필요한 부분만을 선택적으로 추가할 필요가 있다. 한국의 젠더화된 노동 시간 레짐에 유교의 젠더 이데올로기를 함께 고려하는 것이 논의의 설명력을 높이는 데에 중요하다.

전통적으로 한국에서 여성은 남성과 비교해 불리한 위치에 있어왔다. 물론 모든 사회에서 일정 부분 여성이 불리한 입장에 있었던 것은 공통적이나 한국의 경우는 그 정도가 심하다. 여성과 남성은 다르고 불평등하다는 것을 일종의 섭리로 규정하는 유교적 젠더 이데올로기도 무관하지 않다. 말할 것도 없이 유교적 젠더 이데올로기는 가족을 여성, 특히 결혼한 여성의 일차적 공간으로 규정하고 일하는 엄마란 일차적 공간을 떠나 부적절한 공간에 있는 것으로 간주한다. 따라서 여성이 노동 시장에 참여하는 것과 무관하게 공공 영역인 직장과 사적 영역인 가정 간의 명확한 경계가 만들어지고, 여성과 남성 간의 시간 배열에도 이러한 이분법은 그대로 적용되는 것이다.

일-가족 양립과 시간의 젠더 역학

긴 노동 시간, 그 젠더 차별성

서구 유럽에서는 젠더 불평등을 완화하는 하나의 방안으로 노동 시간 단축이 논의되는 데에 반해(Warren, 2000, 2002; Perrons et al., 2007; Tomlinson, 2007), 한국에서의 노동 시간 이슈는 노동 조건의 차원에서 논의되어온 것이 현실이다. 잘 알려진 것처럼 한국의 노동 시간 레짐은 세계에서 가장 긴 노동 시간으로 특징지어진다(한국노동연구원, 2014). 한국의 경우 2000년 이후 노동 시간이 지속적으로 감소해온 것은 사실이지만, 미국, 영국, 프랑스와 같은 서구는 말할 것도 없고(Tomlinson, 2007), 전통적으로 긴 노동 시간을 가졌던 일본과 비교해도 상당히 긴 노동 시간을 갖는다. 일주일에 40시간이라는 법적 제재에도 불구하고 노동 시장에서 여성은 평균 49.5시간, 남성은 평균 51.1시간의 노동 시간을 기록하고 있다(고용노동부, 2013).

더욱이 흥미로운 것은 정규직과 비정규직의 노동 시간에 있어서 주목할 만한 차이가 존재하지 않는다는 점이다. 이는 노동 지위와 무관하게 장시간의 노동을 하는 것이 관행화되었음을 보여준다. 노동 지위에 따라 노동 시간이 차등적으로 적용되는 서구와는 달리, 비정규직 역시 장시간 노동의 범주에 속하고, 이는 노동 지위에 따른 임금 및 처우의 차이가 존재한다는 점을 감안하면 일종의 착취로 볼 수 있다.

이처럼 지나치게 긴 노동 시간 관행 속에서 시간을 둘러싼 성별 분업은 관심의 대상이 될 수밖에 없다. 구체적으로, 한국 노동 시장에서 여성의 노동 시간은 남성의 그것과 비교해 결코 짧지 않다. 평균적으로 남성보다 여성의 노동 시간이 현저하게 짧은 것이 일반적이다(영국: 남성 44.3 / 여성 31.3, 프랑스: 남성 41.5/ 여성 34.9)(Pascall & Warren,2003). 그러나 이와는 달리, 한국은 노동 시간에 있어서 여성과 남성 간 차이가 크지 않다. 더욱이 여성 노동자의 상당한 비율(46.2%)이 비정규직의 파트 타임 고용 형태를 유지하는 경우가 많은데도 불구하고(한국여성정책연구원, 2014), 여성과 남성 사이에 노동 시간 차이가 많이 나지 않는다는 점은 여성 노동이 착취되고 있음을 의미한다. 공식적인 노동 시간 외에 비공식적인 노동 시간이 관행처럼 되어 있는 한국에서 상당 비율의 여성 노동자들이 극단적으로 긴 노동 시간에 직면해 있음을 추정할 수 있다.

이처럼 지나치게 긴 노동 시간 관행은 심층 인터뷰에서도 그대로 확인된다. 대부분의 인터뷰 참여자들은 현실에서 경험하는 노동 시간 관행은 공식적인 통계와는 별개임을 토로한다. 관행적으로 주말이나 야간은 말할 것도 없고 공식적인 시간 통계에는 포착되지 않는 노동 시간이 길다는 것을 그대로 보여주었다. 공식적인 자료에 나타난 것보다 훨씬 긴 시간을 일하게 되는 것이 보통인데, 어떤 경우는 하루 12시간을 일하는 경우도 적지 않다. 법정 노동 시간이나 법적 규제와는 무관하게, 어떤 경우는 초과 근무 수당도 지급하지 않고 관행적으로 이루어지기 때문에 공식적인 통계에는 잡히지 않는다.

> 하루 8시간이 법에 규정되어 있지만, 거의 하루에 12시간씩 일할 때도 있어요…… 특히 바쁘고 일이 많을 때는 야근을 할 때도 많죠…… 옛날, 저 첫애를 임신했을 때…… (장시간의 과로 때문에)…… 조산기가 있어서 고생을 많이 했었는데…… 임신을 해도 남자처럼 일을 해야 했으니까요. (Mrs 지)

> 보통 5시 30분에 일어나서 7시경에는 회사에 도착하죠…… 그리고 8시쯤에 일이 끝나니까…… 얼마나 길게 일하는 거예요…… 우리 회사에서는 성공하는 데 있어서 얼마나 오래 일하느냐가 정말 중요하죠. (Mrs 리)

노동 시간은…… 아침 8시부터 저녁 9시까지가 보통이죠…… 우리 회사에서는 가정을 신경 쓸 수가 없어요. 특히 요즘 경제가 안 좋다 보니 더 오래 일해야 될 것 같고…… 구조 조정 때문에…… 여자들은 특히 더 그렇죠. (Mrs 강)

아버지는 어디에? 전통적 아버지 역할과 젠더 불균형

극단적으로 긴 노동 시간의 관행 속에서 아버지들이 무급의 가사 노동을 공유할 수 있을까? 표면적으로 볼 때, 지나치게 긴 노동 시간은 일과 가정을 양립해야 하는 엄마나 아버지 모두에게 도전적인 현실처럼 보인다. 그러나 일하는 여성의 현실은 남성의 현실과는 다르기 때문에 여기에 젠더 역학이 존재한다. 무급의 가사 노동에 할애하는 시간을 볼 때 젠더 이분법은 여전히 강력하게 작동하는 것으로 보인다. 성별과 결혼 여부를 기준으로 생활 시간 패턴을 보면(통계청, 2014), 미혼 여성과 기혼 여성 사이에는 현격한 차이가 존재한다. 미혼 여성은 하루에 58분을 무급 노동에 할애하는 데 반해 기혼 여성은 하루 4시간 30분을 사용한다. 반면, 남성은 여성과는 완전히 다른 양상이다.

기혼 남성이 하루에 무급 노동에 할애하는 시간이 36분인 데 반해 미혼 남성은 21분을 할애하는 것으로 나타났다. 여성은 결혼 여부에 따라 3시간의 차이가 발생하는 데 반해, 남성은 결혼에 따른 차이가 불과 15분밖에는 안 되는 상황이다. 흥미롭게도, 맞벌이 여부에 따른 차이도 이와 크게 다르지 않다(통계청, 2014). 전업주부는 하루 6시간 18분을 무급 노동에 사용하는 데 반해, 맞벌이 가구의 여성은 하루에 3시간 20분을 무급 노동에 할애하고 있는 것으로 나타났다. 노동 시장 진출에 따른 차이가 거의 2배 정도임을 확인할 수 있다. 이에 반해 남성은 완전히 다른 현실인데 외벌이 가구의 남성과 맞벌이 가구의 남성 사이에 노동 시간 활용에 따른 주목할 만한 차이가 발견되지 않는다. 맞벌이든 외벌이든 상관없이 남성은 하루에 무급의 가사 노동을 위해 약 37-39분의 시간을 할애하는 것으로 나타났기 때문이다. 결국, 노동 시장에 나간 기혼 여성은 그들의 남편과 비교해 거의 7배에 가까운 시간을 무급 노동에 할애하는 것이 현실이다. 이는 극단적으로 젠더화된 시간 배열이 아닐 수 없다.

유사한 맥락에서 한국의 기혼 여성들이 노동 시장 참여 여부와 상관없이 극단적으로 불균형적인 무급 노동의 부담을 지고 있다. 비록 전업주부 여성(83.8% 부담)이 일하는 여성에 비해(78.6% 부담) 약간 더 많은 비중으로 무급 노동에 참여하기는 하지만 현격한 차이라고 보기는 어렵다(통계청, 2014). 이러한 현실은 여성의 노동 시장 참여가 가정에서의 젠더 분업에 있어서 큰 차이를 만들지 못한다는 것을 보여준다. 일하는 여성은 유급 노동과 무급 노동의 이중 부담을 고스란히 지고 있고, 이는 시간 사용에 있어서의 명확한 젠더 라인의 존재를 확인해준다.

이처럼 무급 노동 시간을 둘러싸고 나타나는 극단적인 젠더 차이는 질적 자료에서도 그대로 나타난다. 인터뷰에 참여한 대부분의 남성 공무원(노동자)들은 극단적으로 긴 노동 시간 관행을 가진 한국에서 남성이 무급 노동에 참여하지 못하는 것은 지극히 자연스럽다는 입장을 견지했다. 특히, 남성들은 가족들의 생계를 부양하는 생계 부양자로서의 전통적이고 유교적인 아버지 역할을 여전히 강하게 주장하고 있다.

> 아버지 역할은 아이들과 얼마나 오랫동안 함께 하느냐보다는 가족들에게 경제적인 안정을 얼마나 제공할 수 있는가에 따라 평가되어야…… 오랫동안 함께 하면서…… 보살피는 것은 아무래도 엄마 쪽이 더…… (Mr 황)

> 정말 회사일 하기도 시간이 빡빡해요…… 바쁠 때는 새벽 2시에 집에 들어갈 때도 많아요…… 자는 애들만 보는 때도 많죠. (Mr 고)

또한 다음의 인용은 극단적으로 긴 노동 시간 관행이 가정에서 아버지의 부재 및 비가시성을 강화하고 있음을 여실히 보여준다.

집사람이 하는 집안일에 5% 정도나 도와줄까…… 도저히 시간이 없어요…… 보통 집에 10시에 들어가고…… 때로는 주말에도 일하고…… 어떻게 도와줄 수가 있겠어요…… 일요일은 하루 종일 모자란 잠 자느라…… (Mr 전)

우리 남편은 진짜 바빠요…… 심지어 해외 출장을 다녀와서도 다음날 바로 나가고…… 지난주에는 정말 30분 정도 같이 얘기한 것 같아요…… 새벽 1, 2시에 오기 일쑤고…… 그런데 어떻게 나를 도와주길 바랄 수가 있겠어요…… 생각도 못하죠…… 시간이 흐를수록 직장을 계속 다녀야 하나…… 양립이 가능할까…… 회의가 들고…… (하나를) 선택해야 할 것 같아요…… (Mrs 두)

우리 회사는 진짜 힘들어요…… 압박이…… 최근 집안일 거의 못 도와줬죠…… 이전 회사 다닐 때는 애(딸) 픽업도 하고…… 지금은…… 전혀…… 일 많이 하기로 유명하거든요. 우리 회사가…… 거의 12시간 할 때도…… 집사람이 초등학교 교사 아니었으면…… 애 키우면서 맞벌이 못했을 거예요. (Mr 김)

이러한 상황은 맞벌이 가정의 여성(공무원)이 부담해야 하는 이중, 삼중의 어려움을 극명하게 보여준다. 우리나라의 경우 소득 수준이나 교육 정도와 무관하게, 맞벌이 가정의 여성들이 무급의 보살핌 노동에 대해 자신의 배우자와의 협상력이 거의 없다는 점은 특히 흥미롭다. 이러한 현실은 여성의 노동 시장 참여가 남편과의 협상력을 높이고, 이를 통해 맞벌이 가정에서의 무급 노동이 균형 있게 배분된다는 페미니스트 협상론과는 거리가 있다(Mabsout and Staveren, 2010).

노동 시간과 젠더화된 조직 몰입

기혼의 여성 공무원(근로자)은 극단적으로 불균형적인 가사 노동 부담과 직장에서의 지나치게 긴 노동 시간 관행이라는 이중 압박 속에서 일과 가정 사이의 위험한 줄타기를 할 수밖에 없다. 이러한 이중 부담의 줄타기가 여성의 현실을 어떻게 구성할까?

이에 대한 답을 찾기 위해 조직에서 중시되는 몰입에 주목하고자 한다. 조직 구성원을 평가하는 데 있어서 중요한 조직 몰입은 중립적인 개념으로 논의되지만 현실에서는 남성 중심적으로 규정되고 있다. 성과에 대한 평판에 중요한 요소인 조직 몰입이 시간 몰입을 기준으로 형성되는 것은 출산 및 육아 등으로 인해 유급 노동 시간을 단축해야 하거나 단절이 불가피한 집단(예: 여성)에게는 불리할 수밖에 없다(Sirianni and Negrey, 2000). 우리나라와 같이 보살핌 노동을 여성의 일로 당연시하는 상황에서는 더욱 더 그렇다. 공(노동 시장=남성)-사(가정=여성)라는 이분법을 그대로 받아들이는 경직적인 문화 배경 속에서는 이상적인 노동자는 1년 12달 365일을 조직을 위해 '대기하고 있는' 존재로 규정된다. 한마디로 이상적인 노동자는 성실한 전업주부인 아내의 지원을 받아 조직을 위해 기꺼이 시간 헌신을 하는 남성의 모습일 가능성이 높다. 이러한 가능성은 실제 인터뷰에서도 그대로 확인된다.

> (남녀에 대한) 이데올로기가 크게 변하지 않았음에도…… 여자가 일을 하게 되었고…… 노동자는 자연스럽게 남자지 여자는 아닌데…… 이데올로기는 안 변했는데 그냥 엄마 또는 부인에다가 단순히 노동자라는 역할이 더해진 거고…… 웃기는 얘기지만…… 노동자와 엄마 사이에서 균형을 잡지 않아도 되는 그냥 옛날 엄마들이 요즘 엄마들보다 더 행복할 수도 있다고 그런 생각도 들고…… (Mrs 강)

늦게까지 일하는 것이 한국에서는 당연하고…… 그게 문제죠…… 남자들에게는 아무 문제없죠. 부인의 서포트가 있으니까. 그렇지만 우리 여자들은 이게 진짜 큰 문제인 거죠…… 7시에 퇴근을 하면서도 눈치가 보이고 뒤에서 수군거릴 것 같고…… 야근의 압박이 느껴지고…… 낮에 충분히 일했다고 스스로 생각하지만 그럼에도 불구하고 뭔가 불편하고 미안한 감정이 드는 건…… 일종의 죄책감 같은…… (Mrs 하)

기혼의 여성 공무원(근로자)은 마치 보살핌 노동의 책임이 없는 남성 공무원(근로자)처럼 조직에 매진할 것이 기대된다. 여성 스스로도 그러한 압력을 느끼지만, 현실적으로 기혼의 아이가 있는 경우 그러한 기대와 압력에 남성 공무원(근로자)처럼 부응하는 것은 불가능하다. 결과적으로 현실과 괴리된 기대와 압력 속에서 여성은 일과 가정 사이의 심각한 갈등에 직면하게 된다.

이렇게 긴 시간 일을 하는 곳에서…… 여자들이 어떻게 일과 가정을 같이 가져가겠다고 하는지 신기해요…… 아이들 때문에 몇몇 여직원들은…… 6시 땡 하면 퇴근해요…… 누가 어떻게 생각하든 상관없이…… 그런 사람을 "땡순이"라고 불러요…… 그런 사람들은 승진이나 이런 것에 관심이 없는 거죠…… 당연히 그렇게 생각하는 게 맞는 거죠. (Mr 김)

말할 것도 없이 '시간'이 문제죠…… 우리 남편만 해도 6시에 나가서 그 다음 날 새벽 2시에 들어올 때도 있어요…… 언제나 available하죠…… 저는 아이들, 남편, 때로는 시집 식구들에 따라 달라지죠…… 우리 남편은 한 달에 두 번 해외 출장을 갈 때도 있어요…… 저는 완전 불가능하죠…… 우리 남편 같은 남자들, 언제나 어디서나, 무슨 일이든 available한 사람을 좋아하고…… 잘 나갈 수밖에 없죠. (Mrs 변)

회사마다 다르긴 해도 한국에 있는 회사들 대부분은 일에 올인하길 바라죠…… 새벽이든 아침이든 밤이든…… 우리 남편은 그 일(집안일)이 자기 일이라고 생각하지 않는 것 같아요…… 저는 낮에는 완전히 회사일에 저녁에는 집안일에 말도 못하게 힘들어요…… 결국 (승진이나 경력 개발) 포기하는 수밖에 없죠…… (Mrs 김)

시간의 젠더 이중성 극복을 위하여

과거와 비교해 상당한 변화를 겪고 있지만 유교적 성-역할 고정관념과 공-사 이분법의 영향력을 완전히 무시하기 어려운 한국에서 노동 시간의 문제를 젠더 중립적으로 논의하는 것이 과연 타당할까? 여성의 노동 시장 참여에 따른 맞벌이 가정이 증가하는 추세와 맞물려 노동 시간 사용 패턴이나 배열은 직장과 가정에서의 젠더 관계를 구성하는 강력한 기반인 것으로 보인다. 이에 따라 시간은 젠더 중립적일 수 없다는 문제의식에서 여성 공무원(근로자)과 남성 공무원(근로자)의 일상생활 속에서 직면하는 '시간'의 젠더 역학과 함의를 심층 면접을 통해 추적했다.

일-가정 양립에 있어서 시간을 둘러싼 여성과 남성의 경험은 다음과 같은 함의를 제시한다. 먼저, 한국적 노동 시간 레짐은 젠더나 고용 지위와 무관하게 지나치게 긴 노동 시간으로 규정된다. 또한 여성과 남성을 사적 영역과 공적 영역의 이분법으로 규정하는 유교적 전통 하에서 무급 노동에 있어서 젠더화된 책임의 이분법은 자연스럽게 받아들여지고 지속되고 있다. 이들 두 요소의 상호 작용(노동 시장에서의 지나치게 긴 노동 시간 + 가정에서의 지나치게 이분화된 무급 노동 시간)은 일-가족의 양립과 관련한 여성 공무원과 남성 공무원 간의 서로 다른 현실을 구성하는 중요 요소이다. 극단적으로 긴 노동 시간은 남성들로 하여금 가사 노동에서의 부재를 정당화하는 '그럴듯한 이유'가 되고, 좋은 아버지는 유능한 생계 부양자라는 전통적 아버지 역할을 강화하는 기반으로 작동한다.

반면 노동 시장에서의 지나치게 긴 노동 시간과 가정에서의 지나치게 이분화된 무급 노동 시간의 상호 작용은 기혼의 여성 공무원에게는 성공적인 경력 개발을 어렵게 하는 장애 요인으로 작용한다. 결과적으로 이 모든 상황은 노동 시장에서 여성의 열위와 젠더 불평등을 강화하는 악순환으로 발현되고 있다. 더욱이 지나치게 긴 노동 시간 관행과 지나치게 불균형적인 가사 분담의 젠더화된 이중성으로 인해 여성 공무원은 여가 시간과 같은 비생산적 활동 시간을 희생하도록 강요받게 된다. 최근 남성의 여가 시간은 증가하고 여성의 여가 시간은 줄어드는 현상이 이를 반영한다. 한마디로 무급 가사 노동의 책임이 감소하지 않은 상태에서 노동 시장에서 지나치게 긴 노동 시간을 요구하는 것은 24시간이라는 제한적 범위 안에서 여가 시간을 희생하는 것 외에는 다른 방도가 없게 만드는 새로운 형태의 젠더화된 이중성의 예이다.

이처럼 노동 시간과 관련한 젠더화된 이중성을 완화하기 위해서는 시간을 젠더 관점을 통해 조망하는 노력이 필요하다. 그간 한국 정부는 시간과 관련하여 노동 시간의 단축에 초점을 맞춰왔다. 노동 시간 단축이 중요한 시작임에는 분명하지만 여기에 더하여 젠더 관점이 추가되어야 한다. 지금까지 보았던 것처럼, 일-가족 양립에 있어서 시간의 젠더 역학을 해소하기 위해서는 젠더-민감성을 가진 정책적 개입이 필요하다. 무급 노동에 있어서 아버지의 존재를 가시화해야 한다. 이것은 단순히 노동 시장에서의 시간 단축만으로는 이루어질 수 없다. 오히려 이는 강제적인 휴가 등을 통해 남성을 육아나 가사에 투입시키는 보다 적극적인 정책과 함께 인식의 변화가 수반되어야 한다. 증가하고 있는 추세이기는 하지만 여전히 남성의 육아휴직은 미미하다(4% 이하)(고용노동부, 2014). 일부에서는 여성도 어려운 육아휴직을 남성이 쓴다는 것은 그 자체로서 비현실적이라는 비판을 하기도 한다. 그러나 역설적이게도 그처럼 비현실적인 듯 보이는 급진적인 노력 없이는 우리의 공직 사회가 기반하고 있는 시간 헌신에 대한 지나친 강조를 깰 수가 없다. 결국, 강력한 조직 관행에는 강력한 대안만이 효과를 볼 수 있기 때문이다.

맺는말

다시 지식권력을 경계하며

이 책은 여성 공무원과 관련한 기존 논의와는 조금 다른 시각에서 출발했다. 공직은 여성에게 유리한 생태계-진입의 공정성, 안정성과 지속성, 일-가족 양립 지원의 파격성-라는 정체성이, 역설적이게도, 여성 공무원의 '젠더화된 현실'의 이면을 볼 수 없게 만든다는 것이었다. 여성 친화적 생태계라는 정체성은 그 안에서 여성의 현실은 나쁘지 않으리라는 예단을 허락하고, 그러한 예단은 여성 공무원을 둘러싼 표면적인 현상 그 이면에 대한 관심을 약화시키기 때문이다. 바로 그 이면에 대한 관심을 환기시키는 것이 이 책의 출발점이었다.

이러한 출발점은 자연스럽게 여성 공무원이 직면하는 현실은 '젠더 중립성'의 얼굴을 하고 있지만 실제는 상당히 '젠더 개입적'임을 다양한 각도에서 보여주려는 목적으로 이어졌다. 이를 위해 1부에서는 젠더 중립성이 신화라는 점, 그리고 신화로서의 젠더 중립성의 비가시적이고 헤게모니적 영향력과 함께 그것이 지식권력으로 작동할 가능성을 심층적으로 논의했다. 1부에서의 논의를 통해 확인된 젠더 중립성의 신화 속에서 발현되는 여성 공무원의 현실은 2부에서 5부에 걸쳐 다각도로 제시했다. 특히 여성 공무원의 젠더 개입적 현실을 '상식'을 넘어 '실증'의 차원으로 끌어올리기 위해 다양한 증거와 쟁점을 제시했다.

먼저, 거시적인 문화와 이에 배태된 성-고정관념의 편재성을 시작으로 중범위적인 차원의 여성 친화성의 지형을 분석했다. 여성 친화성이 갖는 두 얼굴과 함께 미시적인 차원에서의 여성 공무원이 직면하는 '양적인 희소성'과 공직 문화의 '질적인 남성성'간의 충돌도 확인할 수 있었다. 여기에 더하여 여성과 거리가 있는 것으로 규정되어온 권력, 리더십, 관리직에서 여성이 만나는 차별적 시선과 제약은 물론 이를 극복하기 위한 여성 공무원 스스로의 선택의 역학을 복합적으로 논의했다. 이와 함께 공직 사회의 집합주의적 문화를 굳이 운위하지 않아도 그 도구적 효용을 부인할 수 없는 네트워킹과 멘토링에서 여성 공무원이 직면하는 선택적 편입과 배제, 그러한 역학을 바라보는 남녀 공무원의 극명한 시각 차이도 확인했다. 일-가족 영역 간 상호 침윤의 현실을 담아내는 하드웨어로서 제도와 일-가족 영역의 상호 분리를 당연시하는 소프트웨어로서 문화 및 관행의 충돌 속 여성 공무원의 모순된 현실도 만날 수 있었다.

이 책이 담아낸 여성 공무원의 현실은 2000년 이후의 것이다. 이 책에서 논의한 현실과 동일선상에서 비교하는 것이 현실적으로 어렵기 때문에 2000년대 이전 여성 공무원의 현실을 실증적으로 담아내지는 못했다. 그러나 여성 공무원의 비율이 1990년대 후반 이후 급격히 증가했고 과거 우리나라 전반에 걸친 여성의 지위를 감안해볼 때, 2000년 이후 여성 공무원의 현실은 그 이전에 비하면 진보한 것이라는 추정은 어렵지 않다. 그렇기 때문에 이 책에서 논의한 2000년 이후의 여성 공무원의 현실은 그 이전과 비교하면 격세지감이 느껴질지도 모른다.

그러나 준거틀을 조금 다르게 설정하면 이와는 다른 해석과 평가가 가능해진다. 이 책에서 여성 공무원의 현실을 보여주기 위해 활용한 실증자료가 수집된 시간적 범위는 2004부터 2014년에 이른다.[1] 10년이라는 시간의 길이는 주관적인 판단의 대상이지만, 우리 사회와 정부에서 논의되는 시간 개념을 감안한다면, 결코 짧은 시간이라고 할 수 없다. 우리나라에서는 모든 변화가 압축적으로 이루어지기 때문에 더욱 그렇다. 또한 여성 및 여성 공무원과 관련한 다양한 정책적 개입이나 변화가 1990년대 후반 이후 활발해졌기 때문에 그러한 개입의 영향력이 일정 부분 나타나기에 결코 짧은 시간이라고 볼 수 없다.

이처럼 짧지 않은 10년이라는 시간의 흐름에도 불구하고 이 책에서 만난 여성 공무원의 현실에서 주목할 만한 변화를 발견하기는 쉽지 않다. 여성 공무원의 현실을 구성하는 차원의 다양성에도 불구하고 여성 공무원의 현실은 여전히 과거와 크게 다르지 않은 맥락 속에서 움직이고 있는 것처럼 보인다. 일-가족을 둘러싼 젠더화된 이중성을 구성하는 2004년의 현실이나 2012년의 현실이 다르지 않고, 2006년 여성 공무원의 멘토링에서 나타난 젠더화된 배제와 차별은 2012년 여성 공무원이 만나는 멘토링 장애에도 그대로 투영되어 나타나고 있지 않은가? 10년의 시간차가 무색하게 여성 공무원의 현실은 마치 '데자뷰(deja vu)' 같다.[2]

머지않은 미래에 여성 공무원의 현실이 데자뷰가 되지 않기 위해서라도 이 책에서 만난 여성과 남성 공무원의 경험이 던지는 몇 가지 풀어야

1 여성 공무원의 현실을 보여주기 위한 실증 자료의 출처는 다음과 같다. 원숙연(2013b)(5장), 원숙연(2009b)(6장), 원숙연(2012a)(7장), 원숙연(2009a)(8장), 원숙연(2009)(9장), 원숙연 조승은(2009)(9장), 원숙연(2013a)(10장),원숙연(2006a)(11장), 원숙연(2012)(12장b), 원숙연(2006b)(13장), 원숙연(2004)(14장), Won(2012)(15장)의 실증 자료를 논의에 맞추어 선택적으로 활용했다.

2 이 책의 초고를 완성하고 출간에 앞서 공공 분야에서 일하는 몇 몇의 여성 공무원과 함께 2014년 현재 그들이 당면하고 있는 현실과 이 책에서 나타난 여성 공무원의 현실이 어떻게 다른가를 논의한 적이 있었다. 그들은 하나같이 자신의 현실과 2004년 '그들의 선배들'이 겪은 경험 간의 차이를 발견하기 어렵다고 했다.

할 숙제(논제)에 집중할 필요가 있다. 전반적으로 볼 때 정부 관료제 조직은 그 관행과 문화의 남성성과 그에 따른 고정관념의 영향력이 여전히 건재하다. 일정한 변화가 감지되고 있는 것을 확인했지만, 그 변화가 본질적인 것인지는 아직은 회의적이다. 우리보다 여성의 지위가 높은 서구의 관련 연구도 관료제 조직의 남성성에 대해 문제 제기를 하고 있는 것을 감안한다면, 관료제 조직의 남성 중심성은 우리만의 문제가 아닌 시공을 초월한 일반적인 현상처럼 보일 수도 있다.

그러나 우리의 상황은 조금 다른 각도에서 조망할 필요가 있다. 그 하나는 정상 가족 이데올로기의 영향력이 건재하다는 점이다. 주지하는 바와 같이 정상 가족 이데올로기는 남성 부양자 이데올로기와 맥을 같이한다. 문제는 남성 부양자 이데올로기의 현실적 설명력이 사라지고 있음에도 그 영향력이 건재함으로써 여성(공무원)에게 요구되는 직장과 가족 사이의 위험한 줄타기의 강도가 오히려 강화되고 있다는 점이다. 여성 공무원에게만 한정된 것은 아니지만, 기혼여성의 노동 시장 참여가 활발해지면서 취업 여성이 느끼는 엄마 역할 이데올로기의 압박이 오히려 가중되고 있다는 결과는 특히 주목할 만하다. 여성 공무원 역시 이러한 사회적 압박으로부터 자유롭지 못하다. 전업주부가 규범이었던 과거보다 일하는 엄마가 늘어나는 상황에서 엄마 역할 이데올로기가 강화되는 모순적 상황은 여성 공무원의 현실을 더욱 복잡하게 만든다. 더욱이 여성 공무원의 증가에도 불구하고 공직 문화가 갖는 '질적인 남성성'에 주목할 만한 변화가 없다는 점에서 그 복잡성은 배가된다.

같은 맥락에서 여성 공무원을 둘러싼 현실의 이중성에 대해서도 고민할 여지가 있다. 거시적 차원에서 서구 선진국이나 중국 등에 비해 여성의 일 또는 가족을 둘러싼 보수적 인식과 진보적 인식 간 진폭이 큰 편이다. 이 책이 보여준 남녀 공무원의 현실은 그런 인식이 과거에 비해 진보적인 방향으로 옮겨가고 있다는 점과 함께 보수적인 인식의 건재를 동시에 확인하고 있다. 예를 들어 멘토링을 둘러싼 성적 오해와 관련하여 어떤 경우에는 남성 공무원이 성적 함의에 대해 더 민감하기도 하고, 어떤 경우에는 여성 공무원이 더 민감하게 반응하는 이중성을 보인다. 또한 여성에 대한 편입과 배제 기제가 공존하는 것도 현실의 이중성을 가중시킨다. 이런 현실은 여성 공무원에게 서로 다른 신호를 주고, 모순된 요구를 동시에 충족시켜야 한다는 점에서 단순히 과도기적 현상으로 치부하는 것은 한계가 있다. 공직에 존재하는 이중적 인식과 관행이 하루아침에 해결될 수 있는 문제는 아니다. 그러나 공직 내 인사관리 및 조직관리의 방향성을 설정하는 데 있어서 여성 공무원이 인식의 지체와 관행의 이중성 속에서 업무 수행을 한다는 현실을 고려하는 것과 그렇지 않은 것은 분명한 차이가 있다. 그러한 이중성을 고려하지 않는 경우, 이중성 해소를 위한 개입의 필요성이 원천적으로 논의되지 않기 때문이다.

또 하나 주목해야 할 것은 여성 공무원의 이율배반적인 인식 및 태도이다. 일반적으로 남성이 여성보다 고정관념적 편견이 많다는 것이 입증되고 있다. 이 책에서도 남성 공무원이 여성 공무원보다 비교적 높은 고정관념적 편견을 가진 것으로 확인되었다. 이러한 일반적인 결과에 근거하여 기존의 많은 논의들이 여성 공무원이 만나는 차별적 현실을 남성의 고정관념적 편견과 연결하는 경향이 있었다. 그러한 연결이 틀린 것은 아니지만 이 책에서 만난 여성 공무원 스스로가 갖는 고정관념적 편견 역시 무시할 수 없다는 점에서 다른 접근이 필요해 보인다. 여성 스스로 여성의 외모가 갖는 사회적 의미를 여전히 높게 평가하고 남성 관리자보다는 여성 관리자가 갖는 도구적 효용을 더 높게 인지하는 것도 남성 공무원과 크게 다르지 않았다. 그와 같은 미시적 차원을 넘어서 여성 관리자보다는 남성 관리자에 대한 도구적 선호를 전면에 내세우는 등 그 인식과 선호가 남성 공무원과 수렴하는 경향을 보이고 있다. 여기서 여성 공무원이 보여주는 고정관념적 편견을 비판하려는 것이 아니다. 중요한 것은 여성 공무원이 만나는 차별적 현실을 남성 공무원의 의식적 차별 의지의 결과로 보는 것은 현실을 지나치게 단순화할 가능성이 있음을 상기하려는 것이다. 달리 말하면, 여성 공무원이 만나는 현실은 구조적 문제라는 점을 명확히 하려는 것이다.

정부 관료제에서 여성이 남성과 비교해 차별적인 현실을 만나는 것은 개인이나 집단 차원에서 해결할 수 있는 문제가 아니라 보다 거시적이고 구조적인 차원의 노력 없이는 불가능하다는 뜻이다. 조금 이상하게 들릴지 모르지만, 여성 공무원 스스로가 갖는 여성에 대한 고정관념적 편견이나 여성의 도구적 효용에 대한 낮은 평가는 이미 만들어진 '사회적 합리성'에 근거한 선택의 결과이기 때문이다. 즉 어떤 행동(인식, 태도)이 적절한가를 결정하는 것은 개인의 관점이 아닌 사회적으로 협상된(socially negotiated) 준거 틀에 의한 것이다. 결국 사회적으로 협상된 틀에 따라서 남성만이 아니라 여성 스스로도 여성보다는 남성의 도구적 효용을 높게 평가하고 그에 부합하는 선택을 한다는 것이다. 따라서 여성의 차별적 경험이 남성의 의도적인 차별 의지나 고정관념만의 결과라기보다는 남녀 모두에게 작용하는 거시적 구조의 결과로 보아야 한다. 그렇기 때문에 그 사회적으로 협상된 준거 틀의 변화에 초점을 맞추어야지 '남성적 이해'와 '여성적 이해'를 대척점에 둔 제로섬적 접근의 효용은 제한적일 수밖에 없다.

또 하나 생각해보아야 할 숙제는 '여성 친화성'의 양면성이다. 여성 공무원에 대한 논의의 많은 부분에서 여성 공무원이 직면하는 어려움을 해결하기 위한 효과적인 대안으로 공직의 여성 친화성을 제시하는 경향이 있다. 이 책도 넓은 의미에서 그러한 논의와 궤를 같이 한다. 사회는 물론 정부 관료제 조직을 여성 친화적으로 만드는 노력이 갖는 효용을 부인할 수 없다. 그러나 이 책에서 만난 여성 공무원의 현실은 여성 친화성을 액면 그대로 받아들이는 것이 위험할 수 있음을 보여준다는 점에서 흥미롭다. 그 여성 친화성에 또 다른 얼굴이 있기 때문이다.

현실의 표면을 볼 때 일견 정부 관료제에 배태되어 있던 남성성에 일정한 변화가 감지되는 듯하다. 이러한 변화는 여성 공무원이 증가하고 과거와는 달리 여성적 가치에 대한 사회적 인정과 강조가 작용한 결과로 보인다. 그러나 좀 더 심층적으로 들어가면 그러한 여성 친화성이 여성적 가치의 게토화 또는 주변화라는 또 다른 얼굴을 하고 있음을 발견하게 된다. 정부 관료제 조직의 여성 친화성은 그저 '여성의 비율이 높은', '여성만의 부서', '여성적 업무'와 등치 관계가 형성될 가능성을 보이기 때문이다. 여성 친화성이 높은 여성만의 부서나 업무는 이른바 잘나가는 업무와는 거리가 있다. 만일 '여성친화성이 높은 부서=여성에게 유리한 부서=무력한 부서'라는 등식이 성립된다면 이는 교묘한 형태의 성별 분업이며 현대적 의미의 방화벽이다. '여성이니까 여성 친화적 업무를 해야 한다' 또는 '여성 친화적인 부서이니 여성을 많이 배치하는'식의 분리주의를 정당화하는 근거가 될 수 있기 때문에 특히 경계해야 한다. 이것이 여성 친화성의 두 얼굴에 주목해야 하는 이유이다.

이러한 분리주의의 위험은 미시적인 차원에서도 발견된다. 젠더 관점에서 여성 공무원의 현실을 논의할 때 남성에 대한 평가는 객관적이고 역량에 초점을 둔 업무 모형(job model)을 적용하는 데에 반해, 여성은 주관적이고 편파적인 성이 부각되는 젠더 모형(gender model)을 적용한다는 점을 비판한다. 따라서 남성과 비교해 차별적인 여성의 현실을 극복하기 위한 대안으로 남녀 모두에게 업무 모형을 적용할 것을 제안한다. 공직에서 여성 공무원의 증가 및 여성적 가치에 대한 인정과 함께 여성 공무원도 남성 공무원과 유사하게 업무 모형이 적용되는 영역이 확장되는 진일보한 변화가 발견된다. 고무적인 일이다.

그런데 이 책에서 만나는 여성 공무원의 현실은 표면적 진일보의 이면에 또 하나의 분리주의가 존재하고 있음을 보여준다. 업무 모형과 젠더 모형의 적용이 사안에 따라 다르게 나타나고 있기 때문이다. 권력이나 관리직과 같이 중요하고도 희소한 자원에 대해서는 여전히 젠더 모형의 영향력이 건재한다. 여성 관리자에 대한 평가나 수용의 범위에서도 업무 모형에 비해 젠더 모형의 적용이 일상적이다. '여성성과 권력', '여성성과 관리직'간의 부정합성의 연결 고리의 견고함을 그대로 보여준다. 결국, 이러한 분리주의는 여성 친화성의 또 다른 얼굴과 맥을 같이한다. 여성 공무원의 증가에 따른 '양적인 희소성'의 완화가 거시적인 차원에서의 '질적인 남성성'의 약화를 의미하는 것이 아니라는 점에서 해결해야 할 난제이다.

지금까지와는 조금 다른 맥락에서 제시되는 또 하나의 숙제는 여성 공무원의 현실 속에 존재하는 기회 구조에 대한 것이다. 1장에서 밝힌 것처럼 이 책은 여성은 언제나 피해자, 남성은 언제나 가해자의 이분법을 근간으로 한 피해주의를 지양한다. 피해주의를 지양한다는 것이 여성 공무원의 현실에 작용하는 거시적인 차원의 억압 구조, 남성 중심적 문화, 여성에 대한 고정관념적 편견 등의 영향력을 부인하는 것은 물론 아니다. 이미 전장에서 수차례 확인한 것처럼 그러한 구조적 요소들로 인해 여성 공무원이 겪는 어려움이 존재하기 때문이다. 그럼에도 불구하고 이 책이 피해주의를 지양한다는 것은 억압 기제의 존재를 밝힘과 동시에 여성 공무원에게 존재하는 '잠재적 기회 구조'의 존재 가능성도 열어둘 필요가 있다는 의미에서이다. 경직된 피해의식 속에서는 잠재적 기회 구조가 보이지 않기 때문이다. 여전히 만족스럽지 못하지만, 과거와는 다른 잠재적 기회 구조가 존재하는 것이 사실이고, 여성이 만나는 모든 현실을 여성에게 불리한 거시적 구조, 문화, 제도에만 귀인할 수는 없는 일이다.

이 책에서 만난 남녀 공무원의 경험은 제도적인 차원만이 아니라 상호작용 차원(네트워킹, 멘토링, 전문성에 대한 인정 등)에서 기회 구조의 맹아(萌芽)를 보여주고 있다. 잠재적인 맹아가 현실에서 꽃을 피우기 위해서 여성 공무원 스스로의 노력과 성찰 또한 필요하다. 구조와 유리된 행위는 없지만, 행위를 통한 구조의 변화 역시 부인될 수 없다. 행위(action)는, 행태(behavior)와 달라서, 의지의 산물이며 의미의 결합체이다. 여성 공무원이 직면하는 삶의 세계 속에서 기회 구조를 보고, 만들고, 실현시키는 '의도된 행위'가 필요하다. 이를 위해 여성 공무원의 전략적 선택에 대한 고민이 필요한 시점이다.

그런 의미에서 이 책에서 만난 한 여성 과장의 선택을 상기해볼 필요가 있다. 그녀는 어쩔 수 없는 부분(거시적 구조)은 인정하고, 그 안에서 자신이 가장 잘 할 수 있는 최선의 답을 찾아내어 철저하게 자기 통제 하에 두는 전략적 선택을 했다. 이러한 선택은 바람직한 여성의 현실을 남성적 가치에 대한 부정과 대립으로 규정하려는 급진적 페미니스트 관점에서는 기회주의적인 것처럼 보일지 모른다. 그러나 거시적인 차원에서 존재하는 성-고정관념이나 여성 공무원에 대한 회의적인 시각에 저항하는 적극적 선택만큼이나 존중되어야 하는 것은 여성 공무원 개개인이 미시적 차원에서 수행하는 '실용적' 선택이다. 과거의 여성 공무원들이 남성 중심적 조직에서 성공하기 위해서는 '남성처럼 행동하라'라는 요구에 부응한 경우도 많았다(박통희, 2004). 그러나 여기서 말하는 실용적 선택이란 그것이 여성적이어야 한다거나 또는 남성적이어야 한다거나와 같이 '미리 정해진(a prior)'규준이 아닌 상황적합적인 선택일 것을 함축한다. 여성 공무원 개인이 직면하는 상황에 맞는 미시적 선택의 다양성을 인정하는 것이 기회 구조를 확장하는 한 방식임을 인정해야 한다.

여성 공무원의 미시적이고 전략적인 선택과 연결된 또 하나의 숙제는 여성 개인의 노력이다. 여성이, 그리고 여성 관리자가 만나는 현실이 젠더화된 구조, 관행, 문화의 산물이라는 이 책의 기본 주장이 여성 공무원이 자신의 (권력)기반을 공고히 하기 위한 여성 개인의 노력이 필요 없다는 뜻은 결코 아니다. 이미 확인한 것처럼 전문적 권력이나 준거적 권력 기반은 개인적 노력에 의해 얼마든지 확충할 수 있는 영역이다. 여성 공무원 스스로 업무와 관련한 전문적 기술과 역량 개발에 집중해야 한다. 준거적 권력은 개인적 매력이나 존경심, 풍부한 인적 네트워크가 기반이 되므로 이와 관련한 개인적 노력 또한 필수적이다. 여성 공무원 스스로가 자신이 직면한 어려움을 남성 중심적 구조, 관행, 문화로만 귀인하거나 이를 극복하기 위한 '특별 대우'에만 안주한다면 그 한계는 분명하다. 구조적인 문제와 한계를 인지하고 문제를 제기하는 것과 여성 공무원 스스로 자신의 역량과 입지를 확고하게 하기 위한 노력은 선후가 아닌 병행되어야 하는 일이다. 여성 공무원의 자발적 노력이 수반될 때 여성 공무원을 둘러싼 젠더화된 구조, 관행, 문화의 극복과 개선이 보다 빨리 현실화될 수 있기 때문이다.

이러한 주장이 '거시적 구조를 바꾸고, 사회적으로 합의된 준거 틀을 변화시켜야 남성 공무원과 비교하여 차별적인 여성 공무원의 현실을 진정으로 바꿀 수 있다'는 이 책의 기조와 배치되는 것처럼 보일 수도 있다. 그러나 미시적 차원에서 여성 공무원의 전략적 선택의 필요성이 거시적 변화를 부인하는 것은 아니다. 거시적인 구조와 미시적 행위 간의 상호 의존성을 바탕으로 일종의 투-트랙(two track)을 가동하자는 것이다. 주지하는 바와 같이 성-주류화를 통한 젠더 관계의 재편을 시도하는 경우에도 거시적이고 본질적인 접근과 미시적이며 표면적인 접근을 동시에 시도함으로써 저항을 최소화하면서 변화를 유도한다. 따라서 여성 공무원에게 부여된 잠재적 기회 구조를 찾아 그것을 실현하기 위한 미시적이고 전략적인 선택은 거시적 구조를 바꾸는 본질적 선택의 하위 요소로서 그 존재 의미가 충분해 보인다.

〈책을 펴내며〉에서 밝힌 것처럼 이 책은 학문 활동에 있어서의 성찰을 염두에 두고 시작되었다. 학문 활동에 있어서의 성찰은 방법론적 엄정성에 대한 성찰일 수도 있고, 새로운 관점과 패러다임의 적용을 통한 내용적 풍부성이나 대상의 신선함에 대한 성찰일 수도 있고, 방법론적 다양성 차원에서의 성찰일 수도 있을 것이다(cf. Holland, 1999). 여성 공무원에 대한 연구가 많지 않은 상황을 감안하여 대상의 신선함도 충족하고자 했고, 실증주의적 인식론과 방법론이 지배적인 행정학 분야에서 반실증주의적 인식론과 방법론을 통해 자신의 삶을 살아가는 행위자로서 여성 공무원의 주관적 이해와 의미를 구성해간다는 점에서 방법론적 다양성도 확보할 수 있으리라 기대했다. 무엇보다 기존의 여성 공무원 관련 연구가 젠더 중립성을 당연하게 받아들이고 그 안에서 방법론적 엄정성에 몰입했던 것에서 벗어나 젠더 중립성이 신화일 수 있는 가능성에 주목하고 이를 밝히는 작업을 함으로써 의미 있는 성찰의 계기가 되길 기대한다.

이러한 성찰을 위해 이 책은 지식권력을 경계하며 기존 논의와는 다른 내용적 조건과 방법론적 조건을 제시했다. 그간 조직 연구에서 관심을 받지 못한 내용적 조건—관계로서의 젠더, 젠더를 행함, 편재적 가부장제, 공-사 영역의 상호 침윤성, 강조된 여성성—을 적용함으로써, 정부 관료제 조직이 갖는 다양한 '이미지'를 제시할 수 있었다. 관료제 조직에 대한 주류 논의가 상정하는 기능주의적 사회관과 막스 베버의 조직관과 맞닿아 있는 기계 또는 체제(유기체)로서 조직 이미지는 여성 공무원의 현실을 다 담아낼 수 없기 때문이다. 이 책을 통해 기계나 체제로서의 이미지는 물론 보다 복잡하고 심지어 역설적이고 모순적이기까지 한 이미지가 공존하는 사회적 실체임이 재확인되었다. 정부 관료제는 미리 정해진 목표를 일사불란하고 일관되게 수행해가는 '기계'이기도 하지만, 여성과 남성 공무원의 일상적인 경험과 상호 작용이 만들어내는 '문화' 그 자체일 수 있다. 모든 구성원의 이해가 합의에 도달한 순수한 의미의 기계가 아닌 이해 갈등과 권력이 작동하는 '정치적 장(political systems)'이며, 정치적 장으로서 관료제는 소수 집단인 여성의 이해를 억압하는 '지배의 도구'가 될 수도 있다. 이처럼 다양한 조직의 이미지는 선험적이거나 고착된 형태가 아닌 지속적인 '흐름(flux)과 변환(transformation)'의 주체이기도 한 것이다. 기계이면서 동시에 문화이며, 정치적 장이며 지배의 도구일 수도 있는 관료제 조직에서 여성과 남성 공무원은 상호 작용하고 현실을 구성해가는 것이다. 무엇보다 지식권력을 경계하는 내용적 조건을 통해 이 책은 정부 관료제를 보는 "심리적 감옥(psychic prisons)"(Morgan, 2006)으로부터의 탈출을 시도했다. 조직 현상을 기존의 "선호되는 사고방식(favored ways of thinking)"으로만 이해하려는 의식적 · 무의식적 심리적 감옥으로부터 벗어나 표면적 현상에 매몰되지 않고(Morgan, 2006: 207), 정부 관료제가 탈성화된(de-sexualized) 실체가 아니라는 점 그리고 정부 관료제에 가부장적 원리가 작동하고 있다는 점을 표면화할 수 있었다.

한편, 지식권력을 경계하면서 이 책이 적용했던 방법론적 조건이 실증주의적 관점에서 볼 때 '비과학적'인 시도로 보일 수도 있다. 인과관계의 규명을 위해 표본의 대표성, 측정의 타당성과 신뢰성, 높은 설명력을 가진 진보된 기법의 적용 등 실증주의가 표방하는 방법론적 엄정성의 차원에서 볼 때, 이 책에서 보여주는 현실이 실증주의적 과학의 범위를 벗어난 것처럼 보일 수도 있다. 그러나 이 책이 적용한 방법론적 조건이 여성 공무원과 관련한 연구에서 실증주의적 과학성을 포기해야 한다거나 상대주의로 가야 한다는 의미는 아니다. 연구에 있어서 '과학성'은 선택의 문제는 아니다. 다만 기존의 연구를 지배해온 과학성에 대한 편향이 여성 공무원을 포함한 사회적 소수 집단의 목소리를 담아내지 못하는 문제를 제기하고자 했다. 어떤 의미에서 행정학 연구에 있어서 '과학'과 '예술'사이의 경직적 이분법을 넘어선 공존을 이야기하고 싶었다. 그것은 포스트모더니즘적 공존일 수도 있고 이질혼합, 또는 지역성의 인정일 수도 있다. 그동안 주류 대 비주류, 과학 대 비과학, 소수 대 다수, 중심 대 주변 이러한 식의 이분법에 기반하여 '큰 진실(The Truth)'의 발견에 매진해왔다면, 이제 그동안 보지 못했던 '작은 진실들(the truths)'에 눈을 돌릴 때가 왔다고 말하고 싶었다. 맥락으로부터 자유로운 일반화 가능성과 규칙성에 대한 부담으로부터 조금은 벗어나서 질적인 연구를 통한 해석과 맥락-구속적 논의가 들어설 자리가 만들어져야 하고, 남성과 다른 여성의 경험과 인식을 모두 '평균'으로 수렴시키거나 '이상치'로 제거해버리지 않고, 평균으로 치환될 수 없는, 또는 평균으로 치환되어서는 안 되는 다양한 목소리로 인정해야 하지 않을까? 이 책은 그 대답을 찾고자 노력했다.

이 책을 시작할 때는 Ventriss(2013: 157)가 강구했던 "동결된 사고의 해동(unfreeze frozen thoughts)"의 작은 계기가 되었으면 하는 바람이 있었다. 그러나 책을 마무리하는 이 시점에서, 이 책이 가진 잠재적 한계와 오류를 생각할 때, 그러한 바람이 현실화되었는지는 의문이다. 이는 저자의 역량 부족 때문일 수도 있고, 최대한 거리를 두려고 했지만, 여성 현실에 대해 갖는 저자의 심정적 '온도' 때문일 수도 있다. 서구도 그렇고 우리나라에서도 여성 공무원 관련 연구의 대부분은 여성 학자들에 의해 이루어지는 경향이 있다. 그렇다 보니 행정학 분야에서 여성 공무원에 대한 연구가 상대적으로 소외된 이유가 여성 학자가 적기 때문이라는 상관관계로 확대 해석되기까지 한다. 이러한 확대 해석은 자연스럽게 여성 학자가 늘어나면 여성 공무원에 대한 연구도 늘어날지 모른다는 기대로 이어진다.

여성이 여성 문제를 대하는 '온도'가 남성의 그것과 다를 수 있지만, 그러한 온도 차이가 여성 공무원에 대한 연구는 여성 학자가 해야 한다는 의미는 아니다. 이러한 논리는 지식 생산 공동체에 존재하는 또 하나의 젠더화된 성별 분업에 지나지 않는다. 여성 학자(만) 여성 문제를 다루는 것은 여성 이슈에 대한 소외만 가중시킬 뿐이다. 여성 공무원의 현실은 남성 공무원과의 상호 작용 속에서 구성되는 관계이기 때문에 남성과 여성이 모두 논의될 때 완전체가 된다. 그러한 인식의 흐름에 따라 이 책은 남성 공무원의 관점과 경험을 함께 논의하고자 노력했지만 이 또한 만족스러운 수준은 아니다. 이 책이 가진 오류와 한계의 원인이 무엇이든 미래의 연구를 통해 지속적으로 교정되어나가길 기대한다. 그 과정은 지식 공동체의 성별 분업을 뛰어넘는 남녀의 관점을 포함한 다양하고도 다차원적인 관점과 경험이 함께 어우러지는 그런 공간이 되길 기대한다.

| 참고문헌 |

강이수 · 신경아(2001), 『여성과 일』, 서울: 동녘.

구자숙(2006), 「조직내 승진과 만족도에 영향을 미치는 요인의 남녀간 차이: 네트워크 특성, 리더십 행동, 성정체성, 다양한 역할에의 몰입, 멘토 관계를 중심으로」, 『한국심리학회지: 여성』, 11(3): 287-309.

권경득(2005), 「조직유형에 따른 관리자의 리더십스타일과 구성원의 직무행태 및 조직성과에 관한 연구 : 성별차이를 중심으로」, 『한국사회와 행정연구』, 16(1): 57-79.

권인숙(2005), 「헤게모니적 남성성과 병역의무: 카투사의 남성성을 중심으로」, 『한국여성학』, 21(2): 223-253.

권향원 · 최도림(2011), 「근거이론적 방법의 이론화 논리에 대한 이해: 한국행정학의 비맥락성과 방법론적 편향성 문제를 중심으로」, 『한국행정학보』, 45(1): 275-302.

김경순(2011), 「변화하는 한국사회와 여성: 국방환경의 변화와 여군의 역할 확대」, 『민족연구』, 45: 113-138.

김동원(2007), 「한국 여군증가의 효과성 분석: 기능적, 문화적 보상적 효과를 중심으로」, 『정부학연구』, 13(3): 169-197.

김선희(2012), 「여성 공무원의 능동적 대표성에 대한 탐색적 분석」, 『행정논총』, 50(1): 91-116.

김은희(2009),「지방자치단체 여성공무원의 유리천장(Glass Ceiling) 지각과 직무태도에 관한 연구」,『한국행정논집』, 21(4): 1337-1367.

김정인(2013),「한국의 적극적 평등실현조치에 대한 이론적 고찰: 여성공무원 채용목표제를 중심으로」,『정부학연구』, 19(1): 93-123.

김태홍 · 고인아(2001),『가족친화적 고용정책의 현황과 활성화 방안』, 서울: 한국여성개발원.

김현영(2002),「병역의무와 근대적 국민정체성이 성별정치학」, 이화여자대학교 여성학 석사학위논문(2002년 1월).

김혜숙(1993),「지역고정관념이 귀인판단과 인상형성에 미치는 영향」,『한국심리학회지: 사회 및 성격』, 7(1): 53-70.

_____(1999),「집단범주에 대한 고정관념, 감정과 편견」,『한국심리학회지: 사회 성격』, 13(1): 1-33.

김호정(2004),「행정조직과 기업조직의 조직문화비교」,『한국행정학보』, 38(3): 49-67.

김호정 · 박천오 · 유홍림(2002),「조직문화의 진단과 분석기법」, 박경원(편),『정부조직진단』. 서울: 대영문화사, 187-218.

김효정 · 김봉환(2011),「청년구직자들이 진로결정과정에서 겪는 경험에 대한 근거이론적 사례분석」,『한국심리학회지 상담 및 심리치료』, 23(3): 785-810.

민진(2008),「군대조직의 특성에 관한 연구」,『국방연구』, 51(3): 61-94.

_____(2010),「군대조직의 구조적 특성에 관한 연구」,『국방연구』, 53(3): 97-121.

박광국 · 이환범 · 주효진(2006),「중앙정부의 권위주의 문화에 영향을 미치는 요인에 관한 실증적 분석」,『한국거버넌스학회보』, 13(3): 55-78.

박숙자(1999),「행정관리직 여성공무원 일과 삶의 질」, 손승영 · 박숙자 · 전방지 · 조순경 · 진수희 · 황석만(편),『여성의 일과 삶의 질』, 서울: 미래인력연구센터, 69-110.

박통희(2004),『편견의 문화와 여성리더십』, 서울: 대영문화사.

방희정 · 조혜자(2004),「성고정관념 활성화가 남녀의 자아해석에 미치는 영향」,『한국심리학회지: 사회문제』, 10(1): 83-106.

백완기(1982),「지방행정관료 행태의 쇄신: 행정문화와 관료행태」,『지방행정』,

31(345): 15-25.
_____(1995), 『한국의 행정문화』, 서울: 고려대학교 출판부.
백진아(2001), 「경제 위기에 따른 가족생활의 변화와 가족주의」, 『사회발전연구』, 7: 27-50.
서동희(2008), 「여성관리자에 대한 조직구성원의 저항요인 분석: 공 · 사조직 비교 연구를 중심으로」, 『한국정책학회보』, 17(3): 265-289.
손승영 · 박숙자 · 전방지 · 조순경 · 진수희 · 황석만(1999), 『여성의 일과 삶의 질』, 서울: 미래인력연구센터.
송다영(2012), 「돌봄정책의 국가별 상이성과 젠더관점」, 『가족과 문화』, 24(3): 1-33.
신만수(2001), 「한국기업 종업원의 가치성향 분석」, 『국제경영연구』, 12(2): 1-32.
안상수 · 김금미(2008), 「성평등 정책에 대한 태도: 성평등의식, 적극적 조치, 공정성 지각의 관계」, 『한국심리학회지: 여성』, 13(3): 299-324.
엄규숙(2000), 『모성보호비용의 사회화 방안』, 서울: 한국노동연구원.
우양호(2010), 「공공부문 고위직 여성의 공적관계에 대한 새로운 접근: 토큰여성(tokens)과 여왕벌신드롬(queen bee syndrome)」, 『지방정부연구』, 14(4): 61-85.
원숙연(2001), 「성차, 성-고정관념이 상관-부하 관계에 미치는 영향: 젠더(gender)관점의 적용」, 『한국행정학회 학술대회 발표논문집』, 799-817.
_____(2002), 「포스트모더니즘 조직연구: 인식론적 정향성과 대안으로서의 가능성」, 『한국행정학보』, 36(2): 1-18.
_____(2004), 「여성정책의 실질적 기능화: 일-가정양립정책을 중심으로」, 『한국행정학회 춘계학술대회 발표논문집』, 2004(3): 102-119.
_____(2006a), 「젠더관점을 통해 본 멘토링의 기능과 장애요인: 지방자치단체 공무원을 대상으로 한 실증연구」, 『한국행정학보』, 40(1): 107-125.
_____(2006b), 「젠더화된 멘토링의 구조와 작동원리: 심층면접을 적용한 사례연구」, 『한국여성학』, 22(1): 5-34.
_____(2007), 「조직 내 여성관리자에 대한 평가의 젠더화된 작동원리」, 『한국여

성학』, 23(4): 151-175.

_____(2009a), 「공직 내 여성관리자에 대한 고정관념적 평가의 역학」, 『한국여성학』, 25(1): 73-101.

_____(2009b), 「중앙정부조직의 문화적 정향성 탐색」, 『한국조직학회보』, 6(3): 67-96.

_____(2012a), 「국방조직에서의 성-고정관념과 여성군무원에 대한 평가: 남녀 시각차이를 중심으로」, 『여성학논집』, 29(1): 3-39.

_____(2012b), 「Why? Why Not? 조직 내 멘토 성(性)선택의 젠더역학: 근거이론의 적용」, 『페미니즘연구』, 12(2): 105-142.

_____(2013), 「젠더-정책레짐에 따른 성-고정관념의 지형분석: 세계가치조사(WVS)에 기초한 탐색적 국제비교」, 『국가정책연구』, 27(4): 5-38.

_____(2014a), 「성-역할 고정관념의 지형변화와 여성정책에 갖는 함의: 1996년과 2010년의 인식 차이를 중심으로」, 『정부학연구』, 20(3): 141-172.

_____(2014b), 「From the Big Truth to Small truths? 포스트모더니즘 정향성을 통해 본 정책/행정연구의 지형 분석: 비판적 자기 성찰」, 『한국정책학회 추계학술발표논문집』, 39-65.

원숙연 · 조승은(2009), 「정부조직에서 여성관리자에 대한 평가: 권력기반과 관리효과성을 중심으로」, 『한국정책학보』, 19(1): 69-98.

유민봉 · 심형인(2011), 「일반논문 : 공무원이 조직생활에서 경험하는 체면 현상과 행위에 대한 질적 연구: 근거이론(Grounded Theory)을 적용하여」, 『한국행정학보』, 45(1): 199-225.

은기수(2006), 「가족가치에 대한 국제비교연구」, 『가족과 문화』, 18(3): 1-31.

이동선 · 원숙연(2012), 「일-가족 양립지원 정책이 노동시장 참여의 성별격차에 미치는 영향: OECD 16개 국가를 대상으로」, 『한국정책학회보』, 21(3): 325-360.

_____(2013), 「노동시장 내 남녀 임금격차의 영향요인: 일-가족 양립지원정책을 중심으로」, 『행정논총』, 51(2): 229-255.

이동수(2007), 「경쟁가치모형을 이용한 한국 행정조직문화의 진단」, 『한국행정논집』, 19(2): 215-244.

이동흔(2002), 「군대문화의 남성중심성과 양성평등교육」, 연세대학교 사회학 석사학위논문(2002년 2월).
이성은(2005), 「한국의 조직문화와 여성의 사회적 연결망 구성에 관한 연구」, 『한국여성학』, 21(1): 125-164.
이숙진(2003), 「임신차별금지의 포괄성의 실효성」, 『한국 여성학』, 19(3): 149-178.
이은아(1999), 「기업 내 남성 네트워크와 여성배제에 관한 연구」, 이화여자대학교 여성학 석사학위논문(1999년 6월).
이재경 · 이은아 · 조주은(2006), 「기혼 취업 여성의 일 · 가족생활 변화와 한계: 계층 간 차이를 중심으로」, 『한국여성학』, 22(2): 41-79.
이종범(1986), 『국민과 정부 관료제』, 서울: 고려대학교 출판부.
이종수 · 이해익 · 조경식(2008), 「공공조직 문화유형과 직무만족 관계분석」, 『한국지방자치학회보』, 20(3): 109-134.
임의영(2005), 「Weber의 관료제에 대한 전망의 행정철학적 재구성」, 『한국행정학보』, 39(2): 23-40.
장재윤(1997), 「상사의 학력일치가 R&D전문가의 조직 및 전문분야 몰입에 미치는 효과」, 『한국심리학회지: 산업 및 조직』, 10(2): 79-103.
장지연(2006), 「미국의 적극적조치 논쟁과 시사점」, 『한국여성학』, 22(2): 167-208.
정영금(2004), 「가족친화적 정책을 통한 일-가족 균형에 관한 연구」, 『한국가정관리학회지』, 22(5): 91-100.
조성숙(1997), 「군대문화와 남성성」, 여성한국사회연구회(편), 『남성과 한국사회』, 서울: 사회문화연구소, 155-186.
조성한 · 주영종(2008), 「공공부문 조직문화 연구에 대한 비판적 고찰: 연구방법을 중심으로」, 『한국조직학회보』, 4(1): 35-62.
조순경(1999), 「경제 위기와 여성 고용 정치」, 『한국여성학』, 15(2): 5-33.
______(2000), 『노동과 페미니즘』, 서울: 이화여자대학교 출판부.
조승은(2007), 「권력기반이 관리효과성 인식에 미치는 영향: 성별의 영향을 중심으로」, 이화여자대학교 행정학 석사학위논문(2007년 2월).
조혜자(2002), 「비본질주의 관점에서 본 여성의 자아정체성」, 『한국심리학회지:

여성』, 7(3): 115-130.

주경미(1992), 「전문직에서의 여성배제구조: 의사사회를 중심으로」, 이화여자대학교 여성학 석사학위논문(1992년 2월).

주효진(2005), 「조직구조, 조직문화 및 조직효과성의 관계에 관한 연구」, 『행정논총』, 42(2): 29-53.

주희진(2005), 「성 고정관념이 기업 내 여성관리자 평가에 미치는 영향」, 『여성학연구』, 22(1): 115-149.

최성욱(2005), 「한국행정조직의 문화적 프로필에 관한 연구: 중앙부처를 대상으로」, 『한국행정학보』, 39(2):41-62.

최성은 · 양재진(2013), 「OECD 국가의 여성 일-가족양립에 대한 성과: 자유주의 경로의 검증」, 『한국정책학회 춘계학술대회 발표문』, 107-130.

최윤희 · 원숙연(2014), 「공직에서 여성상관과 남성상관에 대한 평가의 젠더지형 분석: 동일-성 선호(same-gender preference)의 한국적 타당성을 중심으로」, 『한국여성학』, 30(3): 85-121.

홍미영(2004a), 「관리직 여성공무원의 대표성 확보에 대한 관료저항의 실태와 영향요인 분석」, 『한국정책학회보』, 15(3): 329-363.

______(2004b), 「여성공무원에 대한 '유리천장' 현상에 관한 연구-성별 차이비교를 통한 시론적 분석」, 『한국사회와 행정연구』, 15(3): 329-363.

홍미영 · 우양호(2005), 「지방공무원의 여성관리자에 대한 차별원인과 태도 및 행태의 구조적 관계」, 『한국행정논집』, 17(4): 1207-1232.

황은정 · 김교성(2013), 「일 · 가족 양립정책의 젠더 평등 효과」, 『한국사회복지조사연구』, 34: 37-71.

황창연(2003), 「행정조직에서 조직문화 및 하위문화의 비교」, 『한국행정학회보』, 37(1): 37-58.

고용노동부(2007), 『고용노동통계』, 서울: 고용노동부.

______(2014), 『고용노동통계』, 서울: 고용노동부.

안전행정부(2013), 『2013 안전행정통계연보』, 서울: 안전행정부.

______(2014), 『2014 안전행정통계연보』, 서울: 안전행정부.

여성가족부(2014), 『여성정책연차보고서. 2013』, 서울: 여성가족부.
정부혁신지방분권위원회(2004), 『참여정부의 행정개혁』, 서울: 정부혁신지방분권위원회.
통계청(1998), 『사회통계조사보고서』, 서울: 통계청.
_____(2009), 『생활시간조사』, 서울: 통계청.
_____(2013), 『2013 통계로 보는 여성의 삶』, 서울: 통계청.
_____(2014), 『OECD Family DB』, 서울: 통계청.
_____(2014), 『경제활동인구조사』, 서울: 통계청.
한국국방연구원(2008), 『국방여성 성별분리통계에 관한 연구』, 서울: 한국국방연구원.
한국노동연구원(2014), 『노동리뷰』, 서울: 한국노동연구원.
한국여성정책연구원(2009). 『2009 한국의 성 인지 통계』, 서울: 한국여성정책연구원.
_____(2014). 『2014 한국의 성 인지 통계』, 서울: 한국여성정책연구원.
_____(2014), 『여성연구』, 서울: 한국여성정책연구원.
행정안전부(2008), 『2008 행정안전통계연보』, 서울: 행정안전부.
_____(2011), 『2011 행정안전통계연보』, 서울: 행정안전부.
_____(2013), 『행정안전 통계연보』, 서울: 행정안전부.
_____(2014), 『2014 안전행정통계연보』, 서울: 행정안전부.
행정자치부(2004), 『여성과 공직』, 서울: 행정자치부.

Acker, J.(1990), "Hierarchies, Jobs, Bodies: A Theory of Gendered Organizations", *Gender and Society*, 4(2): 139–158.
_____(1992). "Sex roles to Gendered Institutions", *Contemporary Sociology*, 21(5): 565–569.
Acker, J., Barry, K., & Esseveld, J.(1991), "Objectivity and Truth: Problem in Doing Feminist Research", in Fonow, M. & Cook, J.(eds.), *Beyond Methodology: Feminist Scholarship as Lived Research*, Indian University Press, pp. 133–153.

Agars, M.(2004), "Reconsidering the Impact of Gender Stereotypes on the Advancement of Women in Organizations", *Psychology of Women Quarterly*, 28: 103–111.

Agarwal, B.(1997), "Barigaing and Gender Relations: Within and Beyond the Household", *Feminist Economics*, 3(1): 1–51.

Allen, T. D., Poteet, M. L., & Burroughs, S. M.(1997), "The Mentor's Perspective: A Qualitative Inquiry and Agenda for Future Research", *Journal of Vocational Behavior*, 51: 70–89.

Althusser, L.(1977), *Lenin and philosophy, and other essays*, New York: Monthly Review Press.

Altman, Y., Simpson, R., Baruch, Y., & Burke, R. J.(2005), "Reframing the 'glass ceiling' debate", in Burke, R. J., & Mattis, M. C.(eds.), *Supporting Women's Career Advancement: Challenges and Opportunities*, Cheltenham: Edward Elgar, pp. 58–81.

Alvesson, M., & Billing, Y.(2009), *Understanding Gender and Organizations*, Thousand Oaks: Sage.

Anton, J. N.(2006), "Methods of coping with social desirability bias: A review", *European Journal of Social Psychology*, 15(3): 263–280.

Aseltey, G.(1985), "Administrative Science as Socially Constructed Truth", *ASQ*, 30: 497–513.

Ashford, B. E., & Mael, F.(1989), "Social identity theory and the organization", *Academy of Management Review*, 14(1): 20–39.

Atwater, L., Brett, J., Waldman, D., Dimare, L., & Hayden, M.(2004), "Men's and Women's Perception of the Gender Typing of Management Subroles", *Sex Roles*, 50(3/4): 191–199.

Austen, S., Jefferson, T., & Thein, V.(2003), "Gendered Social Indicators and Grounded Theory", *Feminist Economics*, 9(1): 1–18.

Bagilhole, B.(2004), *Women in Non-Traditional Occupations: Challenging Men*, NY: Palgrave McMillan.

Bajdo, L., & Dickson, W.(2002), "Perceptions of Organizational Culture and Women's Advancement in Organizations: A Cross-Cultural Examination", *Sex Roles*, 45(5/6): 399-414.

Barnard, C. (1958), *The Functions of the Executive*, Harvard University Press.

Bartky, S. L.(1988). "Foucault, femininity, and the modernization of patriarchal power", in Diamond, I., & Quinby, L.(Eds.), *Feminism & Foucault: Reflections on resistance*, Boston: Northeastern University Press, pp. 61-86.

Barrett, M., & McIntosh, M.(2000), "The Family Wage: Some Problems for Socialists and Feminists", in Himmelweit, S.(ed.), *Inside the Household: From Labor to Care*, London: Mcmillian, pp. 1-24.

Battaglio R. P., & Legge, J. S.(2009), "Self-Interest, Ideological/Symbolic Politics, and Citizen Characteristics: A Cross-National Analysis of Support for Privatization", *Public Administration Review*, 69(4): 697-709.

Becker, G.(1965), "A Theory of the Allocation of Time", *Economic Journal*, 75: 493-517.

______(1985), "Human Capital, Effort and the Sexual Division of Labour", *Journal of Labour Economics*, 3: 33-58.

Beechey, V.(1979), "On Patriarchy", *Feminist Review*, 3: 66-82.

Bem, S.(1993), *The Lenses of Gender: Transforming the Debate on Sexual Inequality*, New Haven: Yale University Press.

Bendl, R., & Schmidt, A.(2010), "From 'Glass Ceilings' to 'Firewalls'— Different Metaphors for Describing Discrimination", *Gender Work and Organizations*, 17(5): 612-634.

Benton, T.(1979), *Philosophical Foundations of the Three Sociologies*, London: Routledge.

Bettio, F., & Verashchagina, A.(2009), *Gender segregation in the labour market: Root causes, implications, and policy responses in the EU*,

Luxembourg: Publications Office of the European Union.

Bhatnagar, D., & Swamy, R.(1995), "Attitude Toward Women as Manager: Does Interaction make a Difference?", *Human Relations*, 48(11): 1285-1307.

Biernat, M., & Fuegen, K.(2001), "Shifting Standards and the Evaulation of Competence: Complexity in Gender-Based Judgement and Decision-Making", *Journal of Social Issues*, 57(4): 707-724.

Billing Y.(2011), "Are Women in Management Victims of the Phantom of the Male Norm?", *Gender, Work and Organization*, 18(3): 298-317.

Billing, Y., & Alvesson, M.(2000), "Questioning the Notion of Feminine Leadership: A Critical Perspective on the Gender Labelling of Leadership", *Gender, Work and Organization*, 7(3): 144-157.

Bird, S.(2003), "Sex Composition, Masculinity Stereotype Dissimilarity and the Quality of Men's Workplace Social Relationships", *Gender, Work & Organization*, 10(5): 579-604.

Bjornberg, U. (2002). "Ideology and Choice between Work and Care: Swedish Family Policy for Working Parents", *Critical Social Policy*, 22(1): 35-52.

Brannen, J.(1992), "Combining Qualitative and Quantitative Approaches: An Overview", in Brannen, J.(eds.), *Mixing Methods: Qualitative and Quantitative Research*, Aldershot: Avebury, pp. 3-37.

Brewis, J., & Linstead, S.(2000), *Sex, Work, and Sex Work: Eroticizing Organization*, London: Routledge.

Britton, D.(1997), "Gendered Organizational Logic: Policy and Practice in Men's and Women's Prisons", *Gender & Society*, 11(6): 796-818.

______(2000), "The Epistemology of the Gendered Organization", *Gender and Society*, 14(3): 418-434.

Broder, I. E.(1993), "Review of NSF economics proposals: Gender and institutional patterns", *American Economic Review*, 83: 964-970.

Bruan, M., Scott, J., & Alwin, D.(1994), "Economic necessity and self-actualization? Attitudes toward Women's Labour-Force Participation in East and West Germany", *European Sociological Review*, 10(1): 19-47.

Bryman, A.(1988), *Quantity and Quality in Social Research*, London: Unwin Hyman.

_____(1999), "The Debate about Quantitative and Qualitative Research", in Bryman, A., & Burgess, R.(eds.), *Qualitative Research*, London: Sage.

Bryman, A., & Burgess, R.(1999), *Qualitative Research*, vol.1, London: Sage.

Burrell, W., & G. Morgan.(1979), *Sociological Paradigm and Organizational Analysis*, London: Heineman.

Byrne, D. E.(1971), *The attraction paradigm*, Waltham: Academic Press.

Calas, M., & Smiricichi, L.(1996), "From the woman's point of View: Feminist Approaches to Organization Studies", in Clegg, S., Hardy, C., & Nord, W.(eds.), *Handbook of Organization Studies*, London: Sage, pp. 218-257.

Cameron, K., & Quinn, R.(1999), *Diagonosing and Changing Organizational Culture*, NY: Addison, Wesley Inc.

Campbell, C.(1988), *The Power of Myth*, NY: Anchor-Doubleday.

_____(1995), *Race, Myth, and the News*, London: Sage.

Canetto, S.(1996), "What Is a Normal Family? Common: Assumptions and Current Evidence", *The Journal of Primary Prevention*, 17(1): 31-46.

Carli, L. L.(1991), "Gender, Language, and Influence", *Journal of Personality and Social Psychology*, 59(5): 941-951.

Carli, L. L., & Eagly, A. H.(2001), "Gender, Hierarchy, and Leadership: An Introduction", *Journal of Social Issues*, 57(4): 629-636.

Castoriadis, C.(1989), "Done and To be Done", in Curtis, D.(ed.), *The Castroriadis Reader*, London: Blackwell, pp. 361-417.

Charmaz, K.(2003), "Grounded theory", in Michael S., Lewis-Beck, A., Bryman, A., & Futing Liao, T.(eds.), *The sage encyclopedia of social science research methods*, Thousand Oaks: Sage, pp. 440-444.

_____(2008), "Views from the Margins: Voices, Silences, and Suffering",

Qualitative Research in Psychology, 5(1): 7-18.

Chenitz, W. C., & Swanson, J. M.(1986), *From practice to grounded theory: qualitative research in nursing*, Thousand Oaks: Addison-Wesley.

Chia, R.(1995), "From Mordern to Postmodern Organizational Analysis", *Organization Studies*, 16(4): 579-604.

Cho, K. W.(1995), "Overcoming Confucian Barriers: Changing Educational Opportunities for Women in Korea", in Gelband, J., & Palley, M. L.(eds), *Women of Japan and Korea: Continuity and Change*, Philadelphia: Temple University Press, pp.206-222.

Clegg, S., & Dunkerley, D.(1980), *Critical Issues in Organizations: Critical Studies in Organizations*, London: Routledge.

Cockburn, C.(1990), "Men's power in Organizations: 'Equal Opportunities' intervenes", in Hearn, J., & Morgan, D.(eds.), *Men, Masculinities and Social Theory*, London and Boston: Unwin Hyman. pp. 72-89.

______(1991), *In the Way of Women: Men's Resistance to Sex Equality in Organizations*, London: Macmillan.

Coleman, G.(1991), *Investigating Organizations: A Feminist Approach*, Bristol: University of Bristol.

Connell, R.(1987), *Gender and Power*, Oxford: Polity.

______(2002), *Gender*, Cambridge: Polity Press.

Connell, R., & Messerschmidt, J.(2005), "Hegemonic Masculinity: Rethinking the Concept", *Gender & Society*, 19(6): 829-859.

Cooper, V. W.(1997). "Homophily or the Queen Bee Syndrome: Female Evaluation of Female Leadership", *Small Group Research*, 28(4): 483-499.

Coppock, V., Haydon, D., & Richter, I.(1995), *The Illusions of 'Post-Feminism': New Women, Old Myths*, London: Taylor&Francis.

Cortina, L. M.(2008), "Unseen injustice: Incivility as modern discrimination in organizations", *Academy of Management Review*, 33: 55-75.

Creswell, J.(1998), *Qualitative inquiry and research design: choosing among five traditions*, Thousand Oaks: Sage.

Cresswell, J.(2014), *Research design: qualitative, quantitative, and mixed methods approaches*, Thousand Oaks : Sage.

Cresswell, J., & Clark, V.(2007), *Designing and conducting mixed methods research*, Thousand Oaks: Sage.

Crompton, R., & Harris, F.(1998), "Explaining Women's Employment Patterns: 'Orientations to Work' Revisited", *British Journal of Sociology*, 49(1): 118-137.

Deal, J. J., & Stevenson, M. A.(1998), "Perceptions of female and male managers in the 1990s: Plus?a Change", *Sex Roles*, 38: 287-300.

Delphy, C.(2002), "Rethinking Sex and Gender", in Jackson, S. & Scott, S.(eds.), *Gender: A Sociological Reader*, London: Sage.

Demetriou, D. Z.(2001), "Connell's Concept of Hegemonic Masculinity: A Critique", *Theory and Society*, 30(3): 337-361.

Dennis, M., & Kunkel, A.(2004). "Perceptions of Men, Women, and CEOs: The Effects of Gender Identity", *Social Behavior and Personality*, 32(2): 155-172.

Denzin, N. K., & Lincoln, Y. S.(1994), *Handbook of Qualitative Research*, Thousand Oaks: Sage.

Derks, B., Ellemers, N., van Laar, C., & de Groot, K.(2011). "Do sexist organizational cultures create the Queen Bee?", *British Journal of Social Psychology*, 50(3): 519-535.

Deutsch, M.(1973), *The Resolution of Conflict: Constructive and Destructive Processes*, New Haven: Yale University Press.

Dienesch, R. M., & Liden, R.(1986). "Leader-Member Exchange Model of Leadership: A Critique and Further Development", *Academy of Management Review*, 11(3): 618-634.

Eagly, A, H., & Karau, S, J.(2002). "Role Congruity Theory of Prejudice Toward Female Leaders", *Psychological Review*, 109(3): 573-598.

Eagly, A. H., & Johnson, B. T.(1990), "Gender and leadership style: A meta-analysis", *Psychological Bulletin*, 108(2): 233-236.

Eagly, A. H., Makhijani, M., & Klonsky, B.(1992). "Gender and the Evaluation of Leaders: A Meta Analysis", *Psychological Bulletin*, 111(1): 3-22.

Eagly, A. H., Karau, S. J., & Makhijani, M.(1995), "Gender and the effectiveness of leaders: A meta-analysis", *Psychological Bulletin*, 117: 125-145.

Eagly, A. H., & Steffen, V. J.(1984), "Gender Stereotypes Stem from the Distributions of Women and Men into Social Roles", *Journal of Personality and Social-Psychology*, 46(4): 735-754.

Ellemers, N., van den Heuvel, H., de Gilder, Dick., Maass, A., & Bonvini, A.(2004), "The underrepresentation of women in science: Differential commitment or the queen bee syndrome?", *British Journal of Social Psychology*, 43(3): 315-338.

Ely, R.(1995), "The Power in Demography: Women's Social Construction of Gender Identity at Work", *Academy Management Journal*, 38: 589-634.

Ely. R., & Meyerson, D.(2000), "Theories of Gender in Organizations: A New Approach to Organizational Analysis and Change", *Research in Organizational Behavior*, 22: 103-151.

Esping-Andersen, G.(1990), *The Three Worlds of Welfare Capitalism*, Princeton: Princeton University Press.

______(1999), *Social Foundations of Post Industrial Economies*, Oxford, UK: Oxford University Press.

Fagan, C.(1996), "Gendered Time Schedules: Paid Work in Great Britain", *Social Politics*, 3(1): 72-106.

Fagan, C.(2001), "Time, Money and the Gender Order: Work Orientations and Working-Time Preferences in Britain", *Gender, Work and Organization*, 8(3): 239-266.

Ferlie, E., Ashburner, L., Fitzgerald, L., & Pettigrew, A.(1996). *New Public*

Management in Action, Oxford: Oxford University Press.

Ferris, G. L., Judge, T. A., Rowland, K. M., & Fitzgibbons, D. E.(1994), "Subordinate Influence and the Performance Evaluation Process: Test of a Model", *Organizational Behavior and Human Decision Process*, 58: 101–135.

Fierman, J.(1990), "Why Women still don't hit the top", *Fortune*, 122(3): 40–62.

Figart, D., & Mutari, E.(1998), "Degendering Work Time in Comparative Perspective: Alternative Policy Frameworks", *Review of Social Economy*, 16(4): 460–480.

Finch, J., & Mason, J.(1999), "Decision Making in the Fieldwork Process: Theoretical Sampling and Collaborative Working", in Bryman, A., & Burgess, R.(eds), *Qualitative Research*, London: Sage, pp. 291–318.

Fonow, M., & Cook, J.(1991), *Beyond Methodology: Feminist Scholarship as Lived Research*, Bloomington: Indiana University Press.

______(2005), "Feminist Methodology: New Applications in the Academy and Public Policy", *Signs*, 30(4): 2211–2236.

Forret, M. L., & Dougherty, T. W.(2004), "Networking behaviors and career outcomes: difference for men and women?", *Journal of Organizational Behavior*, 25(3): 419–437.

Foucault, M.(1977), *Discipline and Punish: The Birth of the Prison*, NY: Pantheon Books.

______(1980), *Power and Knowledge*, NY: Printice Hall.

______(1981), *Power/Knowledge — Selected Interviews & other Writings 1972–1977*, New York: Pantheon.

______(1983). "The Subject and Power", in Dreyfus, H. & Rabinow, P. (eds.), *Michel Foucault: Beyond structuralism and hermeneutics*, Chicago: University of Chicago Press, pp. 208–226.

Fraser, J., & Kick, E.(2000), "The interpretive repertoires of Whites on race–

targeted policies: Claims making of reverse discrimination", *Sociological Perspectives*, 43(1): 13-28.

Freeden, M.(2003), *Ideology: A Very Short Introduction*, Oxford: Oxford University Press.

French, J., & Raven, B.(1959), "The Bases of Social Power", in Cartwright, D.(ed.), *Studies in Social Power*. Michigan: Uni. of Michigan Research Center for Group Dynamics, pp. 150-167.

Gale, A.(1994), "Women in Non-Traditional Occupations: The Construction Industry", *Women in Management Review*, 9(2): 3-14.

Geist, C.(2005), "The Welfare State and the Home: Regime Differences in the Domestic Division of Labour", *European Sociological Review*, 21(1): 23-41.

Gelb, J., & Palley, M. L.(1995), *Women of Japan and Korea: Continuity and Change*, Philadelphia: Temple University Press.

Gelfand, M., Bhawuk, D., Nishii, L., & Bechtold, D.(2004), "Individualism and Collectivism", in House, R., Hanges, P., Javidan, M., Dorfman, P., & Gupta, V.(eds.), *Culture, Leadership, and Organizations: the GLOBE Study of 62 Societies*, Thousand Oaks: Sage, pp. 437-512.

Gherardi, S.(2011), "Ways of Knowing: Gender as a Politics of Knowledge ", in Jeanes, E., Knights, D. & Martin, P.(eds). *Handbook of Gender, Work & Organization*, UK: Wiley, pp. 37-64.

Giddens, A.(1984), *The Constitution of Society*, Cambridge: Polity Press.

Glaser, B. G.(1978), *Theoretical sensitivity: advances in the methodology of grounded theory*, Mill Valley: Sociology Press.

Glaser, B. G., & Strauss, A. L.(1967), *The Discovery of Grounded Theory: Strategies for Qualitative Research*, New york: Aldine Publishing Company.

Gordon, S.(1984), *Ladies in Limbo: The Fate of Women's Bureaux*, London: Commonwealth Secretariat.

Gould, S. (1981), *The Mismeasure of Man*, New York: Norton.

Goulding, C.(1998), "Grounded theory: the missing methodology on the interpretivist agenda", *Qualitative Market Research: An International Journal*, 1(1): 50-57.

Graen, G., & Uhl-Bien, M.(1995). "Relationship-Based Approach to Leadership: Development of Leader-Member Exchange(LMX) Theory of Leadership over 25Years: Applying a Multi-Level Multi-Domain Perspective", *Leadership Quarterly*, 6: 219-247.

Graham, H. (1983), "Do Her Answers Fit His Questions? Women and Survey Methods", in Gamarnikow, E., Morgan D., Purvis, J., & Taylorson, *The Public and the Private*, London: Heinemann. pp. 132-147.

Gramsci, A.(1971), *Selections from the Prison Notebooks of Antonio Gramsci*, NY: International Publisher.

Grant, J., & Tancred, P.(1992), "A Feminist Perspective on State Bureaucracy", in Mills, A., & Tancred, P.(eds.), *Gendering Organizational Analysis*, London: Sage, pp. 112-128.

Graves, L., & Powell, G.(1988), "An investigation of sex discrimination in recruiters' evaluations of actual applicants", *Journal of Applied Psychology*, 73(1): 20-29.

______(1996), "Sex Similarity, Quality of Employment Interview and Recruiters' Evaluations of Actual Applicants", *Journal of Occupational and Organizational Psychology*, 69: 243-261.

Grazywacz, J., Almeida, D., & Mcdonald, A.(2002), "Work-Family Spillover and Daily Reports of Work and Family Stress in the Adult Labor Force", *Family Relations*, 51: 28-36.

Green, S, G., Anderson, S, E., & Shivers, S, L.(1996). "Demographic and Organizational Influences on Leader-Member Exchange and Related Work Attitudes", *Organizational Behavior and Human Decision Processes*, 66(2): 203-214.

Gutek, B., & Cohen, A.(1992), "Sex-Ratio, Sex-Role Spillover, and Sex at Work", in Mills, J., & Tancred, P.(eds.), *Gendering Organizational Analysis*. Newbury Park: Sage. pp. 133-150.

Hakim, C.(1995), "Five Feminist Myths about Women's Employment", *British Journal of Sociology*, 46: 424-55.

_____(1996), *Key Issues in Women's Work: Female Heterogeneity and the Polarisation of Women's Employment*, London: The Athlone Press.

Halford, S., & Leonard, P.(2001), *Gender, Power and Organizations*, London: Palgrave.

Halford, S., Savage, M., & Witz, A.(1997), *Gender, Career, and Organizations*, London: McMillan.

Hammersley, M.(1992), *What's Wrong With Ethnography?: Methodological Explorations*, London: Routledge.

Harding, S.(1993), "Rethinking Standpoint Epistemology: What is Strong Objectivity?", in Alcoff, L. & Potter, E.(eds.), *Feminist Epistemology*, London: Routledge, pp. 49-82.

Harzing, A., & Hofstede, G.(1996), "Planned Change in Organizations: The Influence of National Culture", *Research in the Sociology of Organizations*, 14: 297-340.

Hass, L.(1992), *Equal Parenthood and Social Policy : A Study of Parental Leave in Sweden*, Albany: State University of New York Press.

Hass, L., & Hwang, P.(2000), "Programs and Policies Promoting Women's Economic Equality and Men's Sharing of Child care in Sweden". in Hass, L., Hwang, P., & Ressell, G.(eds.), *Organizational Change and Gender Equity: International Perspectives on Fathers and Mothers at the Workplace*, London: Sage. pp. 133-153.

Hass, L., & Hwang, P.(2008), "The Impact of Taking Parental Leave on Fathers' Participation In Childcare and Relationships with Children: Lessons from Sweden", *Community, Work & Family*, 11(1): 85-104.

Hass, L., Hwang, P., & Ressell, G.(2000), *Organizational Change and Gender Equity: International Perspectives on Fathers and Mothers at the Workplace*, London: Sage.

Hatch, M.(1997), *Organizational Theory: Modern Symbolic and Postmodern perspective*, Oxford: Oxford University Press.

Hearn, J., & Parkin, W.(1987), "Women, Men and Leadership: A Critical Review of Assumptions, Practices and Change in the Industrialized Nations", *International Studies of Management and Organization*, 16: 33-60.

Heilman, M. E.(1997), "Sex Discrimination and the Affirmative Action Remedy: The Role of Sex Stereotypes", *Journal of Business Ethics*, 16(9): 877-889.

______(2001), "Description and Prescription: How Gender Stereotypes Prevent Women's Ascent Up the Organizational Ladder", *Journal of Social Issues*, 57(4): 657-674.

Heilman, M. E., Block, C. J., & Martell, R. F.(1995), "Sex stereotypes: Do they influence perceptions of managers?", *Journal of Social Behavior and Personality*, 10: 237-252.

Helgesen, S.(1990), *Female Advantage*, NY: Doubleday.

Hersey, P., & Blanchard, K. H.(1984), *The management of Organizational Behavior(4th ed.)*, NJ: Prentice Hall.

Hewit, P.(1993), *About Time: The Revolution in Work and Family Life*, London: IPPR/River Oram Press.

Higgins, M., & Kram, K.(2001), "The Conceptualizing Mentoring at Work: A Developmental Network Perspectives?", *Academy of Management Review*, 26(2): 264-288.

Hilton J. L., & Von Hippel, W.(1996), "Stereotypes", *Annual Review of Psychology*, 47: 237-271.

Hofstede, G.(1980), *Culture's Consequences: International Differences in*

Work Related Values, Thousand Oaks: Sage.

______(1991), *Cultures and Organizations: Software of Mind*, London: McGraw-Hill.

______(2001), *Cultures Consequences: International Differences in Work-Related Values*, Beverley Hills: Sage.

Hofstede, G., & McCrae, R. R.(2004), "Culture and personality revisited: Linking traits and dimensions of culture", *Cross-Cultural Research*, 38: 52-88.

Hofstede, G., Neuijen, B., Ohayv, D., & Sanders, G.(1990), "Measuring Organizational Cultures: A Qualitative and Quantitative Study across Twenty Cases", *ASQ*, 35(2):286-316.

Hogg, M. & Turner, J. (1985), "Interpersonal Attraction, Social Identification and Psychological Group Formation", *European Journal of Social Psychology*, 15(1): 51-66.

Holland, R.(1999), "Reflexivity", *Human Relations*, 52(4): 463-484.

Holton, J. A.(2007), "The Coding Process and Its Challenges", in Bryant, A., & Charmaz, K.(eds.), *The Sage Handbook of Grounded Theory*, London: Sage Publications, pp. 265-289.

Holzbach, R. L.(1974), *An Investigation of a Model for Managerial Effectiveness: The Effects of Leadership Style and Leader Attributed Social Power on Subordinate Job Performance*, Doctoral Dissertation, Carnegie-Mellon University.

Hood, C.(1991), "A Public Management for All Seasons", *Public Administration*, 69: 3-19.

House, R., Hanges, P., Javidan, M., Dorfman, P., & Gupta, V.(2004), *Culture, Leadership, and Organizations: the GLOBE Study of 62 Societies*, Thousand Oaks: Sage.

Huckfeldt, R., Levine, J., Morgan, W., & Sprague, J.(1999), "Accessibility and the political utility of partisan and ideological orientations", *American*

Journal of Political Science, 43(3): 888-911.

Insch, G. S., McIntyre, N., & Napier, N. K.(2008), "The expatriate glass ceiling: the second layer of glass", *Journal of Business Ethics*, 83(1): 19-28.

Ishaq, M., & Hussain, A.(2004), "Ethnic Minority Women and the British Armed Forces: A Focus on Gender Differentials", *Policy Studies*, 25(3): 175-188.

Jayaratne, T., & Stewart, A.(1991), "Quantitative and Qualitative Methods in the Social Science: Current Feminist Issues and Practical Strategies", in Fonow, M. & Cook, J.(eds), *Beyond Methodology: Feminist Scholarship as Lived Research*, Bloomington: Indiana University Press, pp. 85-106.

Johnston, D. D., & Swanson, D. H.(2006), "Constructing the 'good mother': The experience of mothering ideologies by work status", *Sex Roles*, 54: 509-519.

Joiner, T., Gartram, T., & Garreffa, T.(2004), "The Effects of Mentoring on Perceived Career Success, Commitment and Turnover Intentions", *The Journal of American Academy of Business*, September: 164-170.

Kalberg, S.(1980), "Max Weber's Types of Retionality: Cornerstones for the Analysis of Relationalization Processes in History", *AJS*, 85(5): 1145-1179.

Kanter, R.(1977), *Men and Women of the Corporation*, London: Sage.

Kaplan, S. E., Keinath, A. K., & Walo, J. C.(2001), "An Examination of Perceived Barriers to Mentoring in Public Accounting", *Behavior Research in Accounting*, 13: 195-220.

Kirchmeyer, C.(1998), "Determinants of managerial career success: Evidence and explanation of male/female differences", *Journal of Management*, 24(6): 673-692.

Kolb, D.(2013), "Negotiating in the Shadows of Organizations: Gender, Negotiation, and Change", *The Ohio State Journal of Dispute Resolution*, 28(2): 241-262.

Koot, W., Sabelis, I., & Ybema, S.(1996), "Global identity-local oddity?

Paradoxical Processes in Contemporary Organizations". in Koot, W., & Sabelis, I. and Ybema, S.(Eds,), *Contradictions in context*. Amsterdam: VU University Press.

Kram, K.(1985), *Mentoring at Work*, Illinois: Scott Foresman.

Kravitz, D. A., & Klineberg, S. L.(2000), "Reactions to two versions of affirmative action among Whites, Blacks, and Hispanics", *Journal of Applied Psychology*, 85(4): 597-611.

Laner, M.(2000), "Sex versus Gender: A Renewed Plea", *Sociological Inquiry*, 70(4): 462-474.

Law K., & Chi-Sum, Wong.(1999), "Multidimensional Constructs in Structural Equation Analysis: An Illustration Using the Job Perception and Job Satisfaction Constructs",*Journal of Management*, 25(2): 143-160.

Lewis, J.(1992), "Gender and the Development of *Welfare Regimes", Journal of European Social Policy*, 2(3): 159-173.

______(1997), "Gender and Welfare Regimes: Further Thoughts", *Social Politics*, 4(2): 160-177.

Lewis, M., & Kelemen, M.(2002), "Multiparadigm Inquiry: Exploring Organizational Pluralism and Paradox", *Human Relations*, 55(2): 251-275.

Lewis, S.(2001), "Restructuring workplace cultures: the ultimate work-family challenge?", *Women in Management Review*, 16(1): 21-29.

Liden, R, C., & Maslyn, J, M.(1998). "Multidimensionafity of Leader-Member Exchange: An Empirical Assessment through Scale Development", *Journal of Management*, 24(1): 43-72.

Lohkamp-Himmighofen, M., & Dienel, C.(2000), "Reconciliation Policies from a Comparative Perspective", *Gendered Policis in Europe: Reconciling Employment and Family life*, 49-67.

Lyon, J. M., Farrington, P., & Westbrook, J.(2004), "Mentoring of Scientists and Engineers: A Comparison of Gender", *Engineering Management Journal, 16*(3): 17-25.

Lytle, A., Brett, L., Barsness, Z., Tinsley, C., & Janssens, M.(1995), "A Paradigm for Confirmatory Cross-Cultural Research in Organizational Behavior", *Research in Organizational Behavior*, 17: 167-214.

Mabsout, R., & Staveren, I.(2010), "Disentangling Bargaining Power from Individual and Household Level to Institutions: Evidence on Women's Position in Ethiopia", *World Development*, 38(5): 783-796.

Malinowski, B.(1944), *A Scientific Theory of Culture and Other Essays*, Chapel Hill: UNC Press.

Martin, P. Y.(1993), "Feminist Practice in Organizations: Implications for Management", in Fangenson, P. Y.(ed.), *Women in Management: Trends, Issues and Challenges in Manaderial Diversity*, London: Sage, pp. 275-296.

Martin, P., & Harkreader, S.(1993), "Multiple Gender Context and Employee Rewards", *Work and Occupations*, 20(3): 296-336.

Mason, J.(1996), *Qualitative Methods*, London: Sage.

Massey, G.(2004), "Thinking about Affirmative Action: Arguments Supporting Preferential Policies", *Review of Policy Research*, 21(6): 783-797.

Mayerson, D., Weick, K., & Kramer, R.(1996),"Swift Trust and Temporary Groups", in Kramer, R., & Tyler, R.(eds.), *Trust in Organizations: Frontiers of Theory and Research*, Thousand Oaks: Sage, pp. 166-195.

McGrath, J. E.(1984), *Groups: Interaction and Performance*, NJ: Prentice-Hall Inc.

McManus, S., & Russell, E.(1997), "New Directions for Mentoring Research: An Examination of Related Constructs", *Journal of Vocational Behavior*, 51: 1-14.

Meulders, D., Plasman, R., Rigo, A., & O'orchai, S.(2010), *Horizontal and Vertical Segregation: Meta-analysis of Gender and Science Research*, RTD Framework Programme of the European Union.

Mies, M.(1991), "Women's Research or Feminist Research? The Debate

Surrounding Feminist Science and Methodology", in Fonow, M. & Cook, J.(eds.), *Beyond Methodology: Feminist Scholarship as Lived Research*, Bloomington: Indiana University Press, pp. 60-84.

Mills, A., & Tancred, P.(1992), *Gendering Organizational Analysis*, London: Sage.

Mobley, W. H.(1982), "Some Unanswered Questions in Turnover and Withdrawal Research", *Academy of Management Review*, 7: 111-116.

Morgan, G.(1983), *Beyond Method*, CA: Sage.

______(1984), "Opportunities Arising From Paradigm Diversity", *Administration and Society*, 16(3): 306-327.

Moser, C.(1993), *Gender planning and development: Theory, practice and training*, New York: Routledge.

Mosesdottir, L.(1995), "The State and the Egalitarian, ecclesiastical and Liberal Regimes of Gender Relations", *The British Journal of Sociology*, 46(4): 623-642.

Neilson, T., Calson, D., & Lankau, M.(2001), "The Supportive Mentor as a Means of Reducing Work-Family Conflict", *J of Vocational Behavior*, 59: 364-381.

Nieva, V., & Gutek, B.(1981), *Women and Work: A Psychological Perspective*, NY: Praeger.

Noe, R. A.(1988), "Women and Mentoring: A Review and Research Agenda", *Academy of Management Review*, 13(1): 65-78.

______(1998), *Employee Training and Development*, New York: McGraw-Hill Higher Education.

Nurse, L.(1988), "Theoritical Pluralism in Organizational Analysis: The phenomena of Work Design and Organization", *Administration and Society*, 20(1): 92-108.

Oakley, A.(1981), "Interviewing Women: A Contradiction in Terms?", in Roberts, H.(ed.), *Doing Feminist Research*, London : Routldege, pp.

30-62.

O'Connor, J.(1996), "From Women in the Welfare State to Gendering Welfare State Regimes", *Current Socialogy*, 44(2): 1-124.

O'Neill, R., & Blake-Beard, S.(2002), "Gender Barriers to the Female Mentor-Male Protege Relationships", *Journal of Business Ethics*, 37: 51-63.

O'Reilly, J., & Fagan, C.(1998), *Part-time Prospects: An International Comparison of Part-Time Work in Europe, North America and the Pacific Rim*, London : Routldege.

Orloff, A. S.(1993). "Gender and the Social Rights of Citizenship: The Comparative Analysis of Gender Relations and Welfare States", *American Sociological Review*, 58: 303-328.

Orr, L. M., & Hauser W. J.(2008), "A Re-Inquiry of Hofstede's Cultural Dimensions: A Call for 21st century Cross-cultural research", *The Marketing Management Journal*, 18(2): 1-19.

Parker, M.(1992), "Postmodern Organizations or Postmodern Organization Theory?", *Organization Studies*, 13(1): 1-17.

Pascall, G.(1986), *Social Policy A Feminist Analysis*. London and New York: Tavistock Publications.

Pascall, G., & Warren, T.(2003), *A 35 hours Week in Europe*, A Presented Paper.

Perrons, D., Fagan, C., McDowell, L., Ray, K., & Ward, K.(2007), *Gender Division and Woking Time in the New Economy(Hardcover)*, Cheltenham: Edward Elgar Pub.

Peters, L. H., Terborg, J. R., & Taynor, J.(1974),"Women as Managers Scale(WAMS): a Measure of Attitude Toward Women in Management Position", *Journal Supplement Abstract Service of the American Psycological Association*, 505.

Pettersson, L., Persson, A., & Berggren, A.(2008), "Changing Gender Relations: Women Officers' Experiences in the Swedish Armed Forces",

Economic and Industrial Democracy, 29(2): 192–216.

Pfau-Effinger, B.(1998), "Gender Cultures and the Gender Arrangement – A Theoretical Framework for Cross-National Gender Research", *Innovation*, 11(2): 147–163.

Pfeffer, J.(1981). *Power in Organizations*, Boston: Pitman.

Podsakoff, P. M., Todor, W. D., & Huber, V. L.(1980) "Leader Power Inventory", Unpublished research scale.

Podsakoff, P. M., MacKenzie, S. B., Moorman, R. H., & Fetter, R.(1990), "Transformational leader behaviors and their effects on followers' trust in leader, satisfaction, and organizational citizenship behaviors", *The Leadership Quarterly*, 1(2): 107–142.

Powell, G., Butterfield, D., & Parent, J.(2002), "Gender and Managerial Stereotypes: Have the times Changed?", *Journal of Management*, 28(2): 177–193.

Pringle, R.(2005), "Masculinities, Sport, and Power: A Critical Comparison of Gramscian and Foucauldian Inspired Theoretical Tools", *Journal of Sport and Social Issues*, 29(3): 256–278.

Pugh, M., & Wahrman, R.(1983), "Neutralizing Sexism in Mixed-Sex Groups: Do Women Have to be Better than Man?", *American Journal of Sociology*, 88(4): 746–762.

Ragins, B. R.(1989), "Barriers to Mentoring: The Female Managers' Dilemma", *Human Relations*, 42(1): 1–22.

______(1997a), "Diversified Mentoring Relationships in Organizations: A Power Perspective?", *Academy of Management Review*, 22(2): 482–521.

______(1997b), "Antecedents of Diversified Mentoring Relationships", *Journal of Vocational Behavior*, 51(1): 90–109.

______(1999), "Gender and Mentoring Relationships: A Review and Research Agenda for the Next Decade", in Powell, G.(ed.), *Handbook of Gender and Work*, London: Sage, pp.347–370.

Ragins, B. R., & Cotton, J. L.(1991), “Easier Said than Done: Gender Differences in Perceived Barriers to Gaining a Mentor”, *Academy of Management Review*, 34: 939-951.

_____(1999), “Mentor Functions and Outcomes: A Comparison of Men and Women in Formal and Informal Mentoring Relationships”, *Journal of Applied Psychology*, 84(4): 529-550.

Ragins, B., & McFarlin, D.(1990), “Perceptions of Mentor Roles in Cross-Gender Mentoring Relationships”, *Journal of Vocational Behavior*, 37: 321-339.

Ragins, B., & Scandura, T.(1994), “Gender Differences in Expected Outcomes of Mentoring Relationships”, *The Academy of Management Journal*, 37: 957-971.

Ragins, B., & Sundstrom, E.(1989), “Gender and Power in Organizations: A Longitudinal Perspective”, *Psychological Bulletin*, 105(1): 51-88.

Ragins, B., & Sundstrom, E.(1990), “Gender and Perceived Power in Manager-Subordinate Relations”, *Journal of Occupational Psychology*, 63: 273-287.

Ramazanoglu, C.(1989), *Feminism and the Contradictions of Oppression*, London: Routledge.

Reskin, B., & Roos, P.(1990), *Job Queues, Gender Queues :Explaining Women's Inroads into Male Occupations*, Philadelphia: Temple University Press.

Ridgeway, C.(2011), *Framed by Gender: How Gender Inequality Persists in the Modern World*, Oxford: Oxford University Press.

Ridgeway, C., & Smith-Lovin, L.(1999), “The gender system and interaction”, *Annual Review of Sociology*, 25:191-216.

Roche, W., Fynes, B., & Morrissey, T.(1996), “Working Time and Employment: A Review of International Evidence”, *International Labour Review*, 135(2): 129-157.

Roos, P., & McDaniel, P.(1996), "Are Ocuppations Gendered?: Evidence from Census Microdata 1970 to 1990", Paper Presented at Annual Meeings, American Sociological Association, August, New York.

Roth, G., & Wittich, C.(1968), Weber, M., (eds.), *Economy and Society I , II, III*, New York: The Free Press.

Rubery, J., Smith, M., & Fagan, C.(1998), "National Working-Time Regimes and Equal Opportunities", *Feminist Economics*, 4(1): 71-101.

Rubin, H., & Rubin, I.(1995), *Qualitative interviewing: The art of hearing data*, Thousand Oaks: Sage.

Russell, J., & Adams, D.(1997), "The Chaining Nature of Mentoring in Organizations", *Journal of Vocational Behavior*, 51: 29-42.

Sainsbury, D.(1994a), *Gendering Welfare States*, London: Sage.

_____(1994b), "Women's and Men's Social Rights : Gendering Dimensions of Welfare State", in Sainsbury, D.(ed.), *Gendering Welfare States*, London: Sage, pp. 150-169.

_____(1996), *Gender Equality and Welfare States*, Cambridge, Cambridge: Cambridge University Press.

_____(1999), "Gender and Social-Democratic Welfare States", in Sainsbury, D.(ed.), *Gender and Welfare Regimes*, Oxford, Oxford: Oxford University Press, pp. 75-117.

Scandura, T.(1992), "Mentorship and Career Mobility: An Empirical Investigation", *Journal of Organizational Behavior*, 13: 169-174.

Schein, V, E.(1975). "Relationships between sex-role stereotypes and requisite management characteristics among female managers", *Journal of Applied Psychology*, 60: 340-344.

Schein, V. E.(1996), "Culture: The Missing Concept in Organizations Studies", *Administrative Science Quarterly*, 41(2): 229-240.

_____(2001). "A Global Look at Psychological Barriers to Women's Progress in Management", *Journal of Social Issues*, 57(4): 675-688.

Schein, V., Mueller, R., Lituchy, T., & Liu, J.(1996), "Think Manager-Think Male: A Global Phenomenon?", *Journal of Organizational Behavior*, 17: 33-41.

Schultz, M., & Hatch, M.(1996), "Living With Multiple Paradigms: The Case of Paradigm Interplay in Organizational Culture Studies", *AMR*, 21(2): 529-557.

Scott, J, W.(1999). *Gender and the Politics of History*, New York: Columbia University Press.

Sirianni, C., & Negrey, C.(2000), "Working Time as Gendered Time", *Feminist Economics*, 6(1): 59-76.

Snizek, W. E., & Neil, C. C.(1992), "Job Characteristics, Gender Stereotypes and Perceived Gender Discrimination in the Workplace", *Organization Studies*, 13: 403-427.

Staines, G., Tavris, C., & Jayaratne, T. E.(1974). "The Queen Bee Syndrome", *Psychology Today*, 7: 55-60.

Stanley, L.(2002), "Should 'Sex'Really Be 'Gender'-Or 'Gender' Really Be 'Sex'", in Jackson, S. & Scott, S.(eds.), *Gender: A Sociological Reader*, London: Routledge, pp. 31-41.

Stanley, L., & Wise, S.(1990), "Method, Methodology and Epistemology in Feminist Research Process", in Stanley, L.(ed.), *Feminist Praxis: Research, Theory and Epistemology in Sociology*, London: Routledge, pp. 20-62.

Steffy, B., & Grimes, A.(1992), "Personnel/organizational psychology: A critique of the disci-pline", in Alvesson, M. & Willmott, H.(eds.), *Critical management studies*, London: Sage, pp. 181-201.

Stiver, C.(1993), *Gender Images in Public Administration: Legitimacy and the Administrative State*, London: Sage.

Strauss, A., & Corbin, J. M.(1998), *Basics of Qualitative Research: Techniques and Procedures for Developing Grounded Theory*, London: Sage.

Sung, S., & Pascall, G.(2014). *Gender and Welfare States in East Asia:*

Confucianism or Gender Equality?, London: Palgrave Macmillan.

Tajfel, H.(1981), *Human Groups and Social Categories: Studies in Social Psychology*, UK: Cambridge University Press.

Tajfel, H., & Turner, J. C.(1985), "The social identity theory of intergroup behavior", in Worchel, S., & Austin, W. G.(eds.), *Psychology of intergroup relations(2nd ed.)*, Chicago: Nelson-Hall, pp. 7-24.

Teddlie, C., & Tashakkori, A.(2009), *Foundations of mixed methods research : integrating quantitative and qualitative approaches in the social and behavioral sciences*, LA: Sage.

Thorne, B.(1992)," Feminism and the Family: Two Decades of Thought", in Thorne, B., & Yalom, M.(Eds.), *Rethinking the Family: Some Feminist Questions*, Boston: Northeastern University Press, pp. 3-30.

Therborn, G.(1980), *The Ideology of Power and the Power of Ideology*, London: Verso.

Tolbert, P., Graham, M., & Andrews, A.(1999), "Group Gender Composition and Work Group Relations", in Powell, G.(ed.), *Handbook of Gender and Work*, Thousand Oaks: Sage, pp. 179-202.

Tomlinson, J.(2007), "Employment Regulation, Welfare and Gender Regime: a Comparative Analysis of Women's Working-time Patterns and Work-Life Balance in the UK and the US", Int. *Journal of Human Resource Management*, 18(3): 401-415.

Townley, B. (1993), Foucault, "Power/Knowledge and Its Relevance for Human Resource Management", *The Academy of Management Review*, 18(3): 518-545.

Tsui, A, S., & O'Reilly III, C, A.(1989). "Beyond Simple Demographic Effect: The Importance of Relational Demography in Superior-subordinate dyads",*Academy of Management Journal*, 32(2): 402-423.

Tsui, A, S., & O'Reilly III, C, A.(1992), "Being Different: Relational Demography and Organizational Attachment", *Administrative Science*

Quarterly, 37(4): 549–579.

Turner, J. (1987), *Rediscovering the Social Group: A Self-Categorization Theory*, Oxford: Blackwell .

Tyler, T. R., & Degoey, P.(1996), "Trust in organizational authorities", in Roderick M. K., & Tom R. T.(eds.), *Trust in organizations: Frontiers of theory and research*, London: Sage, pp. 331–356.

Van Every, J.(1992), "Who is 'the Family'? The Assumptions of British Social Policy", *Critical Social Policy*, 33(3): 62–75.

Ventriss, C.(2013), "Reexamining the Foundations of Public Administration and Policy", *Administrative Theory & Praxis*, 35(1): 154–162.

Wagner, D. G., & Berger, J.(1997), "Gender and Interpersonal Task Behaviors: Status Expectation Accounts", *Sociological Perspectives*, 40(1): 1–32.

Walby, S.(1986), *Patriarchy at Work: Patriarchal and Capitalist Relations in Employment*, London: Polity Press.

______(1990), *Theorising Patriarchy*, Oxford: Blackwell.

Warren, T.(2000), "Diverse Breadwinner Models: A Couple-Based Analysis of Gendered Working Time in Britain and Denmark", *Journal of European Social Policy*, 10(4): 349–371.

______(2002), "Gendered and Classed Working Time in Britain: Dual Employee Couples in Higher/Lower-Level of Occupations", in Crow, G., & Heath, S.(eds.), *Social Conceptions of Time: Structure and Process in Work and Everyday Life*, NewYork: Palgrave Macmillan, pp. 88–108.

Weber, M., (eds.) Roth, G., & Wittich, C.(1968), *Economy and Society I , II, III*, New York: The Free Press.

Weick, K.(2002), "Puzzles in Organizational Learning: An Exercise in Disciplined Imagination", *British Journal of Management*, 13: 7–15.

West, C., & Fenstermaker, S.(1993), "Power, Inequality, and the Accomplishment of Gender: An Ethnomethodological View", in

England, P.(ed.), *Theory on Gender/Feminsm on Theory*, NY: Aldine de Gruyter, pp. 151–174.

West, C., & Zimmerman, D. H.(2002), "Doing Gender", in Jackson, S. & Scott, S.(eds.), *Gender: A Sociological Reader*, London: Routledge, pp.42–47.

Wharton, A.(2012), *The Sociology of Gender*, Hoboken: Wiley–Blackwell.

Wick, A., & Freeman, R.(1998), "Organization Studies and the New Pragmatism: Positivism, Anti–positivism, and the Search for Ethics", *Orgaization Science*, 9(2): 123–140.

Wiley, M. G., & Eskilson, A.(1982). "The Interaction of Sex and Power Base on Perceptions of Managerial Effectieness", *Academy of Management Journal*, 25(3): 671–677.

Williams, C.(1989), *Gender Differences at Work: Women and Men in Nontraditional Occupations*, Oakland: University of California Press.

Williams, J., & Giles, H.(1978), "The Changing Status of Women in Society: An Intergroup Perspective"in Taijfel, H.(ed.), *European Monographs in Social Psychology*, London: Academic Press, pp. 431–449.

Wilson, F. M.(1995), *Organizational Behavior and Gender*, London: McGraw Hill.

Won, S. Y.(2012), "Gendered Working–Time Arrangements and their Policy Implications: Korean Experiences", *Time & Society*, 21(3): 1–20.

Won, S., & Pascall, G.(2004), "A Confucian War over Childcare?", *Social Policy and Administration*, 38(3): 270–289.

Yanow, D.(1996), *How Does a Plicy Mean?: Interpreting Policy and Organizational Actions*, Washington, D.C: Georgetown University Press.

Yin, R. K.(1994), *Case Study Research: Design and Methods*, Thousand Oaks: Sage.

_____(2003), *Case Study Research: Design and Methods*, London: Sage.

Young A. M., & Perrewe, P. L.(2004), "The Role of Expectations in the

Mentoring Exchange: An Analysis of Mentor and protege Expectations in Relation to Perceived Support", *Journal of Managerial Issues*, 16(1): 103-126.

Yousefi, M. (1997). "Economic Development and Gender Equity in South Korea" in Rives, J., & Yousei, M.(eds). *Economic Dimensions of Gender Inequality: A Global Perspectives*, Westport: Praeger, pp. 57-74.

Yukl, G., Him, H., & Falbe, C.(1996). "Antecedents of Influence Outcomes", *Journal of Applied Psychology*, 81(3): 309-317.

Zedeck, S., & Mosier, L.(1990), "Work in the Family and Employing Organizations", *American Psychologist*, 45(2): 240-251.

Zimmer, L.(1988), "Tokenism and women in the workplace: The limits of gender-neutral theory", *Social Problem*, 35: 64-77.

Zucker L. G.(1986), "Production of Trust: Institutional Sources of Economic Structure, 1840-1920", *Research in Organizational Behavior*, 8: 53-111.

통계 및 보고서

ILO(2003), *KILM database*.

KLI(Korea Labour Institute)(2008), *Labour Statistics*, www.//kli.re.kr.

OECD(2012), *Employment and Labour Market Statistics*.

http://en.wikipedia.org/wiki/Regime

http://www.me.go.kr참고

http://www.worldvaluessurvey.org/index_html; Wikidedia

http://www.ipu.org

http://en.wikipedia.org/wiki/Firewall

http://gsis.kwdi.re.kr/gsis/kr/main.html

| 찾아보기 |

[ㅈ]

젠더 중립성의 신화

여성 공무원을 통해 본 현실과 담론의 이중성

펴낸날 초판 1쇄 2015년 9월 21일
지은이 원숙연
펴낸이 김훈순
펴낸곳 이화여자대학교출판부
주소 서울특별시 서대문구 이화여대길 52(우 03760)
등록 1954년 7월 6일 제9-61호
전화 02) 3277-2965(편집), 02) 362-6076(마케팅)
팩스 02) 312-4312
전자우편 press@ewha.ac.kr
홈페이지 www.ewhapress.com
책임편집 민지영
디자인 정혜진
찍은곳 네오프린텍

ISBN 979-11-5890-117-2 93350

값 25,000원

* 잘못된 책은 바꾸어 드립니다.

이 도서의 국립중앙도서관 출판예정도서목록(CIP)은 서지정보유통지원시스템 홈페이지(http://seoji.nl.go.kr)와 국가자료공동목록시스템(http://www.nl.go.kr/kolisnet)에서 이용하실 수 있습니다. (CIP제어번호 : CIP2015023465)